역사를 바꾼
100책

일러두기

- EBS 독서진흥 자문위원회에서 선정한 책 100종은 분야를 나눠 발표되었지만 본서는 '역사를 바꾼 책'이라는 선정 취지에 맞춰 연대순으로 편집하였습니다.
- 독자의 편의를 위해 분야별 차례도 별도 수록하였습니다.
- 저자의 성명 등 외래어표기는 국립국어원의 규정을 따랐으며 일부 전문 용어는 자문위원의 견해를 반영하였습니다.
- 도서명은 널리 알려진 제목으로 표기했습니다. 국내에 번역 출판되지 않은 책의 제목은 해설자의 번역을 따랐습니다.

3000년 인류사의 전환점이 된 고전들

역사를 바꾼 100책

100 Books That Changed History

EBS BOOKS

100 Books
That Changed History

차례

100 Books
That Changed History

분야별 해설

머리말

해마다 새 책이 줄잡아 100만 권씩 쏟아져 나오는 마당에 굳이 수백 혹은 수천 년 전에 나온 책을 읽어야 할 이유가 있을까? 새로운 정보를 따라잡기도 힘든데 '누구나 읽어야 하지만 아무도 읽지 않는' 고전을 왜 읽어야 할까? 나는 적어도 세 가지 이유를 생각한다.

먼저, 우리 스스로를 이해하는 데 오래된 책들은 각별한 관점을 제시한다. 인간 본성은 상당 부분 유전하는 속성이라 선사시대라면 모를까 적어도 역사시대 동안에는 크게 변하지 않는다는 걸 인지하고 공감할 수 있다. 노자, 아리스토텔레스, 스피노자, 흄의 책은 현대철학을 전공하는 학자에게도 여전히 유효하다. 다분히 논쟁적 속성인 '민족성'은 당연히 역사와 지역에 따라 차이를 보이므로 사마천, 할둔, 루쉰 그리고 사이드의 책들이 분명히 이해를 도울 것이다.

둘째, 현대사회를 재조명하는 데 고전은 탁월한 접점을 제공한다. 『리바이어던』 『성호사설』 『거대한 전환』 『제2의 성』을 읽지 않고 어떻게 현대인의 삶을 이해한다고 말할 수 있을까?

마지막으로 나는 지성인으로서 사고의 깊이를 더하려면 모름지기 고전을 읽어야 한다고 생각한다. 고전의 내용을 요약한 책이나 고전의 명맥을 잇는 '아류'만 읽은 분들에게 그 기원은 물론 역사의 지혜를 알려줄 것이다.

누구나 읽어야 할 책의 목록을 작성하는 일은 아무도 만족시킬 수 없는 작업이다. EBS로부터 『역사를 바꾼 100책』 선정을 위한 독서진흥 자문위원회의 위원장을 맡아달라는 요청을 받았을 때 적이 망설였다. 고민 끝에 두 가지 조건을 걸고 수락했다. 첫째는 자문위원 선정에 개입하도록 허락해달라는 주문이었다. 추진기관의 취지와 지원이 아무리 탁월해도 훌륭한 책 선정은 결국 자문위원의 지적 탁월함에 달려 있다.

이번에 함께 일한 자문위원들은 해당 학문 분야의 전문성이 탁월함은 말할 나위도 없고 독서 진흥이라는 시대적 소명에 깊이 공감하는 분들이다. 두 번째 조건은 다분히 편파적이라는 비난을 감수하더라도 개인적으로 꼭 이뤄내고 싶은 것이었다. 그동안 작성된 고전 목록들은 거의 예외 없이 인문 관련 책 위주로 구성되었다. 끊임없이 새로운 정보가 밝혀지는 바람에 유용성 차원에서 자유롭지 못한 과학책들은 너무나 쉽게 탈락한다. 그래서 나는 'EBS 고전 100선'이라는 원래 제목을 '역사를 바꾼 100책'으로 바꾸는 데 동의하고 기존의 고전 목록에서 과감히 벗어나 학문의 흐름을 재설정하거나 대중의 인식을 획기적으로 바꾼 업적에 초점을 맞췄다.

자연스레 그동안 외면당했던 과학책들이 대거 발탁되었다. 유클리드의 『기하학 원론』과 프톨레마이오스의 『천문학 집대성』을 필두로 코페르니쿠스, 갈릴레이, 뉴턴, 다윈을 거쳐 에드워드 윌슨의 『사회생물학』과 리처드 도킨스의 『이기적 유전자』에 이르기까지 무려 19권이 선정되었다. 과학 분야 못지않게 우리가 비중을 둔 분야는 경제학이다. 소스타인 베블런의 『유한계급론』까지 포함해 경제학 관련 책이 10권이나 이름을 올린 것은 매우 파격적이지만 현대사회를 이해하는 데 당연한 순서라고 생각한다.

우리가 흔히 서양 고전으로 떠받드는 책들은 대개 그리스와 로마 두 지역에 뿌리를 내리고 있다. 동양 고전의 축은 단연 중국이다. 우리는 좀 더 다양한 문명을 들여다보려 노력했다. 자문위원 모두 『우파니샤드』 선정에 고개를 끄덕였고 홍대용, 박지원, 정약용의 입성을 반겼다. 어차피 완벽한 목록이란 애당초 불가능하지만 새 시대에 걸맞은 참신한 목록을 작성했다고 자부한다. 그 어느 때보다 창의성이 요구되는 요즈음 역사와 사고의 흐름을 바꾼 책들에 파묻혀 보시기를 권유한다.

EBS 독서진흥 자문위원회 위원장

최재천

이화여대 에코과학부 석좌교수

생명다양성재단 이사장

우파니샤드

UPANIṢAD

작자 미상

우리가 도시에서 여러 사람과 어울려 지낼 때와 산속 깊은 곳에서 혼자 있을 때는 느낌이 다르다. 도시에 있을 때 도시를 둘러싼 주위 세계가 불편할 수 있지만 두렵지는 않다. 산속에 혼자 있을 때 나를 둘러싼 주위 세계가 거대하여 두려움을 느끼게 된다.

고대 사회는 적은 부족이 거대한 자연에서 생존하던 시대다. 매일 보는 해도, 앞 강을 흐르는 강물도 어디에서 와서 어디로 가는지 알 수 없다. 그러나 호기심과 궁금증, 나아가 두려움을 이겨낼 지식이 부족하다. 식량이 부족한 것만큼이나 지식의 부족은 사람을 불안하게 할 수 있다. 이때 우주가 어떻게 생겨나고, 계절은 어떻게 변해가고, 이 모든 걸 창조하고 운영하는 신을 어떻게 찬미하는지를 읊어주는 이야기가 있다. 그 이야기를 듣고 있노라면 앞에서 느꼈던 시작과 끝을 모르는 두려움이 사라진다. '나'란 존재는 이 세상의 자그만 곳에 있는 왜소하고 보잘것없는 존재가 아니라 거대한 존재와 연결되어 있다고 생각하기 때문이다.

『우파니샤드』는 고대 인도인이 들으며 위안과 평화를 느끼던 서사이자 시가라고 할 수 있다. 『우파니샤드』를 알려면 먼저 베다 전통을 살펴볼 필요가 있다. 베다는 투시 능력을 지닌 성자가 신에게 들은 우주 관련 이야기로 구전되다가 기원전 1500년 무렵 산스크리트어로 기록되기 시작했다. 베다는 우주의 생성, 신의 찬가, 찬양의 해석, 인간의 죽음, 다양한 제례 등 고대 인도인의 지혜를 담고 있다.

베다는 가장 초기의 내용을 담은 상히타saṃhita의 본집本集과 본집을 풀이하고 의미를 부여한 부분으로 되어 있다. 후자에는 본집의 해설서에 해당하는 브라흐마나 제례의 비법을 다루고 아란야카, 철학적이고 신비적인 내용으로 가득 찬 우파니샤드가 있다. 우파니샤드는 베다의 마지막 부분(베단타Vedānta)으로, 이때 마지막은 순서상으로 끝이라는 뜻이 아니라 더 갈 곳이 없는 정수 또는 최고봉을 나타낸다.

우파니샤드는 가까이upa, 아래로ni, 앉는다 또는 얻는다sad는 뜻의 합성어다. 이를 조합하면 제자가 스승 아래 아주 가까이 앉아서 지혜를 건네받는다는 뜻이다. 이 경우 우파니샤드는 지혜의 전수 방식을 나타낸다. 여기서 지혜는 모두에게 열려 있는 대중 지식이 아니라 스승과 제자라는 검증되고 신뢰할 만한 관계에서 전수되는 특별한 앎이라고 할 수 있다. 이렇게 보면 베다와 우파니샤드는 고대 인류가 자신을 지탱해 온 앎의 결정체 중 오늘날까지 전해지는 지혜의 하나라고 할 수 있다.

『우파니샤드』는 보통 "오움~"으로 운을 떼서 같은 내용의 "평온을 위한 낭독"으로 시작하고 끝난다. 이로써 관심을 『우파니샤드』에 집중하고 또 자기 자신에게 집중하게 되는 듯하다. 반복은 사람의 기억에 남게 하는 힘이 있다. 낭독에 이어서 본문으로 이어진다. 『이샤 우파니샤드』는 다음처럼 시작한다.

> "오움~ 저것이 완전하고 이것도 또한 완전하도다. 완전함으로부터 완전함이 생겨 나왔도다. 완전함의 완전함을 빼내었으나 완전함이 남은 것이었도다."[1]

먼저 우주의 궁극적 실재인 브라흐만Brahman이 완전함 자체라고 선언하고 이어서 개인의 진정한 자아인 아트만Atman도 완전하다고 선언한다. 이로써 브라흐만과 아트만이 둘이 아니고 하나로 이어지게 된다(범아일여梵我一如).

그다음에 흥미로운 내용이 이어진다. 양동이에서 물을 한 번 덜어내면 물이 그만큼 줄어들게 되고 계속 들어내면 양동이가 비게 된다. 온전한 케이크에서 한 조각을 떼어내면 그만큼 없어지고 계속 떼어내면 남은 것이 없다. 이는 우리가 일상생활에서 양적 증감으로 세계를 바라보는 방식이다.

하지만 『우파니샤드』를 보면 이와 다르다. 모든 시작은 하나도 보태거나 뺄 것이 없는 완전한 그 자체, 브라흐만에서 출발한다. 완전한 브라흐만에서 뭔가 생겨나더라도 브라흐만의 완전성에는 조금도 영향이 없고 생겨난 것도 브라흐만의 완전성을 그대로 갖고 있다.

다음에 나오는 '빼내다'라는 말이 오해를 불러올 수 있다. 빼내다라고 하면 은연중 양적인 증감으로 받아들이기 때문이다. 이렇게 되면 빠진 근원은 줄어들고 빼낸 결과도 조각으로 불완전하게 된다. 여기서 '빼내다'라는 말은 그런 양적인 증감이 아니라 온전한 채로 가지고 나온다는 맥락으로 동일성을 나타낸다.

이런 맥락에서 『이샤 우파니샤드』 1절을 살펴보자.

> "변하는 것들의 세상에 모든 것은 신으로 덮여 있도다. 그러니 인간들이여 내버림의 지혜를 가져 어느 누구의 재물을 탐내지 말지어다."[2]

먼저 이 세상에는 신과 연관을 맺지 않은 존재가 없다고 운을 뗀다. 이어서 사람은 인간의 관점에서 재물을 쌓고 늘리는 일이 아니라 신과의 관계에 집중하라고 요구한다. 이렇게 『우파니샤드』는 신과 연결되는 삶, 신에 집중하는 삶으로 인간이 가진 근원적 문제를 해결할 수 있다고 제안한다.

과학과 기술의 측면에서 보면 현대인은 과거의 어느 시대에 비해 비약적인 발전을 거두고 있다. 교통과 통신은 고대인이 생각하기에 신의 수준에 이르렀다고 할 수 있다. 지구 반대편의 소식이 실시간으로 전해지고, 세계 어디든 빠르게 이동할 수 있다. 이제는 지구를 넘어 우주여행을 꿈이 아니라 현실에서 표를 사는 시대가 되고 있다.

태풍과 홍수 등 자연재해 측면에서 보면 인류는 여전히 고통을 겪고 있다. 태풍의 발생과 경로를 예보할 수 있지만 피해를 완전히 통제할 수 없고, 대형 산불이 나면 신속한 대피와 다양한 구조가 가능하지만 불을 완전히 통제할 수는 없다.

현대인은 과거에 비해 눈부시게 발전하고 빛나는 문명을 일구어냈다고 한다. 하지만 우주와의 관계에서는 더 부분적인 관계만 맺고 있다. 자연에서 멀어져 살고 자연을 관광과 여행의 대상으로 삼는다. 고대인이 농업과 목축업에 종사할 때 그들의 생활은 늘 우주와 전면적인 관계를 맺고 있었다. 삶의 무대가 자연 자체이기 때문이다.

후자가 우파니샤드에서 우주의 궁극적 실재인 브라흐만과 개인의 진정한 자아인 아트만이 하나라는 범아일여 사상으로 나타났다. 이런 측면에서 우리는 우파니샤드를 통해 세계와 더 깊고 더 넓은 관계를 맺는 삶을 들여다볼 수 있다.

> "나의 중심 속에 있는 이 아트만은 쌀알보다도, 보리알보다도, 작은 겨자씨보다도, 조보다도, 껍질을 깐 좁쌀 한 알보다도 더 작도다. 또 나의 중심 속에 있는 이 아트만은 땅보다, 하늘보다, 천상보다 또는 이 모든 것을 합친 것보다 더 크도다."[3]

이 구절은 먼저 사람에게 크기로 아트만을 생각해보게 한다. 크기는 사람이 사물을 인식하는 중요한 틀이기 때문이다. 하지만 금방 이 틀이 아트만을 이해하는 데 아무런 도움이 되지 않는다는 걸 알게 된다. 모순되기 때문이다. 즉 아트만을 설명하면서 사람이 작다고 생각하는 것보다 더 작고 크다고 생각하는 것보다 더 크다고 말한다. 여기서 사람은 아트만이 사람의 언어를 넘어선 존재라는 걸 알게 된다. 『찬도기야 우파니샤드』 제6장 제6편에서 "총명한 아들아"로 시작하여 제16편에 이르기까지 개별적 사물에 깃든 아트만의 존재를 찾아가는 대화를 보면 우리는 고대 인도인의 지혜로 자신이 마주하는 세계와 어떻게 관계를 맺고 있는지 살펴보는 기회를 얻게 된다.

신정근

성균관대 유학대학 교수

일리아스

ILIAS

호메로스 Homer (기원전 800?~기원전 750)

서양문학사의 첫 페이지를 장식하는 책은 『일리아스』다. 『일리아스』는 그리스·로마신화 최대 사건인 트로이아 전쟁을 배경으로 하는 영웅 서사시다. 트로이아는 지금의 튀르키예 서북쪽에 위치한 번화한 도시였다. '일리온'이라고 불리기도 했는데, 바로 이 이름에서 '일리아스'라는 제목이 나왔다. '일리온에 얽힌 노래'라는 뜻이다. 작품의 주인공은 아킬레우스인데, 그는 바다의 여신 테티스와 인간 펠레우스 사이에서 태어난 반신반인의 영웅이다. 작품의 주제는 첫 단어로 제시된다.

> "진노를 노래하라, 여신이여, 펠레우스의 아들 아킬레우스의 파괴적인 진노를."(1권 1~2행)

작품의 첫 단어 '진노', 그리스어 '메니스mēnis'는 인간 차원에서 늘 일어나는 분노 수준을 넘어선, 인간은 감히 범접할 수 없으며 신들이나 보여줄 수 있는 강렬하고 위엄에 찬 노여움이다. 이렇게 서양문학사는 우주를 뒤흔드는 진노, 신적인 분노에 휩싸인 인간 격정의 파괴성으로 시작한다. 가히 서양문학사는 '진노'로 문을 열었다고 할 수 있다.

프랑스의 소설가이자 시인, 출판 편집자였던 레이몽 크노는 "모든 위대한 문학작품은 『일리아스』거나 『오디세이아』다"라고 했다. 그에 따르면, 호메로스의 『일리아스』는 세상에 나오는 순간부터 서양문학사의 절반을 결정지은 셈이다. 그야말로 역사를 움직이고 이끌어나간 책이라고 하지 않을 수 없다. 이 작품의 내용은 수백 년 동안 입에서 입으로 전해지다가 '호메로스'라는 천재의 손에 문자로 정착되었다고 알려져 있다. 그리고 그가 문자화하는 순간, 이전의 수많은 사람이 구술하던 여러 판본이 자취를 감추고 말았다. 호메로스 작품의 힘 앞에서 구비 전승의 이야기들이 역사의 뒤안길로 밀려난 것이다. 문자의 힘이 구술을 압도했다고 할 수 있지만, 그보다는 『일리아스』의 위대한 문학성과 '호메로스'의 천재성이 승리했다고 할 수 있다.

그의 작품은 그 이전에 없던 '인간'을 만들어냈다. 사람들이 모호하게 알고 있던 인간의 정체성을 명료하게 규정했고, 그에 따라 또렷하게 빛나는 인간형은 그 작품을 접하는 사람들을 매료하고 독자들이 작품 속 영웅들을 모방하게 만들었다. 그렇게 작품은 새로운 인간들을 주조해냈다. 인간은 언젠가는 죽는다. 불멸하는 신들은 필멸하는 인간들을 하찮은 존재로 내려다본다. 영원한 생명을 누리는 그들 앞에서 얼마나 많은 인간이 이 세상에 태어나 척박한 땅 위를 꼬물거리다가 시들고 무너져내려 썩어갔던가! 보잘것없는 인간들은 죽을 운명을 타고 태어나 고통 속에서 살며 찬란한 신들의 눈부신 영원불멸을 얼마나 갈망했던가.

호메로스는 아킬레우스를 통해 인간의 유한성을 절절하게 그려내면서 고통과 죽음으로 가득한 전쟁터에서 인간의 존재 이유를 찾아내려고 했다.

"약탈해 올 수 있소, 소들도 힘센 양들도,
사올 수 있소, 세발솥들도 말들의 밤색 머리들도,
하나 사람의 목숨은 다시 오지 못하고, 약탈도 못 하고
빼앗을 수도 없소, 한번 이빨의 울타리를 빠져나가면.
어머니도 말했소, 은빛 발의 여신 테티스가, 나를
두 가지 사망이 죽음의 끝으로 데려갈 거라고.
만일 여기 남아 트로이아인들의 도시를 포위하고 싸우면
귀향은 내게 사라지지만, 명성은 불멸할 거라고.
만일 내가 집으로, 사랑하는 조국 땅으로 간다면,
고귀한 명성은 내게 사라지지만, 수명은 내게 오래
지속되고, 죽음의 끝이 나를 일찍 찾아오지 않는다고."(9권 406~416행)

아가멤논에게 공개적으로 모욕당하고 자신이 아끼던 전리품 브리세이스마저 폭력적으로 빼앗기자 분노한 아킬레우스는 전쟁터에 나가지 않겠다고 선언한다. '나를 무시한 아가멤논과 이를 방조한 그리스 연합군 모두가 나 없이 전투를 치러보라. 참담한 패배를 맛본 후에야 너희에게 내가 얼마나 소중한 존재인지를 알게 될 것이다. 나를 모욕한 것을 뼈저리게 후회할 것이다.' 아킬레우스에게는 그리스 연합군의 승리보다 자신의 자존심과 명예가 더 중요했다. 그것이 그의 최대 가치였다. 언젠가는 죽을 수밖에 없는 인생이지만, 영원히 살고 싶은 욕망을 품고 있기에 나오는 것이었다.

이 모순적 상황에서 아킬레우스는 하나뿐인 목숨을 바쳐서라도 자기 이름을 영원히 남기려고 했다. 그것이 인간을 신처럼 불멸하는 존재로 만드는 유일한 길이라고 믿은 것이다. 그런 믿음은 아킬레우스가 모

든 그리스인이 보는 앞에서 아가멤논에게 치욕을 당하는 순간, 격렬한 분노를 폭발하게 만든다. 바다 깊은 곳에서 테티스가 올라와 아들의 분노를 안고 올림포스 정상으로 올라가 제우스에게 전달하는 순간, 전 우주를 울리는 사건으로 커졌고, 아킬레우스의 분노는 신적인 진노로 새롭게 폭발한다. 그 진노를 가라앉힐 수만 있다면, 아가멤논을 포함해 모든 그리스인이 트로이아인들의 칼날에 쓰러져도 좋다고 아킬레우스는 이를 악물었다.

그러나 그 진노 끝에 예기치 못한 사건이 터졌다. 그가 자기 자신만큼, 아니 자기보다 더 사랑하던 파트로클로스가 적장 헥토르의 창에 찔려 죽은 것이다. 아킬레우스는 이제 새로운 분노에 휩싸인다. 첫 번째 분노 때도 그랬듯이 그의 어머니 테티스 여신은 바다 깊은 곳에서 아들의 오열을 듣고 지상으로 올라와 아들의 분노를 보고 천상으로 올라간다. 처음엔 아킬레우스의 치욕과 분노를 씻으려고 제우스에게 올라갔고, 지금은 파트로클로스의 죽음을 복수하려는 아들의 슬픔과 분노를 씻으려고 헤파이스토스를 찾아간 것이다. 헤파이스토스는 아킬레우스를 위한 새로운 무장을 만들고자 망치질을 하고, 그 소리가 올림포스를 뒤흔든다. 이렇게 또다시 아킬레우스의 노여움은 신적인 진노로 전 우주에 울려 퍼진다. 이제 아킬레우스는 새로운 갑옷을 입고 헥토르를 향해 돌진할 것이다.

진노한 아킬레우스와 트로이아의 운명을 짊어진 헥토르의 대결은 『일리아스』의 클라이맥스다. 아킬레우스는 간결하고 명료하게 헥토르를 처치했다. 아킬레우스는 헥토르의 시신을 마차 뒤에 매달고 트로이아 도성을 세 바퀴나 돌면서 참혹하고 지독하게 그를 모욕했다. 누구도 감히 진노한 그의 곁으로 다가설 수 없었다. 이 세상에 오직 한 사람, 헥토르의 아버지 프리아모스만이 아킬레우스를 향해 겁 없이 다가섰다. 가장 사랑하는 친구를 잃은 아킬레우스와 눈에 넣어도 아프지 않을 아들을 앗긴 프리아모스는 적과 아의 구별을 지우고 서로 껴안고 펑펑 울었다. 죽을 수밖에 없는 인간, 그 이름이 불멸한들, 그 명성이 영원히 남게 된들 무슨 소용이 있단 말인가? 진노로 시작해서 불멸의 명성을 향한 욕망으로 격렬하게 이글거리던 『일리아스』는 죽음에 대한 살아 있는 이들의 차분하고 정중한 예의로 끝난다.

"이렇게 그들은 치렀다, 말을 길들이는 헥토르의 장례식을."(24권 804행)

김헌

서울대 인문학연구원 교수

오디세이아

ODYSSEIA

호메로스 Homer (기원전 800?~기원전 750)

『오디세이아』는 '사람'에 관한 이야기다. 그런데 호메로스는 주인공의 실명을 드러내지 않고 그냥 '사람을' 또는 '남자를' 말해달라고 무사Mousa 여신에게 요청한다.

"사람을 내게 말하라, 무사여. 재주 많던 그는 많이도
떠돌아다녔다. 트로이아 신성한 도성을 파괴한 후에
많은 사람의 도성들을 보고 생각도 알게 되었고,
바다에선 수없이 많은 고통 마음 깊이 겪었으니,
동료들의 목숨도 구하고 귀향도 이루려 했던 것이다.
하나 동료들을 구하진 못했다, 간절히 원했건만.
그들 스스로의 잘못 때문에 파멸했던 것이다.
어리석은 것들, 태양신 히페리온의 소들을 잡아
먹다니. 하여 신은 그들에게서 귀향의 날을 앗아갔다.
내키는 데서, 여신이여, 제우스 딸이여, 말하라 우리에게도."(1.1-10)

이것은 『일리아스』를 시작할 때 주인공 아킬레우스의 이름을 그의 아버지 펠레우스까지 거명하면서 드러낸 것과 극명하게 대조된다. 그 '사람'은 오디세우스다. 이렇게 주인공 이름을 감추고 그냥 '사람'을 말하라고 한 시인은 그 연유를 암시하듯, 오디세우스가 '감추는 자'라는 뜻의 '칼립소' 여신에게 잡혀 있는 장면으로 시작한다. 이 장면은 그가 세상에서 철저하게 감추어져 있음을 뜻한다. 그 기간이 무려 7년이다.

오디세우스도 트로이아 전쟁이 끝나자 전리품을 챙겨 고향 이타카로 돌아가려고 시도했다. 그러나 뜻하지 않은 사건에 휩쓸리면서 3년 동안 이리저리 헤매고 다녔다. 그 과정에서 그를 따랐던 부하들은 하나둘 세상을 떠났다. 유일한 생존자인 그는 칼립소의 섬에 도착한 이후 세상에서 종적을 감춘 채 섬 바깥으로 아무런 소식을 전하지 못하는 상태로 일곱 해를 보낸 것이다. 『오디세이아』는 세상에서 감추어진 사람이 가림막을 뚫고 나와 사람들의 기억을 일깨우며 고향으로 돌아가는 이야기다.

『오디세이아』는 '오디세우스의 노래'라는 뜻인데, 그 뜻이 무색하게 오디세우스는 서사시 시작부터 감춰져 있다. 오디세우스가 칼립소에게 잡혀 있지만 곧 집으로 돌아갈 것이라는 신들의 결정이 내려진 장면 이후, 1권 나머지 부분부터 4권까지 주인공은 그가 아니라 그의 아들 텔레마코스다. 5권에 가서야 비로소 오디세우스가 등장한다. 세상에서 감추어진 그가 칼립소 품에서 빠져나오는 장면부터 마침내 오디세우스의 이야기가 본격적으로 시작되는 것이다.

하지만 오디세우스의 귀향은 순탄치 않다. 포세이돈이 그를 향해 앙심을 품었기 때문이다. 그는 폭풍을 만나 죽을 뻔하지만, 간신히 파이아케스인들의 섬에 닿아 알키노오스 궁전에 들어간다. 그는 알키노오스에게 고향으로 돌아가도록 도와달라고 부탁하면서도 자신이 누구인지를 밝히지 않았다. 알키노오스의 극진한 환대를 받으면서도 이름을 숨긴 것이다. 곡절이 많았던 그가 겪은 고통의 여정 속에서 자기 이름을 숨겨야 했던 트라우마 때문이었다.

가장 대표적인 사례로 그가 외눈박이 거인 키클롭스의 동굴에 갇혔을 때를 들 수 있다. 인간적인 대면을 원했던 오디세우스는 동료를 난폭하게 잡아먹는 거인 앞에서 경악했다. 아무것도 할 수 없다는 충격적인 절망감을 느꼈다. '난 아무것도 아니다'라는 무력감과 자괴감 말이다. 그런데도 그는 탈출할 방법을 모색했고, 꾀를 내어 키클롭스에게 포도주를 먹였다. 맛에 반한 키클롭스가 이름을 묻자, 그는 이렇게 대답했다.

"'아무도 안outis'이 내 이름이요. '아무도 안'이라고 나를 불러요. 어머니도 아버지도 그리고 다른 모든 전우도."

술에 취한 키클롭스가 잠에 곯아떨어지자 오디세우스와 동료들은 숨겨놓았던 뾰족한 말뚝을 꺼내 거인의 하나뿐인 눈을 찔렀다. 그가 비명을 지르자 그의 친구들이 찾아왔다. "누가 너를 죽이려는 것이냐?" 키클롭스는 "나를 죽이려는 자는 '아무도 안'이다"라고 답했다. 그러자 친구들은 "너에게 폭행을 가하는 것이 아무도 아니라면 제우스가 보낸 병 때문이군"이라며 돌아갔다. 이렇게 될 줄 예상하고 오디세우스가 '아무도 안'이라는 이름을 고안했다면, 그는 모든 일을 철두철미하게 짜낼 줄 아는 천재 지략가다.

그러나 그가 자신을 '아무도 안'이라고 소개한 것은 탈출 작전에 필요한 뛰어난 계략에서가 아니라 스스로 느꼈던 절망감에서 나왔을 수도 있다. 난 아무것도 아니라는 무력감과 자괴감 말이다. 하지만 그 순간 복수와 탈출을 하려는 강력한 의지를 역설적으로 북돋우며 자신감을 극적으로 회복했을지도 모른다. 게다가 그 이름이 작전을 완벽하게 성공시키는 효력을 발휘했다. 마침내 탈출에 성공한 그는 눈이 멀어 허우적대며 추격하는 키클롭스를 향해 자랑스럽게 외쳤다.

"네 눈을 멀게 한 것은 '아무도 안'이 아니라 오디세우스다!"

그러나 이 자신감은 곧 고통의 촉발제가 된다. 눈을 잃은 키클롭스가 자기 아버지 포세이돈에게 복수를 간청했고, 바다 신 포세이돈의 진노가 오디세우스의 항로를 험악하게 만들었기 때문이다.

작품 마지막도 마찬가지다. 우여곡절 끝에 10년 만에 집에 도착한 그는 그가 죽었다고 믿었던 구혼자들로부터 목숨을 위협받는 상황에 직면했다. 자기 정체를 그대로 드러냈다가는 108명이나 되는 불한당에게 제거될 판이었다. 작품 절반에 해당하는 13권부터 24권까지는 집에 도착한 오디세우스가 이름을 감추어야만 하는 상황에서 자신의 이름과 존재를 만천하에 드러내는 대반전의 결말로 질주한다.

이렇듯 『오디세이아』는 이름을 잃어야 했던 주인공이 자기 이름 '오디세우스'를 회복하며 사람들의 기억 속에 지워지지 않을 이름으로 새겨지는 이야기다. 이런 점에서 불멸의 명성을 추구하던 영웅들의 이야기인 『일리아스』와 맥이 통한다. 오디세우스 역시 불멸의 명성을 추구하는 영웅들과 같은 가치관과 지향성으로 움직이기 때문이다. 그는 안락한 망각의 낙원, 달콤한 칼립소의 품에서 벗어나 사람들이 북적이는 위험

천만한 세상으로 회귀한 뒤 그리던 고향에 돌아와 불한당들을 몰아내고 잃어버린 왕궁을 되찾아 그 이름을 빛내는 영웅으로 우뚝 선다.

김헌

서울대 인문학연구원 교수

아함경

阿含經

작자 미상

『아함경』은 붓다가 기원전 6세기 무렵 득도한 이후에 45년간 제자들과 나눈 대화와 설교, 다른 종교 신자와 만나 불법을 설파하느라 벌인 논쟁을 묶은 책이다. 『아함경』은 경전 한두 권이 아니라 붓다가 실제로 설법한 말씀으로 된 수많은 경의 총칭으로 경장經藏을 가리킨다. 즉 붓다의 육성을 담은 문헌이다.

붓다는 가비라국의 왕자로 태어났다. 오늘날 우리가 보면 모자란 것이 하나도 없는 부러운 지위라고 할 수 있다. 하지만 붓다는 혈기가 왕성하던 20대에 궁성 밖으로 나가 세상을 둘러보게 되는데, 이를 '사문출유四門出遊'라고 한다. 붓다는 이를 계기로 지금과 완전히 다른 삶을 살게 된다.

붓다는 궁성 밖에서 궁성 안과 완전히 다른 삶을 목격한다. 궁성 안은 말만 하면 모든 것이 눈에 나타나는 풍요의 세상이라면 궁성 밖은 태어나고 늙어가고 아프고 죽는 '생로병사生老病死'의 현장이었다. 이때 붓다가 정치인 성향이라면 부왕을 이어 왕이 된 뒤 세상의 문제를 줄이려고 노력할 수도 있다. 하지만 붓다는 성자의 성향이라 이 세상 사람들이 겪는 고통의 뿌리를 찾아 해결하고자 했다. 붓다는 세속 가족이 만류하는데도 출가했고, 6년간 고행하고 수행한 끝에 보리수 아래에서 깨달음을 얻었다.

여기서 붓다가 가비라국 왕자로 태어났다느니 29세에 출가했다느니 6년을 수행했다느니 하는 서사와 숫자는 중요하지 않다. 붓다는 본생(전생)에서부터 이어진 인연으로 깨달음의 길로 나아가도록 정해져 있었고 그 길로 따라간 것이다. 즉 붓다는 처음으로 깨달음을 얻은 것이 아니라 현생에서 또 깨달음을 얻은 것이다.

붓다는 깨달음을 얻은 뒤 사람들이 자신의 설법을 이해하지 못할까 염려하여 설법하기를 주저했지만 자신을 수행한 비구에게 설법했다. 『아함경』은 바로 붓다가 깨달음을 얻고 초기에 설법한 내용과 관련이 있다. 이런 『아함경』에는 두 계열의 문헌이 있다.

첫째, 산스크리트어로 쓰인 4경의 '아가마agama' 문헌이다. 아가마는 "예부터 전해온 가르침"이라는 뜻으로 붓다의 가르침을 전하는 경전을 가리킨다. 이 문헌이 한문으로 옮겨지면서 '아함阿含'으로 표기되어 훗날 '아함경'으로 불리게 되었고, 이후 한국 등으로 전래되었다. 『아함경』에는 경의 길에 따른 장아함과 중아함, 대화의 주제와 대화자에 따른 잡아함, 법을 수數로 분류·정리한 증일아함 등이 있다.

둘째, 팔리어로 쓰인 5부의 '니카야Nikāya' 문헌이다. 니카야는 다섯 가지로 나누는 분류의 부部를 뜻한다. 『니카야』에는 다른 종교와 논쟁을 다루며 길이가 가장 긴 장부, 수행을 다루며 길이가 중간인 중부, 오온五蘊과 사성제四聖諦 등 기본 교리를 다루는 상응부, 붓다의 가르침을 숫자별로 정리한 증지부, 붓다의 본생담을 다룬 소부 등이 있다. 소부를 제외하면 산스크리트어 4경과 팔리어 4부가 일정한 대응 관계에 있는

데, 이 두 계열을 구분하지 않고 편의상 『아함경』으로 통칭한다.

붓다는 궁성 밖에서 생로병사의 현장을 거닐며 사람이 겪는 생생한 고통의 실상을 보았다. 사람이라면 누구라도 피할 수 없는 자연적 사실로 간주할 수 있지만 붓다는 그러지 않았다. 붓다는 고통의 원인을 밝혀내 그 사슬에서 벗어나는 길을 찾고자 했다. 이에 대해 붓다는 무엇을 깨달았을까? 그것은 '연기緣起'다. "이것이 있으면 저것이 있다. 이것이 생기면 저것이 생긴다. 이것이 없으면 저것이 없다. 이것이 사라지면 저것이 사라진다." 한역으로 하면 "차유고피유此有故彼有, 차생고피생此生故彼生, 차무고피무此無故彼無, 차멸고피멸此滅故彼滅"이다. 인류 초기에는 고대 인도만이 아니라 세계적으로도 "신이 세상을 창조했다"라고 생각하는 흐름이 많이 나타났다. 붓다는 이런 신의 창조설을 부정하고 세계가 인연에 따라 서로 의존한다고 밝혔다.

신의 창조설을 믿을 경우 사람이 고통을 해결하려면 먼저 신을 믿어야 한다. 이어서 사람은 신의 뜻에 따라 살아야 한다. 이는 신과 약속한 것이므로 사후에 심판을 받아 영생 여부가 정해진다. 또 사람은 고통을 낳는 원인을 파악하고 그것과 공존 없는 투쟁을 벌이게 된다. 이것이 인류 초기의 문화에 나타난 사유였다.

붓다의 연기를 믿으면 사람은 고통을 해결하려고 신의 믿음과 전혀 다른 방향으로 나아가게 된다. 이 세상을 만드는 신만이 아니라 무엇을 한다는 실체도 없다. 있다면 여러 가지 조건으로 결합된 경험적 존재가 있을 뿐이다.

예컨대 돈은 다른 종이와 다를 바 없다. 다만 우리가 종이돈에 모든 것을 할 수 있다는 힘을 부여하고 또 그렇게 믿으면서 '종이돈이 모든 일을 할 수 있다'고 생각할 뿐이다. 이런 생각이 돈을 실체로 간주하게 한다. 돈에 어떤 권위도 인정하지 않는 곳에서는 종이돈과 종이는 별다른 차이가 없다. 돈은 허깨비와 다를 바 없다. 신분과 계급도 마찬가지다.

붓다는 이 세상에 실체가 있는 것이 없다지만 우리는 그것이 있다고 착각하면서 한편으로 돈과 권력 등을 숭배하고 다른 한편으로 차이와 가상의 적 등을 증오한다. 숭배와 증오는 명확한 실체가 있는 듯해서 한편으로 가까이 가고 다른 한편으로 멀어진다. 이는 여러 가지 조건의 결합으로 '잠깐' 있는 경험적 존재를 영원히 지속하는 실체로 오인하는 것이다.

밤에 바닥에 있는 빗자루를 뱀으로 오인해 깜짝 놀랐다가 사실을 알고 허탈하게 웃을 수 있다. 누군가 내게 못되게 군다고 생각해서 나도 그렇게 대하다 보니 어느새 서로 닮았다는 걸 느끼고 깜짝 놀랄 수도 있다. 실체가 없는 것을 실체로 오인해 영원히 소유하려고 번뇌하면 윤회의 사슬에서 벗어날 수 없다. 이런 윤회의 사슬에서 벗어나려면 어느 한쪽으로 기울거나 치우치지 않고 있는 그대로 보고 들어서 행동하는 팔정도八正道를 지켜야 한다.

『아함경』은 붓다가 깨달음을 얻은 뒤 설법하는 육성을 그대로 담았다. 또한 불교의 기본 교리만이 아니라 불교인으로 살아가는 다양한 이야기를 담았다. 코살라국에 사람을 여럿 죽인 뒤 그 손가락을 잘라 목걸이로 만들어 몸에 걸치고 다니는 도적 앙굴리말라가 있었다. 붓다는 위험하기 짝이 없는 앙굴리말라를 찾아 불가사의한 힘을 발휘해 살상을 멈추고 출가하게 했다. 붓다가 앙굴리말라와 함께 생활하자 그간 앙굴리말라에게 고통을 당했던 사람들이 항의했다. 하지만 그들도 앙굴리말라가 진심으로 회개한 뒤 출가 생활을 하는 모습을 보고 깜짝 놀랐다는 이야기를 전한다.

마룽키야풋타 존자는 붓다와 함께 있던 어느 날 "우주는 영원한가, 영원하지 않은가? 우주는 끝이 있는가, 없는가? 영혼은 육체와 같은가, 다른가? 여래는 사후에도 존재하는가, 존재하지 않은가?" 등에 대한 답을 찾고자 했다. 답을 찾지 못하면 붓다를 떠나기로 했다. 붓다는 마룽키야풋타 존자와 이야기 나누며 위의 물음에 답을 아는 것과 사성제四聖諦를 수행하는 것은 아무런 관련이 없다는 점을 설득했다. 이처럼 『아함경』에는 붓다가 자신의 깨달음을 다양한 각도와 방식 그리고 비유로 설법하는 현장을 공개했다.

신정근

성균관대 유학대학 교수

논어

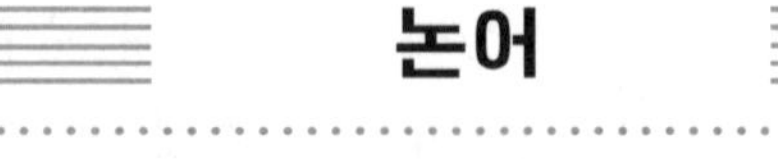

論語

공자 孔子 **(기원전 551~기원전 479)**

『논어』는 공자가 제자나 정치인 등과 나눈 대화를 수록한 책이다. 『논어』에서 첫 글자는 무엇일까? "자왈子曰"을 빼면 "배울 학學" 자가 제일 먼저 나온다. 이 학은 사람이 태어나서 후천적으로 배우는 공부를 뜻한다. 『논어』는 왜 처음부터 '배운다'는 말로 시작할까? 이는 공자가 혼란의 시대를 살아가면서 풀고자 한 시대의 과제와 관련이 있다.

공자는 사람들이 이해관계를 앞세우고 사람다운 가치를 가볍게 여기면서 사회의 갈등과 대립이 일어난다고 보았다. 그러한 대립은 급기야 전쟁으로 치닫게 되었다. 여기서 공자는 어떻게 하면 혼란한 세상을 평화로운 세상으로 바꿀지 고민했다.

공자는 오랜 고민 끝에 "결국 사람이 문제의 근원이다"라는 결론에 도달했다. 공자는 개인의 이익을 앞세우는 소인을 사람다운 가치와 보편적 규범을 존중하는 군자로 탈바꿈시키고자 했다. 간단히 말하면 소인을 군자로 바꾸고자 했다.

이는 오늘날 운동경기에 빗대어 설명하면 이해하기가 쉽다. 프로스포츠가 인기를 끌면서 승부가 첨예한 관심사가 되었다. 이때 반칙과 부정을 하더라도 경기에서 무조건 이겨야 한다는 사람이 있고, 승부도 중요하지만 경기는 규칙을 존중하며 정정당당하게 경쟁해야 한다는 사람이 있다고 하자.

전자가 몇 번 승리해 잠깐 팬들의 환호를 받을 수 있다. 하지만 언젠가 부정과 반칙이 팬들에게 알려지면 해당 팀만이 아니라 해당 스포츠마저 팬들의 사랑을 잃을 수 있다. 정정당당하게 경기에 임하면 지더라도 오히려 팬들의 사랑을 얻을 수 있다.

여기서 우리가 부정과 반칙을 서슴지 않는 승리지상주의보다 끝까지 최선을 다하며 정정당당하게 겨루는 승부를 좋아한다면 공자와 문제의식을 공유한다고 할 수 있다. 바로 전자가 '소인小人'이고 후자가 '군자君子'라고 할 수 있다.

운동을 잘하려면 어떻게 해야 할까? 운동을 잘하게 해달라고 신에게 기도하기보다 꾸준히 연습하는 수밖에 없다. 소인을 군자로 바꾸려는 공자의 과제도 마찬가지다. 어떤 신에게 기도한다고 해서 그러한 탈바꿈이 일어나지는 않는다. 바로 여기서 우리는 『논어』의 첫 글자가 "배울 학"으로 시작되는 비밀을 알 수 있다. 배움으로 소인에서 군자로 전환할 수 있기 때문이다.

공자는 제자와 당시 사람들에게 **"배워라!"**라고 요구만 하지 않았다. 사실 공자는 누구보다 배움에 열정적이었다. 이러한 공자의 학문적 성취가 알려지면서 "공자는 성인이다", "공자는 모르는 것이 없다" 등의 평가가 이어졌다. 공자는 한사코 이런 평가를 거부했다. 공자는 다만 자신이 어떠한 상황에서도 배우기를 좋아하는 '호학好學'에서는 누구에게도 뒤지지 않는다고 말할 정도였다.

공자는 도대체 왜 이렇게 호학에 열성적이었을까? 이는 공자의 경험만이 아니라 우리의 경험에 비춰보면 쉽게 알 수 있다. 우리는 시험에서 좋은 성적을 얻고 싶고, 세계의 많은 나라에 대해 더 많이 알고 싶어 한다.

시험을 보고 나서 성적이 생각한 대로 나오지 않았을 때 "조금만 더 공부했더라면 좋았을 텐데……"라고 후회하고, 세계를 여행할 때 "조금 공부하고 여행했더라면 더 많이 느낄 텐데……"라고 생각한다. 이처럼 다양한 기회에 놓일 때 더 많이 배우면 더 깊이 느낄 수 있다.

공자는 사람이 소인에서 군자로 탈바꿈해 한 사람 한 사람이 지금보다 더 사람다운 삶을 살기를 바랐다. 이때 우리가 더욱 사람다운 삶을 살려면 더 많이 배우는 수밖에 없다. 더 많이 배우면 지금보다 더 사람다운 삶을 살아갈 기회를 넓히고 대안을 늘릴 수 있다.

더 많이 배우는 만큼 사람이 극단으로 치닫지 않고 균형 잡힌 인격을 갖추게 되며, 이를 바탕으로 주위 사람을 편안하게 해줄 수 있다. 이것이 1만 2500여 자인 『논어』를 '수기안인修己安人' 네 글자로 요약한 것이다.

여기서 '닦을 수修' 자는 단순히 계속 문질러서 빛나게 한다는 뜻이 아니라 사람이 자신에게 모자라는 것을 덧보태고 넘치는 것을 덜어내 균형 잡힌 인격을 갖추는 맥락을 나타낸다. '편안할 안安' 자는 사람이 사는 곳에서 평안해서 다른 곳으로 떠나고 싶지 않고 그곳에서 안정감을 누리며 이웃과 자연스럽게 어울리는 맥락을 나타낸다.

인류는 역사 속에서 끊임없이 진보해왔다. 자연에 종속되던 과거보다 자연을 이용하는 오늘이 더 발달했다고 할 수 있다. 하지만 삶의 조건이 발전한다고 해도 현실에는 부족한 점이 있다. 자유와 해방 그리고 민주주의가 현실에서 심화하더라도 여전히 소외되는 대상이 있다.

여기서 우리는 현실에 완전히 만족하지 못하고 이상을 꿈꾸게 된다. 이상은 현실에 없는 것이 채워진 상태라고 할 수 있다. 이렇게 보면 인류 역사는 끊임없이 현실에 이상을 넓혀온 과정이라고 할 수 있다.

공자도 춘추시대를 살아가면서 결코 현실에 만족할 수 없었다. 어떤 사람은 신분만 믿고 배우려 노력하지 않아 훗날 이웃과 백성에게 큰 피해를 주었고, 어떤 사람은 능력이 출중하지만 신분이 낮아 역량을 발휘할 기회를 얻지 못했다.

여기서 공자는 신분제를 철폐하자는 극단적인 주장을 하지 않았다. 그 대신에 왕족과 귀족은 수기안인의 덕목을 쌓아 공동체의 질서를 향상하고 사와 평민은 능력에 따라 실력을 발휘할 기회를 얻게 하자고 제안했다. 즉 신분제와 능력주의가 공존하는 사회를 꿈꾸었다고 할 수 있다. 훗날 실시된 과거제는 바로 공자가 꿈꾼 신분제와 능력주의가 공존하는 사회제도라고 할 수 있다.

이처럼 공자는 신분제 시대를 살면서 사와 평민에게 더 많은 기회를 주어야 한다는 주장을 펼쳤다. 그 주장이 당대에 바로 실현되지는 않았지만 당·송과 조선시대의 과거제 실시로 꽃피우게 되었다. 공자의 외침이 후세에 빛을 본 것이다.

오늘날 우리 사회도 이전보다 엄청난 발전을 이룩했다. 그렇다고 모든 사람이 현실에서 자신의 이상을 실현할 기회를 얻는 것은 아니다. 바로 여기서 우리는 **"모든 사람에게 더 많은 기회를 줘야 한다"**라고 주장한다. 이처럼 우리가 이상을 추구한다면 공자가 『논어』에서 가꾸려 한 이상을 살펴볼 만하다. 『논어』에서 우리가 이상을 가꾸고 실현할 자양분을 얻을 수 있기 때문이다.

신정근

성균관대 유학대학 교수

도덕경

道 德 經

노자 老子 (기원전 510년경)

이분법은 세계를 있는 그대로가 아니라 자의적으로 부당하게 편집한다는 비판을 받아왔다. 이런 단점이 있지만 이분법은 모든 문제를 단순화해서 사태를 명쾌하게 인식하게 해주는 장점이 있다. 이렇게 장단점이 공존하다 보니 이분법은 폐해가 있음에도 사람의 사고를 안내하는 지침으로 널리 활용되고 있다.

노자는 춘추시대에 이분법이 사태를 왜곡하고 사람을 병들게 한다고 아주 강도 높게 비판했다. 예컨대 시대가 부국강병富國强兵을 추구하면서 부유富裕와 강성强盛은 추구할 방향인 반면에 그 반대편에 있는 빈궁貧窮과 유약柔弱은 탈출할 지점이 되었다. 빈과 약은 존재할 만한 어떠한 가치를 지니고 못하고 부정해야 하는 대상이 되었다.

이러한 경험은 오늘날에도 반복되고 있다. "키가 크고 몸매가 날씬한 게 좋다"라는 강박 관념이 사회에 널리 퍼지면서 대와 소 그리고 날씬함과 뚱뚱함은 단순히 분류의 차이가 아니라 이항 대립의 특성을 지니게 되었다. 키에서 대大는 긍정적인 가치를 갖지만 그것에 상대되는 소小는 부족하고 모자란 상태가 된다. 또 몸매에서 날씬함은 부러움의 대상이 되지만 뚱뚱함은 다이어트를 해서 몸무게를 줄여야 하는 신호로 여겨진다.

노자는 춘추시대가 이항 대립의 사고로 사람이 오로지 부와 강의 방향으로 나아가도록 내몬다고 보았다. 이에 사람들은 왜 빈과 약의 상태에서 탈출해 부와 강의 방향으로 나아가야 하는지도 정확하게 모른 채 우르르 몰려다니게 되었다.

바로 이 지점에서 노자는 이항 대립의 사고가 얼마나 비정상적이고 허망한지를 밝히면서 이항 균형이 세계에 편재한다는 점을 일깨우고자 했다. 산에는 큰 나무도 있고 작은 나무도 있으며, 동물에는 빨리 달리는 종도 있고 느리게 달리는 종도 있으며, 사회에는 남자도 있고 여자도 있다.

사실 이렇게 이항이 모순 없이 공존하는 사태는 무한히 열거할 수 있다. 이것이 자연적인 사실이고 사회적인 사실이기 때문이다. 다만 정치에서 이항의 공존을 대립으로 구성하고 일방향이 선이고 쌍방향은 선이 아니라고 선언하면서 이항 대립 이야기가 브레이크 없이 사회 구석구석을 질주하게 된 것이다. 노자는 이항 대립 이야기에 브레이크를 걸려고 "있음과 없음이 서로 낳아주고 어렵고 쉬움이 서로 이루어주고 길고 짧음이 서로 견주어보게 한다"라고 주장했다.

사람이 이항 대립의 이분법에 빠지면 세상은 흑색 아니면 백색으로밖에 보이지 않는다. 총천연색 세상이 흑과 백으로 나뉘게 된다. 이는 시지각의 문제에만 그치지 않고 인식에도 그대로 적용된다. 어떤 사태와 현상에 대해 객관적이고 공정한 판단은 존중되지 않고 '내 편 아니면 남의 편'이라는 편 가르기가 진행된다. 나아가 사람들에게 둘 중 하나를 선택하라는 무언의 압력을 행사하게 된다.

이때 사람은 사태와 현상을 사실과 합리적 추론으로 구성하지 않고 자신의 확증 편향에 따라 재배치하게 된다. 여기서 사람이 사태와 현상을 확증 편향에 따라 재배치할 때 숱한 조각 정보와 채색된 사례를 수집하게 된다. 노자는 이를 '지知'라고 했다. 우리가 실제로 『도덕경』을 읽다 보면 '무지無知'라는 표현을 만나게 된다. 이로써 우리는 노자가 지知에 대한 부정적 태도, 즉 반지성주의를 보인다고 생각할 수 있다.

예컨대 검은색과 흰색 사이에 회색이 존재할 수 있다. 하지만 회색의 농담은 상황과 조건에 따라 다양하게 편차를 보일 수 있다. 흰색에 가까운 회색이 있고 검은색에 가까운 회색이 있다. 이분법에 따르면 회색은 회색으로 존재하지 못하고 흰색에 가까우면 흰색이 되고 검은색에 가까우면 검은색이 되는 것이다.

이때 회색을 흰색 또는 검은색이라고 주장하려고 모은 조각 정보와 채색된 사례가 바로 지에 해당한다고 할 수 있다. 이런 점에서 노자는 분명히 지에 부정적인 태도를 보인다고 할 수 있다. 하지만 『도덕경』을 보면 결코 앎 일반 또는 모든 앎을 부정하지는 않는다.

사실을 있는 그대로 비춰주고 현상을 부분이 아니라 전체로 조망하는 앎을 긍정하고 또 추구해야 한다고 주장한다. 그것이 바로 '명明'이다. 이렇게 보면 노자는 이분법에 동원되는 지知의 앎을 부정하지만 이분법에서 벗어나 사물과 현상을 있는 그대로 전체로 보는 명明의 앎을 긍정한다고 할 수 있다.

이런 맥락에서 『도덕경』의 첫 문장을 살펴보면 그 의미가 좀 더 분명하게 다가온다.

"뭐라고 말할 수 있는 도는 영원한 도가 아니다(道可道非常道)."

여기서 뭐라고 말한다는 것은 이항 대립의 관점에서 어디에 분류한다는 뜻이다. 부국강병의 경우 부와 강을 도라고 말하는 것이고, 키의 경우 대를 도라고 말하는 것이고, 몸매의 경우 날씬함을 도라고 말하는 것이다.

이렇게 뭐라고 말하든 도는 결코 전체를 아우르는 도가 될 수 없고 상황이 달라지면 영원한 도가 될 수 없다. 부와 강은 빈과 약을 배제한 반쪽일 뿐이고 상황에 따라 몰락을 재촉하는 원인이 될 수도 있다. 부국강병을 무리하게 추진하면, 백성의 형편을 고려하지 않으면 내부 분열로 자멸할 수도 있기 때문이다.

결혼해서 집을 장만하면 살림이 자꾸 늘어난다. 이것도 필요하고 저것도 필요하다. 이렇게 필요하다고 생각하는 대로 물건을 하나씩 사다 보면 집 안에는 사람이 편하게 쉴 공간이 줄어든다. 집이 사람을 위해 있지 않고 물건을 위해 있는 듯하다. 우리는 이런 상황을 맞이하면 '더 많이' 사려고 하지 않고 있는 것을 하나씩 비우게 된다.

이러한 경험으로 노자가 왜 '부국강병'을 비판하는지 그 맥락을 더 잘 이해할 수 있다. 외적과 싸우려면 국가를 부국과 강국으로 만들어야 한다고 생각할수록 모든 것에서 부국과 강국에 초점을 맞추게 된다. 이러한 요구가 강하면 강할수록 사회의 다양한 요구를 왜곡하게 된다.

부국과 강국을 만드느라 도움이 절실한 소수자를 외면하게 되고 재해로 고생하는 백성들의 고통을 뒤로하게 된다. 노자의 말에 따르면 대군이 주둔한 곳이면 곡식은 물론이고 풀조차 자라지 않는다고 한다. 무기와 병사는 더 많이 갖추어야 할 자원이 아니라 사람에게 재앙을 가져다주는 불행한 물건이라고 비판한다. 바로 이 때문에 노자는 모두 '부국강병'을 부르짖는 상황에서 반대로 '소국과민小國寡民'을 말한다.

소국과민은 시대의 수레바퀴를 과거로 돌리려는 돈키호테와 같은 시도를 하는 게 아니다. 소국과민은 부국강병의 수레바퀴가 할퀴고 지나가는 신음과 비명이 더는 들리지 않게 하는 인간적인 삶의 조직이라고 할 수 있다. 『도덕경』은 5000여 자 분량으로 되어 있으며 운문으로 된 철학시의 특성을 지녔다. 이처럼 노자는 그리 많지 않은 분량으로 시대의 문제를 포착하고 미래의 방향을 제시한다는 점에서 탁월한 시인이자 철학자의 솜씨를 유감없이 발휘한다고 할 수 있다.

신정근

성균관대 유학대학 교수

오레스테이아

ORESTEIA

아이스킬로스 Aeschylos (기원전 525?~기원전 456)

독일의 고전 문헌학자인 부르노 스넬은 『정신의 발견』에서 그리스 문학사를 장르의 역사라고 했다. 문학의 여러 장르가 탄생했다가 쇠퇴하는 역사를 겪었다는 것이다. 호메로스의 『일리아스』와 『오디세이아』, 그 뒤를 잇는 헤시오도스의 『신들의 계보』와 『일과 나날』이 서사시라는 형식으로 서양문학사를 시작한 이후 개인감정을 솔직하게 노래하는 서정시가 그 뒤를 이었고, 기원전 534년 대디오니소스 제전을 계기로 드라마Drama로서 비극이 공식적으로 탄생한다. 그리고 기원전 487년에는 희극도 대디오니소스 제전에서 경연 종목이 되면서 꽃피웠다.

아리스토텔레스는 『시학』에서 비극을 가장 성숙하고 완성도가 높은 장르로 평가했다. 비극을 대표하는 3대 작가로 아이스킬로스, 소포클레스, 에우리피데스가 꼽히는데, 원래 합창이었던 '트라고디아Tragōidia'에 배우를 2명 등장시켜 드라마 형식의 비극을 확립한 작가는 아이스킬로스이며, 이것 때문에 그는 '비극의 아버지'라고 불린다. 그는 또한 이야기가 서로 이어지는 '삼부작'을 최초로 시도했다. 『오레스테이아』 삼부작은 우리에게 전해지는 유일한 그리스 삼부작이다.

첫 번째 작품 「아가멤논」은 트로이아 전쟁의 그리스 총사령관 아가멤논 왕이 전쟁을 마치고 미케네로 개선하는 장면으로 시작한다. 그의 아내 클리타임네스트라는 겉으로는 그를 환영했지만 속으로는 참혹한 음모를 품고 있었다. 미케네의 원로들로 구성된 합창단은 진실을 감지하고 노래한다. **"그녀는 남편조차 두려워하지 않는다. 무시무시하고 교활한 가정의 관리자, 그녀가 기다리고 있다. 그녀는 자기 딸을 위한 복수를 꿈꾸며 언제나 분노하고 있다."**

아가멤논이 트로이아로 원정을 떠나기 전에 그리스 연합군 함대가 아울리스 항구에 집결했지만 출항을 위한 바람이 불지 않았다. 아가멤논이 달과 사냥의 여신 아르테미스의 사슴을 죽였기 때문이다. 아가멤논이 큰딸을 제물로 바쳐 진노한 아르테미스 여신을 달래야 한다는 신탁이 내려졌다. 아가멤논이 고심 끝에 큰딸을 제물로 바치자 클리타임네스트라는 경악했고, 남편에게 복수심을 품게 되었다.

아가멤논이 트로이아로 떠난 후 복수를 노리던 클리타임네스트라에게 한 남자가 다가왔다. 아이기스토스였다. 아가멤논과 메넬라오스 형제에게는 사촌인 그는 아가멤논과 메넬라오스 형제에게 아버지를 잃고 복수를 계획하던 터였다. 트로이아 전쟁이 터지고 미케네 궁전이 비자 그는 클리타임네스트라에게 접근했다. 그리고 그 가슴에 묻혀 있던 슬픔과 분노에 복수심의 불을 질렀다. 아가멤논에 대한 공동의 적개심은 두 사람을 내연관계로 맺어주었다.

그렇게 10년이 지나 마침내 전쟁을 끝낸 아가멤논이 돌아왔다. 아가멤논 곁에는 전리품으로 데려온 트로이아 공주 카산드라가 있었다. 클리타임네스트라는 이 모습을 보고 자신의 불륜에 따른 죄책감을 모두 지우고 오롯이 큰딸에 대한 복수에만 전념하게 되었다. 그녀는 아가멤논을 붉은 융단 위를 걸어 왕궁 안으로 들어가게 한 후 무장을 해제하고 따뜻한 목욕탕 안으로 들어가게 했다. 끔찍한 살육을 예감한 카산드라가 외쳤다. **"바로 여기 두 발 디딘 암사자는 고귀한 수사자가 떠나 있는 동안 늑대와 동침하더니 불쌍한 나를 죽이려고 한다."** 그리고 그 예언대로 왕궁 안에는 아가멤논이 클리타임네스트라가 휘두르는 도끼에 맞아 외치는 비명이 울려 퍼졌다.

두 번째 작품 「제주祭酒를 바치는 여인들」은 클리타임네스트라의 지시에 따라 아가멤논 무덤에 제주를 바치는 엘렉트라와 시녀들이 등장하면서 시작된다. 엘렉트라는 오직 남동생 오레스테스의 귀환만 기다렸다. 오레스테스는 아가멤논이 전쟁터로 떠난 후 아가멤논의 누이인 아낙시비아 집에 맡겨졌다. 그런데 오레스테스는 아버지가 죽은 뒤 아폴론에게서 신탁을 받았다. 아버지의 복수를 해야만 한다는 것이었다. 그는 자신의 사촌이자 절친인 필라데스와 함께 아버지의 복수를 하러 미케네로 돌아온다.

한편 아가멤논을 죽여 큰딸의 복수를 하는 데 성공한 클리타임네스트라는 미케네의 권력을 쥐고 자신과 함께 복수를 감행한 정부 아이기스토스와 함께 미케네를 다스리고 있었다. 그 권력은 원래 아가멤논의 아들 오레스테스에게 와야 하는데, 어머니가 정부와 함께 아버지를 죽이고 찬탈하는 바람에 빼앗겼으니 오레스테스가 아버지 원수를 갚는 것은 결국 자신의 권력을 되찾는 일이기도 했다. 그러나 아버지의 원수를 갚으려면 어머니를 죽이는 친족살해를 범해야 하는데, 이것이 오레스테스에게는 가장 큰 고민이었다. 신의 명령에 따라 아버지의 복수를 해야 하는데 어머니를 죽일 수는 없는 딜레마에 빠진 것이다. 마침내 그는 아버지의 복수를 하려고 어머니를 죽이기로 결심했다. **"제우스**

시여, 제가 아버지의 죽음에 복수하게 해주소서. 저의 동맹자가 되어주소서."

제주를 바치러 온 엘렉트라와 복수를 하려고 돌아온 오레스테스의 극적인 상봉은 이제 또 다른 복수를 향해 질주하는 출발신호와도 같았다. "신들의 도움을 받아 내 이 두 손으로 그녀를 제거하고 나는 죽어버렸으면!"이라고 오레스테스가 말하자 엘렉트라는 "신들이여, 정의에 따라 우리 기도를 이뤄주소서"라고 기도한다. 제주를 바치는 여인들은 어제 클리타임네스트라가 악몽을 꾸었다고 했다. 꿈에서 그녀가 뱀을 낳았는데, 그 뱀이 그녀의 젖을 빨자 젖에 핏덩이가 섞여 있었다고 한다. 그러자 오레스테스가 말했다. "내가 뱀이 되어 그녀를 죽이겠소."

오레스테스는 왕궁 안으로 들어가 아이기스토스를 죽이고 마침내 어머니와 대면한다. "따라오세요, 어머니. 여기 이놈 옆에서 당신을 죽여 제물로 바치겠어요." 그는 단호하게 어머니 가슴에 칼을 꽂았고, 죽은 두 사람의 주검을 두고 이렇게 외쳤다. "아버지를 살해해 오염되고 신들에게 미움받은 어머니를 살해한 것은 정의로운 행동이었소. 퓌토의 예언자 록시아스(아폴론)가 이런 대담한 행동을 주문했소." 하지만 복수를 완수한 순간, 그의 마음이 홀가분하지는 않았다. 아무리 자기 행위를 정당화해도 어머니를 죽인 친족살인범이라는 사실은 지울 수 없었기 때문이다. 오레스테스가 이 사실에 괴로워하면서 퇴장하고 극은 막을 내린다.

마지막 작품 「자비로운 여신들」은 친족에게 살해당한 사람의 혼백이 품은 한을 대신 풀어주는 복수의 여신 에리니에스가 오레스테스를 계속 쫓아다니며 괴롭히는 장면으로 시작한다. 장소는 델피에 있는 아폴론 신전이다. 오레스테스는 복수를 명령했던 아폴론에게 자신의 구원을 요청하고 아폴론은 돕겠다고 약속한다. 얼마 후, 장소는 아테네의 아레오파고스 언덕으로 바뀐다. 오레스테스에 대한 재판이 열린 것이다. 그가 친족살해라는 죄로 사형을 당해야 하는지, 아니면 아버지의 복수라는 정당성을 인정받고 무죄로 풀려나야 하는지를 법적으로 다투자는 것이었다. 치열한 법정 공방이 작품에 긴장감을 더한다. 배심원들의 투표는 팽팽하게 동수를 이루었고 캐스팅보트를 쥔 아테나 여신은 오레스테스의 손을 들어주었다.

그러자 복수의 여신들은 판결에 불복하며 강력하게 항의했다. 그리고 언젠가는 반드시 클리타임네스트라의 복수를 완수하리라고 다짐했다. 끝날 것 같지 않은 연속된 복수를 끊은 것은 역시 아테나 여신이었다. 그녀는 복수의 여신들에게 더는 복수의 여신으로 음산하고 축축한 지하세계에서 살지 말고 아테네의 찬란한 햇빛과 공기를 마시며 아테네에 거주하라고 제안했다. 더는 시민들에게 공포의 대상이 되지 말고 감사와 존경의 대상이 되면 어떻겠냐고 제안한 것이다. 복수의 여신들은 아테나의 제안을 기꺼이 받아들여 이제는 사람들에게 복수 대신 자비를 베푸는 여신으로 거듭나겠다고 약속한다. 이렇게 복수 삼부작 『오레스테이아』는 복수의 여신이 자비의 여신으로 탈바꿈하면서 비극의 환희를 보여주며 막을 내린다.

김헌

서울대 인문학연구원 교수

역사

HISTORIA

헤로도토스 Herodotos (기원전 484~기원전 425)

그리스의 역사historia는 헤로도토스에서 시작한다. 그가 페르시아와 그리스 사이에 벌어진 두 차례 전쟁을 기록한 『역사』가 나오기 전까지 그리스에 역사는 없었다. '역사' 이전에 역사는 신화muthos가 담당했다. 페르시아 전쟁 이전에 가장 큰 전쟁으로는 트로이아 전쟁이 꼽히는데, 호메로스가 썼다는 『일리아스』와 『오디세이아』에서 전해진다. 그러나 호메로스는 사실을 실증적으로 기록한 역사가가 아니라 문학적 상상력으로 이야기를 지은 시인이다.

그는 트로이아 전쟁의 두 영웅인 아킬레우스와 오디세우스를 주인공으로 영웅 서사시를 쓰면서 시가의 여신 무사Mousa를 부른다. 그에게는 설령 "혀와 입이 10개 있다 해도 목소리가 지치지 않고 청동 심장이 있다 해도" 무사 여신이 도와주지 않는다면, 아무것도 말할 수 없다고 고백한다. 신들과 인간들의 역사를 두 편의 서사시 『신들의 계보』와 『일과 나날』에 담아낸 헤시오도스도 기억의 여신 므네모시네와 시간의 신 크로노스를 제압하고 영원한 권력을 쥔 제우스와의 사이에서 태어난 아홉 무사의 가르침이 있었다고 한다. 이렇게 그리스에는 역사 이전에 신화가 있었다.

헤로도토스는 첫 문장부터 서사시인들과 결별을 선언한다. 그는 무사 여신을 부르는 대신 자신의 '탐구' 결과를 보여주겠다고 밝히는데, '탐구'는 그리스어로 '히스토리아'다. 이 말은 '본다'는 뜻의 동사에서 파생된 명사다. 그러니까 먼 옛날의 일들을 무사 여신들의 도움을 받아 읊조리는 대신 자신이 직접 보고 듣고 겪은 바를 기록했음을 천명한 것이다. 왜 그랬을까? 사람들 사이에서 일어난 일들이 시간이 흐름에 따라 퇴색되지 않도록, 그리스인들과 페르시아인들이 보여준 중대하고 놀라운 행적들이 잊히지 않도록, 특히 어떤 원인으로 그들이 전쟁을 벌였는지를 알리기 위해서였다. 헤로도토스의 『역사』는 그 자체가 인간사를 기억하고 기록하는 것을 신의 몫이 아니라 인간의 몫으로 가져온 획기적 사건이었다. 그래서 로마의 철학자 키케로는 헤로도토스를 '역사의 아버지'라고 했다.

모두 아홉 권으로 구성된 『역사』는 신화에서 탈피한 본격적인 역사서인데도 각 권에 무사 여신 아홉 명의 이름이 붙었다. 예컨대 제1권은 명성과 소문, 역사를 주관하는 무사 여신 클레이오의 이름이, 마지막 제9권은 서사시의 무사 여신 칼리오페의 이름이 붙는 식이다. 인간 헤로도토스가 기록했지만 그 기록의 확실성은 역시 무사 여신의 가호에 달렸다는 신화적 상상력과 종교적 염원이 담겨 있음일까?

흔히 그리스 역사의 출발점을 크레타를 중심으로 발전한 미노스 문명으로 잡는다. 크레타는 남쪽으로는 이집트 문명을, 동쪽으로는 페니키아와 메소포타미아 문명을 바닷길을 통해 접할 수 있는 문명의 교차로에 있다. 이를 기억하는 신화가 뚜렷하게 남아 있다. 신들 세계의 패권을 차지한 제우스가 그 주인공이다. 제우스는 인간 세계에 강력하고 찬란한 새로운 문명을 건설하려는 계획을 세웠다. 그리고 그를 실현하려고 그리스 본토 아르고스의 이오 공주에게 접근했다. 사랑의 현장을 헤라에게 들킬 찰나, 제우스는 이오를 암소로 변신시켰다. 암소의 정체를 의심한 헤라는 끝까지 그녀를 괴롭혔고, 이오는 괴롭힘을 피해 온 세상을 떠돌다가 이집트까지 갔다. 마침내 제우스와 헤라가 화해하면서 이오는 암소의 모습을 벗고 다시 인간으로 돌아왔다. 그리고 그의 자손들이 이집트를 세우고 문명을 열어나갔다.

이오의 고손녀 중에 에우로페 공주가 있다. 그녀는 아버지가 페니키아의 티로스와 시돈으로 이주하여 낳은 딸이다. 제우스는 몸소 황소로 변신해 에우로페를 납치해서는 크레타로 데려왔다. 그리고 둘 사이에 태어난 미노스가 크레타의 왕이 되면서 에게해를 장악하는 해상강국을 이루었다. 에우로페Europe에게서 유럽Europe 문명이 시작되었음을 이야기하는 신화다. 이렇게 신화는 과거의 흔적을 신비로운 이야기로 담아내면서 '역사' 이전의 역사로서 기능하며 과거를 기억했다.

헤로도토스는 이런 신화로 기억된 과거를 역사로 재구성하면서 『역사』의 첫 부분을 시작한다. 아르고스의 이오 공주를 납치한 것은 제우스가 아니라 페니키아의 장사꾼들이었으며, 그들이 아르고스를 거쳐 이집트로 갔다는 것이다. 그러자 마치 그리스 여인 이오를 납치한 것에 보복이라도 하듯이 크레타인들이 페니키아로 건너가 에우로페 공주를 납치했다는 것이다. 제우스는 사건의 서술에서 지워졌다. 헤로도토스는 이런 이야기를 페르시아 지식인들의 이야기라며 들려주지만, 내심 그리스인들이 철석같이 믿는 신화의 허구성을 폭로하고 신화에서 벗어나 역사적 탐구를 시도해야 한다는 집필의 당위성을 강조한 셈이다.

그가 기록하고자 한 것은 기원전 490년과 480년에 벌어진 페르시아와 그리스 사이의 전쟁이다. 하지만 헤로도토스는 이 전쟁만 기록하지 않았다. 그는 『역사』에서 그리스-페르시아 전쟁을 훨씬 넘어서는 풍부한 이야기를 늘어놓으며 이야기꾼으로서 능력을 유감없이 발휘한다. 그가 평생에 걸쳐 지중해 여러 곳을 돌아다니며 보고 들은 것들을 세세하게 이야기해주는데, 그 하나하나가 재미있다.

예컨대, 그의 본격적인 역사 이야기는 리디아의 크로이소스왕으로 시작한다. 그것은 『역사』의 본론인 페르시아 전쟁과는 멀리 떨어진 이야기이지만 그 자체가 흥미롭다. 그가 왕이 되기 전 그의 가문이 어떻게 권력을 잡게 되었는지 세세하게 이야기하고 난 뒤 크로이소스에게 집중한다. 그는 메디아 왕국을 무너뜨리고 급부상한 페르시아가 리디아를 압박해오자 그들과 전쟁을 할지, 평화롭게 지낼지를 두고 델피의 아폴론 신전에 신탁을 청한다. "그대가 전쟁을 일으킨다면 거대한 왕국을 무너뜨릴 것이다."

신탁을 들은 그는 승리를 확신하고 행동에 나섰지만 전쟁에서 패하고 포로로 잡힌다. 몹시 억울했던 그는 왜 아폴론이 자신을 거짓 신탁으로 속였는지 물었다. 아폴론 사제에게서 온 대답은 이랬다. "그대는 신탁을 들었을 때, 그대가 일으킨 전쟁으로 무너뜨릴 나라가 누구의 나라였는지 다시 물었어야 했다." 신탁은 틀림없었다. 그가 전쟁을 일으켰다가 자신의 거대한 왕국을 무너뜨리고 말았기 때문이다.

헤로도토스는 이런 식의 흥미진진한 이야기로 페르시아 역사도 세세하게 기록한다. 메디아의 속국에 불과했던 페르시아를 대국으로 키운 키로스가 메디아·리디아·바빌로니아를 정복한 이야기, 그의 뒤를 이은 캄뷔세스가 이집트를 정복하고, 그다음으로 다레이오스 대왕이 마침내 에게해 건너 그리스를 침략하는 이야기 그리고 그들에 맞서 마라톤 평원에서 밀티아데스의 지휘 아래 기적과도 같은 승리를 이끈 아테네와 플라타이아 전사들의 이야기가 흥미진진하게 펼쳐진다.

다레이오스가 죽고 그의 아들 크세르크세스가 실행한 그리스 원정 이야기는 우리에게 〈300〉이라는 영화로 더 잘 알려져 있다. 그의 페르시아 대군과 테르모필라이에서 용감하게 맞서다 장렬하게 전사한 스파르타의 레오니다스왕과 그 전사들, 아테네의 파괴를 감수하면서 살라미스에 배수진을 치고 페르시아 해군을 격파한 테미스토클레스의 지략, 마침내 페르시아로 물러나는 크세르크세스, 그의 잔류병을 대상으로 벌인 그리스인들의 플라타이아 전투와 뮈칼레 해전까지 엄청나고 흥미로운 이야기가 『역사』를 가득 채운다.

그런데 헤로도토스는 수시로 본론에서 벗어나 샛길로 빠져나가기에 다소 산만하다는 느낌을 주기도 한다. 또 여러 대목에서 소설보다 더 소설 같은 이야기가 역사로 이야기되는 대목에서는 고개를 갸우뚱하게 된다. 그는 사실 그대로, 보고 들은 그대로 역사를 표방했다고 하지만, 그의 서술 기저에서는 신의 섭리에 대한 믿음처럼 신화적이고 종교적인 것들이 자주 느껴진다. 그리고 그가 서술하는 역사 속 주인공들의 행동은 꿈이나 신탁에 영향을 많이 받으며, 그 꿈과 신탁이 실현되는 이야기들이 역사라는 이름으로 기록되어 있다. 그래서 과연 그가 실제 역사에 충실한 역사가였을까 하는 의심까지 하게 된다. 그래서 일부 사람들은 그를 '역사의 아버지'가 아니라 그럴듯한 이야기를 역사처럼 잘 꾸며낸 '거짓말의 아버지'라고 폄하하기도 한다.

하지만 신화가 지배적인 시대에 처음으로 역사라는 개념을 내세우며 사실을 그대로 기록하려고 시도했던 그에게 현대적 의미의 역사적 실증성을 엄격하게 요구하거나 그것을 기준으로 그를 깎아내리는 것은 부당한 면이 있다. 그의 한계와 가치를 균형 있게 볼 필요가 있는데, 그가 있었기에 그의 한계를 넘어서 좀 더 사실에 충실하고 냉정하게 객관적으로 역사를 기술한 투키디데스가 나왔다고 할 수 있다. 현대적 개념의 역사에 가깝게 펠로폰네소스 전쟁(기원전 431~기원전 404)을 기록한 투키디데스는 헤로도토스와 함께 높이 평가해야 할 고대 그리스의 역사가다.

김헌

서울대 인문학연구원 교수

국가

RESPUBLICA

플라톤 Platon (기원전 427?~기원전 347)

영국의 철학자 화이트헤드는 유럽의 철학적 전통이 "플라톤에 대한 일련의 각주"(『과정과 실재』)4라고 말했다. 플라톤의 저술들을 일컬어 "시사적 통찰의 무진장한 광산"이라고도 했다. 과장된 표현이지만 아주 근거 없는 말도 아니다. 플라톤 철학을 비판할 수는 있어도 그의 영향력을 부정할 사람은 없기 때문이다. 『국가』는 그런 플라톤 철학의 '심장'과 같은 책이다. '『국가』 이전의 플라톤 철학은 『국가』의 프롤로그이고 『국가』 이후의 플라톤 철학은 『국가』의 에필로그'라고 해도 지나치지 않다. 『국가』가 도대체 어떤 책이기에 그렇게 중요할까?

『국가』는 플라톤이 50대 초반에 쓴 책이다. 하지만 그 문제의식은 플라톤이 20대일 때 형성되었다. 그 시기는 그에게 '분노의 시절'이었다. 그에게 절망과 분노를 안겨준 것은 정의가 실종된 정치 현실이었다. 노년에 쓴 편지에서 그는 그 시기를 "성문화된 법률과 관습들이 타락해가고 있었는데 타락 속도가 놀라울 정도"(『일곱 번째 편지』)5였다고 회상했다. 이런 시대 경험 속에서 플라톤은 평생 변하지 않은 한 가지 신념을 품게 되었다. 인간 세상의 악은 오직 지혜와 권력이 통합될 때 끝낼 수 있다는 신념이었다. 『국가』는 이런 확신을 철학적으로 정당화한다. 도대체 정의란 무엇인지, 정의로운 나라에 합당한 정체가 왜 철인왕의 통치여야 하는지를 증명하는 것이 『국가』를 저술한 목적이다.

『국가』의 철인왕 이론에서 핵심은 정치를 전문가 손에 맡겨야 한다는 것이다. 대중에 따르는 정치인 아테네 민주정을 정면으로 반박한 것이다. 그러니 플라톤은 '반민주주의자'라는 비판에서 자유롭지 못하다. 그를 스스로 왕이 되려고 한 '전체주의자'라고 비판하는 사람(카를 포퍼)도 있을 정도다. 대체로 맞는 말인 것 같다. 하지만 우리는 그런 비판이나 비난에 앞서 플라톤이 왜 정의로운 정체를 민주정이 아니라 철인왕의 통치에서 찾았는지 따져봐야 한다. 이를 이해하지 못한다면 플라톤의 『국가』는 한갓 '철학적 망상'처럼 보일 것이다.

지금도 그렇듯이 기원전 5세기 그리스인들에게도 민주정의 기본 가치는 '자유eleutheria'와 '평등isonomia'이었다. 자유는 자유민이 추구하는 가치였다. 자유민은 노예와 달리 외부의 강제에 내맡겨져 있지 않다. 자유민은 자기 행동을 스스로 결정한다. 그래서 자유는 자율autonomia이다. 민주정의 평등은 자유민 누구나 자유롭게 자신의 주장을 내세우고 스스로 행동을 결정할 권리를 뜻한다. 이런 평등한 권리를 그리스인들은 '이소노미아'라고 했다. 하지만 플라톤 시대에 이런 가치들이 바닥으로 곤두박질쳤다. '자유'는 자율이 아니라 무정부상태anarchia로 변질되었다. '희석하지 않은 자유의 포도주'에 취해 사람들은 '멋대로 할 수 있는 자유'를 원했다. 본래 법 앞에서 동등함을 지향하는 평등 이념도 일그러졌다. 플라톤은 **"똑같은 것을 똑같은 사람들과 똑같지 않은 사람들에게 똑같이 나눠주는 정체"**[6]의 평등을 비판했다. '평등'이 불평등의 다른 이름이 되었다는 말이다.

플라톤은 『국가』 7권에서 만족을 모르는 욕망으로 자유와 평등이라는 이름의 불공정이 지배하는 사회와 거기서 살아가는 사람들을 생생하게 그려냈다. 권력을 위해 대중을 추종하는 정치는 조롱거리로 전락한다. "통치자들에게 순응하는 사람들을 노예근성에 젖어 있으며 아무것도 아닌 자들이라고 모욕"[7]하는 일이 일상이 된다. 부모와 자식의 다름, 선생과 학생의 다름이 '자유를 위해' 무시된다. 아비가 자식과 같아져 아들을 두려워하고 아들이 아비와 같아져 부모 앞에서 부끄러움을 모른다. "선생이 학생들을 무서워해서 이들한테 아첨하고, 학생들은 선생들을 우습게 본다."[8] 젊은이들은 연장자들을 흉내 내고 이들과 맞상대하며, 노인들은 젊은이들 앞에서 채신없이 굴면서 기지와 재치를 발휘한다. "불쾌하고 권위적이라는 평판을 피하기 위해서다."[9]

플라톤은 당시 시대상을 항해 중 혼란에 빠진 배에 비유했다. 풍랑이 치는 바다 위에 있는 커다란 배를 상상해보자. 선주가 있고 선원들이 있고 조타수가 있다. 그런데 선주는 덩치가 크고 힘이 세지만 항해술에 무지하고 눈과 귀가 어둡다. 선원들은 선주를 농락하며 배의 지휘권을 놓고 다툼을 벌인다. 선주를 제 편으로 만들고자 온갖 수단을 동원하고 서로 죽이고자 배 밖으로 내던진다. 별자리, 바람, 물길을 아는 키잡이가 있지만 혼란 속에서 그는 무용지물, 조롱의 대상일 뿐이다. 그가 배를 안전하게 이끌 유일한 인물인데도 말이다. 그러니 눈과 귀가 먼 선주(대중)도, 권력욕에 날뛰는 선원들(정치꾼들)도 아닌 항해를 '아는' 키잡이(철학자)에게 권력을 주는 것이 당연하지 않을까? 그것만이 안전한 항해를 보장하니까. 플라톤의 민주정 비판이 '많은 사람의 정치를 비판'했다면, '철인왕 이론'은 '아는 사람의 정치를 변론'하는 것이었다.

민주정 비판이나 철인왕 옹호론은 『국가』 전체에 걸쳐 전개되는 정치적 주장들이다. 하지만 그것이 『국가』의 전부라면 이 책의 영향력은 지금보다 훨씬 줄어들었을 것이다. 플라톤은 철인왕의 지배를 옹호하면서 그와 관련된 많은 철학적 이론을 『국가』에서 함께 제시했다. 철학자가 갖추어야 할 지혜의 대상에 대한 이론(이데아론), 그 대상에 대한 앎의 본성을 다룬 이론(인식론), 앎에 이르는 과정에 대한 이론(교육론) 등이 그것이다. 이런 이론들은 매우 복잡하지만 플라톤의 기본 아이디어를 아는 간단한 방법이 있다. 바로 『국가』 7권의 '동굴의 비유'를 꼼꼼히 읽어보는 것이다. 그 비유 안에는 플라톤 철학의 모든 것이 알레고리와 비유의 형태로 들어 있다.

다시 상상해보자. 땅속 깊은 곳에 넓은 동굴이 있다. 그 안쪽에는 어릴 적부터 몸이 묶여 동굴 안에 갇혀 있는 사람들이 앉아 있다. 이들의 시선은 정면의 동굴 벽면에 고정되어 있다. 이 '죄수들' 뒤에 담장이 있어서 그 뒤에서 오가는 사람들이 머리 위에 물건들을 올려서 옮긴다. 사람이나 동물 등 온갖 것의 모형이다. 이것들의 그림자가 동굴 앞면에 어른거린다. 동굴 입구 쪽에서 불빛이 타오르기 때문이다. 그림자들은 가짜이지만 동굴 안 사람들은 그것을 진짜로 알고 있다. 마치 그림자극을 보는 아이들처럼 그들은 그림자들에 빠져서 산다.

그런데 그중 한 사람이 사슬에서 풀려나 고개를 돌려 동굴 입구 쪽으로 나간다. 그리고 가파른 오르막길을 올라 드디어 동굴 밖으로 나간다. 어둠의 세계에 익숙한 자가 빛의 세계에 적응하려면 시간이 필요하다. 그는 먼저 진짜 있는 것들의 그림자나 물에 비친 영상들을 보고 한참 뒤 마침내 자연물들을 보게 된다. 적응해서 자연물들을 비추는 태양을 응시하기까지는 긴 시간이 필요하지만 그 세계의 경험은 그에게 행복감을 안겨준다. 하지만 그는 동굴 안에 있는 동료들을 떠올리고 그들이 불쌍해서 다시 동굴 안으로 내려간다. 돌아온 이 사람은 과연 환영을 받을까? 그러기는 어려울 것이다. 다시 찾은 동굴의 어둠에 익숙하지 않아서 서툰 몸짓을 하며 다른 세상을 이야기하는 그의 꼴이 우스워 보이기 때문이다. 동굴 밖 세계를 경험하지 않은 사람들에게 그의 이야기는 조롱을 불러올 뿐이다. 동굴 안에 있는 죄수들은 자신들이 모르는 세계를 말하면서 그들을 '인도'하겠다고 자처하는 사람을 증오하고, 이 증오심이 더 커지면 그를 죽이려 할 것이다.

'동굴의 비유'에는 많은 생각이 숨어 있다. 눈에 보이는 세계와 눈에 보이지 않는 세계의 분리, 인간의 조건, 철학자의 지혜의 본성, 이 지혜에 이르는 과정, 지혜를 얻으려는 오르막길과 지혜를 실현하려는 내리막길……. 하지만 이 비유의 마지막은 비관적이다. 그럼에도 플라톤은 철인왕의 정치를 실현 가능한 일로 생각했을까? 플라톤은 희망을 포기하지 않았다. "나라와 정체에 관해서 우리가 한 말이 전적으로 기원들일 뿐인 것이 아니라 어렵기는 하지만, 어떤 면에서는 실현 가능한 것들이라는 데…… 자네들은 동의하는가?"[10]

『국가』에 담긴 플라톤의 철학은 현실에 대한 분노를 딛고 일어선 열망의 철학이다. 이 철학은 서양의 2400년 역사에서 현실에 절망하고 새로운 질서를 꿈꾸는 사람들에게 상상의 무한한 에너지를 제공했다. 이것이 『국가』가 역사를 바꾼 책인 이유다. 서양의 모든 유토피아적 정치사상은 『국가』에 대한 일련의 각주일 뿐이다.

조대호

연세대 철학과 교수

형이상학

METAPHYSICA

아리스토텔레스 Aristoteles (기원전 384~기원전 322)

"이렇듯 철학 전체는 하나의 나무와 같습니다. 그 뿌리는 형이상학이요, 그 줄기는 자연학이요, 그리고 이 줄기로부터 뻗어 나온 가지들은 여타의 다른 학문들입니다."[11]

데카르트가 남긴 편지의 일부다. 과학의 시대를 사는 사람들에게는 아주 의심스러운 말이다. 과학적 지식은 이미 형이상학적 사변을 대체하지 않았나? 형이상학과 과학의 관계가 천동설-지동설, 창조론-진화론의 관계와 같다면 그런 의심은 정당할 것이다. 하지만 형이상학과 과학의 관계는 과거의 앎과 그것을 대체한 새로운 앎의 관계가 아니다. 둘은 전혀 성격이 다른 앎이다. 고대 그리스에서 형이상학은 '존재론'이자 '첫째 철학'으로 과학적 앎의 한계를 넘어선 앎을 추구하면서 생겨났고 그런 성격에는 지금도 변함이 없다.

2000년 넘게 엄밀한 학문의 본보기로 여겨졌던 유클리드 기하학이나 근대 이후 과학의 패러다임을 제공한 것으로 평가되는 뉴턴 역학의 '가설적 성격'을 따져보면 이 사실을 쉽게 이해할 수 있다.

유클리드 기하학은 '점', '선', '직선', '표면' 등에 대한 단순한 정의들과 공준들에서 시작해서 복잡한 정리들을 결론으로 이끌어낸다. 유클리드 기하학의 엄밀성을 보장하는 것은 그런 연역적 증명 방법이다. 하지만 이런 증명 체계는 그 자체에 한계가 있다. 기하학의 증명들은 예외 없이 가설적 전제들hypotheses에 의존한다는 점에서 그렇다. 예를 들어 '부분이 없는 것'으로서 '점이 있다'는 것은 무슨 뜻인가? '점이 있다'는 것 자체는 어떻게 증명되는가? 유클리드 기하학은 이런 질문들에 대답하기는커녕 그런 물음들을 던지지도 않는다. 그래서 기하학에 매료되었던 플라톤조차 기하학이나 그와 유사한 증명의 학문들은 가설에서 결론으로 나아갈 뿐 가설 자체의 진리성은 의심하지 않는다고 말했다.

뉴턴 역학도 마찬가지다. 뉴턴은 『프린키피아』에서 **"나는 가설을 만들지 않는다"**[12]라는 유명한 말을 남겼다. 자신의 과학은 경험적 현상들에 대한 관찰을 일반화함으로써 얻은 원리들로 이루어졌다는 뜻이다. 하지만 경험에서 귀납적 일반화로 얻은 어떤 명제도 보편적 진리성을 보장받을 수 없다. 뉴턴 역학의 법칙들이 아무리 위대한 발견이라고 해도 그것들에 대한 완전한 경험적 검증은 없다. 우리가 아직 경험하지 못한 현상들에도 우리가 이제껏 경험한 '법칙들'이 적용된다고 어떻게 확신할 수 있을까? 다른 방법에 따른 정당화, 즉 더 근본적인 전제들에 따른 증명 역시 불가능하다. 이런 증명 시도는 항상 무한퇴행에 빠지기 때문이다. 이렇듯 뉴턴이 '가설'이 아니라고 말한 역학 법칙들 역시 자기 완결적 진리가 아니라는 점에서 의심의 괄호를 벗어날 수 없는 '가설들'일 뿐이다.

우리는 수학과 과학의 한계를 '가설 의존성'으로뿐만 아니라 그것들이 다루는 대상 영역의 제한성으로도 지적할 수 있다. 수학, 물리학, 생물학 등 어떤 개별 학문도 있는 것 전체를 다루지는 않는다는 것을 부정할 사람은 없을 것이다. 기하학은 기하학적 형태들을 다루고 대수학은 수들을 다룬다. 물리학과 생물학은 각각 물리적 대상들이나 생명체들을 다룬다. 개별 학문들 가운데 '있는 것들'을 다루지 않는 것은 없지만, 어떤 개별 학문도 있는 것 전체를 다루지는 못한다. 그렇다면 수학이 수학적 대상의 존재를 알고, 물리학이 물리적 대상의 존재를 알듯이, 우리는 있는 것들 전체에 대해서도 앎을 찾아야 하지 않을까? 수학적 대상, 물리적 대상 등을 포함해서 우리 주변의 모든 것이 '있는 것'이라고 불린다면, 그것들이 '있다'는 것은 도대체 무엇을 뜻할까? 어떤 공통성이 있기에 그것들은 모두 '있는 것'이라고 불릴까? 그것들에 공통된 존재 방식, 공통된 원리들과 구조들은 어떤 것인가?

서구의 형이상학은 개별 과학이 다루지 않는 이런 질문들을 던짐으로써 시작되었다. '있음' 혹은 '있는 것'이 무엇인지 질문을 던진 파르메니데스나 과학적 가설들을 넘어선 것들에 대한 앎의 가능성을 찾은 플라톤이 서구 형이상학의 아버지들이다. 그리고 이들의 형이상학적 사유들은 아리스토텔레스에 이르러 '존재론', '첫째 학문', '지혜' 등의 이름으로 집대성되었다. 그 결과가 아리스토텔레스의 『형이상학』이다.[13] 『형이상학』은 이런 여러 이름으로 탐구를 진행하면서 앞 세대 철학자들이 찾아낸 문제들을 다시 형식화하고 그에 대한 대답 가능성을 검토해서 그 가운데 가장 적절한 대답을 제시한다.

『형이상학』은 이런 점에서 '체계적'이지만 그 의미는 아주 특별하다. 『형이상학』의 체계는 칸트의 『순수이성비판』이나 헤겔의 『정신현상학』과 달리 서로 연관된 논변들을 논리적으로 구축해낸 건축학적 체계가 아니기 때문이다. 오히려 『형이상학』은 '에세이 모음집(반즈)'이라고 불릴

정도로 잡다한 내용의 논문들로 이루어져 있다. 전체 14권으로 되어 있는 『형이상학』의 중심 부분은 '있는 것' 혹은 '있음'의 의미를 분석한 4권과 6권, 이른바 '실체에 관한 책들'이라고 불리는 7~9권, 있는 것들의 궁극적 원리로서 신에 대한 논의를 담은 12권이다. 1권은 아리스토텔레스 이전까지의 그리스 철학사이고, 5권은 철학사전이다. 3권은 아포리아들을 소개한다. 4권에서는 논리적 추론의 법칙들을 분석했다.

『형이상학』은 왜 이렇게 잡다하고 어수선할까? 그 이유는 이 저서의 출간 과정에서 찾아볼 수 있다. 『형이상학』은 아리스토텔레스가 죽고 200년이 지난 뒤에야 비로소 빛을 보았다. 기원전 1세기 로마에서 활동했던 안드로니코스가 아리스토텔레스의 다른 저술들에 속하지 않는 글 여러 편을 모아 '자연학에 대한 글들ta physika'을 '뒤에meta' 두고 '자연학에 대한 글들 뒤에 오는 것들ta meta ta physika'이라는 이름을 사용했다. '형이상학mephysics'은 편집 과정에서 생겨난 이름이다.

흥미로운 점은 그런 잡다함에도, 아니 그 잡다함 덕분에 『형이상학』이 서양 사상사에서 더 큰 역할을 했다는 사실이다. 만일 아리스토텔레스가 처음부터 체계적인 '형이상학'을 구축하려고 했다면, 아마도 그는 많은 논의를 희생해야 했을 것이다. 보통 체계성은 개방성의 훼손을 뜻하기 때문이다. '형이상학'의 잡다함은 그것의 놀라운 '적응력'을 뒷받침하기도 한다. 『형이상학』이 서로 다른 시대의 정신적 환경에서도 적응해 살아남을 수 있었다면, 이는 거기서 다뤄지는 주제들이나 대답들의 다양함 덕분이다. 중세 시대에는 신학적 논변을 제공함으로써, 근대에는 실체나 보편자 등을 논의할 때 실마리를 제공함으로써 철학사에서 살아남았다. 변색 능력 없는 사막의 동물처럼 경직된 체계였다면 아리스토텔레스의 『형이상학』이 어떻게 지금처럼 큰 영향력을 가지고 살아남을 수 있었을까?

20세기 들어 아리스토텔레스의 『형이상학』이 새롭게 생명력을 발휘하는 것도 그런 '문제 중심의 개방성' 덕분이다. 잘 알려져 있듯이 20세기 유럽 철학은 마르틴 하이데거를 빼놓고 이야기할 수 없다. 또 하이데거 철학은 『존재와 시간』에서 이루어진 '있는 것'으로부터 '있음' 자체로 철학적 관심의 전환, 즉 존재자로부터 존재로 관심 전환 없이는 이해할 수 없다. 이 전환 과정에서 하이데거는 아리스토텔레스의 '형이상학'이 존재론과 신학의 결합체이며 '있음'의 통일적 의미에 주목하지 않았다고 비판한다. 하지만 하이데거가 '있음'의 통일적 의미를 찾아내려고 천착한 것은 다시 『형이상학』, 특히 '참이라는 뜻에서 있음'을 소개한 6권과 가능적 존재와 현실적 존재에 대한 9권의 분석이었다는 것은 아이러니다. 대서양 건너편 철학계에서도 아리스토텔레스의 형이상학은 막대한 영향력을 과시했다. 1970년대 크립키의 『이름과 필연』과 함께 등장한, 사물의 동일성과 그 동일성의 근거로서 본질에 대한 관심은 『형이상학』의 본질주의(7권, 8권)에 대한 새로운 연구를 자극했다. 『분석철학의 역사』를 쓴 슈와츠에 따르면 "크립키의 분석은 양상논리학의 성과 있는 적용이며, 그가 의존하는 우리의 일상적 직관의 깊이 있는 표현이다. 그것은 아리스토텔레스의 본질주의와 자연과학을 존중한다." 크립키 이후 영미 형이상학은 더더욱 아리스토텔레스의 생각으로 기울고 있다. '신아리스토텔레스주의Neo-Aristotelianism'라는 이름으로.

인간은 '형이상학적 동물animal metaphysicum'이다. 근대 이후 '과학'은 주로 수학적 언어로 대답할 수 있는 질문들로 탐구를 한정하지만 이것은 인간이 던지는 수많은 질문에 대한 아주 자의적인 제한일 뿐이다. 자연과학을 '넘어선' 질문들이 있다면 '자연과학을 넘어선 탐구'도 있을 수밖에 없다. 이런 탐구가 바로 'ta meta ta physika'다. 인간의 형이상학적 질문과 탐구는 이제껏 아리스토텔레스의 형이상학 영향권에서 벗어날 수 없었고 앞으로도 그럴 것이다. 도대체 어떤 점이 아리스토텔레스의 『형이상학』을 서양 형이상학이라는 태양계의 중심으로 만들까?

조대호

연세대 철학과 교수

니코마코스 윤리학

ÉTHIKA NIKOMACHEIA

아리스토텔레스 Aristoteles (기원전 384~기원전 322)

『니코마코스 윤리학』은 서양에서 가장 오래된 윤리학 저서이자 지금도 가장 많이 읽히는 고전이다.[14] '서양 윤리학과 도덕 이론의 2400년 역사는 『니코마코스 윤리학』의 수용사'라고 해도 지나치지 않을 정도다. 수용 방향은 각 시대의 시대정신에 따라 달랐지만 『니코마코스 윤리학』의 영향력은 시대의 경계를 뛰어넘어 발휘되었다. 인간의 본성, 욕망, 선택과 행동의 동기들에 대한 면밀한 관찰과 체계적 분석 그리고 인간의 본성을 실현하는 좋은 삶을 위한 조건들과 지침들에 대한 모색이 이 책을 여러 시대를 뛰어넘는 불멸의 고전으로 만들었다.

『니코마코스 윤리학』에 대한 체계적인 주석과 연구는 기원전 1세기 로마에서 '아리스토텔레스 전집'이 편찬되면서 시작되었다. 아마도 이 책은 고대 그리스의 고전들 가운데 가장 많이 다뤄졌을 것이다. 그리스도교 신학이 지배했던 중세 시대의 철학자들과 신학자들은 믿음, 소망, 사랑과 같은 성서의 덕목들을 『니코마코스 윤리학』의 덕 이론과 통합하려고 애썼다. 한편, 신앙보다 자연과학에 대한 믿음이 더 컸던 16

세기 이후의 근대 철학자들은 도덕적 행동 역시 자연과학적 법칙을 모델로 삼아 설명하려고 했다. 제러미 벤담과 존 스튜어트 밀의 공리주의utilitarianism와 이마누엘 칸트의 의무윤리deontology가 그 결과였는데, 이런 방향의 윤리학에 밀려 아리스토텔레스의 윤리학 연구는 한동안 위축되는 듯했다. 하지만 20세기 후반 들어 아리스토텔레스의 윤리학은 '덕 윤리virtue ethics'라는 이름으로 부활했다.

하지만 이런 수용사보다 더더욱 눈길을 끄는 것은 현재 진행 중인 『니코마코스 윤리학』에 대한 연구들이다. 이 책에 담긴 통찰들은 이제 철학과 윤리학의 경계를 넘어 심리학 분야에서도 새롭게 조명되고 있기 때문이다. '철학'이 아닌 '과학'을 자처하면서 윤리학과 거리두기에서 자기 정체성을 확인하려고 했던 심리학이 이제 『니코마코스 윤리학』 읽기에 나선 것은 놀라운 일이지만 사실이다. 특히 '행복', '덕', '지혜'에 대한 심리학의 연구가 『니코마코스 윤리학』에 대한 광범위한 관심 속에서 진행되고 있다.

아리스토텔레스의 윤리학과 심리학의 만남에 가장 크게 기여한 것은 무엇보다 '**긍정 심리학**positive psychology'이다.[15] '긍정 심리학의 아버지' 마틴 셀리그만은 심리학 연구의 목적을 '고통의 무게를 줄이는 것'에서 '행복의 무게를 늘리는 것'으로 바꿈으로써 심리학의 새로운 패러다임을 제시했다. 그리고 이런 새로운 관심에 따라서 단순한 즐거움이 아닌 '진짜 행복authentic happiness', 즉 '에우다이모니아eudaimonia'와 그것을 실현하는 조건을 탐색했다. 긍정 심리학은 6개 보편적 '덕'과 이를 다시 세분한 24개 개인적 '강점' 가운데 자신의 강점들을 찾아 실현하는 데 진짜 행복이 있다고 주장한다. 그런 점에서 긍정 심리학의 경험적 연구에서 배후에는 '행복eudaimonia'의 조건을 '탁월성' 혹은 '덕arete'에서 찾은 『니코마코스 윤리학』의 기본 통찰이 놓여 있는 셈이다.

이런 긍정 심리학의 주장은 오늘날 광범위한 지지를 받고 있지만 비판이 전혀 없는 것은 아니다. '행복', '덕', '강점' 살리기를 강조하는 것은 비판받을 이유가 아니다. 긍정 심리학을 비판하는 핵심은 이 심리학이 덕들 혹은 강점들의 개별적 실현만 강조함으로써 그것들 사이에 벌어질 수 있는 도덕적 갈등 문제를 고려하지 않는다는 데 있다. 예를 들어 '친절함'은 중요한 강점이다. 하지만 친구의 잘못을 앞에 두고 '친절함'을 보이는 것으로 충분한가? '친절함'과 '공정함'이 충돌한다면, 이런 충돌을 어떻게 조정해야 할까? 이런 문제를 중시하는 많은 연구자는 긍정 심리학에 '도덕적 통합자'를 다룬 이론이 없다고 비판한다.

행복에 대한 긍정 심리학의 논의와 그에 대한 비판을 함께 고려한다면, 행복에는 덕 이외에 새로운 역량이 추가되어야 한다. 바로 덕들 사이의 갈등을 조정하는 능력으로서 '실천적 지혜practical wisdom'다. 따라서 행복의 개념도 바뀐다. 행복은 긍정 심리학이 주장하듯이 단순히 '덕과 강점의 실현'이 아니라 '지혜에 따르는 덕의 실현'이 되는 것이다. 간단한 공식으로 표현하면 이렇다. '행복 = 덕 + 실천적 지혜.' 그리고 바로 이 점에서 21세기 들어 새롭게 부상한 행복에 대한 다양한 논의는 정확히 아리스토텔레스 윤리학의 부활이고 『니코마코스 윤리학』의 경험 과학적 재해석이다. 『니코마코스 윤리학』의 핵심 주장은 '**덕과 실천적 지혜의 계발에 행복의 길이 있다**'라는 것이기 때문이다. 이 점을 더 살펴보자.

아리스토텔레스는 『니코마코스 윤리학』의 목적을 '잘 삶' 혹은 '잘 행동함'으로 우리를 인도하는 데 두었다. 그는 이를 일컬어 '에우다이모니아'라고 했다. 긍정 심리학이 '진짜 행복'을 가리키려고 차용한 용어다. 영어권에서는 이 낱말이 오랫동안 'happiness'로 번역되었지만, 오늘날에는 '번성하다'는 뜻의 번역어들(flourishing, thriving 등)을 선호하는 경향이 있다. '행복'은 보통 '즐거움'과 동의어처럼 사용되는데 '에우다이모니아'는 즐거움보다는 본성의 실현을 뜻하기 때문이다. 아리스토텔레스 역시 에우다이모니아에 즐거움이 따른다는 것을 부정하지 않았지만, 그것을 삶의 목적이 아니라 본성의 실현에 따르는 부수적 현상으로 보았다.

에우다이모니아가 '본성의 실현'이라면, 우리는 식물이나 동물의 에우다이모니아도 생각할 수 있다. 식물이나 동물에게도 본성의 실현은 좋은 것이고 본성의 억압은 나쁜 것일 테니까 말이다. 하지만 인간의 본성 실현에는 분명히 식물이나 동물의 경우와 다른 점이 있다. 인간의 경우 본성을 실현한다는 것은 다양하고 복잡한 상황에서 적절한 감정을 갖고 적절한 행동을 한다는 뜻인데, 그러려면 학습이 필요하기 때문이다. 아리스토텔레스의 말을 인용하면 **"우리는 정의로운 일을 함으로써 정의로운 사람이 되고, 절제 있는 일을 함으로써 절제 있는 사람이 되며, 용감한 일을 함으로써 용감한 사람이 된다."**(『니코마코스 윤리학』 II 1)16 다시 말해서 잘 삶과 잘 행동함을 가능하게 하는 조건은 좋은 습성, 아리스토텔레스가 '아레테'라고 부르는 탁월성 혹은 덕에 있다는 것이다. 아리스토텔레스가 에우다이모니아를 '덕에 따르는 활동'으로 정의한 것도 그 때문이다.

하지만 인간이 본성을 실현하면서 잘 살려면 필요한 것이 또 있다. 주어진 상황에서 가장 적절한 행동이 무엇인지를 판단하는 능력, 즉 행동을 이끄는 지혜, '실천적 지혜phronesis'다. 예를 들어 용기 있는 사람은 어떤 상황에서나 용기 있는 행동을 추구할 것이다. 하지만 '여기서 이 순간' 구체적으로 어떤 행동이 용기 있는 행동인지를 결정하는 데는 용기의 덕만으로는 부족하다. 개별적 상황에서 용기에 부합하는 적절한 행동을 찾아내는 데는 인지적 판단 능력이 필요하기 때문이다. 그런 뜻에서 실천적 지혜는 덕과 함께 행복의 필요조건을 이룬다. “탁월성은 목표를 올곧게 해주며, 실천적 지혜는 이 목표에 이바지하는 것들을 올곧게 해주기 때문이다.”(『니코마코스 윤리학』 VI 12)17 『실천적 지혜』의 저자 배리 슈워츠의 말도 그런 뜻이다. “훌륭한 행위자에게는 자신의 행동 목적을 이루는 동기가 있다. 하지만 행동의 일반적 목표들을 구체적인 행동으로 옮기는 데는 지혜, 즉 실천적 지혜가 필요하다.”[18]

행복, 덕, 실천적 지혜는 『니코마코스 윤리학』 전체를 꿰뚫는 세 가지 키워드다. 하지만 이 셋의 관계를 논의하려고 아리스토텔레스는 동물들과 다른 인간의 고유한 본성, 욕망과 행동의 특성, 행동과 선택에 관여하는 감정, 실천적 지혜를 얻는 데 필요한 경험, 실천적 지혜와 다른 앎의 관계 등 인간의 본성과 행동에 대한 인간학적·심리적 분석을 제시했다. ‘우리는 무엇을 해야 하는가?’에 대한 당위적 논의에 그치지 않고 인간에게 실현 가능한 ‘좋은 삶’을 보여주고 그것에 이르는 길을 제시하는 점 그리고 그 논의를 인간학적·심리학적 연구로 뒷받침한다는 점이 『니코마코스 윤리학』을 영원한 고전으로 만드는 힘일 것이다.

조대호

연세대 철학과 교수

시학

POETICS

아리스토텔레스 Aristoteles (기원전 384~기원전 322)

아리스토텔레스의 『시학』은 서양 최초의 문학비평서라는 역사적 의의가 있다. '시학'으로 번역된 그리스어 '포이에티케poiētikē'는 넓게는 '짓는poiē- 기술-tikē'로서 제작술 일반을 가리키지만, 아리스토텔레스의 『시학』에서는 이야기 짓기와 관련된 문학창작의 기술로 좁혀진다. 그는 책 첫 부분부터 이런 물음을 던진다. **"짓기poiēsis가 아름답게 이루어지려면 이야기는 어떻게 구성되어야 하는가?"** 책 전체에서는 바로 이 물음에 대한 대답에 집중하며 이 일을 하는 '포이에테스poiētēs'는 이야기를 짓는 작가 또는 시인으로 특정된다.

그런데 왜 '이야기 짓기', 특히 아름다운 이야기 짓기가 중요한가? 플라톤은 '아름다운 나라Kallipolis'의 교육은 이야기 교육으로 시작하는데, 좋은 이야기는 좋은 시민을 만들고, 나쁜 이야기는 사람을 망치며, 나아가 공동체와 국가를 엉망으로 만든다고 생각했다. 그렇다면 '이야기 작가muthopoios'는 이야기를 잘 지어냄으로써 훌륭한 사람을 만들고, 아름답고 행복한 나라도 만들 수 있다는 것이다. 아리스토텔레스는 플라톤의 생각을 비판적으로 이어받아 문학적 창작에 본격적인 철학적 탐구를 실행한다.

전체 26장 구성으로 남아 있는 현재의 『시학』에서 1장부터 5장까지는 도입부다. 아리스토텔레스는 문학적 창작을 포함하여 미술, 음악, 무용 등 예술적 활동 전반의 짓기를 모방mimēsis이라 규정하고 분류하는데, 여러 장르 중 최종적으로 문학의 영역 안으로 들어가 서사시와 비극, 희극을 추려낸다. 6장부터 19장까지는 비극을 집중적으로 다룬다. 이어지는 20장에서 22장까지는 시학적 언어표현lexis을 다루지만, 비극을 논의하는 연장선상에서 진행되며, 23장에서 마지막 26장까지 서사시에 관한 논의도 비극과 비교하며 서사시의 특징을 부각하고 평가하는 방식으로 논의가 전개된다. 그렇지만 희극에 대한 본격적인 논의는 아예 다루지 않는다. 지금은 사라진 (그러나 나중에 발견될지도 모르는) 『시학』 2권이 '희극'을 다루었을 가능성이 크다. 여러 학자는 '트락타투스 코이스리니아누스Tractatus coislinianus 120'이라 불리는 필사본 3장에 근거하여 아리스토텔레스의 희극론 재구성을 시도하고 있다. 어쨌든 남아 있는 『시학』은 비극론이라고 해도 지나친 말이 아니다. 아리스토텔레스에게 비극은 문학적 창작의 절정으로 여겨진 것이다.

『시학』에는 『시학』을 모르는 사람들도 즐겨 쓰는 논쟁적 표현이 있다. 바로 '카타르시스'다. 좋은 영화나 연극, 텔레비전 드라마를 본 사람들은 흔히 '카타르시스'를 느꼈다고 말하는데, 그것만으로도 아리스토텔레스의 『시학』은 역사를 만든 책이라고 할 수 있다. 원래 그리스 비극에서 카타르시스는 개인적·사회적 차원에서 이루어지는 종교적 정화의 개념인데 이를 아리스토텔레스가 문학 차원으로 승화한 것이다. 문학비평가들에게 시금석처럼 여겨지는 비극의 정의도 『시학』의 가치를 입증하는 증표다.

> **"비극이란 고귀하며 완결된, 크기를 가진 행위의 모방인데, 종류들에 맞게 따로따로 그 부분들 안에 뿌려진 각각의 '양념된 말'로써 낭송을 통해서가 아니라 '행동하는 사람들'에 의해 이루어지며, 연민과 공포를 통해 그와 같은 격정적인 것들의 '카타르시스'를 수행하는 모방이다."**(1449b24-28)

이 정의에 나오는 '연민과 공포'라는 개념도 카타르시스와 함께 비극의 논의에서 결정적 키워드로 애용된다. 그것은 당대에 공연된 그리스 비극 작품들 안에 내재되고 격정적으로 표현된 핵심 감정이기도 하지만, 아리스토텔레스가 비극의 정수로 부각한 개념임이 틀림없다.

시인의 역할을 명확하게, 긍정적 측면에서 정리한 것도 아리스토텔레스의 괄목할 만한 성과다. 그는 역사가는 일어난 사실을 충실하게 기록하는 반면, 이야기를 짓는 시인은 가능세계를 그려줘야 한다고 역설했다. 그것은 일어났던 일일 수도 있지만, 구체적인 사실성에 얽매이지 않는다. 시인의 상상력은 개별적 사실을 주목하되 개별성에서 벗어나 자유롭게 펼쳐지면서 인간의 행위가 어디까지 가능하며, 그로써 인간은 어떤 존재이고 어떤 존재일 수 있을지를 보편적 차원에서 타진한다. 그런 점에서 시인의 작업은 역사의 개별성을 넘어서 인간과 세계의 보편성을 지향하며, 그래서 역사보다 훨씬 더 철학적 성격을 띤다.

모방mimēsis이면서 동시에 창작poiēsis인 시인의 작업은 인간과 세상을 생생하게 재현하면서도 동시에 실재하지 않았지만 존재할 수 있고 그럴 법한 세상과 사건과 행위를 새롭게 만들어낸다. 가능세계의 현실성, 아니 진실성이다. 아리스토텔레스의 『시학』은 바로 그런 모방적 창작, 창조적 모방의 철학적 함축과 가치를 진지하게 탐구한다. 세상과 인간의 보편적 본성을 탐구하는 방법으로 '이야기 짓기', 세상만사를 지배하는 보편적 본질을 가상적인 개별 사건의 창의적·모방적 구성으로 파악하고 표현하려는 시인의 철학적 야심, 이것이 바로 아리스토텔레스가 탐구하고자 하는 가장 중요한 주제다.

그는 또한 관객의 몰입도를 높이는 확실한 방법도 찾아내 정식화했다. 성공적이고 아름답게 구성되는 이야기는 '갈등'으로 시작해 국면이 극적으로 전환되면서 '반전'의 묘미를 주어야 한다는 것이다. 이때 주인공들 사이에는 몰랐던 사실을 알아차리는 '발견'의 계기에 반전이 함께 일어나야만 극적 효과를 극대화할 수 있으며, 모든 갈등의 요소가 해결·해소되는 대단원의 결말로 짜임새 있게 흘러갈 수 있다는 것이다. 그럴 때 관객은 이야기를 따라 주인공과 함께 전율하고 고통스러워하며 정화, 즉 카타르시시의 기쁨을 누릴 수 있다. '갈등', '반전', '발견'은 지금도 문학비평에서 중요한 개념으로 사용되면서 『시학』의 가치를 확고하게 해준다.

아리스토텔레스는 『니코마코스 윤리학』과 『정치학』을 쓴 철학자이기도 하다. 그는 인간이 개인적으로나 사회적으로 좋은 것을 추구하고 나쁜 것을 피하며 사는데, 수많은 좋은 것을 모아 서열을 매긴다면 그 최상위에 행복이 있다고 주장했다. 그렇다면 우리는 어떻게 해야 행복할 수 있을까? 인간 본연의 덕을 실현할 때 개인적 행복을 누릴 수 있으며, 덕을 실현하는 사람들이 많으면 많을수록 한 국가의 행복지수는 올라갈 것이다. 그런 사람, 즉 인간 본연의 덕을 실현하는 사람을 아리스토텔레스는 '고귀한 사람sphoudaios'이라고 했다. 고귀한 사람이 행복하다는 것이 그의 윤리학과 정치학의 테제라 할 수 있다.

그런데 『시학』에서 아리스토텔레스는 사뭇 다른 이야기를 해준다.

비극의 주인공은 고귀한 사람, 스푸다이오스spudaios한 사람인데, 아름다운 비극은 그런 고귀한 사람이 행복을 누리는 것이 아니라 행복에서 불행으로 몰락하는 운명을 보여줘야 한다는 것이다. 고귀한 사람이 행복해지는 것이 윤리학과 정치학의 틀 안에서 이루어지는 일이라면, 그와 반대로 고귀한 사람이 불행해지는 것은 시학의 틀 안에서 겪게 되는 일이라는 것이다. 정치적으로나 윤리적으로 덕을 가지고 실천하는 고귀한 사람이 그 도덕성 때문이라면 행복해야 하겠지만, 실제 삶에서는 그도 인간인 한 의도하지 않은 실수를 할 수 있고, 그의 탁월함으로도 극복할 수 없는 운명의 힘에 막힐 수 있으며, 그 때문에 뜻하지 않게 불행을 겪을 수도 있음을 아리스토텔레스는 냉철하게 주목한 것이다. 어쩌면 문학은 성격과 도덕성 그리고 행복과 불행의 어긋남을 운명처럼 그려내는 데서 고유한 빛을 발한다고 볼 수 있다.

흔히 덕과 행복의 철학자로 불리는 아리스토텔레스는 윤리적·정치적 차원에서 덕을 강조하면서 행복을 모색했다. 그러나 그와 같은 철학적 기획이 낙관적이지만은 않다. 덕을 갖춘 고귀한 사람의 불행을 외면하지 않고 직시하려는 아테네 시민들의 욕망은 비극이라는 숭고한 장르를 낳았으며, 아리스토텔레스는 그 장르를 탐구하며 인생의 새로운 비밀에 직면했기 때문이다. 인간은 영혼의 덕을 갖추었을 때 좋은 사람이 되고 행복을 누릴 수 있다. 그러나 조심하라. 아무리 덕을 갖춘 고귀한 사람일지라도 불행해질 수 있음을, 그것이 인생임을. 아리스토텔레스는 인간이 비껴갈 수 없는 운명적 역설을, 그 역설을 드러내는 비극에 맞서 시선을 돌리지 않고 직시했고, 그 결과가 바로 『시학』이다.

김헌

서울대 인문학연구원 교수

맹자

孟子

맹자 孟子 (기원전 372?~기원전 289?)

『맹자』는 맹자가 제자와 당시 제후를 만나 대화를 나눈 내용과 혼자서 특정 주제에 대한 생각을 밝히는 어록으로 구성되어 있다. 『맹자』는 맹자가 양혜왕을 찾아갔다는 내용으로 시작된다. 이어서 『맹자』는 맹자가 아니라 양혜왕이 먼저 진행한다. 양혜왕이 "어떻게 하면 양나라를 부강하게 할 수 있느냐?"라고 물었다. 이는 당시 화두였던 부국강병의 길을 물은 것이라고 할 수 있다.

맹자는 유세객이고 양혜왕이 초청자다. 이런 상황이라면 보통 맹자가 양혜왕의 의도에 들어맞는 대답을 할 만도 하다. 하지만 맹자는 대뜸 "나에게 하필이면 부강의 길을 묻느냐?"라고 반문하고 '인의仁義'를 이야기하고 싶다고 대답했다. 이 문답은 얼핏 보면 "맹자와 양혜왕이 만나서 의기투합할 줄 알았더니 그러지 못하고 티격태격하는구나!"라는 인상을 줄 수 있다.

『맹자』에서 처음 대화는 두 사람의 엇갈리는 만남을 다룰 뿐만 아니라 책 전체에 도도하게 흐르는 두 줄기 강물을 보여준다. 양혜왕이 약한 나라가 강한 나라에 멸망당하는 시대에 살아남으려면 부국강병을 추구해야 한다는 사정을 대표한다면, 맹자는 그러한 부국강병이 자기 보존으로 이어지지 않고 상호 멸망의 파국으로 이어진다는 경고를 보낸다.

그렇다면 맹자는 왜 부강의 길이 파국으로 치닫는다고 경고했을까? 당시 부국강병은 모든 사안을 이해득실에 따라 판단하는 정책을 가리킨다. 즉 나에게 이익이 되면 하고 손해가 되면 하지 않는다는 간단한 기준에 따른다고 할 수 있다.

맹자는 이런 이해관계를 정책으로 추진하게 되면 특정 분야에 한정되지 않고 인간관계에도 확산될 수 있다고 생각했다. 가족과 군신 관계도 예외일 수 없다고 보았다. 이렇게 되면 자식은 부모가 자기에게 이익이 되지 않으면 부모를 돌보지 않고 내팽개치며 신하도 군주가 자기에게 이익이 되지 않으면 군주를 갈아치우려고 한다. 바로 이러한 일이 논리적 가능성이거나 과도한 우려가 아니라 전국시대에 일어나고 있는 사회현상이라는 것이다.

따라서 맹자는 사람이 생업에서 이해득실에 따라 생활하더라도 다른 영역에서 이해관계를 떠나 살아갈 길을 찾고자 했다. 이 길이야말로 사람과 사람 그리고 나라와 나라가 자기 보존을 위해 적대적 관계에 놓이지 않고 평화적 관계를 확립할 수 있다고 보았다.

맹자의 제안을 듣는다면 어떻게 생각할까? 아마 두 가지 반응이 가능할 듯하다. 하나는 그렇게 하면 시대의 문제가 해결되겠다며 반기는 반응이다. 다른 하나는 그러면 좋겠지만 과연 가능할지 모르겠다는 반응이다. 전자는 긍정과 기대를, 후자는 부정과 의혹을 나타낸다고 할 수 있다.

맹자도 이러한 반응을 어느 정도 예상했으리라. 따라서 맹자는 사람이 이해를 초월해서 행동할 수 있다는 사실을 입증하고자 했다. 이를 위해 맹자는 일종의 '사유 실험'을 제안했다. 어떤 사람이 길을 가다가 한 어린아이를 보았다. 그 아이는 자기 앞에 우물이 있는 줄도 모르고 그쪽으로 기어가고 있었다. 오늘날 같으면 아파트 공터에서 공놀이하다가 공이 차도로 굴러가는 경우를 상상해볼 수 있다.

여기서 맹자는 우리에게 **"당신이 그런 상황에 놓인다면 어떻게 할까요?"**라고 묻는다. 모든 사안을 이해에 따라 판단하는 사람이라면 당연히 이익이 기대되면 아이를 구할 것이라고 대답할 수 있다. 예컨대 아이를 구해서 그 부모를 찾아가 자초지종을 말하면 부모가 기꺼이 사례금을 주는 경우다.

하지만 맹자는 우리가 그런 상황에서조차 이해득실을 고려해서 행동하지 않는다고 보았다. 즉 아이가 위험에 방치된 상황을 목격하는 순간 '무조건 살려야겠다!'고 생각해서 아이를 구하는 행위를 한다는 것이다. 맹자의 이러한 생각에 동의하거나 공감한다면 적어도 사람이 이해관계를 떠나 행동할 수 있다는 사실을 긍정하게 되는 것이다.

이처럼 맹자는 사람이 어떤 상황에서 차마 이해를 따지지 못하거나 손해를 보면서 행동할 수 있다는 점을 사유 실험으로 밝혀냈다. 이를 우리가 다른 사람에게 차마 하지 못하는 마음이라는 뜻의 '불인인지심不忍人之心'이라고 했다. 줄여서 '불인不忍'이라고 할 수 있다.

이는 맹자의 기발한 착상과 창의적 사유라고 할 수 있다. 맹자는 이러한 불인으로 위험에 놓인 사람을 안타깝게 여기는 공감, 급한 사람에게 기회를 먼저 제공하는 사양, 자기 잘못을 부끄러워하고 고치는 수치, 객관적으로 옳고 그름을 가리는 시비 등 네 가지가 있다고 주장했다. 사람이 이해를 떠나서 살아갈 수 있는 네 가지 실마리라는 뜻의 '사단四端'

이다.

오늘날 우리 사회는 각 분야에서 세속화가 과도하게 진행되고 있다. 집마저도 사람이 편안하게 쉬면서 생활하는 아늑한 터전이라기보다 재테크 수단으로 활용되고 있다. 또 언론이며 대화에서 '대박' 열풍이 불고 있다. 돈을 많이 벌고 대박을 터뜨리면 성공한 인생이라는 사고가 널리 퍼지고 있다.

모든 사람이 대박을 터뜨리면 대박이 대박이 될 수 없다. 대박은 확률로 가능한데 점차 실제로 그럴 수 있다는 확신이 늘고 있다. 이로써 대박을 터뜨리려고 위험을 충분히 고려하지 않은 채 투자했다가 낭패를 보는 경우도 생겨난다. 이런 경우가 늘어나면 그 영향은 개인에게 한정되지 않고 좁게는 가족, 넓게는 공동체로 퍼져나갈 수 있다.

여기서 우리는 무한 경쟁 상황에서 적자생존 방식을 추구할지 아니면 경쟁을 허용하되 불필요하고 과도한 경쟁을 규제하여 함께 살 수 있는 연대하는 삶을 추구할지 한번 고민할 필요가 있다. 전자의 삶이 과도한 압박과 불안 그리고 사회적 부적응 등 다양한 병리 현상을 낳고 있다.

이런 측면에서 연대하는 평화의 길에 관심을 둘 만하다. 맹자는 사상만이 아니라 토지와 세금 문제로도 자신의 길이 현실적으로 가능하다는 점을 밝혔다. 정전제井田制를 실시하여 백성들에게 농사지을 땅을 지급한다면 자급자족의 소농 경제가 가능해진다. 이러한 경제적 안정성이 확립된다면 더 많은 이익을 추구하는 활동이 조절될 수 있다고 생각했다.

오늘날은 맹자가 살았던 시대보다 훨씬 복잡해지고 경제적 행위도 다양해지고 있다. 이렇게 복잡하다고 해도 사람이 살아가는 길은 단순하고 분명하다. 모든 것을 개인의 선택과 경쟁의 결과에 맡길지 아니면 개인과 공동체의 영역을 구분하면서 조정해 경쟁 속에서 연대가 가능하도록 할지 말이다. 후자의 길이 유효한 한 『맹자』에서 그러한 길로 나아가는 실마리를 찾을 것이다.

신정근

성균관대 유학대학 교수

장자

莊 子

장자 莊子 (기원전 369~기원전 289?)

『장자』에서는 개념을 의인화해 논의를 진행하거나 다양한 역사적 이야기를 우화 형식으로 풀어낸다. 특이하게 장자는 자신의 책에 공자와 그 제자 안연까지 단골로 등장시켜서 『논어』에 나올 법한 이야기를 하지 않고 장자가 할 말을 대신하게 하기도 한다. 이처럼 『장자』의 기법과 용어는 문자적 의미로만 접근하면 암호처럼 여겨져 이해하기가 어렵다. 비유와 상징 등 다양한 문학적 장치로 다가갈 때 우리는 장자가 말하고자 하는 의미에 다가갈 수 있다.

『장자』는 물고기 곤鯤이 붕鵬새로 바뀌어 머나먼 남명南冥의 바다로 날아가는 변신 이야기로 시작한다. 처음 이 이야기를 읽고 나면 "이게 뭐지?" 하는 반문이 든다. 왜 변신하는지, 왜 남명으로 날아가는지 아무런 설명이 없다. 그냥 그렇게 이야기해놓고 별다른 설명도 없이 끝이다. 독자는 "『장자』가 읽기에 꽤 불친절하구나!"라는 인상을 받게 된다.

『장자』 전체 내용에서 처음에 나오는 변신 이야기를 생각해보면 많은 실마리를 풀어낼 수 있다. 장자가 살아가는 시대에는 중앙집권적 관료 국가가 등장해 백성을 호적에 등재하고 세금과 부역 그리고 징집 등 여러 가지 의무를 부과했다. 이러한 삶의 조건은 이전 자급자족의 생활공동체와 판이하다고 할 수 있다. 예컨대 갓 결혼했는데 징집되어 전쟁터로 나가야 하고, 한 해 농사를 마치고 조금 쉴 만한데 성을 보수하는 공사에 배치해 일을 시키고, 한 해 농사 수확이 좋지 않은데 세금을 꼬박 내라고 한다. 이런 일은 자급자족의 생활공동체에서는 상상할 수 없었지만 중앙집권적 관료 국가 아래에서는 공권력의 힘으로 강제되었다.

우리도 힘들고 괴로운 일이 연달아 생기면 한 번쯤 '투명 인간'이 되어 누구도 나를 찾을 수 없다면 어떨까 상상하기도 하고, 내가 다른 존재로 '변신'해서 생활하지만 아무도 나를 알아보지 못하면 좋겠다고 상상하기도 한다.

장자는 국가가 백성의 삶에 수시로 개입해 사람이 자기 삶을 스스로 계획하고 결정할 수 없게 만들었다. 이때 나라는 존재는 국가에서 의무를 부과하는 대상으로 등재되고 관리되며 의무를 수행하는 인력이 된다. 이러한 삶의 조건에서도 영웅이 생겨나고 성공 신화도 등장한다.

전투에서 큰 공을 세운 평민이 귀족이 되어 농토를 넓히고 성공하는 이야기가 등장한다. 즉 이전에 없던 계층 상승의 욕망은 부국강병의 시대에 더욱 활개를 치며 사람들을 더 모험적이고 더욱 위험한 곳으로 뛰어들게 만들었다. 이러한 시대에 장자는 과연 내가 있을 곳이 어디인가, 욕망에 휘둘리지 않고 평온한 삶을 살려면 어떻게 해야 할까를 고민했다. 그 고민이 변신 이야기가 되어 자유를 위한 탈출을 감행한다.

부국강병의 현실은 간혹 영웅과 성공의 신화를 부각한다. 우리는 이런 신화에 쉽게 도취되어 영웅이 된 자신을 그려볼 수도 있다. 하지만 전쟁이 터지고 징집 명령서가 내게 도착하면 그간 애써 눌러왔던 불안과 공포가 최대로 커지게 된다. 이때 스스로 '이번에 전쟁터에 나가면 다시 돌아올 수 있을까?'라는 질문을 던지지만 아무도 아무런 대답을 들을 수 없다. 사실 기원과 희망을 말할 수는 있지만 당사자만이 아니라 아무도 자신 있게 뭐라고 말할 수 없다.

일군의 병사가 징집되어 전쟁터로 떠날 때 이들을 위로하는 환송회가 벌어지면 흥겨운 잔치가 되기를 바란다고 해도 사실 눈물바다가 되기 쉽다. 이런 자리를 유유히 돌아다니며 아무런 걱정이 없는 사람도 있다. '지리소支離疏'가 바로 그런 사람이다.

지리소는 글자 그대로 사지가 잘 붙어 있지 않고 성긴 사람을 가리킨다. 이는 실제 이런 사람이 있다기보다 장자가 자기 이야기를 하려고 만들어낸 인물이다. 지리소는 징집 대상에서 늘 제외되므로 전쟁이 일어나도 징집 걱정이 없을 뿐만 아니라 장애인으로 등재되어 국가로부터 생필품을 지원받기도 한다. 여기서 장자는 지리소를 통해 부국강병에 호응하지 못하더라도 행복하고 평온하게 살 수 있는 길을 제시했다.

지리소라는 인물은 부국강병의 시대에 성공은 물론 영웅이 되기를 꿈꾸는 사람에게 위험의 실상을 직시하게 해줄 수 있다. 지리소가 아닌 사람은 어떻게 살아야 할까? 장자는 유가에서처럼 사람이 인륜 관계에서 덕목과 예의를 실천해 사람다운 사람이 되는 길이 아니라 요구하지도 강요하지도 않는 무위의 자연을 닮은 도와 함께하는 삶을 제시했다.

유가에서는 특정한 규범과 제도만 진리로 보고 나머지는 비인간적인 길로 배척한다. 심하면 '금수와 같다'거나 '야만스럽다'는 비난을 서슴지 않는다. 장자는 자신만이 옳다고 보고 다른 사람의 길은 인정하지 않는 유가를 비판했다. 즉 유가도 사회적 명예와 도덕적 영웅(성인聖人)을 기획한다는 점에서 부국강병의 영웅과 다르지만 닮았다고 할 수 있다.

이에 장자는 세상을 향해 열어놓은 감각의 창과 끊임없이 욕망을 일으키는 마음의 문을 닫고, 주위에서 주워들은 성공담과 영웅 이야기와 기억을 쏟아내라고 주문한다. 그 대신 기억과 감정의 생채기를 남기지 않는 기氣와 어디든 자유롭게 드나드는 신神의 흐름에 호흡하면서 스스로 그렇게 되는 자연自然의 삶에 보조를 맞추라고 제안한다. 이 제안은 추론과 사유의 인문학적 삶에 어긋나지 않지만 영감 속에서 창조적 삶을 사는 예술의 삶에 더 가까워 보인다.

요즘 걷기 열풍이 심상치 않다. 지자체마다 산책길을 조성해 시민이 자유롭게 이용할 수 있도록 한다. 이에 만족하지 못하면 해외의 유명한 걷기 좋은 길이나 트레킹 코스를 찾기도 한다. 이는 하루가 멀다 하고 빠르게 바뀌어 삶의 속도와 분명 다르다. 세상은 빠르게 흘러가는 반면 트레킹과 걷기는 세상을 느리게 보내려는 시도이기 때문이다.

장자도 산이며 들에서 걷기를 좋아하는 철학자 중 한 사람이었다. 장자는 걷기만을 좋아한 것이 아니라 걸으면서 자연을 따르는 삶이 얼마나 자유롭고 건전한지 그 예증을 찾기도 했다. 사회에서 사람이 살아가는 방식에 따라 삶이 엇갈리듯이 산의 나무도 품종에 따라 서로 다른 길을 걸었다.

유실수에 열매가 열리면 사람은 그걸 따느라 가지를 꺾기도 하고 나무에 오르다 가지를 부러뜨리기도 했다. 재목으로 쓰일 나무(문목文木)는 때가 되면 사람이 톱으로 베어냈다. 하지만 옹이가 많고 쓸모가 없는 나무(산목散木)는 엄청난 크기에 압도되어 구경하는 사람은 많아도 베려고 하는 목수는 없었다.

나무 우화도 장자가 나무의 생태를 말하려는 것이 아니라 사람에게 "당신은 어떤 종류의 나무인가?"라는 인생 이야기를 들려주는 것이라고 할 수 있다. 위험하지만 성공이 기대되는 삶은 화려하지만 아찔한 현기

증을 일으킨다. 이와 달리 자연에서 사람만이 아니라 모든 존재와 어울리며 평온하고 느긋하게 소요하는 삶을 살려면 『장자』에 관심을 둘 만하다.

신정근

성균관대 유학대학 교수

기하학 원론

EUCLID'S ELEMENTS

유클리드 Euclid (기원전 330?~기원전 275?)

유클리드의 『원론Euclid's Elements』은 기원전 300년경에 고대 그리스의 수학자 유클리드가 저술한 수학책이다. 『원론』은 총 13권으로 이루어진 방대한 저서로 평면 기하학과 입체 기하학, 기초 정수론에 관한 고대 그리스의 이론을 집대성한 고전이다. 기하학이 중심 주제이기 때문에 『원론』을 통상 『기하학 원론』이라고 부른다.

『기하학 원론』은 유사 이래 성경 다음으로 많은 판본이 출간된 책이라고 할 정도로 위대한 걸작이지만 정작 저자인 유클리드에 대해서는 정확한 생몰년조차 알려지지 않았다. 파라오 프톨레마이오스 1세(기원전 367~기원전 283) 통치하의 이집트 알렉산드리아에서 교육과 연구, 저술 활동을 했다는 사실 정도가 알려져 있을 뿐이다. 당시 유클리드에게 기하학을 배우던 파라오가 기하학을 쉽게 배우는 방법을 묻자 유클리드는 파라오의 게으름을 꾸짖으며 **"기하학에는 왕도가 없습니다"**라는 명언을 남겼다고 한다.

서로마제국의 멸망과 함께 유럽이 암흑기에 접어들면서 『기하학 원론』은 아랍 세계에서 계승되다가 르네상스 시대에 이르러 유럽으로 역수입되었다. 르네상스 시대에 설립된 유럽의 대학들은 플라톤이 아테네에 세운 '아카데미아'의 전통을 이어받아 3학(문법-논리-수사)과 4학(산술-기하-음악-천문)을 교양 과목으로 가르쳤고, 이를 계기로 『기하학 원론』은 수 세기 동안 유럽 지식인들에게 필독서로 꼽혔다. 오늘날에는 전 세계 대부분 나라에서 이 책을 중고등학생들에게 가르친다.

『기하학 원론』은 수학적 추론과 증명을 체계적으로 다룬 책 가운데 현존하는 가장 오래된 책이다. 유클리드는 이 책에서 정의, 공준, 통념, 정리, 증명 등 논리적 추론에 필수적인 개념들을 정립했다. 여기서 공준은 증명 없이 참으로 받아들이기로 약속한 명제를 가리키며 통념은 증명할 필요도 없이 자명해서 누구나 참으로 받아들일 수 있는 명제를 일컫는데, 이 둘을 묶어 공리라 통칭할 수 있다. 이해하기 쉽도록 공준과 통념을 각각 기하(학적) 공리와 논리(학적) 공리라고 번역하기도 한다. 이처럼 『기하학 원론』은 수학뿐만 아니라 현대 과학의 발전에 없어서는 안 될 엄밀하고 정교한 논리적 추론의 기틀을 구축했다는 점에서도 과학사에서 차지하는 위치는 가히 독보적이라고 할 수 있다.

총 13권에서 무려 465개 정리를 담은 『기하학 원론』은 1~6권에서 평면 기하학, 7~10권에서 기초 정수론, 11~13권에서 입체 기하학을 다루었다.

원론에는 5개 공준과 5개 통념이 제시되어 있다. 제1권에만 나와 있지만 이들은 전권에 통용되는 공리다. 먼저 5개 공준(P)을 소개하면 다음과 같다.

P1) 임의의 두 점을 잇는 선분을 그릴 수 있다.

P2) 임의의 선분을 직선으로 확장할 수 있다.

P3) 임의의 점을 중심, 임의의 길이를 반지름으로 하는 원을 그릴 수 있다.

P4) 모든 직각은 서로 같다.

P5) 한 직선이 주어진 두 직선과 만날 때 직선의 한쪽에 있는 두 내각의 합이 180도 미만이면 그쪽에서 두 직선이 만난다.

'평행선 공리'라 불리는 다섯 번째 공준(P5)은 다음의 명제와 동치다: 평면상에 직선 ℓ과 그 직선 위에 있지 않은 점 P가 주어졌을 때 점 P를 지나고 직선 ℓ과 평행인 직선을 꼭 하나 그릴 수 있다. 수많은 수학자가 이 공리를 증명하고자 노력했으나 아무도 성공하지 못했다. 19세기 초에 러시아의 수학자 로바쳅스키는 평행선 공리를 다르게 바꾼 쌍곡 기하학 이론을 발표했다. 실제로 유클리드의 평행선 공리는 증명하기가 불가능하며, 이 공리를 부정하고 다르게 바꾸거나 아예 삭제해도 모순이 발생하지 않을 뿐만 아니라 구면 기하학이나 쌍곡 기하학과 같은 새로운 기하학 이론을 만들 수 있다는 사실을 밝힌 것이다. 이것이 이른바 비유클리드 기하학이다. 한편 5개 통념(C)은 다음과 같다.

C1) 동일한 것과 같은 것들끼리는 서로 같다.$(a=c \ \& \ b=c \Rightarrow a=b)$

C2) 같은 것들에 같은 것들을 더한 값들은 같다.$(a=b \ \& \ c=d \Rightarrow a+c=b+d)$

C3) 같은 것들에서 같은 것들을 뺀 값들은 같다.$(a=b \ \& \ c=d \Rightarrow a-c=b-d)$

C4) 서로 일치하는 것들끼리는 서로 같다.

C5) 전체는 부분보다 크거나 같다.(w: 전체 & p: 부분 $\Rightarrow w \geq p$)

제1권에는 이러한 10개 공리를 전제로 피타고라스 정리와 삼각형의 합동 조건 세 가지의 증명, 각의 이등분선과 직각의 작도 등이 포함되어 있다.

제2권에서는 기하 대수라 할 수 있는 내용, 즉 다양한 대수적 등식의 기하학적 해석과 증명을 다룬다. 주어진 선분의 황금비 분할 등이 포함되어 있다.

제3권에서는 다양한 원의 성질을 다룬다. 지름의 원주각이 직각이라는 탈레스 정리의 증명, 원 밖의 한 점에서 원에 접하는 접선의 작도 등이 포함되어 있다.

제4권에는 삼각형과 사각형의 내접원과 외접원, 정삼각형, 정사각형, 정오각형, 정육각형, 정십오각형 등의 작도가 포함되어 있다.

제5권에서는 비례 이론을 다룬다. 산술 평균과 기하 평균 관련 부등식을 포괄하는 일반적 정리의 증명 등이 포함되어 있다.

제6권에서는 비례 이론을 이용하여 평면 도형의 닮음과 관련된 다양한 정리의 증명과 작도 등을 다룬다.

제7권에서는 약수와 배수, 소수 등 정수의 다양한 성질을 소개한다. 소인수분해 정리와 최대공약수를 찾는 유클리드 호제법 등의 증명이 포함되어 있다.

제8권에서는 수의 비례와 등비급수를 다룬다.

제9권에서는 소수의 무한성, 등비급수의 합, 짝수인 완전수 등을 다룬다.

제10권에서는 무리수의 분류를 다룬다. 제곱수가 아닌 정수의 제곱근은 무리수라는 정리의 증명과 피타고라스 3쌍 공식 등이 포함되어 있다.

제11권에서는 1~6권의 평면 기하학의 개념과 이론을 3차원 공간으로 확장했다.

제12권에는 원뿔, 피라미드, 원기둥 등 다양한 도형의 부피 공식이 포함되어 있다.

제13권에서는 구에 내접하는 5개 정다면체를 다루며, 그러한 정다면체가 5개뿐임을 증명한다.

현대 수학의 시각에서 볼 때 유클리드가 제시한 공리계가 완벽하지는 않지만, 『기하학 원론』은 무려 2300년 동안 논리적 추론의 고전으로 자리매김해왔으며 코페르니쿠스, 케플러, 갈릴레이, 스피노자, 뉴턴, 오일러, 칸트, 가우스, 러셀, 아인슈타인 등 인류의 스승이라 불리는 위대한 수학자, 과학자, 철학자들에게 지대한 영향을 미쳐왔다. 그런 의미에서 유클리드의 『기하학 원론』은 지적 진보를 이끌어온 인류의 교과서로 손색이 없는 불세출의 걸작이다.

김명환

서울대 수리과학부 명예교수 / 상산고등학교 교장

한비자

韓非子

한비 韓非 (기원전 280?~기원전 233)

『한비자』는 한비자가 전국시대의 분열을 극복해 통일을 이룰 수 있는 법제, 리더십, 설득술 등을 밝힌 책이다. 춘추전국 시대에는 성읍국가를 대신해 중앙집권적 관료 국가가 등장했다. 이는 약육강식 상황에서 부국강병을 추진하려면 강력한 추진 주체가 필요하다는 상황을 반영한 것이다. 바로 어제까지 존재하던 나라가 강한 이웃 나라의 공격을 받아 망했다고 가정해보자. 우리로서는 가정이지만 한비자가 살던 시대에는 망했다는 소식을 전해들었다고 할 수 있다. 그럼 어떻게 할 수 있을까? 한 국가의 국력이 여기저기에 흩어져 있으면 국력이 얼마나 되는지 가늠할 수 없고 정작 필요한 순간에 제대로 사용할 수도 없다. 이런 측면에서 한 국가의 인적·물적 자원을 정확하게 통계 내고 필요할 때 한곳에 집결하는 체계가 필요했다.

이러한 체계는 자치권이 있는 부족연합 상태에서는 불가능해서 강력한 권력을 바탕으로 의무를 부과하고 공권력을 행사할 수 있는 기구와 권력자가 필요했다. 이것이 바로 자신이 평소 거느리던 가신을 관료로 전환하고 부족연합을 중앙집권화하며 국가의 상징적 대표를 강력한 권한을 행사하는 권력자로 바꾼 중앙집권적 관료 국가라고 할 수 있다. 중앙집권적 관료 국가가 성립하면서 귀족이 관할하던 인적·물적 자원을 국가가 일원적으로 관리하고, 세습하던 신분을 군공에 따라 책임지는 능력주의와 양립하게 만들었다. 이런 사회변화를 변법變法이라고 했다.

변법이 진행되자 귀족에서 평민으로 몰락하는 신분 하강이 일어났다. 반대로 평민과 말단 지배계층인 사士가 능력을 발휘해 일약 귀족으로 발돋움하는 신분 상승이 일어났다. 특히 사는 지금까지 사회 각 분야에서 다양한 실무 능력과 풍부한 경험을 바탕으로 사회문제를 해결해 왔지만 신분 제한으로 지배계층의 말단에 놓여 있었다. 이들 사는 중앙집권적 관료 국가가 부국강병을 추진하는 상황에서 물 만난 고기처럼 자신들의 기량을 발휘해 사회의 주도 계층으로 성장했다. 이런 사의 성장은 초기 변법으로 거둔 사회의 역동성이라고 할 수 있다.

중앙집권적 관료 국가가 변법으로 부국강병을 경쟁적으로 추진해 약소국을 병합하는 등 여러 가지 성과를 거두었음에도 모든 물자와 자원이 국가에 집중되는 '부국'과 '강병'은 실현되지 않았다. 국가는 가난한데 신하는 부자가 되었으니 일종의 '부국강병의 역설'이라고 할 수 있다. 한비자는 초기 변법을 추진한 선배의 이론을 바탕으로 이 역설을 해결하고자 했다.

전국시대 후기에 많은 사람이 기다리는 '빅 이벤트'가 있었다. 진왕(진시황)과 한비자의 만남이었다. 진왕은 서쪽 변방에 위치한 진나라를 전국 칠웅七雄 중 강자로 부상시키고 통일 대업을 이룰 리더로 주목받았다. 한비자는 한나라 왕족 출신으로 다양한 문헌을 폭넓게 섭렵해 전국시대의 혼란을 수습하는 방안을 제시한 사상가로 주목받았다.

진왕과 한비자의 '빅 이벤트'가 실제로 이루어졌다. 『한비자』 첫 편인 「초견진初見秦」은 한비자가 처음으로 진왕을 만나는 상황을 가정하고 무엇을 말할지 준비한 글이다. 이 글에서는 앞에서 말한 부국강병의 역설을 풀 방안을 밝혔다.

부국강병의 역설은 왜 발생할까? 그것은 부국강병의 결실을 어떻게 분배하느냐는 문제와 직결되어 있다. 부국강병을 추진하려면 전쟁에서 공을 세우는 사람에게 보상해야 한다. 목숨을 아끼지 않고 적을 공격해 공을 세웠는데, 보상이 없으면 다음에도 그렇게 용감하게 싸우지 않을 수 있기 때문이다. 이처럼 군공을 세웠을 때 보상하려면 어떤 나라이든 전쟁에서 막대한 이익을 챙길 수 있어야 한다. 만약 막대한 피해를 보고 얻는 것이 없는 '상처뿐인 승리'를 거두면 국가가 보상해야 하므로 국가는 가난해질 수밖에 없다.

바로 여기서 한비자는 공에 적절히 보상하더라도 반드시 실에 책임을 물어야 한다고 주장했다. 이를 위해 한비자는 어떤 사람이 문제 상황에 무엇을 어떻게 하겠다는 목표를 스스로 밝히고 나중에 실제로 성과를 얼마나 냈는지를 비교하고자 했다. 비교해서 일치하면 보상하고 어긋나면 처벌하는 것이다. 이것이 바로 한비자의 '형명참동形名參同'이다. 아울러 부국강병의 역설을 풀 원칙이라고 할 수 있다.

「초견진」에서 한비자는 **"알지 못하면서 말하면 지혜롭지 않고, 알면서 말하지 않으면 충실하지 않다"**라고 말문을 연 뒤 이 둘을 모두 사형에 처할 만하다고 주장했다. 이는 한비자가 그만큼 자신 있다는 포부를 밝힌 것이다. 진왕은 한비자를 진나라로 초청하고서 꿈에 바라던 사람을 만난 것처럼 반겼다. 이사李斯는 한비자에게 콤플렉스와 위기를 느끼고 한비자와 같은 인재를 다시 한나라로 돌려보낼 수 없다는 이유로 사형에 처하게 했다. 「초견진」의 죽음 이야기가 현실에서 일어난 것이다.

요즘 우리는 몇 년 사이에 사물인터넷, 자율주행 자동차, 인공지능 같은 말을 자주 입에 올리고 또 여기저기서 듣는다. 당장이 아니더라도 미래가 지금과 다른 모습으로 바뀌리라 예상된다. 하루가 멀다 하고 새로운 제품과 기술 이야기가 쏟아져 나온다. 이로써 인공지능 시대에 적응하는 사람과 적응하지 못하는 사람의 격차를 디지털 불평등이라고 한다.

이처럼 변화하는 시대에는 미래를 정확하게 예측해 필요한 기술을 선점하고 유연한 리더십을 발휘해 위기를 잘 극복해야 한다. 이는 전국시대처럼 약육강식의 시대에 부국강병을 추구하는 상황과 비슷한 측면이 있다. 한비자도 사회와 역사가 신의 뜻에 따라 전개된다거나 추상적 이념을 실현한다고 생각하지 않았다. **한비자는 사회와 역사가 늘 새로운 문제 상황에 놓이게 되는데, 그것에 적응하면 살아남고 그렇지 못하면 도태된다고 주장했다.**

한비자는 시대 문제에 적응하는 것을 중시하는 만큼 생각이 다른 사람을 조정하는 설득과 공동체를 발전된 방향으로 이끌어가는 리더십에도 관심이 많았다. 유세의 어려움을 뜻하는 「세난」은 진왕의 절찬을 받았을 뿐만 아니라 상대를 설득하려면 무엇을 어떻게 준비해야 하는지 많은 시사점을 지금도 던져준다.

다만 이때 한비자는 공公과 사私의 관계에서 전자의 절대적 우위를 주장했다. 이는 전국시대에 "사느냐 죽느냐?"라는 절체절명의 상황을 돌파하는 논리로 이해할 수 있다. 또 동아시아 근대 형성기에 멸사봉공의 논리로 확대해석하기도 했다.

국권의 상실을 피하거나 국권을 회복하거나 국제사회에서 국권을 키우려면 인권을 잠시 유보해야 한다는 요구가 강조되었다. 이것이 '애국주의'의 논리로 포장되면 권위주의 정권에 정치적 면피를 제공하기도 했다. 오늘날은 국권만큼 인권이 중요한 시대이므로 이 점을 재해석해야 한다. 인권 없는 국권은 민주주의와 양립할 수 없기 때문이다.

신정근

성균관대 유학대학 교수

사기

史記

사마천 司馬遷 **(기원전 145~기원전 86?)**

『사기』는 사마천이 상고의 황제부터 한漢제국 초기까지의 역사를 인물, 제도, 풍속, 국제관계 등 다양한 측면에서 입체적으로 재구성한 책이다. 사마천은 천문과 역법을 살피는 집안에서 태어나 20대에 드넓은 한제국의 영토를 걸어서 여행하면서 치자의 꿈을 키웠다.

사마천은 관직에 들어서서 순조롭게 자신의 꿈을 향해 나아가다 '이릉李陵'으로 커다란 소용돌이에 휩싸이게 되었다. 한제국은 건국 초기에 국력이 약해서 주변의 이민족, 특히 북쪽의 흉노족과 대결하기보다는 화친하는 외교를 펼쳤다. 그러다 무제에 이르러 흉노족에 대해 수세에서 공세로 전환하면서 흉노족의 내지까지 침투해 전쟁을 벌였다.

이 과정에서 이릉이 흉노족과 벌인 전쟁에서 초기에 연전연승하다가 결국 포로로 잡히는 일이 일어났다. 사마천은 이릉이 병력의 열세로 어쩔 수 없이 포로가 되었지만 언젠가는 흉노족의 전략을 파악해서 돌아올 거라고 변명하다가 무제를 속였다는 죄목으로 투옥되었다. 사마천은 거금을 내면 죄를 면제받을 수 있었지만 그럴 형편이 되지 못해 궁형을 당했다.

궁형 이후에 사마천은 치욕감 때문에 살아갈 이유를 찾지 못해 폐인이 될 지경이었다. 그렇지만 그는 낙담만 하다가 그냥 죽을 것이 아니라 의미 있는 업적을 내야겠다고 생각했고, 그것이 『사기』 저술로 이어졌다. 역사는 관직에 올라 치자治者가 되는 것보다 더 넓고 더 깊은 방식으로 치자가 되는 길이었다. 이러한 자각이 '나'라는 사람의 기원과 정체성을 탐구하는 계기가 되었다. 우리는 보통 '나'를 특정한 시공간에서 활약하는 존재로만 생각한다. 하지만 '나'는 공동체의 머나먼 기원에서 시작해 지금까지 숱한 변화를 거듭해온 역사의 한 자락에 자리했을 뿐 아니라 앞으로 새롭게 나타날 시대를 예상해보는 증인이기도 하다.

사마천은 지나간 일을 하나하나 서술해 앞으로 어떤 일이 생길지 생각해보고자 했다. 이 과정에서 하늘과 사람이 만나는 지점을 끝까지 밝히고 옛날에서 지금까지 어떤 변화가 있었는지 하나로 꿰어 자신만의 언어로 역사를 서술하고자 했다. 결국 『사기』는 사마천이 죽음 직전까지 내달았다가 자신의 시대적 소임을 자각하고서 한 자씩 써 내려간 역작이라고 할 수 있다. 이 때문에 『사기』를 '발분發憤의 책'이라고도 한다.

사마천이 황제의 시원에서 한제국까지를 다룬다고 해도 어떻게 쓸지 막막할 수밖에 없었다. 포부가 아무리 원대하더라도 선행자료가 없으므로 모든 것을 새롭게 창작해야 했다. 사마천은 역사를 독특하게 재구성하고자 했다. 먼저 세계 질서를 관리하는 핵심 인물, 즉 제왕의 연대기(본기本紀)를 다루기로 했다. 이어서 제왕으로부터 일정 지역을 관할하는 임무를 부여받은 제후의 연대기(세가世家)를 다루고, 제왕과 제후를 보좌했던 사람이나 관직이 없지만 민간 사회에서 자기 역할을 묵묵하게 수행했던 사람이나 한제국 주변 이민족의 이야기(열전列傳)를 다루었다. 이런 연대기와 이야기를 주로 인물을 중심으로 다루었다. 이 때문에 『사기』를 기전체紀傳體 형식이라고도 한다.

사마천은 인물만이 아니라 인물을 둘러싼 사회의 제도와 풍속 등(지志)에도 관심을 두었다. 그래야 인물이 행위를 하는 방식이나 습관 등을 파악할 수 있기 때문이다. 아울러 사마천은 개별 인물이 기나긴 역사의 흐름에서 어디에 위치하는지를 한눈에 살피고자 연표를 작성했다. 연표를 읽으면 인물과 사건 그리고 제도가 어울려서 흘러가는 흐름을 포착할 수 있다.

사마천은 『사기』의 형식을 이렇게 구상한 뒤 인물, 사건, 제도 등을 각자 자리에 집어넣었다. 분량이 워낙 방대해서 하나하나 소개할 수는 없지만 한두 사례를 살펴볼 만하다. 사마천은 열전의 첫머리를 백이와 숙제로 시작했다. 백이와 숙제는 고죽국孤竹國의 왕자였지만 부왕이 동생에게 왕위를 물려주려고 하자 나라를 떠나 수양산에서 살다가 끝내 굶어 죽었다.

사마천은 백이와 숙제 이야기를 쓰다가 갑자기 『장자』에 나올 정도로 춘추전국 시대에 유명했던 강도 도척盜跖 이야기를 집어넣었다. 백이와 숙제는 공동체의 평화를 위해 자신의 권리를 포기하고 수양산으로 들어가서 인생을 마무리했지만 도척은 사람의 목숨을 예사로 뺏을 뿐만 아니라 남의 재물을 훔쳐 자신만의 왕국을 세워서 떵떵거리며 살았다. 두 사람을 대비하면 고결한 삶을 산 선인은 쓸쓸하게 죽지만 불법과 탈법을 자행한 악인은 아무런 벌을 받지 않고 살아간다.

여기서 사마천은 천도天道를 끌어들인다. 천도는 이 세상을 살아가는 이유이기도 하고 사람의 인생을 평가하는 기준이기도 하다. 천도가 살아 있다면 백이와 숙제가 제대로 평가받고 도척이 처벌받아야 할 텐데 현실은 그렇지 못하다. 이 때문에 사마천은 백이와 숙제 이야기를 도척과 대비해 서술하고서 "천도가 있느냐 없느냐?"라고 의문을 제기한다.

우리는 자기소개서를 쓸 때 많이 고민하게 된다. 도대체 무엇을 어떻게 써야 할지 감이 오지 않기 때문이다. 한 사람의 인생도 어디에 초점을 둬야 할지 막막한데, 수많은 사람의 장구한 역사를 다루려면 얼마나 막막할까? 이런 측면에서 생각하면 내용도 내용이지만 다양한 대상과 소재를 어떻게 소개할지도 관심거리가 될 만하다.

사마천도 많이 고민한 듯하다. 본기와 세가의 인물은 역사적 자료가 있으니 내용을 선별하면 어느 정도 서술이 가능하지만 그렇지 않은 인물은 어떻게 서술할까? 열전을 보면 해당 인물의 삶을 연대기 순서로 서술하지 않고 그 인물을 가장 돋보일 수 있는 일화 한 토막을 짧게 소개했는데, 이는 우리가 사진을 찍는 것과 비슷하다. 눈앞에 멋진 풍경을 마주할 때 모든 걸 사진과 영상에 담고 싶지만 그럴 수 없다. 그중 가장 아름다운 장면을 사진과 영상으로 담으면 나머지는 유추가 가능해진다. 이 때문에 사마천이 역사를 사실 위주로 건조하게 서술하지 않고 극적으로 흥미를 자아내도록 구성했다고 평가한다. 이를 줄여서 역사를 예술화 또는 문학화했다고 한다.

여행 가느라 짐을 꼼꼼히 싼다고 해도 목적지에 가서 가방을 풀면 뭔가 빠뜨린 게 있다. 사마천이 역사를 꼼꼼하게 썼다고 하지만 담아내지 못한 이야기가 있을 수 있다. 사마천은 이를 보완하려고 보통 사람들 눈에는 들어오지 않는 인물을 포착했다. 예컨대 누군가 억울한 일을 당했을 때 정부에서 나 몰라라 하면 억울하기 그지없다. 이때 그 사람을 위해 복수를 해주는 사람이 있다면 억울함을 덜어낼 수 있다. 이를 사마천은 협객 이야기로 풀어냈다.

또 공자가 실제로 제후가 되지는 않았지만 그의 사적을 세가에 실었다. 이는 현실에 미친 영향력을 고려한 서술이라고 할 수 있다. 진제국이 붕괴하는 실마리를 제공한 진섭陳涉 이야기를 다루며 "왕후와 장상이 무슨 씨가 있느냐?"라는 말을 그대로 실었다. 이렇게 보면 역사는 거룩한 인물과 사실만을 딱딱한 언어로 기술했다고 생각하기 쉽지만 사마천은 주변에 있는 평범한 사람의 웃음과 눈물도 담아내고자 했다.

신정근

성균관대 유학대학 교수

의무론

DE OFFICIIS

키케로 Marcus Tullius Cicero (기원전 106~기원전 43)

우리가 서양 고전 문명이라고 하는 문명에는 뚜렷한 지역적 중심이 두 곳 있다. 하나는 아테네이고 다른 하나는 로마다. 이전에 볼 수 없었던 문명적 성취라는 측면에서는 단연 아테네를 기반으로 하는 그리스 문명이 독창적이다. 호메로스의 서사시나 소포클레스의 비극, 플라톤과 아리스토텔레스의 철학, 조각과 건축으로 대표되는 뛰어난 업적들이 서양문명의 원천을 이룬다.

이 문명적 성취는 로마를 근거지로 삼아 나중에 제국으로 성장한 정치공동체에서 계승해 중세와 근대를 거쳐 현재의 유럽을 구성하는 나라들의 문명적 자양분이 된다. 언어적으로는 그리스어로 작성된 문학, 역사, 철학의 고전들이 라틴어로 번역되거나 번안되는 과정을 거쳐 이후 세계에 전달되는 것이다.

문학에서 베르길리우스의 『아이네이스』가 호메로스의 서사시 전통 속에서 자신들의 역사적 경험과 세계 이해를 담은 작품으로 또 하나의 고전이 되었다면, 철학에서는 플라톤과 아리스토텔레스의 전통 속에서 성장한 당대의 대표적 철학 유파들과 토론을 거쳐 키케로의 『의무론』이 탄생한다. 제목이 같은 그리스어 작품이 상당수 있었던 것으로 보아 『의무론』은 키케로가 이전에 없던 새로운 논의의 형식과 지평을 열었다기보다는 로마적 맥락에서 적절히 변형하고 새롭게 획득한 자의식을 불어넣은 작품으로 이해하는 쪽이 옳을 것이다. 작품에 등장하는 주제들은 플라톤의 『국가』, 아리스토텔레스의 『니코마코스 윤리학』에서 만나는 것들과 크게 다르지 않다.

한편으로 행복한 삶을 목표로 하는 개인의 도덕적 선택의 문제이면서 다른 한편으로 공동체에 대한 이해와 공동체 구성·운영원리에 관한 정치철학적 문제와 이런 원칙들을 국제관계에서 어떻게 이해해야 하는지는 물론 더 나아가 그러한 이해의 밑바탕에 있는 법적 판단의 원칙에 이르기까지 윤리학, 정치학, 국제정치, 법학으로 이어지는 일련의 문제를 명확한 구조와 목적 아래 다루었다. 표면적으로는 아테네에서 유학하는 아들에게 가르침을 주는 글이지만, 공직에 나아가 정치적 역량을 발휘하고 싶은 로마의 모든 귀족 자제가 반드시 읽고 소화하지 않으면 안 되는 내용으로 되어 있다.

이 책이 역사를 바꾸었다고 평가되는 이유는 아마도 로마 귀족들의 지성과 세계관 형성에 지속적으로 큰 영향력을 행사했기 때문이리라. 키케로 자신은 로마 공화정이 몰락하고 제정으로 넘어가는 혼란한 시대에 최후의 공화주의자로서 죽임을 당했지만, 그의 책은 유덕한 시민, 건전한 정치공동체가 지켜야 할 원칙이 무엇인지, 그런 원칙의 궁극적 근거가 무엇인지를 그리스 철학의 논변과 로마의 역사적 사례를 적절히 배합해 잘 설파했으니 말이다.

부동산 거래와 같이 사인 간 거래에서 지켜야 할 법도를 얘기하면서 국가 간 전쟁에서 지켜야 할 법도까지 확장하는 대목을 읽노라면, 수

많은 전쟁 과정에서 성장한 로마가 자신의 역사적 경험을 이 정도까지 지적으로 소화하는 데 성공했다는 인상을 받게 된다. 플라톤이나 아리스토텔레스에서 그렇게 자주 등장하지 않는 전쟁 얘기들은 그리스 철학 전통에서 성장했으나 그리스적이지 않은 역사적 경험을 소화하는 경지에 이를 때 가능한 철학적 지평이 무엇인지를 보여주는 독특한 작품이라는 평가를 가능하게 한다.

이 작품을 읽는 로마 귀족의 자제들은 자신의 일상과 사적 거래는 물론 자신들이 전쟁 지휘관으로서 곧 수행하게 될 역할, 일반 정무직으로서 하게 될 공무에서 어떤 도덕적 원칙들을 채택할지, 자신은 그 넓은 주장들의 스펙트럼에서 무엇을 어떤 이유로 취하는지 반성할 기회를 얻게 된다. 이에 정확히 상응하는 그리스 원본이 없는 상황에서 라틴어로 쓰인 이 작품은 이후 세계에서, 심지어 중세 이후 세계에서까지 거의 유일한 서양판 수신제가치국평천하修身齊家治國平天下의 교과서라고 할 정도였다. 이 책이 이런 문제들에 대한 최초의 오리엔테이션이자 대체할 작품이 없는 최종 해답집 역할을 했기 때문이다.

여기서 다루는 문제들이 거의 고전적 주제이고 접근 방법도 고전적이라 현대 독자들은 애초에 이런 문제들이 어떤 맥락에서 제기되고 어떻게 다뤄지는지를 일차로 배울 수 있지만, 동시에 나는 과연 이 논의에서 어떤 태도를 취할지 점검하는 기회도 얻을 수 있다. 도덕과 이익의 충돌 여부를 다루는 『의무론』 제3권의 논의 대부분이 그러한 성격을 잘 보여주는바, 예를 들어 내 부동산 거래에서 집의 단점들을 구매자에게 다 알려주어야 하는가와 같은 문제들이 그러하다. 위조된 유언장처럼 불의인 것을 알지만 내가 말하지 않으면 돌아올 유익이 있는 경우 혹은 전략적으로 유리하지만 도덕적으로 옳지 않은 방법으로 전쟁에서 승리할 수 있는 경우 등 구체적일뿐더러 역사적 사례에서 가져오는 많은 문제와 문제들에 대한 기존의 주장, 키케로가 최종적으로 선택하는 주장과 논변을 읽다 보면, 이런 문제들에 대한 최초의 방향감각을 얻게 된다. 현재 법학에서 중요한 메타 원칙으로 이해되는 신의성실의 원칙이 과연 어떤 문맥에서 등장했는지, 왜 이런 논의가 필요했는지, 키케로가 어떤 대목에서 공공성의 약화를 한탄했는지 잘 이해하게 된다.

약속은 반드시 지켜야 하는지와 같이 우리가 일상에서 자주 부딪치는 문제들에 한편으로는 상식적인 답을 얻으면서도, 다른 한편으로는 1차 포에니 전쟁에서 카르타고의 포로가 된 레굴루스가 로마에 파견된 이후 귀환하면 죽임을 당할 것이 뻔한 상황에서도 신의를 지키고자 귀환한 사례와 같은 역사적 모범이 될 만한 사례도 듣게 된다. 최고선에 관한 논의뿐 아니라 일상적 삶의 규칙들을 제공하겠다는 약속에 걸맞게 곳곳에서 깨알 같은 지침을 주기도 한다. 친절에서도 우리의 친절을 받을 사람의 가치dignitas를 고려해야 하며, 농담도 아무 농담이나 하면 안 되고 왜 자유인에 어울리도록 해야 하는지도 논의한다. 또한 대화하다가 주제가 엉뚱한 쪽으로 흘러가면 왜 본래 화제로 되돌리려고 노력해야 하는지도 설명한다. 이런 매우 구체적인 지침들과 규칙들이 올바른 삶의 원칙에 대한 체계적 고찰들 사이사이에 적절히 조직되어 녹아든 점이 이 책을 로마가 배출한 최고 문장가가 쓴 최고의 수양서 혹은 도덕 교과서로 만든 이유다.

많은 사람이 개인의 삶과 공동체의 삶을 분리해서 생각하기 쉽고, 국내 질서와 국제질서가 별개 원칙에 따라 작동하는 것으로 이해하기 쉬운 마당에 개인의 삶과 공동체적 삶이 이토록 긴밀하게 연결되고, 여기서 확인된 원칙이 로마가 국제관계에서 취했거나 취해야 할 태도에 이르기까지 하나의 원리로 관통함을 관찰하는 일은 시공간적으로 키케로의 로마에서 한참 떨어진 사람들에게도 커다란 정신적 성숙의 원천이 되어왔으며 앞으로도 그럴 것이다.

강상진

서울대 철학과 교수

아이네이스

AENEIS

베르길리우스 Vergilius (기원전 70~기원전 19)

트로이아 전쟁이 끝난 후 승자인 그리스인들은 전리품을 챙겨 집으로 돌아가고, 패자는 불타는 트로이아를 떠나 새로운 나라를 찾는 모험을 시작했다. 승자의 시선에서 그려낸 서사시가 호메로스의 『일리아스』와 『오디세이아』라면 로마 시인 베르길리우스는 트로이아의 영웅 아이네아스(그리스어로는 아이네이아스)를 주인공으로 트로이아를 탈출하는 모험과 새로운 트로이아를 건설하는 투쟁 이야기를 『아이네이스』에 담았다. '아이네이스'는 '아이네아스의 노래'라는 뜻이다. 아이네아스는 앙키세스라는 트로이아 왕족의 아들로, 어머니는 아름다움의 여신 아프로디테, 라틴어로 베누스Venus다.

그리스의 오디세우스가 목마작전으로 트로이아를 함락하고 사람들을 도륙할 때 아이네아스도 하마터면 불타는 트로이아에서 생을 마칠 뻔했다. 그는 구사일생한 뒤 유민들을 모아 트로이아를 떠나서 오랜 방랑 끝에 카르타고에 도착해 디도 여왕을 만난다. 작품은 두 사람의 만남에서 시작된다. 디도는 아이네아스에게 트로이아의 마지막 밤을 이야기해달라고 요청한다. 아이네아스는 억울하고 분해서 고통스러운 마음으로 그리스인들이 비열한 '목마작전'으로 트로이아인들을 속여 승리를 도둑질했다고 이야기한다.

그날 아침, 트로이아인들은 10년 동안 해변에 진을 치고 전쟁을 치르던 그리스인들이 사라진 것을 발견하고 혼란에 빠졌다. 그러나 그들은 결국 그리스인들이 전쟁을 포기하고 떠났다고 결론을 내렸다. 그리고 해변에 서 있는 거대한 목마를 그리스인들이 무사 귀향을 바라며 미네르바(아테나) 여신에게 바친 것이라고 판단해 성안으로 끌어들였다. 트로이아인들은 크게 잔치를 벌였고 승리감에 취해 잠들었다.

그런데 그리스인들은 고향으로 떠난 것이 아니라 인근 섬 뒤에 숨어 있었고, 트로이아 성안으로 끌어들인 거대한 목마 속에는 그리스의 최정예 전사들이 숨어 있었다. 전사들은 트로이아인들이 잠든 사이에 목마에서 내려와 성문을 열었고, 성안으로 들어온 그리스인들은 트로이아인들을 도륙했다. 잠에서 깬 아이네아스는 급히 무장을 갖추고 그리스인들과 싸웠다. 전세를 역전할 수 있다는 희망에서라기보다는 트로이아의 왕족으로서 끝까지 트로이아를 위해 싸우다 죽는 명예로운 길을 택한 것이다. 그러나 베누스 여신이 그에게 나타나 여기서 목숨을 버리지 말고 트로이아의 유민들을 모아 새로운 트로이아 건설을 위해 떠나라고 경고하자 아이네아스는 어머니 말을 따르게 된다.

베르길리우스의 『아이네이스』 전반부는 오디세우스의 모험 이야기인 『오디세이아』를 모방한 것인 양 아이네아스의 모험 이야기를 다루었다. 전체 12권으로 이루어진 『아이네이스』는 1권부터 6권까지가 불타는 트로이아를 떠나 새로운 트로이아를 건설할 땅을 찾는 아이네아스의 모험 이야기를 그렸다. 그가 떠도는 경로나 들른 곳, 만나는 사람들이나 괴물들이 상당 부분 『오디세이아』의 내용과 겹친다. 베르길리우스가 의

도적으로 호메로스의 『오디세이아』를 모방한 것이다. 오디세우스가 귀향할 방법을 찾으러 망자의 세계인 하데스로 내려가는데, 아이네아스도 새로운 트로이아 건설에 조언을 얻으러 하데스 세계로 내려간다. 고대 지중해 세계의 독자들에게 베르길리우스의 『아이네이스』 전반부는 호메로스의 『오디세이아』와 데자뷔인 셈이다. 오디세우스가 키르케와 칼립소, 나우시카를 떠났듯이 아이네아스는 디도를 떠난다. 사랑 대신 조국을 택한 것이다. 사랑을 택한 파리스 때문에 트로이아가 멸망했지만, 아이네아스는 그 멸망의 원죄를 경건한 결단으로 씻어내고 새로운 트로이아 건설의 희망을 활짝 피워낸다.

『아이네이스』 7권부터 12권까지는 호메로스의 또 다른 작품 『일리아스』를 모방했다. 아이네아스는 천신만고 끝에 신탁과 예언의 땅, 새로운 트로이아를 건설할 땅에 도착한다. 그곳에서 원주민들을 만나는데, 그들 중 일부는 아이네아스를 환영했지만 다른 일부는 그를 적으로 여겨 전쟁을 일으킨다. 아이네아스는 새로운 트로이아를 건설하려고 그들과 맹렬하게 싸우는데, 이 장면은 『일리아스』를 연상시킨다. 그곳에서 아이네아스는 제2의 아킬레우스라고 불리는 투르누스와 마지막 일전을 벌인다. 『일리아스』에서는 헥토르가 아킬레우스에게 패배해 목숨을 잃으면서 결국 트로이아가 멸망하지만, 아이네아스는 투르누스를 제압하면서 새로운 트로이아 건설에 성공한다.

아이네아스가 도착한 곳은 이탈리아반도 중서부의 라티움 지역, 지금의 로마에 가까운 곳이었다. 아이네아스는 그곳에 라비니움이라는 도시를 건설했다. 그리고 그의 혈통으로부터 알바롱가라는 나라가 세워지고, 그로부터 16대를 내려가면 로물루스라는 인물이 등장하는데, 이 로물루스가 로마를 세웠다. 결국 아이네아스가 세운 새로운 트로이아가

로마인 셈이다. 트로이아인들의 조상으로 다르다노스라는 신화적 인물이 있다. 베르길리우스는 제우스의 아들인 다르다노스가 원래 이탈리아 출신인데 소아시아로 건너가 트로이아를 건설했다고 노래했다. 이 서사에 따르면, 트로이아 왕족 아이네아스가 이탈리아 반도를 찾아온 것은 전혀 낯선 땅에 온 것이 아니며, 뿌리를 찾아와 로마를 건설한 것은 필연적이고 당연한 일이 된다.

일반적으로 로마는 기원전 753년 로물루스가 건국했다고 알려져 있다. 그러나 아이네아스가 로마의 전신을 세웠다면, 로마 건국 시기는 600년 가까이 위로 당겨진다. 이처럼 새로운 건국 신화를 구성한다면 로마 역사를 훨씬 더 유구하게 만드는 것이다. 왜 이런 로마 건국 신화의 재구성이 필요했을까? 로마는 오래전부터 그리스에 열등감이 있었다. 그런데 만약 로마 시조가 아이네아스라고 한다면, 해묵은 열등감을 떨쳐낼 수 있었던 것이다. 왜냐하면 아이네아스가 살던 시기에 트로이아는 그리스보다 훨씬 더 부강하고 세련된 풍습과 문화를 갖추고 있던 나라였기 때문이다. 비록 아이네아스가 트로이아 전쟁의 패장이지만, 그것은 비열한 작전에 따른 억울한 패배였다. 정정당당하게 싸웠다면 트로이아가 궁극적 승리를 거두었을 것이라는 암시도 담겨 있다. 그리고 로마가 그리스를 정복한 것은 먼 옛날 트로이아에 대한 정당한 복수라는 선언이기도 하다.

그런데 베르길리우스에게 『아이네이스』를 쓰도록 한 사람은 로마의 첫 번째 황제 아우구스투스였다. 그는 베르길리우스를 불러 로마가 제국이 되고 자신이 황제가 되는 것이 정당하다는 것을 시로 표현해달라고 부탁했다. 베르길리우스는 아이네아스 이야기를 전면에 내세웠다. 새로운 트로이아를 건설해야 한다는 사명, 그것은 궁극적으로 유피테르

(제우스)의 뜻이었다. 그런데 바로 그 새로운 트로이아, 즉 로마는 제국이 될 테고, 아이네아스의 후손 가운데 아우구스투스가 나와 로마를 제국으로 만들고 황제가 될 것이라고 예언한다. 베르길리우스는 그런 식으로 로마가 제국이 되고 아우구스투스가 황제가 되는 것은 그 옛날부터 유피테르가 정한 운명이라고 노래한 것이다. 로마판 용비어천가라고 할까? 어쨌든 『아이네이스』는 제국의 탄생과 함께 팡파르처럼 울려 퍼지는 로마의 위대한 건국신화였다.

김헌

서울대 인문학연구원 교수

변신 이야기

METAMORPHOSES

오비디우스 Publius Ovidius Naso (기원전 43~기원후 17)

로마 문학사는 그리스 문학을 모방하고 그리스 문학과 경쟁한 역사라고도 할 수 있다. 기원전 3세기 공화정은 본격적으로 영토를 확장해 나가면서 서쪽으로는 카르타고, 동쪽으로는 그리스와 부딪쳤고 결과는 로마의 완승이었다. 그리스를 정복한 로마인들은 고도의 문명적 성취에 경탄하며 존경하는 한편, 시기심과 경쟁심으로 열심히 배웠다. 그 시기에 로마가 만난 그리스에서는 메난드로스풍 신희극New Comedy이 유행했는데, 로마에서는 플라우투스와 테렌티우스가 이를 받아들여 로마적인 웃음의 문학을 탄생시켰다.

희극의 걸작으로 시작된 로마 문학사는 두 작가 이후 잠시 주춤하다가 기원전 1세기 말, 공화정이 흔들리고 마침내 로마 제국이 탄생하면서 로마의 언어 라틴어를 본격적인 문학의 언어로 다듬어내는 문호들이 대거 등장했다. 로마의 첫 황제가 된 아우구스투스가 문화정책을 적극적으로 펼치면서 시인들이 창작에 전념할 만한 환경을 조성하고 지원을 아끼지 않았던 덕택으로 이른바 로마 문학의 황금기를 이룬 것이다.

"베르길리우스가 만토바의 긍지이고,
카툴루스가 베로나의 자랑이라면,
사람들은 나를 페리그나의 명예라고 부르리라."

인용한 시구에서처럼, 로마 문학에서는 흔히 3대 시인을 꼽는다. 트로이아의 영웅 아이네아스를 주인공으로 로마 건국 신화의 대서사시를 쓴 베르길리우스가 단연 첫째로 꼽힌다. 여기에 서정시를 대표하는 시인으로 뜨거운 사랑의 연가를 쓴 카툴루스가 함께 꼽히는데, 그를 대신해서 '카르페 디엠Carpe diem'의 시인으로도 불리는 호라티우스가 언급되기도 한다. 그리고 또 한 사람이 오비디우스다. 인생이 따분하고 고루한 것은 사랑하지 않고 사랑할 줄 몰라서라며 사랑의 찬가를 노래한 그는 그리스·로마신화의 보고로 알려진 『변신 이야기』를 써서 서양 문학사는 물론 예술 전반에 위대한 발자취를 남겼다. 그도 그런 일을 예감했는지 주체할 수 없는 자부심으로 베르길리우스와 카툴루스의 이름 옆에 당당하게 자신을 올려놓았다.

베르길리우스가 아우구스투스 황제의 전폭적인 지원을 받으며 시작詩作 활동을 한 것과 달리 오비디우스는 황제 눈 밖에 났고, 마침내 황제령으로 기원전 8년에 로마의 변방 흑해 서쪽 연안 토미스(지금의 루마니아 콘스탄차)로 추방당하더니 영영 로마로 돌아오지 못하고 서기 17년에 유배지에서 세상을 떠났다. "어떤 시 때문에, 어떤 과실 때문에 난 추방을 당했노라." 그 시는 아마도 『사랑의 기술』이었던 것 같다. 제국을 건설하고 황제로 등극한 후 건전하고 경건한 로마 건설을 표방한 아우구스투스의 눈에 사랑과 연애를 예찬한 오비디우스의 시는 미풍양속을 해치는 불온한 글로 보였다.

이런 위험한 조짐을 눈치챘을까? 오비디우스는 아우구스투스 찬양을 담은 『변신 이야기』를 써서 아우구스투스에게 헌정한 모양이다. 우주의 탄생, 신과 인간의 역사를 담아내는 이야기가 그리스에서는 헤시오도스의 『신들의 계보』와 『일과 나날』로 남아 있다면, 이와 어깨를 견주는 로마의 서사시가 바로 『변신 이야기』다. 우주는 혼란의 카오스로 시작하지만, 점차 질서를 찾아가며 조화로운 코스모스를 이룬다는 제목 그대로 변신 이야기다. 카오스와도 같은 우주의 질서를 유피테르가 바로잡았듯이, 어지러운 로마의 내전을 종식하고 위대한 '로마의 평화Pax Romana'를 완성한 이가 아우구스투스라는 것이다.

이 책에는 300개가 넘는 숱한 변신 이야기가 담겨 있어 독자들의 상상력을 쉴 새 없이 자극한다. 그러나 거기에는 사회적·정치적 함의와 비판 그리고 조언 또한 담겨 있다. 특히 사랑의 시를 쓰다가 추방당한 오비디우스의 억울함이 그리고 권력을 다지는 아우구스투스를 향한 풍자와 비판, 충언이 서려 있다. 그중 몇 편을 감상해보자.

먼저 아폴론과 다프네 이야기다. 인간을 쓸어버린 대홍수 이후 습한 대지에서 수많은 괴물이 다시 태어났다. 그중에서도 퓌톤의 힘이 압도적이었다. 그를 제압한 이는 태양의 신 아폴론이다. 화살 수천 발을 퓌톤에게 쏘아댄 아폴론은 정적들을 물리치고 로마 내전을 끝낸 아우구스투스를 연상시킨다. 그런 아폴론이 사랑과 미움의 화살을 쏘는 쿠피도를 조롱하고 무시했다. 쿠피도는 사랑의 시인 오비디우스와 닮은 구석이 있다.

모욕감을 느낀 쿠피도는 아폴론에게 날카로운 황금 촉으로 된 사랑의 화살을 쏘아 아폴론의 뼈와 골수를 꿰뚫었다. 동시에 아름다운 요정 다프네는 쿠피도가 쏜 둔탁한 납 화살을 맞았다. 다프네는 납 화살이 일으키는 혐오 감정을 아폴론에게서 느껴 달아났고, 아폴론은 다프네를 애타게 부르며 뒤쫓았다. 그리고 아폴론이 다프네를 잡는 순간 다프네는 월계수로 변했다. 아폴론은 사랑이라며 다프네를 갈구했지만, 다프네가 느끼는 것은 혐오였다. 감정의 엇갈림. 그렇다면 아우구스투스는 누구를, 무엇을 사랑했으며, 대상은 무엇을 느꼈을까? 그가 로마를, 로마 시민을 사랑한다고 했지만 그것은 그만의 감정일 뿐이지는 않았을까?

다음은 미다스 이야기다. 그는 포도주의 신 바쿠스의 스승이자 양아버지인 실레누스를 극진히 보살펴주었다. 바쿠스는 고마움을 표하려 미다스에게 소원을 말하라고 했다. 미다스는 몸에 닿는 것은 무엇이든 황금이 되게 해달라고 했다. 신비로운 능력을 얻은 미다스는 좋아 죽을 지경이었다. 나뭇가지를 집어 드니 황금가지가 되었고, 기둥과 벽을 만지니 황금 궁전이 되었다. 그러나 그의 손에 닿은 모든 음식도 황금이 되자 그는 굶주림과 목마름에 시들어갔다. 그의 곁에는 그를 도울 자가 아무도 없었다. 그의 손에 닿아 황금 덩어리로 변할까 봐 두려웠던 것이다. 그의 궁전은 황금으로 빛나 화려하고 찬란했지만, 절대적인 고독의 공간이었다.

미다스는 누구인가? 욕망에 몸부림치는 우리 모두의 자화상이다. 특히 모든 것을 권력의 관점에서 바라보며 오로지 황제의 권력을 강화하는 데 전력투구하는 아우구스투스의 초상이었다. 그가 손대는 모든 것은 그의 권력이 되었다. 그의 곁에 수많은 사람이 있겠지만, 그들이 진정 그를 사랑할까? 황금덩어리로 변할까 두려워 미다스 곁으로 다가서지 못하는 사람들과 같은 마음으로 거리를 두고 있었음이 분명하다.

아라크네는 평민 출신이지만 베짜기 솜씨로는 천하제일이었다. 그녀가 베를 짜는 모습을 보려고 사방 각지에서 사람들이 몰려들었고, 심지어 샘과 연못, 숲속의 요정들까지 찾아왔다. 사람들은 그녀가 솜씨의 여신 미네르바(아테나)를 사사했음이 분명하다며 감탄했다. 아라크네는 칭찬을 즐겼지만, 미네르바 여신 이야기에 발끈했다.

> "나는 미네르바에게 배운 적이 없습니다. 아니, 제 솜씨는 미네르바를 능가할 겁니다. 그녀와 겨루어 제가 진다면 하라는 대로 다 하겠습니다."

호언장담에 미네르바가 분노했다. 그리고 둘의 시합이 성사되었다. 경연 내내 구경꾼들은 벌어진 입을 다물 수 없었다. 그러나 승부는 명백했다. 아라크네의 작품이 미네르바의 것을 능가한 것이다. 미네르바는 패배를 인정하는 대신 분을 이기지 못해 아라크네의 베를 찢고, 급기야 그녀를 북으로 때려 거미로 만들어버렸다.

이 사건은 아라크네의 오만이 문제라고 볼 수도 있겠지만, 그보다는 권력자 미네르바의 부당하고 과도한 응징이 더 큰 문제라고 할 수 있지 않을까? 그렇다면 베를 짜듯이 언어를 엮어 시를 짓는 오비디우스를 서슬 퍼런 권력으로 추방한 아우구스투스는 어떤가? 오비디우스 이야기 속 미네르바는 오비디우스의 현실에서는 아우구스투스가 아니었을까?

어쩌면 이런 식의 변신 이야기들은 아우구스투스의 마음을 돌려놓기보다 더욱 싸늘하게 만들었을 것 같다. 이 작품이 나오고도 오비디우스는 끝내 추방되었으니 말이다. 그러나 오비디우스는 아우구스투스보다 자신이 더 위대하다고 자부했다. 아우구스투스가 위대한 제국을 건설하고 땅을 넓혀나가도 그것은 결국 오비디우스의 독자층을 넓히는 일이 되는 것이며, 자신의 시는 자기가 죽어도 영원히 남아 독자들에게 읽힐 테니 말이다.

실제로 『변신 이야기』는 지금 우리에게까지 전해져 읽히고 있고 앞으로도 계속 읽힐 테니 **"내 명성은 길이길이 빛날 것이다"**라는 오비디우스의 자부심은 옳았다고 인정하지 않을 수 없다.

김헌

서울대 인문학연구원 교수

천문학 집대성

Megalē Syntaxis tēs Astoronomias

프톨레마이오스 Klaudios Ptolemaeos (?~?)

인간이 별을 관측하기 시작한 지는 매우 오래되었다. 고대 천문학자들도 천체의 운행은 매우 규칙적이지만 간단히 설명하기는 어려운 불규칙성도 존재한다는 사실을 일찌감치 알았다. 그러나 천체의 운행에서 보이는 불규칙성도 날씨의 변화나 폭우, 한파, 지진 등과 같은 재난과 비교하면 훨씬 예측이 가능한 현상이었다.

우리나라에는 조선 초기에 만들어진 〈천상열차분야지도天象列次分野之圖〉라는 돌에 새긴 전 하늘 성도가 전한다. 여기에는 별 2800여 개와 별자리 283개가 표시되어 있고, 행성의 운행에 관한 당대 지식이 적혀 있다. 이러한 성도를 제작하려면 정교한 관측장비를 이용해 장기간 관측해야 한다. 그런데 〈천상열차분야지도〉에 새겨진 별의 위치는 언제 측정했는지 궁금하지 않을 수 없다. 현대 천문학적 분석으로 〈천상열차분야지도〉 중심 부분에 있는 별들은 조선 초기에 서울에서 관측했음을 알 수 있다. 반면 중심에서 멀리 떨어진 고도가 낮은 별들은 지금부터 거의 2000년 전에 관측한 위치와 잘 일치한다. 그러나 누가 무슨 목적으로 이렇게 많은 별을 관측한 데이터를 얻었는지는 잘 모른다.

반면 서양에서 천문학이 발달해온 역사는 조금 더 잘 알려져 있다. 기원전 1세기에 알렉산드리아에서 살았던 히파르코스라는 천문학자는 별의 운행을 구체적으로 관측하고 분석했다. 그의 저술은 대부분 남아 있지 않지만 이로부터 약 200년 후 역시 알렉산드리아에서 살았던 천문학자이자 수학자 클라우디오스 프톨레마이오스가 집필한 태양계와 우주에 대한 방대한 서적이 거의 온전하게 남아 있다. 동양이나 서양이나 지금부터 약 2000년 전에 방대하고 정밀한 천문학 관련 자료를 남겼고 그 유산이 지금도 남아 있다는 사실이 흥미롭다.

기원후 1세기에 지금의 이집트 영토는 상당 부분이 로마제국 영토로 편입되어 있었다. 그러나 알렉산드리아는 헬레니즘 세계의 최고 도시로 학문적 중심지 역할을 지속한 것으로 보인다. 기하학과 수학의 기초를 세운 유클리드, 지구의 자전축이 공전면과 기울어져 있고 2만 6000년을 주기로 세차운동을 하기에 나타나는 춘분점의 이동을 처음 발견한 수학자이자 천문학자 히파르코스도 모두 알렉산드리아에서 태어나 활동했다. 당시 세계 최대 도서관도 알렉산드리아에 있었다. 프톨레마이오스의 『천문학 집대성』(알마게스트Almagest)도 이러한 토양 위에서 집필되었을 것이다.

'알마게스트'는 위대한 저작이라는 뜻의 아랍어다. 그리스어로 쓰인 원본의 제목은 '수학적 논문'이라는 뜻이었다고 한다. 그러나 로마제국이 분열되면서 프톨레마이오스의 저술은 서방 세계에서는 잊히고 동로마(비잔틴)제국을 거쳐 아랍어, 페르시아어 등으로 번역되는 과정에서 '가장 위대한'이라는 뜻의 알마게스트로 알려졌고, 이 책이 중세 이후 다시 서방 세계로 유입되었다. 이 책은 1175년에 아랍어에서 다시 라틴어로 번역되었으며 그리스어본이 발견된 것은 15세기다. 그나마 그리스어 버전이 출판되기 시작한 16세기 중반에는 이미 코페르니쿠스의 『천구의 회전에 관하여』가 발표된 뒤라서 프톨레마이오스의 책은 그 유효성이 거의 없어지기 직전이었다.

『천문학 집대성』의 핵심은 우주의 중심이 지구이고 태양과 5개 행성(수성, 금성, 화성, 목성, 토성) 그리고 달은 모두 지구를 중심으로 회전한다는 지구 중심 우주관이다. 프톨레마이오스보다 거의 400년 전에 에게해의 사모스섬에서 살았던 그리스의 철학자 아리스타르코스가 태양중심설을 제기한 적이 있지만 큰 관심을 끌지는 못한 듯하다. 결국 지구에서 사는 관측자에게 지구중심설은 매우 자연스러운 결과였다.

그러나 단순히 지구가 중심에 있고 다른 천체들이 그 주위를 돈다고 하면 행성의 운동을 제대로 설명하기가 어렵다. 태양만 놓고 본다면 큰 문제는 없지만, 자세히 보면 천구상에서 운동이 균일하지 않은 것을 설명하기 어렵다. 행성은 지구중심설만으로 설명하기 어려운 현상이 너무 많다. 수성, 금성과 같은 내행성은 태양으로부터 얼마 이상 떨어지지 않았으며, 외행성인 화성, 목성, 토성 등은 한 방향으로 운동하다가 되돌아가는 역행을 보이는데 지구가 중심에 있고 이들이 원궤도를 돈다고 하면 이런 현상을 설명하지 못한다.

지구중심설을 유지하면서도 이러한 관측적 현상을 설명하고자 한 것이 『천문학 집대성』의 주요 내용이다. 전체 13장으로 되어 있는 이 책은 1장에서 지구중심설을 개관하고 앞으로 사용하려는 수학을 설명했으며, 이후에는 태양, 달, 행성 등의 관측 사실과 이를 설명하는 기하학적 모형 등을 다루었다. 구체적인 내용은 매우 복잡하지만 『천문학 집대성』에서 제안한 태양계와 우주의 모형은 다음과 같이 요약할 수 있다.

천구상에서 천체의 운행이 복잡한 만큼 이를 설명하는 모형도 그렇게 단순하지 않다. 우선 행성들은 이심이라고 불리는 점에 대한 동심원을 따라 도는 주전원 위에 놓여 있다. 여기에다가 태양의 겉보기 운동 속도가 일정하지 않은 것을 설명하려고 지구가 우주의 중심에 있기는 하지만, 이심에서 약간 떨어져 있다고 보았다. 또 이심원상에서 천체의 공전 속도는 중심에 대해 일정하지 않고 이심에서 지구 반대쪽으로 약간 떨어진 곳에 있는 동시심equant에 대한 각속도가 일정하다고 가정했다.

이러한 체계를 만들고 지구로부터 달, 수성, 금성, 태양, 화성, 목성, 토성 순으로 배열하면서 이심원의 반지름, 각 주전원의 반지름, 각속도 등을 조정함으로써 태양계 천체의 천구상 운동을 설명하고 미래 위치와 일식·월식 시기를 예측할 수 있었다. 이를 위해 사용된 수학 가운데 가장 널리 쓰인 것은 삼각법이며, 구면에서 적용하는 구면 삼각법도 동원되었다. 오늘날 우리가 쓰는 코사인cosine, 사인sine 등의 함수는 아니지만 거의 비슷한 것들이다.

지구중심설은 이미 폐기된 지 오래되었다. 그럼에도 『천문학 집대성』은 위대한 저작으로 오래 기억될 것이다. **우선 이 책은 처음 쓰인 이래 1500년 이상 서방 세계의 우주관을 지배했으며, 코페르니쿠스의 책이 나온 이후에도 여전히 위력을 발휘했다.** 이 책에서 제시한 우주 모형이 더는 유효하지 않지만, 간단한 모형으로 우주를 설명하려고 한 시도는 오늘날 과학에서 사용하는 방법론과 거의 비슷하다. 더구나 지구중심설 대신에 태양중심설을 제시한 코페르니쿠스도 프톨레마이오스가 사용했던 것과 거의 비슷한 수학적 방법을 사용했다.

물론 『천문학 집대성』에도 뚜렷한 한계가 있다. 프톨레마이오스는 모든 것을 원궤도로 설명하고자 했다. 고대 그리스에서 원은 가장 완벽한 기하학적 모양으로 받아들여졌다. 따라서 천체도 이심원과 주전원으로 이루어진 복잡한 궤도를 돌지만 모두 원이라는 공통점이 있다. 코페르니쿠스의 태양 중심 모형도 모두 원궤도를 가정했으므로 예측 정확도는 프톨레마이오스 모형에 비해 크게 개선되지 않았고, 이런 이유로 태양중심설이 받아들여지기까지 상당한 시간이 흘러야 했다. 원궤도라는 편견을 깨고 타원 궤도를 도입한 이는 17세기 초반에 활동한 요하네스 케플러였다. 케플러가 죽은 지 반세기 정도 지난 후 발표된 뉴턴의 『프린키피아』에 실린 역학법칙과 중력법칙으로 비로소 행성의 운동은 태양을 한 초점으로 하는 타원궤도를 따르며, 면적 속도는 일정하고 궤도 주기의 제곱은 긴반지름의 세제곱에 비례한다는 케플러의 법칙이 완벽하게 설명되었다.

이형목

서울대 물리천문학부 교수

고백록

CONFESSIONS

아우렐리우스 아우구스티누스 Aurelius Augustinus (354~430)

이 세상에서 가장 많이 팔린 책인 성경을 제외한다면 그리스도교와 관련된 책 중 가장 큰 사랑을 받은 것은 아우구스티누스의 『고백록』이다. 이 책은 우리나라에서만도 벌써 40번 넘게 번역되어 소개되었을 정도다. 아우구스티누스는 그리스·로마 문화와 그리스도교 사상을 융합하려고 노력한 '그리스도교 최고의 스승' 중 한 분이다. 그렇지만 그가 처음부터 그리스도교를 열정적으로 사랑한 것은 아니다. 『고백록』이라는 책 제목이 암시하듯이 오히려 그는 젊은 날의 방탕과 오만으로 먼 길을 돌아서 그리스도교로 돌아온 인물이다. 그런 측면에서 보면 아우구스티누스는 유혹에 빠지기 쉬운 우리와 닮은 보통 사람이었다. 그렇다면 『고백록』에는 어떤 내용이 담겨 있을까?

『고백록』은 모두 13권으로 구성되어 있는데, 일반적으로 크게 세 부분으로 나눌 수 있다. 먼저 1권부터 9권까지는 과거의 아우구스티누스를 이야기하는데, 자신이 어떻게 성장했고 어떤 잘못을 저질렀으며 그런 자신을 보살펴준 누군가가 있었다고 고백한다. 10권에서는 '시간'에 대한 깊이 있는 성찰을 바탕으로 히포의 주교로 활동하는 현재의 자신이 과거의 자신과 다름을 고백한다. 물론 이러한 고백은 자신을 자랑하려는 것이 아니라 자신이 그 위치에 이르기까지 신이 이끌어주었다는 것을 인정하고 신에게 감사하려는 것이다. 11권부터 13권까지는 구약성경의 창세기를 해석했는데, 주제가 앞의 생애 관련 부분과 상이해서 학자마다 다양하게 평가한다. 이를 부록처럼 평가절하하는 학자도 있지만, 아우구스티누스는 자신이 성경을 해석한다고 해서 신의 말씀을 모두 이해하지는 못하며, 이해한다고 하더라도 그것은 모두 신이 준 선물이라고 고백했다고 볼 수 있다.

『고백록』에는 매우 다양한 주제가 등장하지만, 그중 중요한 두 주제를 꼽으라면 단연 '신'과 '인간의 영혼'이다. 그런데 신과 영혼을 설명하는 과정에서 아우구스티누스를 사로잡은 심각한 문제가 있었다. 바로 악의 문제였다. 그는 자기 마음과 세상 안에서 일어나는 악의 문제를 해결하는 데 아주 많은 시간을 들였고, 그리스도인이 되기 이전부터 그의 다른 대작인 『신국론』을 쓰기까지 평생에 걸쳐 이를 다뤄왔다. 그만큼 쉽게 해결할 수 없는 어려운 문제였던 것이다. 그래서 우리는 악에 관한 문제를 중심으로 『고백록』을 새롭게 조명해보겠다.

아우구스티누스는 카르타고에서 유학하던 젊은 시절에 마니교에 빠져 교사로 활동한 적이 있다. 그런데 아우구스티누스가 그리스도교로 되돌아가자 배신감을 느낀 마니교도가 일방적으로 그를 공격했다. 이때 공격의 중요한 포인트가 바로 악 문제였다. 마니교도는 세상에 널리 퍼져 있는 악의 근원을 '아리만'이라는 악신으로 쉽게 설명했는데, 그리스도교는 그렇지 못했기 때문이다. 그리스도교는 "전지전능하고 전적으로 선한 신이 모든 것을 창조했다"라고 설명했다.

그렇지만 사실 마니교도의 말처럼 인생에 행복보다는 불행이 더 많은 것처럼 느낄 때가 있다. 이 사실을 토대로 마니교도는 "만일 신이 모든 악을 없앨 수 있으면서도 방치한다면 그를 선한 신이라고 할 수 없거나 반대로 인간이 겪는 고통과 악에 마음 아파하면서도 악을 없앨 수 없다면 그는 전능한 신이라고 할 수 없을 것"이라고 주장했다. 그러면서 아우구스티누스에게 양자택일을 하라고 강요했다. 이 세상에 악이 있다는 것을 인정한다면 신은 전지전능하지 않거나 전선하지 않다는 결론이 나온다는 것이다.

악에 대한 난제는 사실 마니교도만이 던진 것은 아니다. 현대인이 그리스도인에게 던지는 가장 중요한 질문이기도 하다. 고심하던 아우구스티누스는 '신플라톤주의'에서 중요한 단서를 발견했다. 플로티노스는 악이라고 하는 것은 악신들처럼 "실체로 존재하는 것이 아니라 단순한 선의 결핍에 지나지 않는다"라고 주장했다. 예를 들어 어둠이나 그림자는 실체로서 독립적으로 있는 것이 아니라 빛이 결핍된 상태라는 것이다. 그림자는 독립적으로 존재하는 실체가 아니라 불투명한 실체 때문에 빛이 가려져 나타난 결핍현상이다.

이 예를 악에 적용해서 철학적으로 표현하면 악은 "**우유적偶有的으로, 즉 우연히 일시적으로 선이 결핍된 현상이다**"라고 말할 수 있다. 결핍은 구체적인 대상이 있어야 가능한 것이니 선 내지 존재 밖에서 악은 존재할 수 없다.

그렇다면 그리스도교에서는 선 자체인 신이 모든 것을 선하게 창조했다고 가르치는데, 이 세계에는 왜 이렇게 많은 고통이 존재할까? 선한 신에게서 멀어져 악으로 기울어지는 경향, 즉 결핍이 일어나는 것이 어떻게 가능한가? 이에 대해 아우구스티누스는 정당하게 요구할 수 없는 것들을 가지고 싶어 하는 탐욕cupiditas 때문에 고통이 생겨난다고 말했다.

그는 이를 『고백록』에서 자기 생애를 예로 들어 설명했다. 결국 이 세상의 악에 대한 책임은 신에게 있는 것이 아니라 인간이 가진 자유의지를 잘못 사용함으로써 모든 잘못과 악이 생겨나게 되었다는 것이다.

아우구스티누스는 주교가 된 다음에 자신의 일생을 회상하면서 『고백록』을 썼다. 그런데 이 책은 단순히 아우구스티누스가 과거에 워낙 죄를 많이 지어서 반성문을 길게 쓴 것이 아니다. 진정으로 참회하려면 스스로 잘못한 것을 알게 해준 대상과 이를 고백할 용기가 필요하다. 아우구스티누스는 『고백록』을 준비하면서 단순히 '죄'라는 결과가 중요한 것이 아니라 신의 사랑이 먼저라는 사실을 깨달았다. 신이 어머니 모니카와 다른 많은 사람을 통해 사랑을 보여주었는데, 자신이 이 사랑을 제대로 다시 돌려드리지 못한 것이 죄라고 고백한다. 즉 『고백록』에는 '불효자는 웁니다'와 같은 내용이 담겨 있다. 신이 보여준 사랑을 제대로 갚아드리지 못한 것을 후회하는 것이자 그 크신 사랑을 찬양하는 것이 중심 주제다.

이렇게 『고백록』에 등장하는 신은 인간에게 사랑을 베풀어주는 생동감 넘치고 살아 있는 신이다. 이 신은 자기 이름을 **"나는 있는 나다"**(탈출 3,14)라고 알려주면서 모든 것을 창조해낸 분이 자기 자신이고 존재 자체가 자기 자신이라고 가르쳐주었다. 신플라톤주의의 최고선인 일자一者가 모든 것을 만들어내는 것은 필연적이지만, 그리스도교의 창조주는 자유로운 분이고 따라서 우리를 만들지 않았을 가능성도 남아 있었다.

신은 우리를 사랑하는 마음으로 자유롭게 창조했다. 그래서 아우구스티누스는 우리가 '인격적인 신'이 베풀어주신 사랑에 늘 감사하는 마음으로 살아가야 한다고 강조했다. 이렇게 아우구스티누스는 신플라톤주의를 비롯한 그리스 철학을 받아들여 그리스도교와 종합함으로써 그리스도교의 신학이 완성되는 데 결정적 역할을 했다.

박승찬

가톨릭대 철학과 교수

문심조룡

文心雕龍

유협 劉勰 (465~521)

오늘날 대학에는 전공 학문이 많은데, 이 분류는 서양 근대의 학문 분류에서 연원한다. 고대로 가면 철학 등 몇몇 학문만 존재했다. 동아시아의 고대에서도 오늘날처럼 학문이 분화되지 않았다. 우리는 문文의 다양한 의미에서 이러한 현상을 확인할 수 있다.

문은 운문과 산문을 가리지 않고 문장 일반을 말하기도 하고, 운문과 산문을 구분해 각각을 말하기도 하며, 일정한 형식을 갖춘 문학을 말하기도 하고, 예악 제도의 일반을 말하기도 하며, 문장으로 된 책을 말하기도 한다. 하나의 문에 여러 의미가 함께 있다는 것은 학문이 분화되지 않고 통합된 상태에 있다는 말이다. 이렇게 학문이 분화되지 않으면 학문 각각의 특징을 둘러싼 논의가 발달할 수 없다.

한漢제국에서는 진秦제국의 분서갱유와 협서율挾書律 등 반문화 또는 반인문 정책을 폐기하고 숨겨놓은 민간의 문헌을 수집하게 되었다. 이 과정에서 문헌이 대량 모이면 분류할 필요성이 생겨났다. 이러한 과정을 거치면서 문도 여전히 문장 일반의 의미를 지녔지만 오늘날 문학과 예술의 결합어로서 문예文藝, 특정한 형식으로 쓰인 문학 등을 가리키게 되었다.

문학 중 특히 운문은 북쪽의 『시경』과 남쪽의 『초사楚辭』와 궁중 문학으로 크게 성행했다. 운문 문학은 아직 당시唐詩와 같은 서정시가 등장하지 않아 지루하고 장황한 나열, 폐쇄된 궁중생활의 무미건조한 서사를 담았다. 유협은 "이러한 시대에 문학이 어떠해야 하는가?"라는 문학의 정체성을 묻고자 했다. 유협은 이런 문제의식에서 문학의 창작 원리와 표현 기법 그리고 작가와 작품 비평을 망라하여 『문심조룡』을 저술했다.

책 제목부터 범상치 않다. 심心이 나오는 건 이해할 만해도 용龍까지 등장하기 때문이다. 하지만 하나씩 따져보면 조어의 맥락을 살필 수 있다. 문심조룡과 '문심'과 '조룡'으로 나눠서 살펴볼 만한데, 문심은 글자 그대로 풀이하면 "심을 문으로 하다"라는 뜻이다. 보충하면 글은 마음에서 일어나는 작용을 담아낸다는 뜻이다. 이는 우리가 글을 쓸 때 자기 생각과 감성을 담아내려고 하는 경우와 비슷하다고 할 수 있다.

'조룡'은 글자 그대로 풀이하면 "용을 새기다"라는 뜻이다. 역시 보충하면 이렇다. 용은 범상치 않은 전설상의 신령한 동물이다. 그런 용을 새기듯이 글을 표현하라는 말은 독자가 아름다움에 공감하고 정서를 함양하도록 아름답고 훌륭하게 글을 쓰라는 요구라고 할 수 있다. 이렇게 보면 『문심조룡』에서 문심은 문학창작의 원리를 가리키고 조룡은 문학의 표현과 감상 기법을 나타낸다고 할 수 있다.

유협은 문학의 정체성을 묻는 만큼 문의 의의를 결코 소홀히 할 수 없다. 여기서 유협은 「원도原道」의 첫 문장을 "문의 특성은 포괄적이어서 천지와 더불어 나란히 생겨난다고 하는데 왜 그런가?"라는 도발적인 질문을 던졌다. 우리는 유협이 문을 천지자연의 생성과 나란히 취급하는 점에 주목해야 한다. 둘은 전혀 다른 종류인데 하나로 묶었으니, 얼핏 생각하면 이해하기 어려울 수 있다. 유협은 천지자연이 수많은 자연물을 생성하듯이 문학이 인물, 사건, 풍경 등을 창조하는 측면에 주목했다. 즉 문학적 창작을 천지자연의 생성에 견주었다.

이 내용을 다음 물음으로 바꿔서 생각해보자. **"소나무를 보려면 어떻게 해야 할까?"** 산과 거리에서 소나무를 보면 된다. 사람이 집 밖으로 나가지 않고 소나무를 보려면 어떻게 하면 될까? 화가가 흰 종이에다 소나무를 그리면 화폭에서 소나무를 만날 수 있다. 소나무를 찍은 사진도 그림과 마찬가지다. 요즘은 동영상을 추가할 수 있다. 여기까지는 이해하기가 어렵지 않다.

다른 방법은 없을까? 할머니가 어린 손자에게 소나무가 사시사철 푸르고 잎이 바늘처럼 가느다랗다고 이야기해도 좋다. 아니면 방금 이야기를 글로 옮겨도 좋다. 문학은 그림과 이야기만큼이나 소나무를 환기하는 역할을 한다. 여기서 문학도 없던 소나무를 있게 하는 창작 능력을 발휘할 수 있다.

유협은 문학의 창작을 설명하려고 천지자연의 생성을 끌어들였다. 이때 두 가지 개념에 주목할 만하다. 하나는 '도지문道之文'이고 다른 하나는 '신사神思'다.

산은 높고 땅은 낮다. 별은 하늘에서 빛난다. 물은 위에서 아래로 흐른다. 자연은 계절에 따라 색을 갈아입는다. 이게 그냥 그저 그렇게 되는 것으로 볼 수 있지만 유협은 이러한 모양, 변화가 모두 도道가 상황에 따라 모습을 바꾸는 무늬라고 생각했다. 이 때문에 유협은 「원도」에서 이 세계의 모든 존재는 도道가 개별 사물의 특성에 맞게끔 문文으로 드러난 것이라고 보았다. 문학에서도 이를 바탕으로 해서 언어로 자연의 생성과 비슷하게 창작해낸다면 그것도 도가 언어를 통해 문으로 드러난 것이 된다. 유협은 도지문을 들어 문학의 창작을 설명했다.

다음으로 **"문학창작은 어떻게 가능할까?"** 천지자연에서는 햇빛, 물, 영양 등의 조건이 맞으면 사물이 성장의 사이클을 거치게 된다. 문학은 어떤 조건을 충족할 때 자연의 생성에 맞먹는 작품의 창작이 일어나게 될까? 유협은 그 원천을 상상력으로 보았다. 바다에 잠수해본 경험이 있다면 그 장면을 영상과 그림으로 담는 것처럼 언어로 담아낼 수 있다. 유협은 「신사」에서 문학적 상상력이 창작으로 이어지는 과정을 정밀하게 설명했다.

그림을 그리기 전에 하얀 종이 위에는 아무것도 없다. 화가가 붓을 놀리면 그때마다 조금씩 뭔가가 드러나다가 어느 순간에 '소나무'가 화폭을 채운다. 유협은 『문심조룡』에서 문학가가 언어로 '소나무'를 창작하는 과정을 말했다.

여기서 질문을 던질 수 있다. **"소나무를 어떻게 창작할까요?"** 문학이 단순히 '소나무'를 창작하기만 하는 것이 아니라 '소나무'를 어떤 방식으로 창작하기 때문이다. 소나무 모양만 정확하게 그릴지, 그린 소나무를 보며 상상의 나래를 펼치게 할지, 소나무를 보고 감정이입을 하게 그릴지 등 고민이 필요하다.

유협은 『문심조룡』 앞 장에서 문학이 어디에 근거해야 하는지를 밝혔다. 제1 「원도」에서 문학이 유학의 도리에 바탕을 둔다는 점을 밝히고, 제2 「징성徵聖」에서 문학이 주나라 주공과 춘추시대 공자에서 규범을 찾아야 한다는 점을 밝히고, 제3 「종경宗經」에서 문학이 『역경』 등 오경을 모범으로 삼아 창작되어야 한다는 점을 밝히고, 제4 「정위正緯」에서 문학이 오경을 모방한 위서緯書 중 믿을 만한지 아닌지 구별해야 한다는 점을 밝혔다.

이러한 유협의 문학론은 많은 논의를 펼쳐 복잡한 듯해도 실제로 '원도'에 초점을 두었다. 원도는 사실 '문원도文原道'의 줄임꼴이라고 할 수 있다. 문 또는 문학은 도에 바탕을 두어야 한다는 주문이다. 이 주장이 『문심조룡』 전반부 내용을 압축한다고 할 수 있다. 유협의 주장은 훗날 "문학이 유학의 도리(가치)를 표현한다"라는 문이재도론文以載道論 또는 문이명도론文以明道論으로 이어진다. 따라서 동아시아 문학이 어디에서 출발하는지 알려면 『문심조룡』의 문을 거치지 않을 수 없다.

신정근
성균관대 유학대학 교수

광학의 서

BOOK OF OPTICS

이븐 알하이삼 Ibn al-Haytham (965~1040)

2015년은 빛을 이용한 광기술이 인류에게 미친 심대한 영향을 알리려고 유엔이 '세계 빛과 광기술의 해International Year of Light and Light-based Technologies'로 정한 해였다. 이런 일은 보통 과거 특별한 과학적 업적을 거둔 인물과 연결되곤 한다. 유네스코가 2015년을 선택한 이유 중 하나는 1000년 전 발간된 『광학의 서』(원제는 Kitāb al-Manāẓir, 라틴어로는 De Aspectibus)와 이를 저술한 과학자를 기리려는 것이었다. 빛을 다루는 학문인 광학은 물리학의 한 분야에 속한다. 총 7권으로 된 방대한 저작에서 빛과 시각에 대한 독창적 학문 체계를 구축한 이 책의 저자가 바로 이슬람의 위대한 과학자 이븐 알하이삼이다. 알하이삼은 유럽에는 알하젠Alhazen, Alhacen으로 알려져 있다. 로저 베이컨, 레오나르도 다빈치, 케플러, 뉴턴 등 후대의 쟁쟁한 과학자들에게 큰 영향을 준 그의 책은 오늘날 우리에게 어떤 의미가 있을까?

『광학의 서』가 탄생한 배경을 알려면 11세기 초 중동의 상황을 살펴봐야 한다. 7~8세기 방대한 지역을 장악한 이슬람제국은 점령지의 학문적·문화적 유산을 적극 수용하는 자세를 보였다. 통치자뿐 아니라 부유한 무슬림의 지원 아래 그리스 고전을 포함한 세계 각지의 문헌이 활발히 번역되고 유통되었다. 특히 아바스 왕조의 통치자들은 지혜의 집House of Wisdom, the Bait-ul-Hikmat을 포함한 다양한 도서관을 설립·운영하며 각지의 학자들을 초청해 문헌의 번역과 연구를 집중적으로 지원했다. 당시 모여든 학자들 가운데는 단순한 문헌 번역을 넘어 자신만의 학문 활동을 펼친 이들이 많았다. 프톨레마이오스의 『천문학 집대성』(알마게스트)을 아랍어로 번역한 알타바리, 십진법과 대수학의 수용·발전에 기여한 알콰리즈미, 화학에서 과학적 방법론을 창시한 자비르 이븐 하이얀 등이 당대 학자들이었다. 이 당시 발간된 저작들은 라틴어로 번역되어 유럽으로 퍼지며 중세 유럽에 큰 영향을 미쳤다. 오늘날 사용되는 많은 과학 용어의 어원이 이슬람 문헌에서 비롯했다는 사실이 그 증거 중 하나다.

티그리스강 하구인 알 바스라에서 태어난 알하이삼을 다룬 기록은 역사가들에 따라 상당히 다르지만 그가 파란만장한 삶을 살았던 건 확실하다. 그는 당시 상대적으로 풍족한 가정에서 교육을 받고 바스라의 정부 관료로 일하며 남는 시간에 수학, 물리학, 천문학, 의학 등 다방면으로 공부한 것으로 보인다. 특히 연구하는 삶에 끌린 나머지 정신병자 행세를 해서 정부 관료직을 그만두었다는 기록이 남아 있다. 주기적으로 범람하며 홍수를 일으키는 나일강을 치수하는 방안을 연구해 문헌을 남긴 알하이삼은 이집트 칼리프 알하킴에게 불려갔다. 알하이삼은 자신이 제안한 댐 건설 후보지를 조사한 뒤 나일강 치수가 당시 공학적 수준을 뛰어넘는 불가능한 일이라는 사실을 깨달았다. 그는 권력자 알하킴에게 이를 사실대로 보고했으나 이후 10년간 감옥에 갇히고 말았다. 알하이삼은 알하킴이 사망한 후에야 풀려난 뒤 남은 삶을 학문 연구에 바쳤다.

그의 중요한 학문적 기여는 대부분 이때 이루어졌다.

『광학의 서』가 그의 투옥 기간에 집필되었는지 아니면 석방된 뒤에 집필되었는지는 확실하지 않다. 하지만 10년이라는 투옥 기간이 그에게 치열한 사색의 시간이었음은 분명하다. 『광학의 서』는 빛과 시각을 다룬 책 3권, 수준 높은 기하학과 수학을 이용해 빛의 반사와 굴절 등을 설명한 책 4권 등 총 7권으로 되어 있다. **그가 중요하게 기여한 일 가운데 하나는 인간이 사물을 보는 원리를 밝혀낸 것이다.** 사람이 어떻게 사물을 보느냐는 그리스 시대부터 치열한 논쟁의 주제였다. 대표적으로 피타고라스학파에서 출발해 프톨레마이오스와 에우클레이데스로 이어진 시각 이론은 눈에서 나오는 빛(시각 광선)이 물체와 접촉해 시각을 느낀다는 관점이다. 시각을 확장된 촉각으로 여긴 것이다. 반면에 데모크리토스로 대표되는 원자론자들은 물체의 표면에서 에이돌라라는 입자가 형상과 색상 정보를 가지고 눈으로 들어온다고 보았다.

이런 기존 이론의 편견에서 벗어나고자 했던 알하이삼은 태양과 같은 광원이 직접 보내는 빛이나 이 빛을 받아 반사하는 물체가 보내는 빛이 눈으로 들어와 시각 작용을 일으킨다고 보았다. 눈에서 빛이 방출되어 물체에 맞고 다시 눈으로 돌아와 시각 작용을 일으킨다면 굳이 눈에서 물체로 빛이 갈 이유가 없다는 것이 알하이삼의 주장이었다. 그는 특히 눈의 수정체가 받아들인 빛과 뇌에서 시신경을 거쳐 전달된 시각적 영혼이 만나 시각 작용이 일어난다고 봄으로써 시각에서 뇌가 담당하는 역할을 처음으로 강조한 과학자가 되었다. 같은 맥락에서 그는 사람의 착시 현상에도 관심이 많아 『광학의 서』 상당 부분을 착시 현상을 설명하는 데 할애했다.

『광학의 서』가 담고 있는 새로운 결과도 중요하지만, 이 책의 진정한 가치는 알하이삼이 그 결과들을 얻고자 사용한 과학적 방법론에 있다. 고대 그리스의 자연철학자들은 주로 사색과 논증에 기반한 주장을 펼쳤을 뿐 실험을 통한 검증은 부차적이었다. 반면에 알하이삼은 가정이나 주장을 검증하려고 체계적인 실험 장치를 고안해 활용했다. 이런 과정은 ① 질문 혹은 문제의 정식화, ② 해당 문제와 관련된 정보의 수집, ③ 가능한 답이나 가정의 제시, ④ 가정을 검증하는 실험의 구상과 실행으로 이루어졌다. 이런 그의 방법론은 현대의 과학적 방법론과 본질적으로 같아서 로저 베이컨에서 케플러, 갈릴레이 갈릴레오에 이르기까지 중세 유럽의 과학자들에게 큰 영향을 미쳤다. 이런 맥락에서 그는 '최초의 과학자'라는 타이틀을 얻을 만하다.

그가 죽은 뒤 이슬람 제국은 종교적 색채가 짙어지며 신학 외의 학문에는 적대적 태도를 보였다. 그런데 이슬람이 점령한 스페인 지역에서는 아랍 문헌들을 라틴어로 번역하는 일이 활발했을 뿐 아니라 이것이 유럽으로까지 퍼져나갔다. 유럽에서 명맥이 끊긴 그리스의 자연철학이 중세 이슬람에서 계승·발전되었고, 이슬람 학자들이 발전시킨 학문이 다시 유럽으로 전파되며 르네상스의 과학혁명으로 이어진 것이다. 유럽에서 가장 많이 필사된 책인 『광학의 서』는 과학 분야를 넘어 빛을 다루는 예술 분야에도 심대한 영향을 미쳤다. 문헌에 기록된 알하이삼의 저작물 182편 중 현재 62편 정도가 남아 있다. 나머지 저작까지 그대로 전수되었다면 인류의 지적 유산은 얼마나 더 풍부해졌을까? 『광학의 서』의 방대하고 체계적인 내용이 이를 간접적으로 증명한다.

고재현

한림대 반도체·디스플레이스쿨 교수

주자어류

朱子語類

주희 朱熹 (1130~1200)

『주자어류』는 주희가 제자들과 이기理氣·귀신鬼神·성리性理 등의 주제, 사서오경의 내용, 이학理學 선배 학자의 책과 문인, 역사적 인물을 두고 대화를 나누거나 평론한 내용을 묶은 책이다. 그 내용은 제자 97명이 각각 1170~1199년까지 약 30년 사이에 개인적으로 정리한 기록을 바탕으로 했다. 『주자어류』가 간행되기 이전에도 주자의 어록語錄과 어류語類가 다양하게 존재했다. 지금은 남송의 여정덕黎靖德이 편집한 판본이 정본으로 가장 널리 알려졌다.

주희의 사상을 파악하려면 이학 선배의 사상 편집본, 사서오경에 대한 그의 주석, 시와 상소문 등을 포함한 문집에 이어서 『주자어류』를 읽을 필요가 있다. **『주자어류』는 대화와 평론으로 구성되어 특정 주제와 사안에 대해 주희의 목소리를 직접 듣는 기회를 제공한다.** 특히 주희가 비슷한 주제를 두고 제자와 대화하는 부분을 읽다 보면 어느 순간 주희가 엄청난 인내력을 발휘하다가 언성이 높아지는 듯한 착각이 들 정도다.

『주자어류』는 140권 분량으로 되어 있다. 여기서 권은 오늘날의 권과 의미가 달라서 요즘 인쇄본으로 치면 총 8권에 해당하는 양이다. 주희는 『주자어류』만이 아니라 엄청난 분량의 저작을 남겼다. 동양의 철학자 가운데도 유난히 많은 저서를 남긴 인물이라 할 수 있다. 주희가 남긴 엄청난 저작을 보면 '주희는 왜 그토록 많은 저작을 남겼을까?'라는 의문이 들 정도다.

하지만 이 의문은 쉽게 풀린다. 주희는 불교와 도교가 발흥하면서 잊힌 유학을 부흥하려는 강한 열망을 지녔다. 주희는 자신의 유학 부흥이 공자와 맹자의 학문을 되살리는 작업이라고 누누이 강조했다. 하지만 주희는 과거의 사서오경을 단순히 자기 시대(남송南宋)의 일상 언어로 다시 쓰지 않고 공자와 맹자 학문의 근본 취지를 자기 시대의 철학 언어로 재해석했다. 이때 철학 언어는 바로 이기와 성리 등을 가리킨다. 이처럼 주희가 새로운 언어로 사서오경을 재해석하자 사람들은 당연히 질문할 수밖에 없었다. 기존의 텍스트를 과거 방식으로 독해하지 않고 새로운 언어로 독해하려고 하니 그 '차이'가 쉽게 전달되지 않았기 때문이다.

주희도 저술에만 몰두한 것이 아니라 한편으로 이 '차이'를 체계적으로 정리하는 작업에 골몰해 다른 한편으로 끊임없이 설명하고자 했다. 『주자어류』는 바로 이러한 설명의 자취이자 흔적이라고 할 수 있다. 그 차이를 이해하게 하고자 『주자어류』에 다양한 비유를 끌어들이고 일상 언어에 견주는 등 주희의 눈물과 고뇌가 서려 있다.

오늘날로 말하면 주희는 국제학술대회에 참가한 적도 없고 해외로 나가 강연한 적도 없다. **하지만 주희의 학문과 사상은 동아시아에 전파되어 공통 사상의 패러다임으로 작용했다.** 이는 책의 영향을 빼놓고 설명할 수 없다. 사람이 직접 움직이지 않더라도 책이 그 사람의 사상을 다른 곳으로 번져나가게 할 수 있으니까 말이다. 공자는 자기 생각을 알리려고 직접 이동해야 했지만 주희는 자기 책으로 독자와 공유할 바탕을 가꾸었다고 할 수 있다. 이렇게 보면 유학은 그 시대의 첨단 기술을 적극적으로 활용해 널리 전파되었다고 할 수 있다.

주희의 책이 아무리 널리 퍼진다고 해도 그 학문과 사상이 독자를 사로잡지 못한다면 아무런 소용이 없다. 주희의 학문과 사상이 동아시아 사상의 패러다임이 되었다면 그 시대의 지성인을 사로잡는 뭔가가 있었을 텐데, 그것이 도대체 무엇이었을까?

주희 이전에는 사태와 현상을 주로 기氣로 설명했다. 세계는 먼저 원기元氣나 일기一氣의 분화로 생성되고, 그다음으로 음양과 오행의 다양한 조합으로 자연과 사회가 운영된다고 생각했다. 이러한 기철학은 사태와 현상이 어떻게 관계를 맺고 어떻게 전개되는지 설명하는 유효한 틀이 되었다.

하지만 기철학은 한계를 드러냈다. 세계가 평화를 유지할 때 기철학은 사태와 현상의 생성과 변화를 탁월하게 설명했지만 세계가 전쟁을 벌일 때 기철학은 사태와 현상을 물리적 힘의 대결로 설명했다. 이렇게 되면 힘이 모든 것을 결정하고 승자가 곧 정의가 되는 상황과 마주하게 된다. 이때 불의한 인물 또는 세력이 승자가 되면 세계는 만인에 대한 만인의 투쟁이 일어나는 약육강식의 장이 된다.

주희는 힘 만능에 흐를 수 있는 기철학의 한계를 해결하려고 이理를 발견했다. 이 이는 사람의 주관적 원망이나 물리적 힘의 우열 등 후천적 요인에 영향을 받지 않고 그 자체만으로 올바르고 고귀해서 지켜야 하는 가치의 총체를 가리킨다. 따라서 불의한 승자가 현실 세계를 주도한다고 해도 이의 세계를 어찌할 수 없다. 또 누군가 그 이의 가치를 믿는다면 불의한 승자에 대항해서 정의가 실현되는 원상회복을 추진할 수 있다.

기氣는 자연의 날씨, 계절과 사람의 감정, 기분 등으로 늘 지각되기도 하고 쉽게 이해할 수도 있다. 그렇다면 도대체 이는 어떤 방식으로 존재할까? 『주자어류』의 전반부는 사실 이의 존재를 설명하고 설득하는 내용으로 가득 차 있다고 할 수 있다. 그만큼 이해하기가 쉽지 않기 때문이다. 조선에서 진행된 숱한 논쟁도 이 이의 존재를 어떻게 이해하느냐를 둘러싸고 진행된 '정해正解' 게임이라고 할 수 있다.

주희에 따르면 이는 홀로 존재할 수 없어 기 속에 동거할 수밖에 없다. 이를 걸려 있고 타고 있다는 괘탑掛搭으로 표현했다. 기는 조건과 상황에 따라 변화해 조작造作이 가능하지만 이는 어떠한 자취도 흔적도 없고 계산과 조작으로 안내할 수도 없다. 이 때문에 이는 다른 것에 통제되지 않고 기가 제 방향으로 나아가도록 통제하는 것이다. 이 통제가 제대로 작용할 때 이의 가치가 존중되고 실현된다. 이것이 바로 이의 세계가 현실에 작용하는 기제라고 할 수 있다.

얼마 전까지만 해도 음식점에 가면 누가 "뭐 먹을래요?"라며 개인의 의사를 일일이 묻기보다 "뭐로 통일하지요!"라는 문화가 그렇게 어색하지 않았다. 하지만 요즘은 음식만이 아니라 음주, 회식 등 모든 사안에서 개인의 의사를 확인하는 문화가 정착되고 있다. 그만큼 인권이 존중되는 시대라고 할 수 있다. 이러한 사회문화의 변화와 맞물려 어떠한 선택 상황에서 '자기 결정권right of self-determination'이라는 말을 자주 사용한다. 누구라도 선택 상황에 놓이면 스스로 결정하고 사후에 그 결정에 따른 책임을 지는 것이다.

여기서 우리가 자기 결정권을 제대로 행사하려면 '무엇에 따라서' 또는 '무엇을 이유로'라고 하는 기준 문제가 생겨난다. 술을 많이 마시고 취한 기분에 뭐라고 말하듯이 또는 위협을 받아서 하고 싶지 않지만 어쩔 수 없이 자기 결정권을 행사할 수는 없다.

주희는 이理의 세계에 발을 디디고 서 있을 때 후회할 일이 없고 올바른 삶을 살아갈 수 있다고 역설했다. 이런 측면에서 우리는 『주자어류』에서 사람이 이와 같은 확고한 가치에 뿌리를 내리고 살아야 한다는 이야기를 살펴볼 필요가 있다. 이때 공동체의 위기 상황에서 유학자가 초월적 신에 대한 믿음도 없이 이에 따라 자기 목숨을 초개처럼 던지는 순국을 어느 정도 이해할 수 있다.

신정근

성균관대 유학대학 교수

신학대전

SUMMA THEOLOGIAE

토마스 아퀴나스 Thomas Aquinas (1225?~1274)

유럽을 여행하다 보면 각 도시를 대표하는 고딕 양식의 성당들을 만나게 된다. 이러한 놀라운 건축물들이 지어질 무렵, 이에 못지않게 거대한 정신적인 금자탑이 저술되었다. 그것이 바로 그리스도교 정신의 집대성이라고 평가되는 토마스 아퀴나스의 『신학대전』이다. 이 책은 "아리스토텔레스가 죽은 기원전 384년부터 데카르트의 『방법서설』이 출판된 1637년 사이에 쓰인 인류의 가장 중요한 지성적 금자탑"(피터 크리프트)으로 평가받고 있다. 특히 가톨릭교회는 이 대작을 교회의 공식 가르침의 튼튼한 토대로 삼았을 뿐만 아니라 이 책을 깊이 탐구해 그 보화를 자기 것으로 삼을 것을 계속 추천해왔다. 그러나 불행하게도 이 책을 통독한 사람은 전문가들 가운데도 극히 드물다. 이 책의 분량은 엄청나서 보통의 책 크기로 출판한다면 50여 권에 달하므로 중간 규모 백과사전에 해당하는 대작大作이기 때문이다.

9세기에 태동한 스콜라철학이 13세기에 융성기를 맞은 가장 큰 요인은 5세기 이후 서구 세계에서 사라진 아리스토텔레스 작품들이 다시 발견되었기 때문이다. 12세기까지 논리학자로만 알려졌던 아리스토텔레스의 작품 전체가 번역·소개됨으로써 중세는 완성된 체계를 갖춘 철학과 직면하게 된다. 이 번역운동은 중세 서구인들로 하여금 쉽게 아리스토텔레스의 사상에 접근하게 해주었고, 플라톤주의 일색이던 학문 풍토에 새로운 학풍을 태동시켰다.

그렇지만 그리스도교 전통에 따라 교육받은 '보수적 아우구스티누스주의자들'은 이성적 사고의 완성된 형태를 갖춘 아리스토텔레스 사상이 갑작스럽게 등장했을 때 비판적인 반응을 보였다. 특히 일부 주제(세계의 영원성, 인간 지성의 단일성, 신의 섭리 문제 등)에서 그리스도교 가르침과 합치될 수 없는 점이 발견되자 이 사상의 수용을 반대했다. 이와 대조적으로 이른바 '극단적 아리스토텔레스주의자들'은 아리스토텔레스를 지성의 화신으로 여기며 그 사상을 답습하기에 급급했다. 이들과 달리 스승 대알베르투스의 영향을 받은 아퀴나스는 아리스토텔레스의 탁월함은 충분히 인정했지만 오류에서 진리를 가려내고 새롭게 발견한 보물들을 그리스도교 사상의 핵심과 결합해 수용하려고 노력했다. 더욱이 그는 이 종합작업을 단순히 서로 다른 의견을 나열하거나 절충하는 방식이 아니라 근원까지 들어가 비교하고, 필요하면 변형하는 작업으로 해냈다. 이 과정에서 새롭게 발견된 아리스토텔레스 철학과 전통적 그리스도교를 성공적으로 종합한 『신학대전』이 탄생했다.

아퀴나스의 종합 작업은 그 자체로 놀라운 일이었지만 『신학대전』에서 사용된 철학과 신학 용어들의 난해함 때문에 그리고 당대에 통용되던 스콜라학적인 독특한 서술 방식 때문에 이 책을 직접 읽기는 그리 쉽지 않다. 사실 『신학대전』은 중세 대학의 교육 현장에서 생겨났고, 그곳에서 공부하는 수준 높은 철학 지식을 갖춘 학생들을 위해서 저술되었다. 그래서 『신학대전』을 제대로 이해하려면 그 독특한 구조를 이해하는 것이 결정적으로 중요하다.

12세기 말부터 설립된 중세 대학에서 벌어진 정규토론에서는 교수가 공적으로 토론할 내용을 미리 제시했다. 일반적으로 토론은 이틀에 걸쳐 이루어졌는데 첫날은 미리 선발된 '대학원생baccalaureus'이 청중에게서 제기된 반론들에 기초적인 해답을 제시한 후 토론을 지속하면, 다음 날 교수는 찬반의 모든 논거를 검토해 토론된 문제의 '해결책determinatio'을 제시했다. 이러한 토론들에서 토론문제집들이 생겨났는데, 이는 언뜻 모순되어 보이는 권위 있는 텍스트들 사이에서 일치를 찾아내는 데 도움이 되었다. 일반적 주석서와 토론문제집이 종합되어 '대전summa'들로 발전했으며, 그중 가장 유명한 것이 바로 토마스 아퀴나스의 『신학대전』이다.

『신학대전』은 크게 3부로 이루어져 있으며, 그 구조는 일반적으로 신플라톤주의에서 개발된 발출exitus과 귀환reditus의 도식으로 파악할 수 있다. 아퀴나스는 『신학대전』에서 이 세상은 신의 사랑으로 생겨났고, 우리는 윤리적이고 충실한 삶으로 '신에게 되돌아갈' 수 있다고 밝혔다. 이 도식에 따라 『신학대전』은 구원의 역사를 세 가지 관점에서 본다. 즉 제I부는 신을 원천으로 창조되는 만물의 발출과정으로 신론, 삼위일체론, 창조론을 다룬다. 제II부는 신의 목적으로 되돌아가는 일반적 귀환과정에 필요한 인간론, 행위론, 윤리학을 다룬다. 제III부는 신에게 귀환하는 데 그리스도교적 모범으로 간주된, 그리스도가 보여준 구체적인 '길', 즉 그리스도론, 교회론, 성사론을 다룬다.

『신학대전』에서 다룬 무수히 많은 내용이 잃어버릴 수 없는 가치를 지녔으므로 사람들은 자주 그의 철학을 '영원의 철학Philosophia perennis'이라고 했다. 그러나 이 명칭은 현대인이 중세로 되돌아가야 한다는 요청이 아니라 『신학대전』에 담긴 영원한 진리를 새로운 형식으로, 변화된 환경에 맞게 다시 해석해야 한다는 뜻으로 이해해야 한다.

코로나19와 같은 위기에 처한 인간은 궁극적 행복을 쉽게 포기하고 현세적 행복만 추구하는 폐쇄성에 갇혀버리기 쉽다. 『신학대전』 제II부를 시작하면서 아퀴나스는 인간들이 행복하고자 추구하는 돈, 권력, 명예, 쾌락과 같은 것이 진정한 행복을 가져다주지 못한다는 사실을 분명히 밝혔다. 그에 따르면, 진정한 행복은 단지 우주의 근거이며 스스로 최고의 무한한 선인 '신의 본질을 직관함至福直觀'에서 이루어진다. 더 나아가 아퀴나스는 영혼과 육체의 합일, 영혼의 불멸성과 육체의 부활을 조화할 수 있는 설명을 제시함으로써 인간의 궁극 목적과 도덕적 원리 전체를 아우르는 체계를 마련해주었다.

그렇지만 신 이외의 선도 내세의 삶에서 완전한 행복을 누리려는 준비로 작용할 수 있다는 사실에도 주목한다. 따라서 인류를 위협하는 다양한 협박을 극복하려는 인간의 노력은 결코 무의미한 일이 아니다. '은총은 자연을 파괴하는 것이 아니라 완성한다'는 아퀴나스의 일반적 원리에 따라 『신학대전』에는 인간이 이성적으로 선택할 수 있는 행위와 덕에 대한 충고가 가득하다. 더욱이 『신학대전』에서 나타나는 아퀴나스의 겸손하고 개방적인 자세는 현대인들에게도 대화로 훌륭한 지침을 제시해준다. 우리도 이런 자세로 계속 노력할 때 아퀴나스가 좋은 모범을 보였듯이, 전통과 현대의 다양한 사상과 문화 속에 담긴 보화들을 조화하는 새로운 사상을 발전시켜나갈 수 있다.

박승찬

가톨릭대 철학과 교수

신곡

LA DIVINA COMMEDIA

단테 알리기에리 Dante Alighieri (1265~1321)

바티칸 교황의 궁전에는 르네상스의 대표적 화가인 라파엘로가 그린 〈파르나소스산〉이라는 작품이 있다. 그림 한가운데에는 태양의 신 아폴론이 비올라를 켜고 있다. 음악의 신이기도 한 그는 무사Mousa인 아홉 여신에게 둘러싸여 있다. 음악의 신 10명의 오른쪽에 다섯 사람이 서 있는데 그 가운데 3명에 주목해야 한다. 월계관을 쓰고 파란 옷을 입은 사람은 『일리아스』와 『오디세이아』를 쓴 호메로스다. 그의 왼쪽에 초록색 옷을 입은 이는 『아이네이스』를 쓴 로마의 시인 베르길리우스이고, 그의 오른쪽에는 분홍색 옷을 입은 단테가 서 있다. 그리고 이들 주위로 그리스에서 로마로 면면히 이어지는 서양 문학사에 위대한 발자취를 남긴 시인이 여럿 있다.

라파엘로는 호메로스와 베르길리우스 그리고 단테를 무사 여신들 바로 곁에 가장 돋보이는 자리에 세워두었는데, 이는 매우 의미심장한 배치다. 서양 서사시의 전통이 어떻게 그 명맥을 유지해왔는지를 보여주기 때문이다. 그리스에 호메로스가 있다면, 로마에는 베르길리우스가 있고, 르네상스 이탈리아에는 그들에 버금가는 단테가 있다는 선언이다. 단테는 『신곡』으로 그들의 맥을 잇는 위대한 시인으로 자리매김한다. 특히 그는 당대의 다른 진지한 작품들과 달리 성서의 언어요 귀족적 언어인 라틴어가 아니라 속어로 치부되던 피렌체 방언으로 시를 써서 이탈리아어를 고대 그리스어와 고전 라틴어에 버금가는 문학의 언어로 격상시켰다. 이 점에서도 단테의 위대성이 인정된다. 탁월한 시인 단테는 하나의 언어를 아름답고 고귀한 언어로 만드는, 즉 셰익스피어가 영어를, 괴테가 독일어를 그렇게 했듯이 그들보다 먼저 이탈리아어를 그렇게 했다.

『신곡』의 주인공은 단테 자신이다. 작품에서 대략 35세로 등장하는 그는 올바른 길을 잃고 어두운 숲으로 들어가 사후 세계를 여행한다. 이 장면은 서양 서사시 전통의 데자뷔다. 호메로스의 오디세우스는 집으로 돌아가는 길을 알려고 산 채로 하데스로 내려가며, 베르길리우스의 아이네아스는 새로운 트로이아를 건설하려면 그가 알아두어야 할 것이 무엇인지를 찾아 하데스로 내려가 선친의 혼백을 만난다. 그렇게 단테는 직접 사후 세계로 들어감으로써 호메로스와 베르길리우스의 뒤를 잇는 시인이라 선언하면서 동시에 그 스스로 그리스·로마신화의 두 영웅과 같은 반열에 선다. 그는 르네상스 시대의 영웅으로서 사후 세계로 떠난 것이다.

그러나 그가 그려낸 사후 세계는 그리스와 로마의 그것과는 판이하다. 호메로스의 하데스는 평면적이다. 죽은 자의 혼령이 그림자처럼 모여 있으며, 일부는 형벌을 받지만, 그들의 터가 보통 혼백들이 머무는 터와 공간적으로 분리되어 있지 않다. 베르길리우스의 하데스도 마찬가지다. 비록 미래에 태어날 혼백들이 죽은 자들의 혼백들과 함께 머무는 공간이라는 점에서는 호메로스와 다르지만, 여전히 평면적이다. 그러나 단테의 사후 세계는 입체적이며 공간적 분리가 명백하다. 『신곡』은 모두 세 권으로 되어 있는데, 그것이 그대로 사후 세계의 구조와 연결된다. 지옥과 연옥 그리고 천국이 그가 경험한 사후 세계의 세 층이다. 그는 지옥으로 들어선 후 연옥으로 오르고, 마침내 천국에 이르는 상승과 구원의 체험을 하는데, 이는 기독교적 세계관을 따른 사후 세계다.

라파엘로의 그림은 호메로스와 베르길리우스 그리고 단테가 차지하는 문학사적 위상만 표현한 것은 아니다. 단테의 『신곡』 전체 구성 일부도 보여준다. 그는 호메로스와 베르길리우스가 그랬듯이 서사시의 전통을 따라 무사 여신과 아폴론을 부르면서 노래를 잘할 수 있도록 도와달라고 간청한다. 그리고 사후 세계의 여정이, 아니 그 이야기가 시작된다. 첫 단계인 지옥의 문에 쓰여 있다는 문구는 독자의 간담을 서늘하게 한다. "여기 들어오는 그대들, 모든 희망을 버려라, 영원히!" 그리고 야수 3마리가 으르렁거리며 단테를 위협한다. 그때 구원자처럼 베르길리우스가 등장한다. 단테는 그를 '지고의 지성'이라 부르며 흠모했는데, 꿈처럼 지옥의 입구에서 그를 만난 것이다. 그리고 베르길리우스의 인도를 받아 지옥의 첫 번째 층인 림보에서는 시인들의 왕 호메로스도 만난다. 『신곡』 속 만남을 라파엘로가 그림에 담아낸 셈이다.

그뿐만이 아니다. 호메로스 뒤로는 로마의 서정시인 호라티우스와 『변신 이야기』의 시인 오비디우스 그리고 루카누스가 함께 있다. 단테가 평소에 존경하고 흠모하며 본받고 싶어 했던 선배 시인들이다. 그들을 만난 것 자체가 단테에겐 엄청난 영광이었다. 그러나 단테는 노래한다. "그들은 더 큰 영광을 나에게 베풀었소. 나를 그 시인들 무리 가운데 여섯 번째 시인으로 만든 것이오." 단테는 작품에서 자신을 자기 시대까지 서양 문학의 역사를 만들어낸 위대한 시인의 반열에 세워놓고 한껏 자부심을 뽐낸다. 당대 사람들로부터 그의 문학적 성취를 인정받지 못했던 것일까? 그래서 작품 속에서나마 자신을 드높이면서 현실에서의 불만과 패배를 '정신 승리'로 극복한 것일까?

아닌 게 아니라 그런 면이 적잖이 보인다. 『신곡』의 첫 번째 권인 「지옥편」에서 단테는 교황 보니파키우스 8세와 여러 사람을 목격했다고 노래한다. 그들은 누구인가? 단테가 현실에서 정치적으로 날카롭게 대립각을 세웠던 정적들이다. 일찍이 정치에 입문한 단테는 궬피당 중 체르키 가문이 이끄는 백당이 피렌체 집권에 성공하면서 35세에 최고위원을 맡아 권력의 중심에 섰다. 거의 국무총리급 권한을 쥔 자리에서 정치적 위세를 떨친 것이다. 그러나 교황 보니파키우스 8세의 군사적 결정에 반대하다가 피렌체에서 추방당했고 다시는 고향으로 돌아오지 못할 운명에 놓였다. 그렇게 단테의 눈에서 피눈물을 흘리게 한 반대파들이 지옥에 떨어져 고통스러운 형벌을 받는 것이다.

이야기 속으로 들어가면, 그들을 지옥으로 보낸 것은 지옥 입구를 지키는 심판관 미노스이지만, 이야기 바깥에서 보면, 결국 이야기를 지어낸 단테가 그들을 지옥에 처넣은 셈이다. 현실에서는 불가능했던 복수를 단테는 글로 완수했다. 『신곡』이 계속 읽히는 한 단테의 적들은 『신곡』 독자들의 기억 속에서 계속 지옥의 형벌을 받을 테니 인류가 지속하는 한, 그들은 정말 영원한 형벌을 받는 것이다.

반대로 단테는 자신을 지옥을 넘어 연옥으로 그리고 마침내 천국에 이르는 순례자로 그림으로써 현실의 고통을 보상받으려고 했던 것 같다. '너희는 모두 지옥에서 고통스러운 형벌을 받지만 봐라, 난 천국에 간다!' 이렇게 정적들을 조롱하고 의기양양 뽐내는 것이다. 지옥에서 벗어나 구원의 희망이 비추는 연옥을 지나 신의 영광으로 찬란한 천국에 올라가서도 단테는 살아 있는 동안 이루지 못한 한을 푼다. 바로 사랑의 한이다. 연옥의 끝까지 길을 인도한 베르길리우스는 떠나고 천국으로 들어가는 입구에서 새로운 인도자가 단테에게 나타난다. 그가 평생 사랑한 베아트리체였다. 단테 일생에 단 두 번 스치듯이 만났을 뿐인 그녀. 그러나 단테 마음속에는 절대로 지워지지 않는 생생한 모습으로 기억되어 있다. 비록 다른 여인과 결혼하고 자식들도 낳았지만, 단테 마음에 유일한 여인은 베아트리체였다. 그녀야말로 단테가 『신곡』을 쓰게 한 무사 여신과 같은 존재였다. 그녀를 사랑한 단테의 마음과 그녀를 작품 속에서라도 만나고 싶어 했던 단테의 간절함이 역사적인 고전 『신곡』을 만들어냈다.

하지만 『신곡』을 단순히 단테가 '정신 승리'를 한 결과라고 평가할 수만은 없다. 『신곡』은 그때 거기에서뿐만 아니라 지금 여기에서도 그리고 앞으로도 영원히 **인간이 이 세상을 어떻게 살아야 천국과 같은 삶을 살 수 있는지, 어떤 잘못과 일그러진 욕망에 사로잡힐 때 지옥과 같은 삶을 살게 되는지를 생각하게 하는 위대한 고전이다.** 『신곡』은 내가 어떻게 행동하느냐에 따라 나와 함께 살아가는 사람들이 천국도 지옥도 경험하게 된다는 것을 알려주며, 내가 사랑하는 사람과 함께할 때 진정 희망의 찬란한 빛으로 가득한 천국과 같은 삶을 살 수 있음을 깨닫게 해준다. 가히 역사를 움직인 고전의 으뜸이라 말할 수 있다.

김헌

서울대 인문학연구원 교수

역사서설

KITĀB AL-'IBAR

이븐 할둔 **Ibn Khaldūn (1332~1406)**

근대 역사학과 사회과학은 언제 시작되었을까? 근대 역사학과 사회과학은 중세 종교나 개인적 경험을 바탕으로 사회와 역사의 변화를 이해하는 것이 아니라 객관적 자료를 바탕으로 경제적·정치적·사회적·문화적 요인들이 복합적으로 결합해 역사적 사건이나 사회변화가 발생한다고 보고 이를 인과적으로 이해하고자 하는 것이 특징이다. 사회변화 자체가 복합적이므로 신의 뜻이 아니라 또는 형이상학적인 절대적 존재가 아니라 삶에 영향을 미치는 객관적 요인들을 분석해 사회현상과 역사적 사건을 이해하고자 한다. 왜 문명이 흥망성쇠를 보이는가? 왜 물가가 변동하는가? 왜 왕조가 바뀌는가? 왜 사회갈등이 나타나는가? 왜 왕조 초기에는 징세 부과 금액이 적어도 거두어들이는 총액이 많고, 왕조 말기에는 부과액은 큰데 거두어들이는 총액은 적은가?

이러한 질문에 대한 답을 찾는 근대 역사학과 사회과학은 1377년 튀니지 출신 이븐 할둔의 『역사서설』에서 시작되었다. 이슬람의 역사와 문명을 분석한 이 책은 근대 역사학, 사회학, 인구학, 경제학, 정치학, 지리학, 문화사 등의 기원을 이룬 것으로 평가된다. 영국의 역사가 아놀드

토인비는 1956년 자신이 집필한 『역사 연구』에서 이븐 할둔이 역사상 가장 위대한 역사철학을 구축했다고 극찬했다. 오늘날 역사학과 사회과학이 서구의 대학에서 크게 번성하지만, 그것은 일찍이 유럽이 아닌 북아프리카에서 시작되었다.

이븐 할둔의 『역사서설』은 전 7권에 달하는 방대한 작품이다. 일반적인 역사서라는 의미보다 사회와 역사에 관한 종합적인 사회과학적 분석서라고 볼 수 있다. 문명 일반과 왕조의 변화에 관한 체계적 분석과 논증으로 오늘날 사회과학자들의 연구나 서술과 차이를 보이지 않는다. 그런 이유로 이븐 할둔은 현대 사회과학의 시조라고 불리기도 한다. 현대 사회과학의 특징은 왜 또는 어떻게라는 질문에 대한 답을 찾는 것이 특징이다. 할둔은 지구의 남반구보다 북반구에 더 많은 문명이 존재하는 이유는 무엇일까 하는 질문을 먼저 던지고 그에 대한 답을 찾아간다. 그리고 그 답을 기후에서 찾았다.

『역사서설』 서문에 해당하는 「무깟디마」에서 할둔 자신은 이 책을 이렇게 말했다.

> "도시민과 베두인을 가리지 않고 아랍인과 베르베르인에 관한 정보를 포괄적으로 담았으며, 그들과 동시대에 살았던 위대한 왕조도 살펴보았다. 최초의 상황과 그 이후에 발생한 사건들 중 기억하고 교훈으로 삼을 만한 것을 언급했다. 그래서 이 책은 충고의 서, 아랍인과 페르시아인과 베르베르인 그리고 동시대의 위대한 군주들에 관한 총체적 역사서다."[19]

그는 백성이 있어야 군주가 존재할 수 있고, 군주가 백성을 억압하고 함부로 형벌을 가해 백성의 마음이 군주에게서 멀어지는 경우, 왕조는 쇠퇴하고 아싸비야(연대의식)가 약해져 왕국을 보호하는 울타리가 파괴될 것이라고 보았다. 백성과 군주의 관계가 일방적 관계가 아니라 상호관계라고 본 것이다. 그래서 영토를 다스리는 왕조도 개인과 마찬가지로 탄생과 사망 과정을 겪는다고 주장하고, 선하지 못한 왕권은 파멸된다고 보았다. 또한 문명도 흥망성쇠를 겪는다고 주장하고 흥망성쇠의 핵심 요인은 사회경제적 변화라고 했다. 거대문명 도시가 발달해 사람들이 필수품보다 사치품을 선호하고 사치와 관련된 일이 더 귀중하게 여겨지게 된다는 것이다. 왕조에서는 세금을 늘리고 성을 건설해 왕조가 확고하게 자리 잡으면 여러 가지 관습이 생겨나고, 수입은 모두 이러한 관습을 충당하는 데도 부족하게 된다. 정주 문명에서 아싸비야가 약화되면서 개인주의적이고 원자화되어 결국 왕조가 쇠락한다고 보았다. 할둔은 아싸비아라는 집단적 연대의 변화로 여러 문명과 왕조의 흥망성쇠를 설명했다.

『역사서설』은 총 7권으로 구성되어 있다. 제1권은 「무깟디마」로 왕조의 사회경제적·지리적 역사를 다루었다. 사회가 발전해 문명이 발전하지만 이후 쇠퇴해 몰락하는 과정을 다루었다. 제2~5권은 14세기 초까지 세계 역사를 서술했다. 세계 역사는 지중해권, 아프리카, 유럽과 중국을 포함한 지역의 역사다. 제6~7권은 아랍인이 도래하기 이전 북아프리카에서 살았던 원주민 베르베르족Berbers의 역사를 다루었다. 제1권 「무깟디마」는 출간될 당시부터 독립적인 책으로 받아들여질 정도로 역사와 사회에 관한 할둔의 관점을 잘 제시했다.

할둔의 역사 이론에서 핵심 개념은 '아싸비야'다. 이는 유목민 사이에서 존재하는 집단적 연대의식을 지칭한다. 유목민이 유목 생활을 접고 정착 생활을 하게 되면 아싸비야가 점차 약해져 강한 아싸비야를 지닌 또 다른 유목민들에게 정복되면서 왕조에 변화가 일어난다는 것이다. 유목민 사회는 생존이 가장 중요한 과제이지만 정착사회가 되면 생활이 안정적이고 산업생산이 발전하게 된다. 아싸비야가 아니라 분업이 발달해 기술과 산업이 발달하면서 새로운 문명이 발달한다는 것이다. 이를 뒷받침하려면 교육이 발달해야 한다. 문명의 발달은 언어에 달렸으며, 문명의 핵심은 토지가 아니라 언어라고 보았다. 아랍 문명의 발달은 바로 언어의 발달에 달렸으며, 시와 산문의 발달이 문명의 발달을 보여준다고 보았다. 그러나 정주 문명은 문명의 최종목표이자 문명의 수명이 다했음을 알리는 징표라고 하였다. 이것은 문명이 선형적으로 발전하는 것이 아니라 성장과 몰락을 반복한다는 역사관을 보여준다.

튀니지의 유복한 집안에서 태어난 이븐 할둔은 코란, 논리학, 철학, 수학, 법학과 이슬람 고전에 관한 개인 교육을 받았다. 그는 20세에 정치적으로 대단히 혼란스러웠던 북아프리카에서 정치에 참여했다. 그러나 권력 투쟁으로 술탄(왕)이 여러 차례 바뀜에 따라 장관이 되기도 하고 교도소에도 두 번이나 다녀와 그야말로 파란만장한 경험을 했다. 그는 43세가 되던 1375년 정치에서 물러나 『역사서설』의 서론인 「무깟디마」를 집필하기 시작했다. 그 이후 할둔은 이집트 카이로에서 73세로 사망할 때까지 또 다른 다양한 경험을 했다. 대표적으로 이집트 캄미야 마드라슈(이집트 최고 교육기관)의 교수로 그리고 이슬람 법학원의 최고 대법관으로 일하기도 했다. 1400년 몽골군이 시리아의 다마스쿠스를 포위했을 때는 몽골 군대와 벌인 협상에 참여하기도 했다.

최근 몇몇 유명인사가 이븐 할둔을 언급하면서 대중에게도 널리 알려졌다. 2013년 8월 노벨경제학상 수상자 폴 크루그먼이 이븐 할둔을 오늘날 사회과학을 낳은 14세기 이슬람 철학자로 평가했다. 페이스북 창업자 마크 저커버그도 2015년 6월 개인 페이스북에 이븐 할둔의 『역사서설』을 자신이 선정한 추천도서 목록에 올리면서 이븐 할둔이 대중에게 알려졌다. 『역사서설』은 14세기에 쓰인 책이라고는 믿기지 않을 정도로 역사와 사회변동을 분석해 근대사회과학의 표본을 제시했다.

신광영

중앙대 사회학과 명예교수

칠정산

七政算

김담 金淡 (1416~1464), **이순지** 李純之 (?~1465)

국가가 갖추어야 할 요소 중 하나는 생활에 필요한 각종 표준을 정하는 일이다. 중국을 통일한 진나라는 곧바로 도량형 등의 표준을 정했다. 오늘날 세계에서는 나라별로 다른 표준을 가지고 있지 않고 국제적으로 통용되는 길이, 시간, 무게 등의 척도를 사용하지만 이들도 결국 패권국가 또는 다수 국가가 합의해서 만들어진 것들이다. 원시사회에서는 해가 뜨고 지는 것에 맞추어 작은 집단이 적절히 살아갈 수 있었겠지만, 점차 복잡한 사회로 변해감에 따라 필요해진 것 중 하나가 보통 달력이라고 하는 역서다. 역서는 국가 운영에 필요한 여러 가지 행정의 기본이며 제례, 종교, 각종 기념일 등도 역서를 바탕으로 진행한다.

역서가 뭐 그렇게 복잡한가 하는 의문이 있을 수 있다. 실제 우리가 현재 사용하는 그레고리력은 비교적 간단하다. 태양의 운행을 기준으로 1년을 정하고 1년을 12달로 나누되 월별 일수는 우리가 잘 아는 것처럼 30일 또는 31일이다. 다만 2월만 28일일 경우가 있고 29일일 경우가 있다. 그레고리력은 로마의 율리우스 카이사르가 기원전 46년에 제정한 율리우스력을 개정한 것이다.

로마시대에 알고 있던 1년의 길이인 365와 1/4일을 기준으로 만든 율리우스력에서는 4년마다 1년을 366일로 만들려고 2월의 길이를 28일에서 29일로 했는데, 실제 1년의 길이는 365.2422일 정도로 약간 짧아서 100년마다 0.78일씩 차이가 나며 1600년 정도 지난 후에는 12일 이상 차이가 나게 되었다. 이러한 차이를 보정하려고 1582년 교황 그레고리오가 400년에 세 번만 윤달을 빼는 것으로 바꾼 것이 현재의 그레고리력이다. 결국 1년의 길이를 정확하게 안다면 간단한 규칙만으로도 수천 년 이상을 무리 없이 쓸 수 있는 달력을 만들 수 있다.

그러나 실제 달력의 쓰임새는 상당히 많아서 필요에 따라 더 복잡한 달력을 만들 수 있다. 특히 동양의 역서에는 해가 뜨고 지는 시각, 달의 위상, 태양의 남중 고도, 일식과 월식, 오행성의 운행 등 아주 복잡한 내용이 들어 있다. 이런 것들을 모두 포함하려면 다양한 천체가 하늘에서 어떻게 움직이는지에 대한 장기적인 관측 자료와 이들을 분석하고 현상을 예측할 수 있는 수학적 지식이 필요하다. 이러한 지식을 갖추었다고 해도 개인 한둘이 할 수 있는 일이 아니다. 표준을 정해서 적용하려면 막강한 정치 권력과 전문가들을 고용할 경제력이 필요하다. 특히 중국에서는 황제를 하늘의 아들이라는 뜻으로 천자라고 불렀으며, 역서를 발간하는 것은 천자의 의무이자 권리였다.

국가 사이에 외교를 하려면 역서의 통일성이 매우 중요하다. 나라마다 달력이 서로 다르면 이들 사이의 변환이 매우 복잡해지는 것을 피할 수 없다. 오늘날 지구의 많은 나라에서는 그레고리력을 사용하지만 전통적인 달력도 같이 사용한다. 우리나라에서도 설날, 추석 등을 기념하려고 음력이라고 하는 달력을 사용하지 않는가. 그 나라의 전통 달력은 대개 종교적 목적이나 전통적 기념일 등 제한된 목적으로 사용한다.

우리나라는 오랫동안 중국을 중심으로 하는 동아시아의 정치문화 체계 속에서 살아왔다. 따라서 역서 역시 중국 것을 바탕으로 사용해온 것이 사실이다. 역서를 만드는 것이 간단한 일은 아니지만 불가능한 것도 아니다. 그럼에도 여전히 주로 중국 역법을 사용한 것은 패권국가를 중심으로 이루어지는 외교와 같은 국제 활동을 위해서라도 필요했기 때문이다. 중국은 왕조의 부침이 심해서 역법도 엄청나게 다양했는데, 이들 중 일부가 우리나라에 전해져 사용되었음을 역사 기록으로 추정할 수 있다. 백제는 일본에 역법을 전해주었다는 기록이 남아 있다.

고려시대에는 통일신라 후기에 사용하던 당나라의 선명력宣明曆을 오랫동안 사용하다가 후기가 되면서 원나라의 수시력授時曆을 도입했다. 그러나 고려시대에는 천문 관측을 전문으로 하는 기관인 서운관이 설치되어 운용된 것으로 보아 역법에 필요한 천문 관측을 본격적으로 시작한 것이 아닌가 추측된다. 실제로 고려의 날짜와 중국의 날짜가 어긋나는 경우가 여러 차례 발견되는데, 자체 관측에 따라 날짜를 정했다면 나타날 수 있는 현상이다. 다만 조선 초에 편찬된 고려사에는 고려의 역법 수준이 충분치 않았다고 기술되어 있다.

조선이 개국한 이후에도 고려시대에 설치한 서운관은 같은 이름으로 운영되었으나, 역서 편찬에 여전히 어려움이 있었다. 중국의 고대 역법 가운데 가장 우수하다는 수시력이 고려 충선왕 때 전해졌으나, 정확한 기초 데이터와 정교한 계산을 요구하는 일월식 예측, 오행성의 위치 등을 추적하는 정도에는 이르지 못했다.

조선에서 역서를 편찬하려는 대장정은 세종이 즉위하면서 본격적으로 시작되어 세종 24년에 『칠정산』 편이 편찬되며 결실을 보았다. 칠정산은 일월오행 7개 천체의 운행 계산법이라는 의미이며, 편찬자는 이

순지와 김담으로 되어 있다. 『칠정산』 내편은 『세종장헌대왕실록』에 부록으로 실린 실록본과 규장각에 소장된 세종갑인자본 등 두 가지가 남아 있으며 두 판본은 내용이 같다. 『칠정산』 내편의 내용을 살펴보면, 제1장에서는 역법에 필요한 기본 상수를 제시하고 제2장과 제3장은 각각 태양과 달의 시간에 따른 위치 계산법, 제4장은 시각에 따라 남중하는 별들의 위치 계산인 중성中星, 제5장은 일식과 월식의 시작과 끝 그리고 방향의 계산법인 교식交食, 제6장은 오행성의 운행 계산법인 오성五星, 제7장은 4개 가상 천체인 사여성四餘星의 위치 계산을 다루는 사여성, 그리고 마지막 부록에는 수도 한양에서 해가 뜨고 지는 시각과 방향이 날짜별로 수록되어 있다.

『칠정산』 외편은 이슬람 역법의 중국판인 회회력법回回曆法의 조선판 개정판이라고 할 수 있다. 명나라에서 조선으로 전해진 회회력법은 몇 가지 오류가 있고 계산법이 불완전했으나 조선의 학자들이 이를 수정·보완해 완전한 형태로 편찬한 것이 『칠정산』 외편이다.

『칠정산』 내편은 결국 수시력에 바탕을 둔 조선의 공식 역법이었지만, 따로 외편을 함께 편찬한 것은 내편에서 예측한 일식이나 월식 등을 다른 역법으로 독립적으로 계산하는 등 참고용으로 사용하려 한 것으로 추정된다.

『칠정산』 내외편 발간은 20년 넘게 진행된 국책 사업이었으며, 그 중간에 정밀한 관측을 위해 수많은 관측기기가 만들어져 사용되었다. 아마도 역서 편찬에 필요한 데이터를 수집하려는 목적이었을 것이다. 『세종실록』에 따르면 14년(1432)에 고금의 천문도를 참고해 새 천문도를 돌에 새겼다는 기록이 나온다. 그렇지만 이 천문도는 지금 전하지 않는다. 실록 내용이 사실이라면, 새로운 역법을 연구하는 과정에서 관측한 자료를 바탕으로 새롭게 천문도를 만들었을 개연성이 높다. 물론 이 시기는 정밀관측기기인 간의에 대한 기초 연구가 진행되던 때로 다양한 관측기기가 완성되기 전이지만, 태조 4년(1395)에 제작된 〈천상열차분야지도天象列次分野之圖〉에도 이미 새롭게 관측된 데이터가 들어 있는 것으로 보아 관측은 꾸준히 진행했을 것이다.

『칠정산』 내외편 편찬은 세종 때의 찬란한 과학 업적으로 널리 알려져 있다. 그렇지만 『칠정산』 내편의 내용을 자세히 보면, 중국의 대통력大統曆과 수시력(두 가지는 거의 같은 역법임)을 소화하고 그 내용과 계산 방법 등을 적어놓은 것임을 알 수 있다. 물론 몇 가지 다른 점도 있지만, 이들은 기준 시점의 차이와 계산 방법의 차이 등에 따른 것이라는 게 연구자들의 대체적인 의견이다.

반면 비전문가들이 『칠정산』 내편에 수록되어 있는 각종 상수(예를 들어 태양의 항성년이나 회귀년)가 현대천문학적 관측에 따른 값과 거의 차이 나지 않는다는 점을 들어 매우 놀라운 일이라고 평가하기도 하지만, 이들 값은 이미 수시력에서 제시된 것들이기 때문에 자체적으로 결정한 것은 아니다. 그럼에도 복잡하고 지난한 역법을 이해하고자 국가적 역량을 오랫동안 투입했다는 것은 그만큼 관상수시라는 국왕의 임무와 통치이념을 충실히 하려고 얼마나 노력했는지를 말해주는 것이다.

『칠정산』의 또 다른 가치는 서로 다른 역법을 바탕으로 내편과 외편을 편찬하면서 이들을 같은 서문으로 소개함으로써 어떤 것을 택하기보다는 두 가지를 모두 사용할 가능성을 열어놓았다는 것이 아닐까 한다. 정확히 말하면, 중국의 역법인 대통력, 조선의 역법인 『칠정산』 내편과 외편 등 3가지를 모두 활용하겠다는 뜻이 포함되어 있을 수 있다. 오히려 그것이 요즘 말하는 과학의 방법론과도 일맥상통한다고 볼 수 있다. 즉 자연현상을 설명하는 모형이 여러 개 있을 때 어느 하나를 배척하지 않고 모두 적용해봄으로써 이해도를 높일 수 있다는 것이다. 『칠정산』은 한번 편찬된 후 박제화된 것이 아니라 그 후에도 수정된 기록이 있다. 세조 4년에 간행된 「교식추보가령交食推步假令」이 그 예다.

이형목

서울대 물리천문학부 교수

군주론

IL PRINCIPE

니콜로 마키아벨리 Niccolò Machiavelli (1469~1527)

마키아벨리의 『군주론』만큼 비판과 찬사를 동시에 받는 책도 드물 것이다. 비판의 초점은 주로 『군주론』이 권력을 획득하려 할 때 권모술수도 용인한다는 데 맞춰져 있다. 『군주론』은 악을 전파하는 책이라는 것이다. 다른 한편 『군주론』을 높이 평가하는 쪽은 이 책이 정치현실을 날카롭게 평가함으로써 중세의 종교 중심 세계관을 뛰어넘어 근대정치 사상의 초석을 놓았다고 한다.

같은 책을 놓고 어떻게 이렇게 논쟁적인 평가가 나왔을까? 그것은 물론 책 내용이 충격적이기 때문이다. 이를 이해하려면 먼저 『군주론』이 나온 시대를 살펴보아야 한다. 마키아벨리가 활동할 때 이탈리아는 혼란에 휩싸여 있었다. 이탈리아는 다섯 나라, 즉 밀라노공국, 베네치아공화국, 피렌체공화국, 교황국, 나폴리왕국으로 분열되어 크고 작은 전쟁에 휘말리곤 했다. 특히 1494년 프랑스 왕 샤를 8세가 이탈리아를 침공한 이후 이탈리아는 유럽 강대국들의 전쟁터가 되었다. 이렇듯 혼란한 시기에 마키아벨리는 『군주론』을 저술해서 강한 나라의 확립을 꾀했다.

그런데 마키아벨리가 보기에 이탈리아를 비롯해 조국 피렌체의 문제는 현명한 지도자가 없다는 것이었다. 좋은 지도자는 국가 공동체 구성원들과 공존하는 것은 물론 이들과 협력해 부강한 나라를 만들고, 나아가 냉혹한 정치현실을 파악해 난관을 극복하는 능력을 갖추어야 한다. 이러한 것들이 『군주론』의 핵심 주제다.

마키아벨리는 『군주론』에서 강한 나라의 중요한 두 가지 토대로 인민의 지지와 자국군을 강조했다. 인민은 귀족과 더불어 한 국가를 구성하는 중요한 계층이다. 인민은 중산층과 중하층 시민을 포괄하는 대다수 시민이다. 반면 귀족은 권력과 부를 소유한 소수 시민이다. 마키아벨리에 따르면 귀족들은 지배욕과 야망이 있기에 인민들을 억압하려고 한다. 반면 인민들은 자유롭게 사는 데 만족한다. 마키아벨리는 자유롭게 살고자 하는 다수 인민이 군주를 지지해야 국가가 안정된다고 보았다.

당시 자국군의 부재로 용병에 의존했던 피렌체뿐만 아니라 이탈리아반도 전체가 항상 전쟁에 시달려야 했다. 용병대장의 지휘 아래 움직이는 용병대는 봉급계약을 바탕으로 돈을 받고 싸웠다. 용병들이 전쟁을 하는 이유도 돈 때문이었으니 목숨을 바쳐 싸울 필요가 없었다. 전쟁이 빨리 끝나면 돈벌이를 더는 할 수 없었기 때문이다. 전투할 때는 비겁하게, 돈을 요구할 때는 맹렬하게 행동하는 것이 용병의 특징이었다. 군사 업무를 담당했던 마키아벨리는 주로 용병을 상대해야 했기에 이러한 용병의 폐해를 잘 알았다.

용병대가 아니라 자국군을 세우려면 시민들에게 무기를 주어야 하므로 귀족들과 인민들의 신뢰관계가 매우 중요했다. 그런데 귀족들이 인민들을 믿지 못했기에 자신의 부에 의지해 고용한 용병에게 국방을 맡긴 것이다. 하지만 이는 허약한 군사력에 재정적 부담만 가중했다. 이에 마키아벨리는 인민의 지지 아래 인민들로 충원된 자국군의 확립이 강한 국가 건설의 초석이라고 주장했다.

그런데 인민의 지지나 자국군의 건설 같은 중대한 일을 수행하려면 군주, 즉 지도자의 능력이 중요하다. 마키아벨리는 이를 잘 알았기에 정치현실을 냉혹하게 파악하는 일이 중요하다고 역설한 것이다. 마키아벨리는 먼저 현실과 이상은 다르다고 설파했다. 이를 마키아벨리는 '인간이 어떻게 살고 있는가'와 '인간이 어떻게 살아야 하는가'는 너무 다르다며, 현실보다 이상을 고집하는 지도자는 실패할 수밖에 없다고 보았다. 왜냐하면 **"어떤 상황에서나 선하게 행동할 것을 고집하는 사람이 선하지 않은 많은 사람에게 둘러싸여 있다면, 그의 몰락은 불가피하기 때문이다."**『군주론』 15장

현실 세계에는 선인과 악인이 공존한다. 특히 정치 세계는 권력과 이익 추구를 목적으로 하는 영역이기에 도덕은 정치의 수단이 될 수 없다고 판단했다. 군주는 국제관계에서 자국을 호시탐탐 노리는 외세와 한 약속을 어길 수 있으며, 국내 정치에서는 귀족의 지배욕을 제어하려면 필요할 때 강압적인 방법을 사용할 수 있다. 군주가 덕을 행하면 덕 있는 결과가 올 거라는 믿음은 냉혹한 현실 정치 앞에서 무용지물이 된다. 오히려 현실은 그 반대다. 군주가 인자함을 베풀면 기강이 해이해져 희생자를 많이 낼 수 있지만, 엄격하고 잔인하면 질서가 잡혀 오히려 희생을 줄일 수 있다. 인자함이라는 덕은 잔인한 결과를 가져올 수 있고, 잔인함이라는 악덕은 진정한 자비가 될 수 있다는 말이다.

국내 정치의 분열로 국력을 결집할 수 없었던 피렌체의 공무원 마키아벨리는 지도자의 능력이 중요하다고 설파했다. 그런데 그 능력의 핵심은 먼저 자신보다 국가를 생각하는 마음이다. 아무리 능력이 출중해

도 사리사욕만 챙긴다면 국가는 몰락하고 만다. 국가가 없는 군주가 무슨 소용이 있겠는가? 사私보다는 공公을 우선하는 마음이 있고 그다음 필요한 것이 바로 역량, 즉 비르투virtu다. 그런데 이 역량은 가변성으로 대변되는 포르투나fortuna에 대적해야 한다.

마키아벨리는 인간의 특징 가운데 하나가 완고함이라고 보았다. 인간은 변하지 않는 기질을 가지고 있는데, 여기에 더해 자신의 행동양식이 성공하면 그것에 더 고착되어 완고해진다. 그런데 세상은 변화무쌍하고 예측할 수 없기에 완고한 인간은 이런 세계에 대처하기가 너무 어렵다. 유연함이라는 능력을 갖추면 그나마 변화하는 세상에 잘 대처할 수 있겠지만 가변적인 운명, 즉 포르투나에 유연성이 부족한 개인의 역량으로는 역부족일 수밖에 없다.

군주 개인의 능력을 강조하는 것처럼 보이는 『군주론』의 핵심은 바로 이러한 역부족을 깨닫는 것이다. 가변적인 포르투나에 대응하는 개인의 능력이 부족함을 깨닫는 순간 군주는 관심을 '나' 자신이 아니라 '우리'로 옮겨가야 한다. 군주 혼자서는 변화무쌍한 국가 대사를 해결할 수 없다. 따라서 국가 구성원들인 귀족과 인민들의 협력 그리고 인민의 지지가 중요하다. 또한 그들로 충원된 자국군은 부강한 국가의 토대가 된다. 결국 군주의 역량인 비르투는 개인으로서 한계를 인식하고 국가 공동체 구성원과 협력해 강한 국가권력을 이뤄내는 것이다.

『군주론』이 많은 비난과 칭찬을 동시에 받는 만큼 위급한 정치현실에서 국가 공동체의 생존을 고민했던 마키아벨리의 상황이 짐작된다. 마키아벨리도 도덕적인 것이 좋다는 사실은 알았다. 하지만 악인들이 존재하는 가혹한 세상에서 도덕은 오히려 생존에 방해가 될 수 있었다. 결국 조국 피렌체의 번영을 고민한 마키아벨리는 악인과 선인이 공존하는 정치를 솔직히 인정하고 그 속에서 군주가 갖춰야 할 역량을 고찰함으로써 기꺼이 비난과 칭송의 한복판에 뛰어든 것이다.

김경희

이화여대 정치외교학과 교수

천구의 회전에 관하여

DE REVOLUTIONIBUS ORBIUM COELESTIUM

니콜라스 코페르니쿠스 Nicolaus Copernicus (1473~1543)

코페르니쿠스의 『천구의 회전에 관하여』는 영문 제목 『On the Revolution of Heavenly Sphere』만큼이나 혁명적이다. 영어 revolution은 굴리다라는 뜻의 라틴어 voluto에서 기원했다고 하는데, 이는 혁명이라는 뜻과 공전이라는 뜻을 동시에 가지고 있다. 『천구의 회전에 관하여』가 과학혁명의 기폭제가 되었다는 사실과 revolution의 이중적 의미가 묘한 느낌을 준다. 실제로 칸트가 자신이 집필한 『순수이성비판』에서 인간이 인식의 대상에서 주체로 바뀐 것을 '코페르니쿠스적 혁명Copernican Revolution'이라고 말하면서 지금도 이 말은 혁명적 변화를 의미하는 데 사용된다. 『과학혁명의 구조』라는 책으로 유명한 과학사학자 토마스 쿤은 과학의 역사에서 지구 중심 우주관이 태양 중심 우주관으로 바뀌는 과정과 그 의미에 관한 책을 쓰면서 '코페르니쿠스적 혁명'이라는 말을 사용한 바 있다.

우리는 태양계의 중심에 태양이 있고 행성이나 혜성과 같은 태양계 천체는 그 주위를 공전한다는 사실을 어려서부터 배워 잘 알고 있다. 그러나 지구가 중심에 있고 다른 천체들이 그 주위를 돈다는 지구중심설은 역사가 훨씬 오래되었다. 지구에서 관찰하는 사람의 시선으로 보면 모든 천체가 우리를 중심으로 도는 것처럼 보이기 때문에 이는 매우 자연스러운 해석이다. 관찰자의 시선이 아니라 객관적으로 세상을 바라보는 것은 매우 어려운 일이다.

보통 천문학은 가장 오래된 학문이라고 한다. 천문학이 일찍부터 발달한 것은 인간의 생활과 밀접한 관계가 있기 때문이다. 우선 밤과 낮이 반복되고 그 길이가 계절에 따라 달라지며 계절은 1년을 주기로 바뀐다. 옛사람들도 대부분 천체가 매우 규칙적으로 움직이고 있고, 날씨나 기후에도 이러한 주기성이 있다는 사실을 일찌감치 알았을 것이다. 이러한 주기성을 바탕으로 만든 달력은 농사, 어업, 수렵 등에 활용했을 뿐 아니라 종교 행사에서도 중요한 역할을 했다.

달력 만드는 일은 천체 관측 기술의 발달, 데이터 축적 그리고 데이터를 분석하는 수학적 기법 발달 등에 크게 기여했다. 이 과정에서 사람들은 태양, 행성 그리고 달은 밤하늘에 보이는 다른 별들과 전혀 다르게 운행한다는 사실도 알게 되었다. 행성 가운데 수성, 금성, 화성, 목성, 토성은 망원경 없이도 관측할 수 있다.

우리가 볼 수 있는 별은 대부분 항성이라 불리며, 하루에 한 바퀴씩 지구를 돌고 있다. 반면 행성은 마치 항성 사이를 자유롭게 돌아다니는 것처럼 보인다. 그런 이유로 동양에서는 움직이는 천체라는 뜻의 행성이라 불렀다. 영어 planet도 방랑자라는 뜻의 그리스어 planetai에서 기원했다. 그런데 우리나라에서는 한때 일부 교과서에서 혹성이라는 말을 사용한 적이 있다. 일본이 서양에서 현대과학을 들여오면서 planet을 의혹을 가진 별이라는 뜻의 혹성으로 번역했는데 이를 비판 없이 받아들였기 때문이다.

서기 100년경에 프톨레마이오스의 『천문학 집대성』(알마게스트)으로 정교하게 다듬어진 지구 중심 모형은 서양 세계에서 1500년 이상 공고하게 자리 잡고 있었다. 이는 단순히 천문학만의 문제가 아니라 종교와도 관계가 깊었다. 비록 『천문학 집대성』이 서방 세계에서는 오랫동안 잊혔지만, 지구 중심 우주관은 종교적 믿음이나 당시의 철학 사상 등에 힘입어 도전할 수 없는 사실로 받아들여진 것이다. 지구 중심 우주관은 천문학자의 영역이라기보다는 철학이나 종교의 영역이 되었다고 해도 지나친 말은 아닐 것이다.

그러나 사회경제적 발달이나 르네상스 시대의 신플라톤주의 등은 천문학자들로 하여금 좀 더 자유로운 상상을 하게 만들었다. 이러한 지적 유연성이 코페르니쿠스에게 태양 중심 모형을 제안하게 해주었다고 볼 수 있다. 즉 지구 대신 태양을 중심에 놓고 지구를 포함한 여섯 개 행성이 원궤도를 그린다면 훨씬 더 간단히 관측 사실을 설명할 수 있다는 사실을 알게 되었고, 이러한 내용을 책으로 출판한 것이 『천구의 회전에 관하여』다.

코페르니쿠스는 폴란드의 토룬이라는 곳에서 태어나 크라쿠프대학에서 수학을 공부했다. 20대 초반에는 크라쿠프를 떠나 이탈리아 볼로냐대학과 파도바대학에서 신학(교회법)과 천문학 그리고 의학을 공부했다. 삼촌이 폴란드의 하일스버그 대주교로 임명되자 담당 의사로 근무하려고 귀국했으며, 삼촌이 사망한 후에는 교회법학자, 의사 등으로 활동하며 천문학에 대한 관심을 계속 유지하고 연구를 거듭해 인류 역사를 바꾸게 될 책을 썼다.

르네상스를 거치면서 지적 활동에 대한 유연성이 커졌다고는 하지만 종교의 절대적 지지를 받던 지구 중심 우주 체계에 도전하는 것은 쉬운 일이 아니었다. 더구나 교회에서 중요한 직책을 맡은 사람으로서 새로운 우주관을 제시하는 책을 쓴다는 것은 상상하기 어려운 일이었다. 그런데 어떻게 그런 일이 가능했을까 하는 것이 매우 궁금한 일이다. 여기에 대해서는 많은 견해와 가설이 존재한다. 코페르니쿠스가 비록 성직자 신분이었지만 생의 마지막을 보내고 태양중심설에 관한 책을 쓴 곳은 프롬보르크라는 곳으로 비교적 변방이었기에 교황의 영향력이 약했을 수도 있다. 반면 그가 태어나고 초기 교육을 받은 크라쿠프는 유럽에서도 비교적 학풍이 자유로운 곳이었다. 1997년 세종 탄생 600주년 기념 학술대회에 참석한 크라쿠프대학 교수들은 코페르니쿠스 이전부터 이미 그곳에서는 태양중심설에 관한 논의가 활발히 진행됐다고 주장했다.

『천구의 회전에 관하여』는 간단히 읽을 수 있는 책은 아니다. 분량도 300페이지 가까이 될 뿐 아니라 가설을 증빙하고 관측 사실을 설명하는 기하학적 내용이 아주 많다. 예를 들어 지구의 공전 면과 자전축이 기울어진 정도, 행성의 밝기 변화, 달의 반지름 추정 등을 하려고 수없이 많은 기하학적 도형이 등장한다. 그러나 중요한 2가지 핵심을 꼽는다면 태양이나 항성들의 일주 운동을 설명하려고 지구의 자전을 도입했고, 태양을 중심에 놓음으로써 행성의 역행, 수성과 금성의 최대 이각 등을 설명할 수 있었다는 것이다. 이를 토마스 쿤은 코페르니쿠스의 혁신이라고 했다.

다만 프톨레마이오스가 그랬듯이 코페르니쿠스도 단순한 모형만으로 관측 사실이 설명되지 않으면 주전원을 도입해서 설명했다. 이는 모든 것을 전적으로 원으로만 기술하려고 했기 때문이다. 결국 이러한 모순은 후대에 요하네스 케플러가 타원을 도입함으로써 해결되지만 그럼에도 코페르니쿠스의 위대함을 깎아내릴 필요는 없다.

코페르니쿠스가 이 책을 완성한 때는 1530년경이었으나 실제로 출판된 것은 1543년이었고, 그는 출판된 책을 본 뒤 바로 임종했다고 한다. 오랫동안 출판을 미룬 것은 교회의 반발을 우려했기 때문이었을 것이다. 이 책은 교황 바오로 3세에게 바치는 것으로 되어 있다. 그러나 실제로 가톨릭계에서는 갈릴레이가 널리 퍼뜨리기 시작한 이후인 1610년경에야 크게 알려졌고, 궁극적으로 1616년에 금서 목록에 올랐다. 태양중심설 이후 천문학은 갈릴레이, 케플러, 뉴턴 등에 의해 눈부시게 발전했지만 코페르니쿠스의 책이 금서 목록에서 해제된 것은 1758년에 이르러서다. 이런 이유 때문인지는 몰라도 중국에 와 있던 선교사들로부터 서양 천문학을 접한 조선의 실학자들에게도 코페르니쿠스의 태양중심설이 잘 알려지지 않았던 것으로 보인다.

이형목

서울대 물리천문학부 교수

유토피아

UTOPIA

토머스 모어 Thomas More (1477~1535)

『유토피아』는 1516년 초 영국의 법률가, 정치가, 작가인 토머스 모어가 쓴 소설이다. 1516년 벨기에 루벤에서 라틴어로 출간되었으며, 모어가 죽고 17년 후인 1551년 영국에서 영어로 번역되어 출간되었다. 모어의 『유토피아』는 널리 알려졌지만, 실제로 이 책을 읽은 사람은 별로 많지 않다. 단순한 소설이라기보다는 플라톤을 비롯한 고대 그리스 인문학을 바탕에 깔고 있는 정치철학서에 가깝기 때문이다.

『유토피아』가 출간된 16세기 초는 유럽의 전환기였다. 절대 국가들이 전쟁과 정복에 열을 올렸고, 경제적으로는 봉건 체제가 자본주의 체제로 전환되기 시작했다. 이러한 전환기에 모어는 『유토피아』에서 일하지 않는 소수가 권력과 부를 누리고 땀 흘려 일하는 다수는 힘들고 가난한 현실에서 벗어나 모두가 인간다운 삶을 누리는 이상 사회를 그렸다. 유토피아는 그리스어로 '없는 곳ou topos'을 뜻한다. 현실에 없는 '가상'의 세계를 들어 정의롭지 못한 현실을 드러내면서 동시에 현실과 전혀 다른 '이상' 사회를 그렸다.

오랫동안 공무원으로 생활한 모어는 정부 사절단의 일원으로 네덜란드에 파견되어 무역 협상을 하는 동안에 『유토피아』를 집필했다. 모어는 한편으로는 제도 안에서 일하는 기득권층에 속했지만, 다른 한편으로는 기존 제도의 문제점들을 누구보다도 더 정확하게 파악하고 있었다. 모어의 위대함은 역지사지 관점에서 특권을 누리는 기득권층 일부가 아니라 모두가 인간의 존엄을 유지하며 사는 사회를 꿈꾸었다는 점에서 찾을 수 있다. 그런 점에서 그는 기득권층에서 벗어난 이단아였고, 르네상스 인본주의를 대표하는 인물이었다.

체제의 부당함과 인간의 존엄성을 부정당하는 현실에 대한 인식은 당시 모어만의 것은 아니었다. 모어는 영국 출신이지만 라틴어와 그리스어를 할 수 있었으므로 유럽 여러 나라의 지식인들과 교류하며 이런 생각을 나누었다. 『유토피아』에는 모어가 교류한 지식인들이 실명으로 또는 다른 이름으로 등장하며, 모어 자신도 나온다. 『유토피아』는 현실과 픽션이 서로 교차하는 독특한 형식의 소설인 것이다.

『유토피아』에서 모어는 영국 왕 헨리 7세의 명을 받아 외교 임무를 띠고 네덜란드 앤트워프를 방문한다. 모어는 앤트워프에서 실제 인물인 피터 가일스, 가상의 인물인 라파엘 히슬로데이와 친구가 되면서 가일스의 정원에서 이야기를 나눈다. 그들이 정원에서 하루 동안 나눈 대화가 바로 『유토피아』의 내용이다. 유토피아 제1부는 오전에 나눈 대화로, 당시 유럽과 영국의 사회 현실에 비판적인 내용으로 되어 있다. 제2부는 오후에 나눈 대화로, 가상적인 유토피아 이야기다.

제1부는 모어가 자신의 실제 친구인 피터 가일스, 가상 인물인 라파엘 히슬로데이, 추기경 그리고 의견이 서로 다른 사람들과 의견을 주고받는 대화로 이루어졌다. 소설 속에서 실제 인물과 가상 인물이 범죄에 대한 처벌을 두고 나누는 대화가 흥미롭다. 처벌을 엄격히 해서 범죄에

대응하는 것이 범죄를 줄이는 방법이라는 행인의 주장과 범죄의 원인을 제거하지 않고는 범죄를 줄일 수 없다는 가일스의 주장이 제시된다. 가일스는 전쟁에 동원되어 장애인이 된 이들이 고향에 돌아와서 할 수 있는 일이 없고, 정부가 도와주는 것도 없는 현실에서 경제적으로 빈곤할 수밖에 없어 범죄가 발생한다는 점을 피력한다. 반면에 귀족과 지주들은 노동하지 않고도 부귀영화를 누린다고 비판한다.

이에 대해 행인은 귀족들이 전쟁에서 더 용감하게 싸운다는 점을 부각한다. 그러자 가일스는 훈련도 안 되어 있고 먹지 못해 신체적으로 병약한 사람들이 징병되어 싸우다 보니 상비군이 있는 프랑스와 같은 나라에 영국이 패한다고 답한다. 그리고 기사가 아니라 가난한 사람들이 군에 들어가 훈련을 받으며 생활도 하고 건강한 군대를 유지하는 것이 중요하다고 역설한다.

『유토피아』 제1부는 영국 자본주의 초기 상황인 인클로저 운동에 대한 비판도 담았다. 추기경과 모어의 대화에서 "영국에서는 양 떼가 사람을 삼키고 있다"라는 비판이 제시되었다. 값비싼 양모를 생산하려고 농지를 목초지로 바꾸는 인클로저 운동이 전국적으로 확산되면서 농민들이 농토에서 쫓겨났다고 고발한다. 또 많은 사람이 정든 집을 떠나 정처 없이 떠도는 현실을 대화에서 비판한다. 농토가 줄어들면서 농산물 가격이 더 올라 가난한 사람들은 구걸하거나 절도하게 된다는 것이다. 이러한 빈곤이 고삐 풀린 사치와 함께 존재한다고 진단하며 이런 악을 제거하지 않고 정의와 처벌을 이야기하는 것은 헛된 일이라고 주장한다.

또한 히슬로데이의 입을 빌려 사적 소유가 사라지지 않는 한 평등하고 공정한 재화의 분배는 있을 수 없고, 세상일이 행복하게 이루어질 수 없다고 말한다. 모두가 같이 소유하면 성취할 동기가 부족하고, 다른 사람의 노력에 의존하는 무임승차로 물자가 부족할 것이라는 모어의 문제 제기에 히슬로데이는 직접 대답하지 않고 오후 대화인 제2부에서 유토피아를 소개하며 그 답을 대신한다.

제2부에서는 실존 인물인 탐험가 아메리고 베스푸치의 탐험에 합류해 5년 동안 유토피아 생활을 경험했다는 가상의 인물 라파엘 히슬로데이의 입을 빌려 유토피아를 자세하게 그렸다. 유토피아에는 독자적인 알파벳과 지도가 있고 지리, 행정, 직업, 사회관계, 여행, 노예, 군대, 종교 등을 망라한 구체적인 사회체제가 있다. 유토피아는 초승달 모양의 작은 섬으로 항구가 3개 있으며 운하를 통해 육지와 연결되어 있는 자족적인 섬이다. 섬에는 54개 도시가 있고 언어, 관습, 제도와 법이 모두 동일하다. 화폐가 없고 개인 소유가 없으며 모두 노동하여 노동이 부끄러운 일이 아니다. 그리고 모두가 일하므로 하루 6시간만 해도 일이 빨리 끝나고 성과도 대단해서 다른 나라 사람들이 모두 부러워한다. 다른 나라에서는 성직자, 부자, 지주, 걸인과 같이 일을 하지 않는 사람이 너무나 많아서 일하는 사람만 장시간 노동을 한다.

모어는 당시 일하지 않는 귀족과 상류층 문제를 이런 방식으로 비판했다. 또한 기독교가 지배했던 당시 유럽 사회와 달리 유토피아에서는 다양한 종교가 허용되고, 전도하거나 다른 종교를 비난하는 것은 범죄로 다루어진다. 유토피아인은 사후에 악행은 벌을 받고 선행은 상을 받는다는 믿음을 공유하며, 사후에 누리는 행복이 커서 죽음을 슬퍼하지 않는다. 유토피아의 삶은 현실과 너무 달라서 충격적이면서도 경이롭다.

모어는 독자들의 충격을 고려해 제2부 마지막에 "**비록 그가 의심할 바 없이 대단한 학식과 경험을 가진 것은 분명하지만, 나는 그가 말한**

모든 것에 동의할 수는 없다. 하지만 고백하건대 유토피아 공화국에는 실제로 실현된 가능성은 거의 없지만, 어쨌든 우리나라에도 도입되었으면 좋겠다고 염원할 만한 요소들이 많다고 본다”[20]라고 끝을 맺었다. 히슬로데이의 입을 빌려 유토피아를 소개하고, 결론에서 이에 대한 평가로 마무리 지은 것이다. 이것은 이상사회에 대한 논의가 완결된 것이 아니라는 점을 함의한다. 그 결과 유토피아는 오늘날에도 자유롭고, 평등하고, 정의로운 사회를 꿈꾸는 다양한 논의에 영감과 상상력을 제공하고 있다.

신광영

중앙대 사회학과 명예교수

돈키호테

DON QUIXOTE

미겔 데 세르반테스 Miguel de Cervantes (1547~1616)

"누구냐?" 17세기가 개막하는 1601년 초연된 『햄릿』은 이렇게 시작한다. 궁궐 보초가 유령에게 외치는 이 물음은 근대의 문턱에 들어선 당대의 모든 이에게 던져진 것이다. 우주를 관장하던 신의 침묵에 전율하고, 아늑하게 느껴지던 세계가 낯설어진 돈키호테의 모험 역시 진정한 현실은 무엇이며 나는 누구인가를 찾아 나서는 여정이었다. 돈키호테는 마지막 중세인이자 최초의 근대인이요, 『돈키호테』는 마지막 기사로망스이자 최초의 소설이다.

세르반테스와 셰익스피어는 스페인 무적함대의 패배(1588)를 목격한 동시대인으로 같은 날(1616년 4월 23일) 세상을 떠나는 기연도 가지고 있다(유네스코는 이날을 '책의 날'로 제정한다). 두 문학 영웅이 공유했던 시대는 거대한 변환의 시기였다. 돈키호테는 갓 태어난 근대인의 초상이자 몰락한 제국의 자화상이며 작가의 삶이 투사된 분신이다. 지적 욕구가 넘치는 애국 청년 세르반테스는 그리스도교와 이슬람 세력이 지중해 제해권을 다툰 레판토 해전에서 총상을 입었다. 그러나 '레판토의 외팔이'라는 별명을 자랑스럽게 생각하는 상이군인의 자부심은 오래가지 않았다. 귀국길에 해적들에게 나포되어 포로 생활까지 하고 돌아온 전쟁영웅을 반기는 곳은 아무 데도 없었다. 무적함대 보급관이라는 변변찮은 일자리를 얻지만 억울하게 감옥에도 들어간다. 울분 속에 잉태된 『돈키호테』가 성공을 거두지만 작가는 평생 가난에서 벗어나지 못했고 합당한 명성도 누리지 못했다. 해가 지지 않는 제국에서 태어나 몰락기에 세상을 떠난 세르반테스의 운명은 매혹과 환멸이 교차한 스페인 운명의 축소판이었다.

세르반테스는 몰락의 원인을 시대착오적인 기사도에서 찾고 혹세무민의 기사소설을 없애려고 『돈키호테』를 썼다. 따라서 『돈키호테』는 기사소설인 동시에 반기사소설이다. 기사도는 새 시대의 흐름을 외면하는 중세적 가치관을 의미한다. 종교개혁과 철학 및 과학혁명으로 가톨릭교회의 권위가 훼손되고, 자본주의와 국민국가 등 근대 체제가 자리잡지만 스페인은 변화를 거부한다. 스페인이 신대륙에서 약탈한 막대한 재화는 유럽 자본주의 탄생의 젖줄이 되었지만 정작 자신은 무능, 부패, 전쟁에 빠져 국가 파산을 겪는다. 무적함대의 패배는 그 정치적 부산물이었다. 스페인과 돈키호테는 모두 근대의 무대에 오를 준비가 되지 않았던 역사적 미숙아였다.

이렇게 숨 가쁜 변혁의 시기, 라만차 지방의 이름 모를 마을에 본명도 불확실한 시골 영감님이 살고 있었다. 그는 논밭을 팔아 집 안을 기사소설로 가득 채우고 탐독하는 마니아다. 그는 급기야 읽은 책의 세계가 곧 현실이라 믿기에 이른다. 결국 기사 돈키호테는 불의를 바로잡고 모두가 평화로웠던 황금기를 되찾으려고 직접 편력기사의 모험에 나선다. 그에게는 눈으로 보거나 상상하는 모든 것이 현실이자 책에서 읽은 그대로다. 피골이 상접한 말 로시난테는 알렉산드로스 대왕의 명마이고 빨래하는 옆 동네 여자 알돈사는 기사의 사랑을 받아줄 둘시네아 공주다. 언덕에 늘어선 풍차들은 무찔러야 할 거인이고 창녀들이 기거하는 주막은 영주가 다스리는 멋진 성이며 이발사의 놋대야는 전설적인 맘브리노의 황금 투구다.

그런데 막상 모험에 나선 중세 기사 돈키호테가 마주친 현실은 이미 근대의 문법이 지배하는 낯선 세계였다. 기사소설에 빠져 있던 시골 영감님이 거대한 시대 전환을 읽어내는 것은 애초에 불가능한 일이었다. 그는 이해할 수 없는 낯선 현실을 마법사의 장난으로 치부한다. 돈키호테의 광기는 이렇게 책의 세계와 현실 세계를 구분하지 못하는 망상에서 비롯한다. 그는 중세의 갑옷으로 무장하고 근대의 신세계로 돌진한다. 그것은 서사시 시대에서 소설의 시대로 넘어가는 과도기 인간의 모습이다. 1605년에 나온 『돈키호테』 1편에서 주인공은 두 번 출정해 수많은 모험과 기행을 벌인 끝에 결국 소달구지 우리에 갇혀 귀향하는 신세가 된다.

『돈키호테』 1편이 나온 지 10년 후에 빛을 본 2편에서 주인공은 세 번째 출정에 나선다. 그 계기는 살라망카대학을 졸업하고 고향에 돌아온 산손 카라스코를 만난 일이다. 이 젊은이로부터 『돈키호테』가 유럽 전역에서 엄청난 성공을 거두었으며 속편을 기다린다는 말을 듣고 흥분한 돈키호테는 다시 집을 나서기로 결심한다. 이제 자기가 움직여야 책이 된다는 사실을 알게 되었기 때문이다. 1편에서 책이 곧 현실이 되었다면 2편에서는 책을 만들려고 현실이 움직인다. 이제 문학은 현실에 얽매이지 않는 독자적 실체로 독립한다. 따라서 2편은 전체가 연극 무대이며 등장인물들은 배우와 같다. 이들은 『돈키호테』 1편을 읽어본 독자들이기도 하다. 사냥터에서 마주친 공작부인이 산초 판사에게 그의 주인이 책에 나오는 돈키호테가 맞는지 묻자 산초가 이렇게 대답한다. "바로 그 분입니다, 귀부인 마님. 거기서 산초 판사로 나오는 종자가 바로 접니다. 원본에서 저를 바꿔치기하지 않았다면 말입니다. 다시 말해 인쇄를 하면서 제 이름을 바꿔치기하지 않았다면 말이지요."[21] 신이 세계를 떠나고 인간이 고아로 전락하는 시대에 세계는 갈수록 의문투성이고 인간 존재는 알면 알수록 수수께끼다. 돈키호테는 과연 작가인가 등장인물인가 혹은 독자인가?

정신 나간 주인을 쫓아다니며 온갖 고초를 겪는 산초는 공작 덕분에 마침내 꿈에 그리던 영주가 된다. 돈키호테는 이때 자기 종자에게 많은 충고를 하는데 구구절절 지당한 말씀이다. 특히 "혈통은 세습되지만 미덕은 얻어지는 것"[22]이기에 귀족을 부러워할 까닭이 없다고 말하는 대목은 전통적 권위를 거부하고 자기 운명을 개척하는 근대인의 면모를 보여준다. 그는 정신 말짱한 미치광이이자 광기 어린 현인이다. 돈키호테는 세 차례에 걸쳐 세상을 편력하면서 재미와 통쾌함과 연민을 불러일으킨다. '하얀 달의 기사'로 변장한 산손 카라스코와 벌인 결투에서 패배해 결국 고향으로 돌아온 그는 슬픈 이성을 되찾는다. 산손은 기사의 묘비에 "미쳐서 살고 제정신이 들어 죽었노라"[23]라고 새긴다. 과연 진짜 미친 것은 돈키호테였을까, 이 세상이었을까?

신정환

한국외대 스페인어통번역학과 교수

햄릿

HAMLET

윌리엄 셰익스피어 **William Shakespeare (1564~1616)**

"사느냐 죽느냐, 그것이 문제로다(To be or not to be, that is the question)."
"약한 자여, 그대 이름은 여자이니라(Frailty, thy name is woman)."[24]

굳이 셰익스피어를 읽어보지 않은 사람에게도 익숙한 이 대사는 셰익스피어의 4대 비극 중 하나인 『햄릿』에서 덴마크 왕자 햄릿이 고뇌에 차 읊는 독백들이다. 전체가 4000행이 넘는 『햄릿』은 셰익스피어 작품 중 가장 길며, 그중 약 1500행이 햄릿의 독백으로 되어 있다. 전부를 공연하려면 4시간이 넘게 걸리다 보니 현대에는 원작을 그대로 무대에 올리는 경우가 거의 없다고 한다. 영문학 사상 가장 유명하고 위대하다고 일컬어지는 이 작품의 매력은 과연 무엇일까?

우리는 그것을 햄릿이라는 인물의 특성에서 찾아볼 수 있다. 셰익스피어의 다른 작품에 비해 유난히 길고 3/8 이상이 한 사람의 독백으로 채워져 있다는 데서 우리는 이 작품이 햄릿이라는 인물의 내면을 그린 드라마라는 것을 유추해볼 수 있다. 주인공 햄릿은 문학사에 유례없는 독특한 인물로 두뇌가 아주 뛰어났다. 그는 주변에서 일어나는 모든 상황을 파악하고 있으며 언제 행동할지 세심하게 가늠한다. 모든 것을 너무나 잘 알기 때문에 냉소적이고 때론 인간미가 없다. 문제는 그가 생각을 너무 많이 한다는 것이다. 햄릿의 이러한 특징은 '햄릿형 인간'이라는 조어까지 만들어냈다. 러시아의 문호 투르게네프가 햄릿을 세르반테스의 『돈키호테』와 비교한 데서 기인한 것이다. 생각만 많고 행동하지 못하는 유형을 햄릿형 인간, 반대로 생각 없이 행동하는 유형을 돈키호테형 인간이라고 한다. 하지만 과연 극 중 햄릿이 생각만 많은 인물인지는 따져봐야 할 문제다. 새로운 유형의 인간인 그에게서 우리는 근대인의 탄생을 목격한다.

『햄릿』은 유령의 등장으로 시작된다. 밤마다 출몰하는 유령 이야기를 듣고 확인에 나선 왕자 햄릿은 그 유령이 자기 아버지인 선왕이라는 것을 알게 된다. 그리고 유령으로부터 엄청난 비밀을 듣는데, 지금 왕위를 차지한 클로디어스가 형인 선왕을 몰래 독살하고 왕비인 형수와 결혼했다는 사실이다. 유령은 햄릿에게 아들로서 자신의 복수를 해줄 것과 그 과정에서 어머니를 해치지 않을 것을 당부한다. 이때부터 햄릿의 고뇌가 시작된다. 햄릿의 고뇌와 갈등의 핵심에는 합리적 지성과 자기 성찰이 자리하고 있다.

독일 비텐베르크대학에서 공부하던 그는 부왕의 갑작스러운 죽음으로 덴마크에 돌아왔다. 비텐베르크대학은 당시 유럽 지성의 산실로 마르틴 루터의 종교개혁과 괴테의 『파우스트』로 유명한 곳이다. 햄릿의 지성은 분석적이다. 그러나 그를 둘러싼 세계는 유령과 미신, 중세적 기독교 신앙이 팽배해 있다. 햄릿의 고뇌는 부조리한 세상에 맞선 인간의 실존적 고뇌이기도 하다. 그는 주어진 교리와 사상을 맹목적으로 따르기보다 의심하고 또 의심한다. "사느냐 죽느냐, 그것이 문제로다"라는 구절로 시작되는 독백에서 우리는 인간의 가장 실존적 조건인 죽음에 대한 논리적 추론과 의심을 발견할 수 있다.

"사느냐 죽느냐, 그것이 문제로다.
……죽는 것은 잠자는 것
잠을 잔다면 아마 꿈을 꾸겠지. 맞아, 이게 문제야.
우리는 생의 굴레라는 속박에서 벗어나
죽음의 잠 속으로 빠져들었을 때 무슨 꿈을 꿀지 모르기 때문에 망설이게 되는 것이다.
이것이 바로 불행한 삶을 오래도록 끄는 이유이지."(3막 1장 63-77)

햄릿에게 죽음은 기독교 교리에 따라 단순히 죽은 다음 천국이나 지옥에 가는 것이 아니라 이성적으로 이해할 수 없는 미지의 영역이다. "어떤 나그네도 아직 되돌아온 적이 없는 미지의 나라"이다.(3막 1장 87~88) 죽음이 두려워 불행한 데도 벗어나지 못하는 삶은 또 얼마나 허무한가? 무덤을 파는 사람들 곁을 지나던 햄릿은 파헤쳐진 무덤에서 어린 시절 자신을 돌보아준 궁정 어릿광대 요릭의 해골을 주워들고 죽음에 관한 긴 독백을 읊조린다.

"아, 가련한 요릭! 나는 이 사람을 알고 있다네, 호레이쇼. 무궁무진한 재담을 가진 익살꾼이며 뛰어난 상상력을 갖춘 인물이었다네. 그는 나를 수천 번이나 업어 주었었지. 이제 이 일을 상상해보니 끔찍하군. 이 일을 생각만 해도 속이 뒤집혀 구역질이 나는군. 여기 매달려 있던 입술에 몇 번이나 입을 맞추었는지 모른다네. 좌중을 웃음바다로 만들어 놓던 너의 그 농담과 익살, 노래, 재치 가득한 만담들은 이제 다 어디로 갔단 말인가?"(5막 1장 173-179)

『햄릿』의 독백이 죽음에 대한 명상과 우울로 가득 차 있는 것을 두고 학자들은 이 작품에 셰익스피어의 개인사가 투영되어 있다고 보았다. 셰익스피어에게는 햄릿이라는 이름의 외아들이 있었는데, 그는 11세 때 세상을 떠나고 말았다. 『햄릿』을 쓰기 3년 전이었다. 그리고 『햄릿』을 수정할 즈음에 셰익스피어의 아버지도 세상을 떠났다. 이러한 정황이 셰익스피어가 죽음에 천착하는 어둡고 우울한 인물을 창조하는 데 영향을 주었을 것이라는 추정이다.

앞서 복수와 정의의 문제로 갈등하고 고뇌하며 행동을 미루는 듯 보이던 햄릿은 중반이 지나면 본격적으로 움직인다. 의심하고 사색하던 햄릿에서 행동하는 햄릿으로 말이다. 우리는 그가 변하고 있음을 목격한다. 하지만 그는 마치 삶이라는 무대 위에 선 배우처럼 행동한다. 자신의 행동도 타인의 행동도 거리를 두고 관망하는 듯한 태도를 취한다. 주어진 질서 속에서 맹목적으로 살아가던 인간은 이제 없다. 햄릿은 자신이 처한 상황을 분석하고, 모든 것을 의심하며, 외로이 고뇌한다. 햄릿은 우울한 인간이다. 서양의 고대 의학에 따르면 인간은 체액의 비율에 따라 네 가지 성격으로 분류되는데 그중 하나가 '멜랑콜리Melancholy'다. 이 유형은 어둡고 생각이 많으며 우울하다. 작품 내내 햄릿의 분위기는 우울하고 어둡다. 시인 T.S. 엘리엇은 지나치게 과한 감정 때문에 『햄릿』을 미학적 실패작이라 평했다. 이에 대해 권위 있는 셰익스피어 학자인 해럴드 블룸Harold Bloom은 만일 『햄릿』이 미학적 실패작이라면 세상에 미학적 성공작은 존재하지 않을 것이라고 반박했다. 이런 논란도 『햄릿』이 얼마나 매력적인 작품인지, 여전히 깊은 공감으로 우리를 얼마나 사로잡는지를 알려주는 방증이다.

마침내 클로디어스를 죽이고 자신도 독 묻은 칼에 찔려 죽어가면서도 마지막까지 햄릿은 자기 죽음조차 객관화한다. "남은 것은 침묵일지니The rest is silence"라고 말하니 지나치게 연극적이다. 뒤이어 무대에 오른 노르웨이의 왕자 포틴브라스는 햄릿의 죽음을 애도하며 그를 선왕 햄릿과 같이 용맹한 군인으로 추앙한다. 아이러니가 아닐 수 없다. 햄릿은 지식인이지 군인이 아니었다. 햄릿은 근대인이었지만 아직 그를 둘러싼 세계는 중세적 질서에서 벗어나지 못했다. 이렇듯 셰익스피어의 대표작 『햄릿』은 자신과 세계를 끊임없이 의심하고 분석하고 자신의 선택에 책임져야 하는 외롭고 고달픈 근대인의 탄생을 알리는 이정표다. 셰익스피어는 긴긴 독백으로 한 인물의 내적 갈등과 심리적 변화의 궤적을 섬세하게 그려 400여 년이 지난 오늘날까지도 우리를 사로잡아 공감하게 하는 작품을 창조해 냈다.

손현주

서울대 인문학연구원 책임연구원

두 우주 체계에 대한 대화

DIALOGO SOPRA I DUE MASSIMI SISTEMI DEL MONDO

갈릴레오 갈릴레이 Galileo Galilei (1564~1642)

갈릴레오 갈릴레이라니 정말 아름다운 이름이다. 애정을 담아 '갈릴레오'라고 하려면 동방예의지국의 편집자는 꼭 '갈릴레이'라고 고친다. 하지만 전 세계 과학자들은 그를 존경과 사랑을 담아서 갈릴레오라고 한다. 왜 우리는 갈릴레오를 사랑할까? 지동설을 관철한 사람이어서만은 아니다. 그 정도라면 우리는 아인슈타인은 알베르트, 뉴턴은 아이작, 다윈은 찰스라고 부를 테다. 갈릴레오만의 다른 특징이 있는데, 그게 무엇일까?

이 책이 나오기까지 그는 영화 몇 편으로는 다 담을 수 없을 만큼 흥미진진한 인생을 살았다. 피사대학에서 의학을 공부하다가 중퇴하고 수학자가 되었다. 1592년 파도바대학의 수학과 교수가 되었다. 당시 파도바대학은 요즘으로 치면 하버드, 예일, 매사추세츠공대, 케임브리지와 옥스퍼드를 합한 것만큼 권위가 있었다. 파도바대학 수학과 교수라면 유럽 최고의 천재임을 인정받은 셈이라고 할 수 있다.

당시 수학자는 별 볼 일이 없었다. 신학자의 10~12분의 1에 불과한 급여를 받았으며 축제에서 행진할 때도 신학자, 철학자, 의학자가 다 지나간 뒤 거의 끄트머리에서 걸을 수 있었다. 하지만 갈릴레오의 삶이 궁핍하지는 않았다. 유럽 최고의 대학이니 전 유럽에서 몰려온 유학생들에게 하숙을 치기도 했고 귀족 자제들에게 개인 과외교습도 했다. 또 손재주가 좋아서 계측기구를 만들어 팔기도 했다. 하지만 그의 최고 능력은 (나쁘게 말하면) '아부'였다. 센 가문과 친하게 지내고 책을 내면 꼭 귀족에게 헌정했다.

1543년 3월 25일 코페르니쿠스가 『천구의 회전에 관하여』를 세상에 내놓았다. 지동설을 처음으로 제대로 설명한 책이다. 그리고 두 달 후인 5월 25일 코페르니쿠스는 사망했다. 지동설을 설파했다고 화형당한 것은 아니다. 책이 나오기 전부터 앓던 병으로 죽었다. 하지만 당시 상황을 보면 그의 책은 금방 불태워지든지 금서가 되었어야 했지만 금서로 지정된 건 1613년의 일이다.

『무한 우주와 세계에 관하여』에서 무한 우주론을 주장한 조르다노 브루노가 세상을 돌아다니면서 지동설을 주장했다는 이유로 화형당한 게 1600년 2월 8일이라는 걸 생각하면 너무 이상하지 않은가? 누구는 불태워 죽이면서 코페르니쿠스의 책은 왜 그대로 두었을까? 이유는 간단하다. 책에 논리적 결함이 너무 많기도 했거니와 수학적 계산을 도구로 사용한 책을 신학자들이 이해하기 어려웠기 때문이다. 이해해야 금서로 지정하든 말든 할 텐데 도통 이해하지 못하니 금서로 지정도 하지 못한 것이다.

이걸 이해한 사람이 바로 갈릴레오다. 그가 코페르니쿠스의 이론을 이해하고 지동설을 설명한 다음에야 코페르니쿠스의 책은 금서가 된다. 교회는 갈릴레오에게 "그 입 닥치라"라고 경고했다. 하지만 새로운 진리를 깨달은 철학자가 교회가 겁박한다고 입을 다물고 살 수 있겠는가?

있다! 갈릴레오라고 해서 목숨이 여러 개는 아니다.(요즘이라고 진리에 목숨 바치는 과학자가 있는 건 아니다.)

코페르니쿠스가 수학이라는 도구를 철학에 도입했다면 갈릴레오는 망원경이라는 도구를 도입했다. 1609년 망원경을 직접 제작해 달, 목성, 토성, 태양을 관측했다. 그리고 목성에서 위성(달)을 네 개 발견했는데, 이것은 엄청난 일이었다. 당시 천동설에 따르면, 모든 천체는 지구를 중심으로 돌아야 하는데 지구가 아닌 목성을 도는 천체가 네 개나 있다는 것은 아리스토텔레스와 프톨레마이오스의 천동설을 의심해야 하는 충분한 이유가 되기 때문이다.(이 사건을 기념하려고 유엔에서는 1609년에서 400년이 지난 2009년을 '국제 천문의 해'로 지정했다.)

갈릴레오는 목성의 달 4개를 '메디치의 별'이라 칭하고 1610년에 발간한 『시데리우스 눈치우스(별들의 소식)』에 망원경으로 발견한 여러 천문현상을 기술하면서 메디치 가문을 향한 헌사를 잔뜩 실었다. 그 덕인지 그는 메디치 가문의 궁정철학자가 되었다. 그리고 그가 오랫동안 친분을 쌓아왔던 친구가 교황 우르바노 8세로 선출되자 좋은 직장도 생기고 든든한 뒷배도 생긴 그는 새로운 세계관을 담은 책을 펴내기도 했다.

1632년 2월 22일 『두 우주 체계에 대한 대화』(이하 『대화』)가 나왔다. 우리가 갈릴레오 갈릴레이를 갈릴레오라고 애정을 듬뿍 담아 부르는 이유가 이 책 때문이다. 이 책을 쓰게 된 계기는 흥미롭다. 갈릴레오가 메디치 가문의 궁정철학자가 된 후 베네치아가 그의 활동지가 되었는데, 이곳은 조수간만의 차가 컸다. 그는 밀물과 썰물이라는 조석 현상이 지구 공전과 자전의 증거라고 생각했다. 말도 안 되는 엉터리 같은 이야기다. 하지만 이해해야 한다. 당시에는 만유인력을 아무도 몰랐다. 만유인력을 발견한 아이작 뉴턴은 갈릴레오가 죽은 해에 태어났다.

『대화』는 사랑스러운 책이다. 이 책이 지구 역사상 최초의 교양과학서라고 생각한다. 그 이전의 과학책은 모두 전문가를 위한 책이었지만 이 책은 일반 교양인을 대상으로 했기 때문이다. 형식도 연극 대본 같아서 세 사람이 등장해 4일 동안 토론한다. 코페르니쿠스 옹호자인 살비아티, 아리스토텔레스를 신봉하는 (아리스토텔레스 주석가의 이름을 차용한) 심플리치오 그리고 둘 사이에서 이야기를 이끌어가는 사그레도. 갈릴레오 자신의 주장은 살비아티와 살비아티가 '절친한 동료 학자'라고 일컫는 사람의 주장으로 전해진다.

토론 주제는 매일 달라진다. 첫날에는 우주의 구조와 그것을 이해하는 실험과 논리, 둘째 날에는 지구의 자전, 셋째 날에는 지구의 공전, 마지막 넷째 날에는 이 책의 목적지인 조석 현상을 다룬다. 토론이 지나치게 살비아티 중심으로 흐른다는 아쉬움이 있다. 심지어 천동설의 내용조차 심플리치오가 아니라 살비아티 입에서 나온다. 심플리치오라는 인물 설정이 적절하지 못했기 때문이다. 심플리치오에게 더 뛰어난 능력을 부여했어야 했다. 심플리치오가 설명을 잘해야 하는데 그는 설명을 잘하지 못했다. 그러니 중간에서 대화를 중재하는 사회자 역할을 하는 사그레도가 잘 알아듣지 못했다. 그래도 대화를 이어가야 하니 누군가는 그걸 잘 이해하고 정리해야 하는데 그 역할마저 살비아티에게 부여했다.

『대화』가 사랑스러운 이유는 이 책이 담고 있는 과학에 있지 않다. 이 책은 조석 현상에 대한 갈릴레오의 오해에서 시작되었고 결국 그 오해를 관철하고 만다. 책이 사랑스러운 이유는 바로 '대화'에 있다. 세계관에 관한 갈등을 해소하는 데 교회의 힘을 빌리지 않고 수학적·철학적 대화로 상대방을 설득하고 이해하는 과학 세계의 전통을 이 책은 고스란히 담았다. 굳이 과학자만이 아니라 모든 이가 갖춰야 할 태도다. 천동설과 지동설의 과학적 체계가 익숙하지 않은 사람은 과학을 이해하느라 대화를 즐길 수 없다. 어떻게 할까? 『대화』를 재미있게 읽는 방법은 마음속으로 세 사람의 캐릭터를 설정한 후 소리 내어 읽는 것이다. 그러면 금세 빠져든다.

갈릴레오의 『대화』로 세상 사람들의 세계관이 바뀌었을까? 천만의 말씀이다. 코페르니쿠스의 『천구의 회전에 관하여』가 금서에서 풀린 건 1835년의 일이다. 1859년 찰스 다윈의 『종의 기원』이 나오기 24년 전이다. 힘센 천동설주의자들이 다 죽은 다음에야 천동설 세계관이 지동설 세계관으로 바뀌었다. 갈릴레오의 바람과 달리 세상은 별로 '대화'를 나누지 않은 것이다. 이게 바로 우리가 이 책을 읽어야 할 이유다.

이정모

펭귄각종과학관 관장

리바이어던

LEVIATHAN

토머스 홉스 Thomas Hobbes (1588~1679)

널리 알려진 바와 같이 토머스 홉스는 영국 정치사에서 유례없는 격변기로 인식되는 내전 시기의 대표적 정치철학자다. 그리고 『리바이어던』이 홉스 정치사상의 진수를 담은 위대한 저작임을 부정하는 독자는 많지 않을 것이다. 그럼에도 우리는 하나의 질문을 던지지 않을 수 없다. 왜 우리는 수백 년 전에 나온 이 책에 주목해야 하는가. 이 질문에 대한 가장 적절한 대답은 『리바이어던』에서 홉스가 제시한 정치인식이 많은 부분 오늘날 우리가 정치에 던지는 질문과 연결되어 있을 뿐 아니라 그 출발점이라는 것이다.

홉스는 『리바이어던』에서 그 이전의 정치학에서 다루던 개념들에 새로운 의미를 부여했다. 그리고 인간을 보는 그의 관점 역시 고대, 중세와 방식이나 내용이 모두 판이했다. 즉 『리바이어던』은 정치와 국가를 근대적으로 이해해야 한다는 전환을 알리는 동시에 학문으로서 정치학에서 하나의 중요한 변곡점이 되는 책이다. 특히 다음과 같은 측면에서 왜 홉스의 정치철학이 그 이전의 정치철학과 판이하며 현대인의 정치이해와 연결되는지 알 수 있다. 홉스의 정치사상이 21세기를 사는 우리의 정치인식과 연결되는 가장 중요한 요소는 그것이 근대정치사상, 특히 자유주의 정치철학의 기원이라는 의미가 있다는 사실이다. 물론 홉스를 자유주의자에 포함하는 것은 쉽지 않은 일이다. 그에게는 정치참여와 연결되는 적극적 의미의 시민개념이 없다. 그리고 홉스가 다수로 이루어진 주권자의 가능성을 인정했지만, 그의 국가는 법 위에 군림하는 군주라는 절대주의적 관념과 가장 잘 어울린다. 현실적으로도 그는 영국 내전에서 왕당파에 속했다. 그럼에도 『리바이어던』과 『시민론』에서 전개된 홉스의 정치학은 자유주의를 포함한 근대정치의 서막을 알리는 요소들로 가득 차 있다.

먼저 홉스의 정치사상은 오늘날에도 정치에 대한 중요한 이념적 시각인 자유주의적 정치이해에서 중심이라 할 개인주의적 시각을 공유한다. 홉스가 정치와 국가를 이해하는 출발점은 원자적 개인이다. 그는 개인에서 출발해 국가와 정치의 필요성과 정당성을 탐구했다. 그에게 국가와 정치는 인간에게 자연적·운명적으로 주어진 삶의 필연적 양태가 아니다. 국가 이전에 존재하는 개인을 상정한 홉스에게 국가는 개인이 합리적으로 선택한 결과일 뿐이었다. 즉 그에게 국가는 개인이 자신의 안전과 생존의 전망을 확보하는 수단이었다. 홉스가 제시하는 인간은 필연적으로 경쟁적일 수밖에 없는 사회에서 불안과 공포에 휩싸인 존재다. 여기서 개인 간 관계는 인간의 삶에 필수적이지만 부족한 대상을 획득하려고 상호 경쟁하는 관계다. 인간의 삶은 일종의 경기 같은 것이다. 이런 상황에서 인간이 어떻게 상호 공존하는 삶의 방식을 확보할 수 있을까. 이것이 그의 정치학이 던지는 근본적 질문이고, 이 질문에 홉스가 대답한 것이 바로 근대국가다.

홉스에게 국가는 주권 개념을 바탕으로 존재한다. 홉스가 『리바이어던』을 비롯한 저작들에서 제시한 주권 개념은 근대국가에서 주권이론을 확립하는 데 중요하게 기여했다. 홉스는 모든 정치공동체에서 최종 결정을 하는 권위와 힘의 필요성을 강조했으며, 이것이 주권이론의 핵심이다. 홉스가 제시한 주권 개념은 국가 내의 최고 권력을 의미한다. 주권자는 무소불위의 권력을 가지며, 주권은 종교를 포함한 국가 내의 전 영역을 포괄해 힘을 미친다. 주권이 있어야 국가와 법이 존재하며 법은 주권자의 명령이므로 준수되어야 한다. 한편 그의 주권이론은 주권자들로 이루어진 자연 상태라는 국제관계에 대한 시각을 제시함으로써 후세에 현실주의적 국제정치관의 효시로 인식되고 있다.

홉스의 정치학이 근대 자유주의 정치철학이 성립하는 데 가장 중요하게 공헌한 것은 자연권 개념을 확립하고 사회계약론을 제시한 점이라 할 수 있다. 홉스의 정치철학은 독특한 인간 이해에서 출발했다. 홉스에게 국가 지배를 받기 전의 인간은 자유롭고 평등한 존재다. 그리고 인간은 자연권이 있는 존재다. 홉스가 생각하는 인간은 자기 생명을 유지하고 살아가려고 무엇이든 하는 자연적 권리가 있는 존재다. 자연권이 있는 자유롭고 평등한 인간이 자기에게 필요해서 만든 것이 바로 국가다. 『리바이어던』 표지에 있는 홀라르의 그림이 보여주듯이, 인간들의 자연권이 결합해 국가의 주권이 탄생한다. 즉 국가는 자유와 권리가 있는 평등한 인간들을 출발점으로 삼아 구성된다. 그러나 모든 인간의 자연권과 평등은 인간 삶을 '만인에 대한 만인의 전쟁상태'라 불리는 극단적인 어려움으로 몰아넣는 비극의 이유가 되기도 한다. 이 상태에서 탈출하는 유일한 방법이 국가를 설립하는 것이다.

국가는 어떻게 설립되는가. 자연권이 있는 원자적 개인들은 어떻게 국가를 만들어내는가. 그 답이 바로 사회계약론이다. 사회계약론은 자유주의 정치철학의 출발점인 17~18세기는 물론 현대자유주의 정치철학에서 중요한 요소로 존재해왔다. 홉스의 자연적 인간들은 자기 생명을 보존하고자 주권에 복종하고 주권자의 명령인 법을 준수하기로 동의한다. 그 결과 주권국가가 탄생한 것이다. 국가와 정치적 질서가 자유롭고 평등한 개인들 사이의 동의로 출발한다는 사회계약론적 관점은 근대 자유주의 정치철학에서 중요한 이론적 요소로 존재해왔다. 이에 따라 시민 개인이 동의할 수 없는 정치권력의 정당성에 대한 의문과 분노가 자유주의 정치체제로 이행하는 데 원동력이 되어왔다. 물론 진정한 자유주의 국가론은 저항권과 관용을 전면에 내세운 존 로크나 인민주권론과 사회계약을 결합한 장 자크 루소 등이 있어 완전해졌다고 할 수 있다. 그러나 홉스가 사회계약론을 제시했기에 그 이후 자유주의적 사회계약론이 발전했다는 점은 부인할 수 없다.

홉스는 자유주의 이념과의 연관성을 떠나 근대 정치학이라는 학문 자체의 성립에도 크게 기여했다. 그는 과학으로서 정치학을 제시하는 것이 자신이 학문적으로 중요하게 기여하는 일이라고 인식했다. 그는 기본 개념을 명확히 정의한 바탕 위에 정치학을 제시하고자 했고, 이것이 엄밀한 방법론적 기초 위에서 가능하다고 인식했다. 홉스에게 진정한 과학으로서 정치학은 기하학과 같아야 했다. 자유, 주권 등 정치와 연관된 개념들의 기본적 정의에 동의한 바탕 위에 기본 개념에 대한 불일치가 허용되지 않는 기하학처럼 확실성에 기초한 시민철학을 정립하는 것이 홉스 정치학의 목적이었다. 홉스는 기하학이나 자연과학처럼 엄밀한 학문으로서 정치학을 제시하고자 했다.

정치학을 과학화하려 한 홉스의 신념은 학문적 차원에서만 의미가 있는 것이 아니었다. **그는 정치적 가치들에 대한 과학적 이해와 합의가**

현실의 혼란에서 탈출하게 해준다고 인식했다. 그는 정치와 도덕에 대한 논의에서 공인된 합의나 정의가 없는 점이 현실이 혼란스러운 중요한 요인이라고 진단했다. 그는 한 군주를 어떤 사람들은 폭군이라 판단하고, 다른 이들은 진정한 군주라 평가하는 상호 모순되는 주장이 공존하는 현실을 극복하지 않는 한 평화와 안정은 불가능하다고 생각했다. 물론 『리바이어던』에 담긴 정치적 지향성에 현대의 많은 독자는 박수를 보내지 않을 것이다. 그러나 그의 문제의식과 고뇌는 오늘날에도 충분히 되새겨볼 가치가 있다.

김병곤

고려대 정치외교학과 교수

방법서설

DISCOURS DE LA MÉTHODE

르네 데카르트 René Descartes (1596~1650)

르네상스와 종교개혁을 둘러싸고 일어났던 사회문화적 소용돌이는 16세기 유럽의 지성을 회의주의적 분위기로 몰아넣었다. 그 이전의 정통 학설들은 거센 비판적 논증들 앞에서 와해되고 있었지만 대안은 거의 없었다. 데카르트는 당시 급부상하던 '새로운 과학New Science'의 편에서서 회의주의를 배격하고 순수 이성에서 새로운 지적 탐구의 가능성을 타진했다. 그는 갈릴레오 갈릴레이가 지동설을 철회한 1633년 자신의 첫 과학 관련 저술인 『세계론』를 막 끝낸 참이었다.

그는 이 저술에서 코페르니쿠스의 학설을 인용한 까닭에 출판을 보류할 수밖에 없었다. 하지만 자신의 발견이 대단히 중요하다는 느낌을 지울 수 없었던 그는 당시 연구 성과를 담은 논문 세 편과 이에 대한 서론 격으로 학문에 대한 자기 생각과 학문 방법 등에 대한 일종의 안내서를 함께 묶어 출판했다. 이 후자가 바로 『방법서설』이다. 이는 그가 처음 출판한 철학적 저술로 그가 옹호하고 활용했던 과학적 방법의 윤곽을 제공했을 뿐만 아니라 그의 여러 가지 주요한 철학적 논증을 초기 형태로 보여준다. 그래서 일부 비평가들은 『방법서설』이 데카르트의 제1

저술이며 그의 다른 모든 저작은 이 저술에 비추어 해석해야 한다고 주장하기도 했다.

『방법서설』 1부는 주로 자신의 학습 이력과 관련된 기억을 내용으로 하며 2부는 방법에 대한 간략한 서술을 담았는데, 이는 1628년경에 저술했으나 미처 출판하지 못한 『정신 지도를 위한 규칙들』의 내용을 간추린 것이라고 할 수 있다. 3부에서는 데카르트가 잠정적 도덕이라고 여긴 도덕의 문제를 다루었다. 그가 도덕에 관해 본격적으로 저술한 적은 없지만 비평가들은 보통 그의 마지막 저술인 『정념론』이 이 주제를 좀 더 풍부하게 검토했다고 본다. 4부에서는 형이상학적 문제를 아주 간단히 논했는데 이에 대한 자세한 논의는 『성찰』 『반박들』에서 찾아 볼 수 있다. 5부의 자연학과 관련한 논의는 『세계론』 『철학원리』 등에서 상론하고 의학 관련 내용은 『인간론』 『정념론』 등에서 재론했다. 그런데 『방법서설』이 이처럼 데카르트의 철학적 사유 전반을 개괄적으로 보여주기는 하지만 비평가들이 특히 이 저술에서 주목한 것은 2부의 방법에 관한 논의와 4부의 간결한 형이상학적 성찰이다.

데카르트는 방법과 관련한 자신의 원리를 다음과 같이 요약했다. 첫째, 확실한 것만을 참인 것으로 받아들일 것, 둘째, 복잡한 물음은 단순한 물음으로 쪼갤 것, 다음으로 가장 단순한 것에서 가장 복잡한 것으로 생각해나갈 것, 마지막으로 추론 과정에 단절이나 잘못 연결된 것이 없는지 확인하는 절차를 거칠 것. 그런데 이 일련의 방법이 성공하려면 무엇보다 먼저 확실하고 단순한 진리를 확보해야 한다. 감각적 경험은 물론이고 수학적 논증에서도 오류에 빠질 수 있기에 그 확실성이 담보되지 않는다. 심지어 모든 것은 꿈속에서 일어난 사태일 수도 있다.

하지만 이렇게 우리가 의심한다면 의심하는 주체로서 우리 자신은 존재할 수밖에 없다. 이를 요약한 것이 '나는 생각한다. 따라서 나는 존재한다'다. 이 명제는 정녕 의심할 여지가 없을 만큼 아주 명석하고 판명하다. 그래서 데카르트는 이를 일반화해 '우리가 명석하고 판명하게 파악하는 모든 것은 참'이라 여기기로 작정한다. 그리고 이 전략은 『방법서설』에 집약된 데카르트의 철학을 근대기의 가장 중요한 지적 혁신으로 이끈 하나의 요인이 되었다. 핵심은 '생각하는 나' 곧 '사유하는 주체'의 역할에 있었다. 그것은 누구든 명석판명을 준거로 판단하고 적절한 방법에 따라 사유하면 전통적 권위나 계승된 믿음을 배제하고 진리를 판별할 역량과 자격을 갖추게 된다는 것이다. 이것은 사실상 데카르트가 전통철학 전체를 놓고 도모한 일종의 반역이었다.

데카르트의 철학을 혁신으로 이끈 또 하나의 요인은 그가 자연 세계에 관한 진리를 구축하는 수단으로 수학에 호소했다는 점이다. 이 대목에서 데카르트는 특수한 감각적 사실들에서 일반적인 것으로 나아가고 이로부터 다시 특수한 것으로 나아가는 스콜라철학의 추론을 거부했다. 그가 새로이 채택한 것은 수학적 추론에서 근간이 되는 단순 진리에 대한 직관과 이로부터 연역하는 것이었다. 더구나 데카르트는 수학을 단순한 도구로 간주하는 데 그치지 않고 연장을 본질로 하는 물질세계 자체가 수학적 구조를 지녀 본질적으로 수학적으로만 기술될 수 있는 주제라고 보았다. 데카르트는 자연 세계에 대한 추상적인 수학적 기술로써 과학이라는 발상에서 선도적 역할을 했다.

물론 데카르트가 이 세계의 특수한 성격까지 수학적·연역적으로 확정할 수 있다고 생각한 것은 아니다. 수학적으로 가능한 세계가 여럿 있을 수 있기 때문이다. 이 가능한 세계 가운데서 이 세계의 현실적 특성을 확정하려면 경험적 고찰이 필수적이다. 데카르트에게서 경험적 사실은 스콜라 전통에서와 달리 연역적 논증의 출발점이 아니라 불필요한 연역체계들을 배제하는 수단이었다. 이렇게 데카르트는 스콜라적 방식에서 근대적 방식으로 사유가 전환되기 시작한 17세기에 '자연에 대한 수학적 이해'라는 자연과학적 이데올로기를 철학적으로 뒷받침했고, 이 이데올로기는 오늘날까지 건재한다. 이런 의미에서 『방법서설』은 초기 근대의 철학적 사유에 극적 전환을 불러온 저작일 뿐 아니라 자연에 대한 과학적 탐구의 근대적 출발을 알리는 최초 기록이었다고 할 수 있다.

『방법서설』에 함축된 데카르트의 이러한 철학적 혁신은 아리스토텔레스의 과학과 기독교 신학에 기초한 중세 스콜라주의의 잔재를 일소하는 데 그치지 않고, **인류의 보편적 역량으로서 이성에 대한 신뢰와 이를 통한 진리 확보를 역설함으로써 계몽이라는 근대의 광범한 지적 운동에 초석을 놓았다.** 전통의 권위에 도전하고 개인의 권리를 촉진하며 삶의 모든 측면에서 이성의 사용을 북돋웠던 계몽운동은 『방법서설』의 '사유하는 주체'를 둘러싼 데카르트의 논제들과 잘 어울렸다. 그리고 이 논제 중 상당수는 오늘날까지도 철학적 논의의 장에서 주요 쟁점으로 반복되고 있다. 사유주체는 말할 것도 없고 지식, 의식, 실재의 본성, 철학과 과학의 관계, 신체와 정신의 관계 등과 관련된 문제들이 그것이고 실존주의, 현상학, 구조주의, 포스트모더니즘 등과 같은 오늘날의 사조들 또한 결코 이들과 무관하지 않기 때문이다. 우리는 여전히 데카르트가 열어놓은 근대의 사유 속에서 살고 있다.

문창옥

(전) 연세대 철학과 교수

에티카

ETHIKA NICOMACHEA

바뤼흐 스피노자 Baruch de Spinoza (1632~1677)

바뤼흐 스피노자만큼 모순적으로 보이는 철학자도 없을 것이다. 한때 그는 신을 자연으로 대체한 무신론자로 악명이 높았으나 최근엔 신에 취한 인물로 평가가 뒤바뀌기도 했다. 그는 인과적 결정론자였지만 윤리적 이상은 자유로운 인간이 되는 것이었다. 그는 정신과 신체가 동일하다고 주장하면서도 정신이 신체의 죽음을 넘어 영원할 수 있다고 보았다. 그는 누군가에게는 절대적 관념론의 선구자였으나 또 다른 누군가에게는 사적 유물론의 선구자였다. 또한 누구나 타인이 자신에게 유용한 경우에만 그 가치를 인정한다고 보는 심리적 이기주의자였으나 그의 저술들은 사랑과 우정에 기초한 인간 공동체의 조성을 목표로 했다. 그의 저술들에는 은유적 상징이나 화려한 수사학적 표현이 거의 등장하지 않지만 다른 철학자의 저술보다 시인이나 소설가들에게 영감을 주었다. 그는 자신의 표현을 명료하게 정의하고 학설을 엄밀하게 구성함으로써 모호성을 제거하고자 했으나 그의 저술만큼 해석하기 어려운 것도 드물다. 그것은 초기 근대철학의 저술들 가운데 가장 풍부한 함축을 머금었다고 할 『에티카』에서 우리가 읽게 되는 스피노자다.

스피노자가 사유하던 17세기는 과학적·정치적·종교적 소용돌이를 겪으면서 다양한 철학 체계를 탄생시킨 격변기였다. 스피노자는 이 격변기를 일거에 가로질러 간 혁신적 사상가였다. 그의 『에티카』는 실체, 속성, 양태와 같은 전통 개념들을 활용하면서도 전통적인 위계적 구조에서 완전히 벗어난 형이상학 체계를 구성하고 이어서 이에 부응하는 인식론적·심리학적 학설들을 제시한다. 물론 이들은 대부분 그의 윤리적 결론을 위한 전제로 마련된 것이다.

그가 생각한 윤리학의 기본 과제는 우리의 행복과 복리가 정념이나 일시적 재화나 미신 등에 몰입하는 데 있는 것이 아니라 냉철한 이성적 삶에 있다는 것을 보여주는 것이었다. 이를 위해 스피노자는 우선 신과 자연 세계를 탈의인화, 탈신비화한다. 이것이 『에티카』 1부의 주제다. 이 논의는 실체, 신, 본질, 속성 등과 같은 형이상학의 기본 용어들을 정의하면서 시작한다. 신은 무한하고 필연적인 존재로 우주의 유일한 실체다. 따라서 존재하는 모든 것은 신 안에 있으며 자연 또한 예외가 아니다. 이 간단한 예비적 결론을 확정하자마자 스피노자는 자신의 공격 목표를 드러낸다. 의인화된 신 개념이 그것이다. 신은 자유의지로 세계를 창조하는 초월적 존재가 아니다. 신은 세계의 내재적 원인이며 세계는 신의 본성에 따른 필연적 산물이다. 신, 즉 자연과 그 내부의 모든 존재는 단일 평면 위에 인과적 필연으로 연결되어 있다. 자연 어디에도 목적인은 작용하지 않는다. 신의 목적, 의도, 기적 등을 말하는 것은 의인화된 신을 놓고 빚어낸 신화일 뿐이다. 이렇게 『에티카』는 데카르트에게 남아 있던 스콜라철학의 잔재를 일소하는 한편 인과적 필연성의 범주만으로 자연을 재단했던 초기 근대의 자연철학, 곧 근대과학의 기본 이념을 철저하게 내면화했다.

『에티카』 2부는 인간의 기원, 본성, 인식을 문제 삼는다. 신의 무한한 속성 중 우리가 인식할 수 있는 것은 연장과 사유 두 가지뿐이다. 세계 속에 존재하는 물체는 연장의 양태이고 정신 속의 관념은 사유의 양태다. 연장의 양태와 사유의 양태는 하나이자 같은 것의 두 가지 표현일 뿐이다. 그래서 정신과 신체의 관계는 문제가 되지 않는다. 신체에서 일어나는 것은 모두 정신 속에 반영된다. 정신이 신체에서 일어나는 것을 지각하거나 신체와 다른 물체들의 상호작용으로 주변 세계의 사건들을 인식하는 것도 이 때문이다. 하지만 인간의 정신을 구성하는 감각 이미지나 느낌은 부정확한 현상들이다. 그 원인을 모르기 때문이다. 적합한 관념은 이성과 추론으로 사물의 본질을 그 원인과 더불어 파악할 때 확보되며 최고 단계의 인식은 지적 직관에서 가능하다.

『에티카』 3부와 4부는 인간의 의지적·정서적 삶에 집중한다. 우리 정서는 능동과 수동으로 나뉜다. 우리는 사건의 원인이 우리 본성 속에 있을 때 능동이지만 그렇지 않을 때는 수동이다. 능동일 때 우리의 존재 역량은 증가하며 수동일 때 그 역량이 감소한다. 우리는 능동 역량을 증가시켜 우리에게 이익이 될 거라고 믿는 것들을 쫓는 한편 능동 역량을 감소시켜 결과적으로 우리에게 해가 될 것이라고 믿는 것을 피하려고 한다. 수동에서 벗어나 능동적·자율적 존재가 되고자 하는 것도 바로 이 때문이다. 하지만 우리를 수동으로 이끄는 정념의 외적 대상들은 우리가 통제할 수 없는 것들이다. 자연법칙을 따라 인과적 필연으로 엮였기 때문이다. 우리가 이들에게 수동으로 머무는 한 우리는 정념에 예속되고 자유와 능동은 축소될 것이다.

『에티카』 5부에서 스피노자가 제시한 해법은 지금까지의 논의를 전제로 할 때 어쩌면 유일하게 가능한 것일지 모른다. 그것은 세네카나 키케로를 상기시킨다. 우리가 우리 복리에 영향을 미치는 대상들을 통제할 수 없다면 우리의 평가 자체를 통제함으로써 외부의 대상과 그에 기인하는 정념에서 벗어나야 한다는 것이 그것이다. 그리고 이를 위해서는 먼저 우리의 신체가 다른 물체들 때문에 변용되는 것을 표현하는 감각의 부적합한 관념들을 가능한 한 배제해야 한다. 나아가 이성에 따라 적합한 관념들을 얻고자 노력하되 궁극적으로는 사물의 본질을 지적으로 직관해야 한다. 이 지적 직관은 경험과 추론을 넘어서는 것으로, 사물들을 시간적 차원에서 다른 사물들과의 관계 속에 바라보는 것이 아니라 '영원의 상하에서', 즉 신과의 관계 속에서 보는 것이다. 그래서 신에 대한 인식이나 지적 사랑이 요구된다.

이렇게 신과의 관계 속에서 사물들을 보게 될 때 우리가 확인하는 것은 모든 사물과 존재의 결정론적 필연성이다. 이때 우리는 모든 물체와 그들의 상태가 물질의 본질과 물리학의 보편적 법칙에서 필연적으로 따라 나오는 것이고, 또 정신의 속성과 관념들은 모두 사유의 본질과 이것의 보편법칙들에서 필연적으로 따라 나오는 것임을 깨닫게 된다. 이런 깨달음은 정념이 우리에게 행사하는 힘을 약화한다. 일어나게 되어 있는 것을 놓고 희망을 품거나 두려움을 느낄 필요는 없기 때문이다. 여기서 절대적 평정의 가능성이 열린다.

『에티카』의 사유가 급진적이긴 하지만 데카르트를 둘러싼 초기 근대철학의 문제들을 놓고 그 해법을 찾았다는 점에서, 또 당대 자연철학의 인과적 필연의 세계를 철저히 긍정하는 가운데 초기 근대의 합리론 철학을 정점으로 이끌었다는 점에서 근대철학의 문제의식 안에 있었다고 할 수 있다. 하지만 이 저술에 구축된 형이상학적 체계나 이와 더불어 스피노자가 제안한 여러 학설은 그 풍부한 함축으로 말미암아 오늘날에도 여러 분야에서 복기된다는 점에서 근대를 넘어선다. 특히 모든 존재가 자연의 인과법칙에 따른다는 결정론적 세계관은 자유의지와 인간 행위의 본성을 문제 삼는 철학, 심리학, 신경과학, 정신분석 등의 영역에서 오늘날의 쟁론에 수시로 소환된다. 또한 초월적 존재나 위계적 구조의 존재론을 배척하고 대체한 수평적 존재론은 인간 중심의 위계적 자연이해를 넘어 자연 생태계 전체의 복리에 주목하는 심층생태학적 논의나 자연과 조화로운 공존을 모색하는 환경윤리, 생명윤리 등에 강력한 존재론적 토대를 제공한다는 점에서 『에티카』는 지금 우리 앞에 진정 살아 있는 텍스트라고 할 수 있다.

문창옥

(전) 연세대 철학과 교수

프린키피아

PRINCIPIA

아이작 뉴턴 Isaac Newton (1643~1727)

"자연과 그것의 법칙은 어둠 속에 있었다.
신이 '뉴턴이 있으라' 하자 모든 것이 밝아졌다."

아이작 뉴턴에게 바치는 시인 알렉산더 포프의 헌사다. 찬사가 과하다고 느껴진다면 과학의 역사를 잘 모르는 사람이라 할 수 있다. 뉴턴은 단순한 근대물리학의 창시자(물론 이것만으로도 엄청난 업적이다)가 아니다. 지금도 우리는 뉴턴이 만든 프레임으로 자연을 보고 과학기술을 연구하기 때문이다. 뉴턴은 근대과학의 설계자다.

영국 울즈소프에서 태어난 뉴턴은 아버지가 돌아가시자 재혼한 부자富者 어머니와 사이가 좋지 않아 케임브리지대학교를 혼자 힘으로 다녀야 했다. 학비를 벌려고 각종 아르바이트는 물론 대부업까지 했다. 1665년 흑사병이 창궐하여 케임브리지에서만 700명이 사망하자 학교는 문을 닫았고, 뉴턴은 고향으로 돌아가 2년여 동안 독학으로 운동법칙과 중력이론, 미적분학, 광학의 이론적 기초를 완성했다. 역사가들은 뉴턴의 창조성이 폭발한 1666년을 기적의 해라고 한다. 뉴턴은 내성적인 성격이어서 자신의 놀라운 연구 결과를 20년 가까이 발표하지 않다가 1687년에야 『프린키피아』라는 책으로 출판했다. 『프린키피아』의 원제는 『자연철학의 수학적 원리Philosophiae Naturalis Principia Mathematica』다. 이 책의 키워드는 '수학'이다.

주변을 한번 둘러보라. 책상, 고양이, 나무, 사람, 산, 자동차 등 수많은 물체가 보일 것이다. 이들은 정지해 있거나 움직인다. 자연은 물체와 그 물체의 운동으로 구성된다. 거칠게 말해서 이것이 세상의 전부다. 자연철학의 아버지라 할 아리스토텔레스는 모든 물체는 네 가지 원소의 조합으로 되어 있고, 각 원소는 자연스러운 위치가 있다고 했다. 돌이 높은 곳에서 땅으로 떨어지는 것은 돌을 이루는 원소의 자연스러운 위치가 땅이기 때문이다. 하지만 갈릴레오 갈릴레이는 완전히 다른 시각으로 자연을 보려고 했다. 떨어지는 동안 돌의 위치를 시간에 따라 숫자로 표시해본 것이다. 그러자 포물선 모양의 이차곡선이 얻어졌다. 이유는 모르겠지만 자연은 수학으로 기술되는 것 같았다. 그렇다면 돌이 떨어질 때 5초 후 어디에 있을지 알려주는 수학 이론을 만들 수 있을까? 갈릴레이의 질문에 대한 답이 바로 뉴턴의 『프린키피아』다.

『프린키피아』는 수학책처럼 '정의定義'로 시작한다. 질량, 운동량, 관성, 힘, 구심력 등을 정의하고 나면 유명한 부가설명이 나온다. 여기서 뉴턴은 시간과 공간을 다루지만 따로 정의하지는 않았다. 이는 탁월한 결정인데, 아직도 시간과 공간의 정확한 정의를 알지 못하기 때문이다. 그 대신 뉴턴은 실제적이고 수학적이며 절대적인 시간과 공간을 이야기했다. 사실 뉴턴 시대의 사람들에게 시간은 지구의 자전으로 밤낮이 바뀌거나 지구의 공전으로 계절이 바뀌고 해가 바뀌는 것이었다. 그런데 뉴턴은 지구의 운동과 상관없는 숫자로 시간을 말한 것이다. 지구의 자전과 공전은 완전히 주기적이지 않으므로 자연의 법칙을 세울 토대로 부적절하기 때문이다. 공간도 마찬가지다. 완벽하게 수학적인 시간과 공간은 이제 수학의 대상이 될 수 있다. 오늘날 우리에게 시간은 당연히 숫자다. 이런 개념을 처음 제시한 사람이 바로 뉴턴이다.

정의에 이어 '공리'가 나온다. 공리는 증명하지 않고 옳다고 가정하는 명제다. 원래 수학은 공리로 끌어낸 모든 참인 명제를 찾는 것이다. 뉴턴은 세 가지 공리를 제시했는데, 오늘날 우리는 이것들을 공리가 아니라 '법칙'이라고 한다. 뉴턴의 제2공리, 아니 제2법칙은 'F=ma'로 쓸 수 있다. 불과 네 문자로 되어 있지만, 원리적으로 자연에서 움직이는 모든 물체의 운동을 설명한다. 우주의 운동 전체를 수식 하나로 응축했다고 볼 수 있어 나는 이것을 우주의 시詩라고 한다. 뉴턴의 제2법칙은 미적분과 관련된다. 'F=ma'에서 'a'가 가속도, 즉 시간에 대한 속도의 미분이기 때문이다. 미분방정식을 풀어 답을 구하는 것을 적분이라고 한다. 하지만 뉴턴은 미적분 없이 기하학적 방식으로 자기 이론을 설명한다. 그래서 미적분에 익숙한 우리가 이 책을 따라가기는 쉽지 않다. 『프린키피아』 1권에서는 운동법칙을 이용하여 다양한 운동을 다루고, 2권에서는 유체역학, 3권에서는 행성, 위성, 조수, 혜성과 같은 자연현상을 정량적으로 멋지게 설명한다. 2권의 내용도 당시 중요한 운동이론이었던 데카르트의 보텍스 이론을 공격하는 것으로 지금 우리에게 큰 관심사는 아니다.

『프린키피아』는 물리학자에게도 읽기 쉬운 책은 아니다. 과학사에 흥미가 있지 않다면 굳이 이 책으로 뉴턴역학을 배울 이유도 없다. 하지만 『프린키피아』는 자연이 수학으로 기술된다는 것을 보인 기념비적인 저작이다. 수학은 자연의 언어다. 자연을 이해하려면 수학을 알아야 한다.

전 세계의 학생들이 수학을 배우느라 고생하는 것도 바로 이 때문이다. 우주에 로켓을 쏘거나 전기차를 제작하거나 인공지능 프로그램을 개발하려면 수학이 필요하다. 수학의 미덕은 언제나 정확한 답을 준다는 것이다. 그렇다면 자연도 수학처럼 정확한 답을 줄 수 있다는 뜻이다. 뉴턴은 이성理性의 힘으로 자연을 완전히 이해할 수 있다는 것을 보였다. 자연을 이해하면 그것을 이용하고 통제할 수 있는데, 이것은 원래 신의 영역이었다. 이처럼 이성을 중시하는 것이야말로 계몽주의의 토대이며, 계몽주의는 시민혁명과 민주주의로 이어진다. 서양은 뉴턴의 『프린키피아』 이후 다른 어떤 문명도 가보지 않았던 길을 향해 나아가기 시작했다.

다음은 뉴턴의 장례식이 끝난 뒤 철학자 볼테르가 남긴 글이다.

> "역사상 누가 가장 위대한가? 알렉산드로스인가, 카이사르인가, 칭기즈칸인가? 물어볼 것도 없이 뉴턴이다. 우리가 존경해야 할 사람은 우리를 폭력을 앞세워 노예로 삼은 이들이 아니라 진리의 힘으로 다스린 뉴턴이기 때문이다."[25]

김상욱

경희대 물리학과 교수

성호사설

星湖僿說

이익 李瀷 (1681~1763)

『성호사설』은 이익이 40년 가까이 해묵은 논점으로 있거나 책을 읽거나 새로운 소식(문물)을 보고 들을 때마다 메모해둔 글의 모음집이다. 처음부터 저술을 목표로 하지 않다가 분량이 많아지자 그 내용을 천지·만물·인사·경사經史·시문詩文 등으로 분류하게 되었다.

분량은 정해진 틀이 없어 주제에 따라 길기도 하고 짧기도 하다. 내용은 논점을 먼저 제시하고서 뒤에 꼭 이익의 관점을 제시했다. 예컨대 「만물문」에서는 남쪽 나라의 남초南草(담배)가 광해군 말년에 널리 유행하게 되었다는 이야기를 다루었다. 이익은 남초가 남쪽 바다에 있는 담파국湛巴國에서 전래되어 담배로 불린다는 연원을 소개했다. 혹자와 태호太湖선생의 가상 대화로 담배의 장단점을 이야기하는데, 태호선생은 이익의 분신으로 담배가 이로움보다 해로움이 많다는 주장을 펼친다.

이익은 건국(1644) 이후 얼마 가지 않아 망하리라던 청제국이 건재하고, 유럽이 지리상의 발견 이후에 세력을 확장하던 서세동점의 시대를 살았다. 이익은 기존의 익숙한 세계만이 아니라 이양선異樣船·서학西學·서교西敎 등 새로운 현상을 마주하게 되었다.

사람이 격변의 시대를 살면 먼저 기존의 체계로 새로운 현상을 해석한다. 그러한 해석이 유효할 수도 있고 그렇지 않을 수도 있다. 새로운 현상이 기존의 체계로 모조리 해명된다면 호기심으로 충분하다. 반면 새로운 현상이 기존의 체계로 해명되지 않으면 새로운 학습의 필요성이 요구된다. 이익은 18세기의 시공간에서 천지와 경사 등에 제기된 기존 논점을 새롭게 조망하고 새로이 만나는 현상과 문물을 그냥 넘기지 않고 자신의 관점을 피력했다. 이런 측면에서 『성호사설』은 체계적인 저작이 되지 않고 그때그때 논점을 급하게 비평하는 조각 지식의 특성을 가질 수밖에 없다.

이익도 「자서」에서 책 제목의 연유를 밝혔다. 조각 지식의 '조각(사僿)'에 주목하면 사설은 '편하게 장난삼아 쓰다', '별다른 뜻이 없다', '자질구레한 이야기'라고 할 수 있다. 오늘날 수필이나 에세이에 해당한다. 『성호사설』의 전체를 만나지 못하면 이익이 왜 이런 글을 썼고 무엇을 말하려고 하는지 모르겠다는 반응이 나올 수 있다.

조각 지식의 '지식(설說)'에 주목하면 하나의 사설이 둘의 사설이 되고 또 넷의 사설로 늘어나면서 큰 그림을 그릴 수도 있고, 또 하나의 사설이 새로운 그림의 실마리가 될 수도 있다. 이 때문에 이익은 「자서」 끝에 천한 똥 덩어리나 지푸라기가 밭에 거름으로 쓰면 맛있는 곡식을 기를 수 있듯이 『성호사설』에서 뭔가를 길어내는 선관자善觀者가 있다면 미래 세계 또는 미래 유학의 자양분을 발견하리라고 기대했다. 오늘날 우리는 늘 자율주행 자동차와 사물인터넷 등 인공지능으로 생겨난 새로운 이야기를 듣는다. 이런 이야기는 모든 사람이 생각할 주제가 된다. 이익이 21세기에 살았더라면 이를 『성호사설』에 수록했으리라.

이제 이익이 『성호사설』에서 18세기의 시공에서 과거와 현재를 어떻게 재해석하고 조망했는지 살펴보자. 이익은 「천지문」에서 희생을 잡아 하늘 제사에 쓰는 이야기를 '살생제천殺生祭天'으로 다루었다. 당시 동물을 죽여서 하늘 제사를 지내는 방식을 크게 회의하지 않았다. 회의한다고 하더라도 하늘 제사는 당시 최고신의 제사인 만큼 정면으로 부정하기가 쉽지 않았을 터다.

18세 때 이익은 귀신이 제사에 쓰인 제물을 흠향하는 관행에 의문을 제기했다. 사람이 죽으면 귀신이 되는데, 그 귀신이 제물을 먹을 수는 없다. 제물은 사람이 살아 있을 때 하던 방식으로 죽은 조상 귀신에게 제사 지내고, 사람 사이에 하는 도리로 하늘에 제사 지내는 의례라고 할 수 있다. 거기에 꼭 이래야 한다는 의미가 없다는 것이다.

희생은 관행으로 지속될 뿐인데, 그 관행이 문화적 의미를 가질 수 있다. 이 문화적 의미가 권력이 되면 희생은 꼭 해야 하는 것이 된다. 이에 이익은 상제가 피 묻는 희생물을 흠향하려고 지상으로 강신한다고 할 수도 없고, 어린 송아지의 배를 갈라 제물로 올리면 유학에서 말하는 불인不忍에 어긋난다고 주장한다.

이익은 희생 제의를 완전히 철폐하자는 근본적 주장은 하지 않는다. 다만 희생 제의가 별다른 의미로 정당화되지 않는다는 점을 밝힌다. 이러한 회의 정신도 과거를 그대로 답습하지 않고 재검토하는 객관적 거리를 확보할 수 있다. 또 이익은 「천지문」에서 서양 사람이 그린 여섯 폭으로 된 천문도天文圖인 〈방성도方星圖〉를 보고서 자신의 견해를 밝혔다. 동아시아에도 일찍부터 별자리를 그린 천문도가 있었다는 사실을 소개했다. 여러 별이 바둑알처럼 널려 있고 서로 선으로 연결되어 있는데, 이익은 성인聖人이 기구의 도움을 받지 않고 다른 사람이 볼 수 없는 안목을 발휘했으리라고 추측했다. 반면 서양의 〈방성도〉는 망원경으로 관찰해 금성이 달보다 크고, 태양이 지구보다 크고, 금성과 목성에 둥근 고리가 있다고 밝혔다. 이에 대해 이익은 이러한 천문을 맨눈으로 볼 수는 없지만 망원경으로 증명되었으므로 믿을 수밖에 없다는 점을 밝혔다. 이익은 새로운 현상과 이론이 타당하다면 동과 서, 고와 금을 막론하고 수용하는 열린 자세를 보였다.

이렇게 보면 이익은 18세기의 시공간에서 과거를 재평가하고 현재의 근거를 살펴서 다가올 미래를 밝혔다. 이익의 관심은 실로 방대해서 오늘날 다양한 학문 분과에 미쳤다. 이는 이익이 그만큼 바로잡고자 하는 열망, 알고자 하는 욕망이 강할 뿐만 아니라 유학을 증명된 학의 바탕에 세우고자 하는 기획을 보여주었다고 할 수 있다.

이익은 「인사문」 '증구拯救'에서 유학의 의의를 재조명한다. 세상의 부모는 아이가 낭떠러지에 매달리거나 불에 휩싸이거나 물에 빠지면 온갖 방법을 마련해 아이를 살리려고 한다. 유자儒者는 백성의 생활이 곤궁하면 방법이 없다는 핑계로 못 본 척하며 그 상황을 그냥 지나칠 수 없다. 유학에서 성인 공자는 온 세상을 돌아다니며 도를 실행하고자 했다. 그 도는 신의 뜻이나 추상적 이념을 실천하는 것이 아니라 세상에 모든 길이 꽉 막힌 궁민窮民이 없도록 하는 것이다. 백성 중 한 사람이라도 제 살 곳을 얻지 못하면 성인은 자신이 시장에서 매를 맞듯이 부끄러워했다.

18세기 조선에서는 온 나라 사람이 폐해로 고통받는데 누구 하나 나서지 않느냐고 이익은 비판했다. 이익은 원래 유학이 어떠했는지를 제시하면서 그것으로 18세기의 현실을 비춰본다. 둘 사이에 거리가 멀고도 멀다. 이런 상황에서 유학이 무엇을 하느냐며 반성을 촉구한다. 이렇게 보면 『성호사설』은 이기와 심성 담론을 펼치던 글과 크게 다르다. '사설偰說'이라는 형식을 빌려 유학이 어떠해야 하는지를 돌아보게 한다.

이익은 「천지문」 '울릉도'에서 안용복이 왜구로부터 울릉도를 지키는 이야기를 자세하게 서술하고 「만물문」 '피지상심披枝傷心'에서 나무를 듬성듬성 심어서 가지가 많이 나 베어내면 오히려 목재가 상하므로 나무를 빼곡하게 심어야 한다고 주장했다. 「인사문」 '공사천公私賤'에서는 노비 제도의 변화를 주장했으니 지금도 새겨볼 이야기다.

「천지문」 '동방인문東方人文' 등에서는 유학이 전래되기 이전에 한반도 문명이 미개했다거나 기자箕子의 활약으로 미개에서 벗어났다고 주장했는데, 21세기에서 보면 인종주의와 중화주의의 영향에서 자유롭지 못하다. 따라서 『성호사설』 중 가려 읽는 것도 오늘날 우리 몫이라고 할 수 있다.

신정근

성균관대 유학대학 교수

인간지성론

AN ENQUIRY CONCERNING HUMAN UNDERSTANDING

데이비드 흄 David Hume (1711~1776)

18세기를 전후하여 유럽의 지성을 사로잡은 것은 계몽이었다. 당시 여러 학문 분야에서 어둠과 혼돈을 걷어내고 있다고 확신했던 계몽 철학자들은 자신들의 활동을 베이컨, 갈릴레이, 데카르트, 로크, 뉴턴과 같은 인물들의 과학적·철학적 업적을 계승해 발전시키는 것으로 이해했다. 특히 뉴턴의 실험적 탐구 기획과 성과는 모든 분야의 학문에 커다란 충격을 주었다. 그 결과 일부 철학자들은 인간 정신도 과학적 방법으로 연구해볼 수 있을 거라 생각하고 자연철학을 넘어 정신철학의 가능성을 타진했고, 또 일부 사람들은 사회 정치체제를 관통하는 보편적 법칙의 발견을 기대하기도 했다.

데이비드 흄의 철학 전반에는 이런 계몽기의 철학적·과학적 문제의식이 강하게 스며들어 있다. 그리고 이 문제의식은 1737년 방대한 분량의 초고로 그 면모를 드러냈고 『인간본성론』이라는 제목으로 3년에 걸쳐 출판되었다. 하지만 그는 이 책을 "인쇄소에서 태어났을 때 이미 죽어 있던 책이다"라고 스스로 평가절하했다. 후일 흄은 이 책의 기본적인 논제들은 수정하지 않은 채 문체만 개선하여 세 권으로 다시 출간했다. 『인간지성론』은 이 가운데 인식의 문제를 다룬 『인간본성론』 1권에 해당한다.

『인간지성론』은 계몽기의 지적 태도에서 발견할 여러 가능성과 한계에 대한 흄의 예리한 분석과 평가를 간결하게 보여주는 저작이다. 이 책에서는 과학에 대한 신뢰, 인간정신과 관련된 새로운 발견을 향한 열망, 미신과 환상 거부, 인간 본성 강조, 전통적인 지식과 신앙에 대한 회의, 개혁과 비판의 분위기 등을 생생하게 표현했다. 물론 이 책에서 흄이 주요 목표로 삼은 것은 경험적 방법으로 인간 본성에 대한 과학, 곧 정신철학을 구축하는 일이었다. 그래서 『인간지성론』은 정신 활동의 기본 요소와 원리를 규명하면서 시작한다.

이에 따르면 정신의 기본 활동은 지각으로, 이는 인상과 관념으로 나뉜다. 인상은 경험에 직접 주어지는 것들, 즉 색, 소리, 형태 등으로 인식은 예외 없이 이들에 기초한다. 관념은 인상을 모사하는 것으로 기억, 상상, 사유, 반성 등을 위해 저장된 자료들이다. 그렇기에 관념은 그에 상응하는 인상이 없으면 날조된 것이다. 흄은 이를 근거로 사실과 허구, 참과 거짓, 의미와 무의미를 구별하고 설명한다. 이어서 흄은 정신의 또 다른 능력인 상상력을 들여다본다. 상상력은 어떤 규칙을 따라 관념들을 연결하는 '자연적 성향'을 가지고 있다. 흄은 이를 연합의 원리라 부르고 유사성, 인접성, 인과관계로 구분한다. 이 원리는 인간 정신이 현재적 경험을 넘어 미래를 예견하는 기제가 된다.

중반으로 넘어가면서 『인간지성론』은 추론 문제를 다룬다. 흄은 두 가지 연관된 주제에 주목하는데, 그 하나는 '관념들의 관계'와 '사실의 문제'를 구별하는 일이고, 다른 하나는 '사실의 문제'에서 추론하는 일이다. 관념들의 관계에 대한 진술은 직관적으로나 논증적으로 확실하다.

이에 반해 사실의 문제에 관한 진술은 사유만으로 인식할 수 없고 직관적으로나 논증적으로 확실하지도 않다. 이런 불확실성은 흄의 회의론이 시작되는 지점이 된다. 사실의 문제에서 추론은 어떤가? 그것은 언제나 인과적 추론으로서 그 토대는 경험이다. 이것은 건전한 기초일 수 있는가? 이 물음은 오늘날 귀납의 문제로 통하는 것으로, 미래가 과거와 유사할 것이라는 의미의 자연의 제일성 주장이 정당화된다면 인과적 추론은 건전한 기초를 가진다고 할 수 있다.

하지만 자연이 변한다는 것은 모순이 아니기에 문제의 제일성은 직관적으로 확실하지 않다. 그렇다고 귀납논증으로 정당화할 수도 없다. 이를 시도하면 선결문제의 오류를 범하게 된다. 귀납적 논증은 자연의 제일성 원리를 이미 전제로 하기 때문이다. 따라서 인과적 추론은 이성도 경험도 정당화해주지 못한다. 그렇다면 그것의 정당성은 어디에서 찾을 것인가? 흄이 확인하는 것은 '관습' 또는 '습관'이라는 심리적 메커니즘이다. 습관은 믿음과 더불어 일종의 본능적 원리다. 여기서 흄은 **삶의 문제에서 가장 훌륭한 안내자는 이성이 아니라 습관이나 믿음이라고 선언한다.**

『인간지성론』 후반부에서는 필연적 관계, 자유와 필연 등 형이상학의 문제들을 검토한다. 그는 먼저 원인과 결과 사이의 필연적 관계의 관념을 분석한다. 이 관념에 상응하는 인상은 무엇인가? 우리가 이에 부응하는 것으로 찾아볼 수 있는 것은 원인에서 결과를 추론하면서 겪는 심리적 강제의 느낌밖에 없다. 흄은 필연적 관계의 관념은 이런 인상의 사본이며 이것이 우리가 필연적 관계에서 알고 있는 전부라고 단언한다. 필연적 관계를 이렇게 이해하고 난 흄은 이를 인간의 행위에 적용한다. 인간 행위에서 동기와 행위 사이에는 항상적 결합이 있다. 이것이 사실이라면 인간의 행위 역시 다른 모든 자연 사건과 마찬가지로 선행하는 원인에 따라 필연적으로 결정되는 것이라고 할 수 있다. 흄은 인간의 선택과 행위가 불규칙적이고 예측 불가능한 것처럼 보이지만, 바람과 비, 구름 같은 날씨 요인들의 변화가 확고한 법칙의 통제 아래 일어난다고 생각되듯이 인간의 신체에서 발견되는 사건들도 외견상 불규칙할 뿐 자연의 법칙을 따른다고 주장한다. 계몽기 자연철학의 낙관주의가 물씬 배어 있는 대목이다.

『인간지성론』 후반부에서는 기적과 신의 섭리 같은 종교철학적 문제들을 자연법칙에 위배되거나 성서의 기록으로 입증되지 않는다는 이유로 비판하고 나서 회의주의 자체를 되돌아본다. 그가 생각하는 회의주의의 성격을 요약하기는 쉽지 않으나 사실의 문제와 관련한 '오류가능주의'라고 특징지어 볼 수 있다. 이는 보편타당한 진리체계로서 자연과학에 대한 당시의 무한신뢰에 비추어 본다면 용납하기 어려운 태도였을 것이다. 이 오류가능주의가 제대로 재평가된 것은 20세기의 일이다. 그러나 이런 회의주의적 시선에서 흄은 우리가 불가피하게 붙들고 있는 믿음들을 적절하게 정당화할 수 없다는 역설적인 사실을 발견했다. 흄은 전통철학이 이성과 지성에 귀속했던 영역을 축소하고 상상과 믿음의 영역을 확장할 수밖에 없었다. 그는 이성이나 지성이 외부 세계의 존재, 자연 속 힘의 존재, 신의 존재 등을 입증할 역량이 없다고 보았다. 사유와 반성이 이성과 지성에 속하기는 하지만 이들 능력은 일반적으로 생각하는 것보다 훨씬 더 무력하다.

인간 정신 능력 일반에 대한 그의 회의적 태도는 『인간지성론』 마지막 문단에서 과격한 요구로 표출된다. "신이나 강단 형이상학에 관한 책에"는 "양이나 수에 관한 추상적 추론"도 "사실의 문제나 존재에 관한 경험적 추론"도 들어 있지 않기에 불태워야 한다는 것이다. 그리고 흄의 이 요구는 20세기 초 논리실증주의 철학의 한복판에서 부활한다. 앨프리드 줄스 에이어는 자신의 저술 『언어, 진리, 논리』(1936)에서 이 마지막 문단을 직접 인용하면서 스스로 흄의 후예라고 선언했다. 오늘날의 영미 분석철학은 『인간지성론』의 요구를 그대로 반복하면서 발아한 셈이다.

문창옥

(전) 연세대 철학과 교수

취미의 기준에 대하여

OF THE STANDARD OF TASTE

데이비드 흄 David Hume (1711~1776)

우리는 미적 취향에 민감하다. 현대인은 매 순간 수많은 대상을 지각하고 평가하고 소비하기에 어느 때보다 많은 '미적 판단'을 한다. 자기 취향에 자부심도 있다. 자기가 선호하는 음악이나 영화, 요리 등을 남도 인정하길 바란다. 그런데 사람마다 아름다움을 느끼는 대상은 매우 다른 것 같다. 그렇다고 모든 취향이 다 맞는다고 하기도 어렵다. 그 순간 가치 기준이 유명무실해질 수 있기 때문이다.

대상에 대하여 느낀 감정으로 아름다움, 좋음과 옳음을 설명하려 한 영국 경험론에서 '취미趣味, taste'는 매우 중요한 주제였다. 취미는 감정을 낳는 인식 능력이자 대상의 가치판단 능력이기 때문이다. 철학자들은 우선 취미 능력이 무엇이고, 마음에서 어떻게 작동하는지 밝히고 싶어 했지만, 이는 너무 어려운 일이었다. 경험적 관찰에 기반한 '과학적 인간학'을 꿈꾸었던 흄에게 다른 현상이 더 중요하게 다가왔다. 사람마다 취미가 너무 다양한 듯 보이는 일 말이다. 이 취미의 다양성을 수용하고, 아름다움의 평가 기준을 마련하려는 꿈을 접으라는 회의주의자가 나타나기 쉽다. "(서로 다른 게 당연하니) 사람 입맛을 두고 논쟁하지 말라"라는 옛 격언이 괜히 나온 게 아니다.

하지만 이 미적 회의론을 마냥 방치할 수는 없다. 미적 가치와 도덕적 가치의 유사성을 생각하면, 도덕의 상대성 주장으로 이어질 수 있다. 도덕회의론은 생각보다 위험하다. 기준이 사라진 틈을 타서 비인간적이거나 몰상식한 나쁜 일에 가치를 부여하는 사이비가 횡행하기 쉽기 때문이다. 자기 이익을 위해 억지를 부리는 것이지만, 이상하게도 그를 영도자로 맹종하는 추종자가 생겨난다. 앞뒤도 안 맞는 그의 말을 신봉하고, 따르지 않는 자를 처단하기에 바쁘다. 미신과 열광은 근대인이 벗어나려 했던 인간의 어두운 면이다. 가치 기준을 참칭하는 사이비를 용인하는 일은 합리적 사회 대신 태곳적 제사장 시대로 돌아가는 것과 같다. 견제받지 않는 소수의 가치 기준 독점과 오남용은 사회 체계에 커다란 균열을 낸다. 사회 존속이 위협받는다. 그렇기에 **'취미의 기준'을 마련하는 것은 가치 체계의 붕괴를 막는 일과 같다.**

1757년 출간된 데이비드 흄의 에세이 『취미의 기준에 대하여』는 분량이 많지 않은데도 **영어로 쓰인 최고 미학 원전**이라는 칭송을 듣는다. 미적 가치에 대한 흄의 물음과 성찰이 여전히 유효하기 때문이다. 흄이 『인간지성론』에서 취미와 관련한 '비평' 영역을 논리, 도덕, 정치학과 함께 인간 과학의 네 분과로 언급한 만큼 이 글은 그가 마음에 품었을 인간학 전체를 가늠하는 실마리도 준다.

취미의 기준은 사회의 경험적 가치 체계를 합당하게 유지하는 데 기여한다. 구성원은 이 기준과 공감하며 그 가치를 공유하고, 그로부터 상호 견해 차이를 조율할 토대를 마련한다. 하지만 이 기준을 어떻게 찾을까. 취미의 다양성을 겪으면서도 상대주의로 빠지지 않는 길이 있을까. 흄은 취미의 동일성 관찰에서 그 실마리를 찾는다. 사람들은 명작과 졸작을 생각보다 일관되게 구별한다. 종교적 열광을 담은 당대의 저작이 밀턴의 시 『실낙원』보다 '예술적'으로 낫다는 사람은 그때도 많지 않았다. 예나 지금이나 전자를 더 좋아하는 사람은 있다. 그러나 이 반례가 두 작품의 미적 가치를 대등하게 하지 않는다. 사람들은 종교적 추종자의 취미 수준부터 의심한다.

이 취미의 동일성 현상은 취미의 기준 존재를 시사한다. 많은 사람이 아름다움을 인식하는 대상은 개인 취미의 시금석이 된다. 어떤 이가 『일리아스』같이 시공간적 검증을 거친 명작에 좋은 느낌을 갖지 못한다면, 그의 취미는 바람직할 리 없다. 이 관찰은 취미 다양성에서 곧바로 미적 회의론이 도출되지 않음을 알린다. 그러나 명작이 취미의 기준은 아니다. 그 존재를 보일 뿐이니 이제 그 기준을 구체화해야 한다.

경험주의는 두 방향에서 취미의 기준을 탐색한다. 사람들이 일관되게 칭송하는 작품에 초점을 맞추거나 그것을 감상하는 수용자 마음에 주목할 수 있다. 전자는 명작을 만드는 구성 요소를 일반화하여 '예술의 규칙'을 도출하는 것이고, 후자는 명작을 제대로 보는 감상자가 되려는 '내적 자격 조건'을 찾는 일이다. 경험적 규칙에 따르면 청중을 매혹할 작품을 만들 확률이 높아지고, 훌륭한 정신 능력을 갖추면 명작이 될 가능성을 보는 감식안이 생긴다. 둘 다 유용하다. 규칙은 아름다움에 억지 주장을 펴는 이들을 침묵시키고, 비평가는 많은 이에게 작품의 참된 미적 가치를 전파한다.

흄은 비평가들을 기준으로 선택한다. 미적 대상에 대해 '진정한 비평가들'이 내린 '연합된 평결'이 취미의 기준이다. 감상자가 '섬세한 취미와 상상력'과 '좋은 이성적 능력'을 이용해 대상을 '비교'하고 '선입견을 배제'하는 등 총체적인 '연습'을 지속할 때 비평가 자격을 갖추게 된다.

물론 예술의 규칙이 더 객관적으로 보일 수 있다. 하지만 규칙 의존은 손실도 크다. 규칙은 과거의 것으로 시대 흐름에 뒤처진다. 또 자기 권위를 세우려고 규칙을 이용하는 이도 많다. 역사는 규칙만 강조하던 고루한 아카데미 예술가를 기억하지 않지만, 그들은 그 덕에 제도적 권력을 만끽했다.

가치 기준은 탁월성을 추구하는 인간에 기반해야 한다. 사람들도 공감으로 비평가들이 느낀 미적 가치를 공유하고, 또 새로운 이상까지 포착할 수 있기 때문이다. 이는 동서고금의 사상가들이 단순한 '법치'보다는 통치자의 정신 능력 고양에서 바람직한 사회 운영 방법을 찾던 일과 일맥상통한다. 서로 조율하며 조화롭게 살려면 생동하는 가치 기준이 필요하다.

하지만 진정한 비평가가 있을까? 회의론의 그림자가 다시 엄습한다. 또 흄의 결론은 순환론의 위험도 있다. 대상의 미적 가치는 참된 비평가가 알아보는데, 누가 참된 비평가인지 아는 일은 그가 대상의 아름다움을 제대로 알아보는지에 달려 있다. 서로 확증하기 어렵다. 합당한 의심이다. 하지만 흄의 기준을 무력화할 정도는 아니다. 다 베어내는 칼이 좋은 칼의 기준은 아니다. 우리는 가치 기준의 실제 역할을 재고해야 한다.

취미에서 흄의 관심은 실제에 있다. 사람들의 취미가 다양한 것은 상시 있는 일이다. 나쁜 것도, 통제 대상도 아니다. 단, 사람들이 쉽사리 극단적 상대주의로 쏠리기 때문에 버팀목은 마련해야 한다. 기준이 완전히 객관적일 필요는 없다. 인간인 한 완벽을 이루기가 어렵고, 오히려 완벽함을 기준으로 삼는 사회는 위험하다. 힘을 쥔 소수의 통제 의도가 담긴다. 상대방의 불완전을 비난하면 자기 권위가 유지되니까. 나치 독일, 소련 등 전체주의 사회는 저마다 완벽한, 순수한 이상과 기준을 제시하며 파멸의 길을 걸었다. 건강한 사회는 가치 다양성을 유지하며, 가치 충돌 시 조율 능력을 발휘할 기준을 겸비할 때 가능하다.

흄의 고찰은 개인을 강조하는 현대인에게 새로운 물음을 던진다. 나도 취미의 기준이 되어야 하는가. 그냥 내 느낌대로 살면 안 되는가. 물론 어느 정도 그래도 된다. 내 즐거움은 진짜이지만 언제나 옳지는 않음을 유념해야 한다. 사람들이 내 취미를 탐탁하게 보지 않을 수 있다. 자존심이 상한다. 그럴 때 비이성적 억지 주장을 펼치거나, 권력에 아부하며 힘을 좇는 이들이 많다. 위계에 기대어 자기 입맛대로 가치를 재단하고, 자기와 다름을 벌하고 싶어 한다. 하지만 이는 동물적 해법이다. 흄은 우리가 인간의 길을 가기를 바란다. 우리도 인간인 한, 타고난 능력을 갈고닦아 참된 비평가가 되어 내 취미의 합당성을 보일 수 있다. 쉽지 않지만, 이것이 내 인간적 존엄을 지키는 일이다.

최도빈

레이던대 철학과 교수

인간 불평등 기원론

DISCOURS SUR L'ORIGINE ET LES FONDEMENTS DE L'IN ÉGALITÉ PARMI LES HOMMES

장 자크 루소 Jean-Jacques Rousseau (1712~1778)

불평등은 고금을 막론하고 모든 사회에 존재했다. 불평등은 당연한 것으로 전혀 문제적으로 인식되지 못했다. 불평등은 자연적이고 당연한 것으로 여겨져 루소 이전까지 전혀 문제 되지 않았다. 그래서 인간이 평등해야 한다고 생각하는 것 자체가 대단히 근대적인 발상이고 혁명적인 생각이었다. 장 자크 루소가 인간 불평등의 기원을 분석한 것은 당연한 것을 당연하게 보지 않았다는 점에서 그리고 불평등의 기원을 찾고자 했다는 점에서 엉뚱하기조차 한 시도였다.

루소는 흔치 않은 삶을 살았다. 루소는 스위스 제네바에서 프랑스 부모에게서 태어났지만 어머니는 루소를 낳다가 돌아가셨다. 시계를 만드는 장인인 아버지는 부유하게 살았지만 제네바시와 마찰이 생겨 제네바를 떠나면서 당시 10세인 루소를 루소 어머니 가족에게 맡겼다. 교육을 제대로 받지 못한 루소는 조각을 배우는 견습공으로 일하기도 했다. 16세에 스위스를 떠나 유럽을 떠돌다 30세 때 파리에 정착했다. 그 사이에 운 좋게 사보이에서 워렌스 남작을 후원자로 만나 그의 집사 노릇을 했다. 파리에서는 악보 복사자, 교사, 비서, 작곡가 등 다양한 일을 하며 생계를 유지했다. 이때 루소는 백과사전파 핵심 인물인 드니 디드로를 만났다. 루소가 37세 때 디드로가 반종교적인 책을 집필했다는 이유로 수감되자 그를 감옥으로 찾아가 면회도 했다. 이러한 경험으로 루소는 기존의 사회제도가 인간을 나쁘게 만든다는 생각을 더 강하게 하게 되었다.

루소가 사상가로 인정받기 시작한 데는 1749년 파리에서 빈으로 가는 길에 우연히 읽은 스위스 디종 아카데미 에세이 상 뉴스가 계기가 되었다. 스위스 디종 아카데미가 "과학과 예술의 발전은 부패에 기여했는가 아니면 인간 행위의 개선에 기여했는가?"라는 주제로 에세이 공모전을 연다는 뉴스였다. 루소는 이 뉴스를 읽고 눈물을 흘렸다고 했다. 그는 자신이 살아온 것만 써도 사회의 모순을 명쾌하게 밝힐 거라고 생각했다. 루소는 사람이 선하게 태어나지만 사회제도가 사람을 나쁘게 만든다고 생각해 이를 에세이로 썼다. 루소의 『예술과 과학론』은 이렇게 세상에 나왔다. 최우수상을 받은 루소는 사상가로 새로운 길을 시작할 수 있었다. 더구나 1752년 루소가 작곡한 오페라 〈마을의 점쟁이〉가 흥행에 성공해서 저술에만 몰두할 수 있었다.

루소의 『인간 불평등 기원론』은 바로 이 시기에 쓰인 책이다. 1754년 디종 아카데미는 "인간 불평등의 기원은 무엇이고, 그것은 자연법으로 정당화될 수 있는가?"라는 주제로 에세이 공모전을 했다. 이때 루소가 제출한 에세이가 바로 『인간 불평등 기원론』이다. 이 책은 상을 받지는 못했지만 1755년 책으로 출판되어 불평등과 관련된 이론적 논의에 대단히 큰 영향력을 행사하게 되었다. 이 책은 불평등의 기원을 다룬 역사서가 아니다. 불평등의 기원에 관한 가상적 상황을 설정해 사변적 논의를 제시했다는 점에서 사상서라고 볼 수 있다.

루소의 『인간 불평등 기원론』은 헌정사, 서문, '인간의 성격에 관한 탐구'와 '사회 속 인간의 진화에 관한 탐구' 4부로 구성되었다. 인간의 성격에 관한 탐구에서 루소는 두 가지 불평등 유형을 구분했다. 하나는 자연적 혹은 물리적 불평등이다. 나이, 육체적인 힘, 운동능력, 정신 등의 불평등이다. 다른 하나는 도덕적 혹은 정신적 불평등이다. 도덕적 불평등은 인간에게 독특한 것으로 제도적으로 만들어진 특권과 관련이 있다. 예를 들어 부, 사회적 지위, 명예, 권력 등에서 차이를 의미한다. 이는 사회 내에서 사회적으로 만들어진 불평등이다. 이러한 불평등은 사회 관습으로 만들어졌다. 부를 획득하는 방법, 신분 위계와 사회 내에서 권력 등은 사회적 관습으로 만들어졌고, 사회마다 다른 양상을 보일 수 있다고 보았다.

루소는 사회의 출발을 논의하려면 먼저 사회 이전 단계인 자연 상태를 논의하는 것이 필요하다고 보았다. 자연 상태는 인간이 개입해 제도화되기 이전 상태로 신이 인간을 창조한 상태라고 보았다. 국가가 생기기 이전의 순수한 상태다. 그는 자연 상태를 설명하려고 '가설적 추론'을 한 것이다. 신이 인간을 창조했기 때문에 인간들 사이의 불평등은 오직 신의 뜻에 따라서만 존재할 수 있다고 보았다. 그것을 자연적 불평등이라고 했는데, 신의 뜻이 아니라 인간의 뜻에 따른 불평등은 도덕적 불평등이라고 보았다. 도덕적 불평등은 신의 뜻에서 벗어난 문제적 불평등이다.

루소에 따르면, 자연 상태에서 인간인 야만인은 종족 보존은 물론 고통을 싫어하는 마음과 동정심을 가지고 있다. 이러한 인간은 자신만을 위해서 활동하며, 다른 사람들과 갈등을 보이지도 않았다. 자연 상태의 인간은 다른 동물과 비슷했다. 유일한 관심은 종족 보존이었기 때문에 식량과 번식이 주된 관심사였다. 야만인은 복잡한 언어가 필요하지 않다. 그러나 유목 생활에서 정주 생활로 바뀌면서 인간은 자연 상태에서 지녔던 힘도 약해졌기에 서로 협력하여 맹수에 대항해야 했다. 다른 사람의 도움이 필요한 경우, 토지가 더 많은 사람에게는 동료의 노동력이 아니라 노예의 노동력이 필요하게 된다. 인간이 더 많은 여가를 누리게 되었지만, 다른 사람을 질투하고 다른 사람과 비교하는 것도 심해졌다. 토머스 홉스가 주장하는 것처럼, 생존하려면 국가가 필요하다고 생각하기에 이르렀다. 홉스는 만인에 대한 만인의 투쟁을 막으려면 국가가 필요하다고 보았다. 자연 상태에서 인간은 점잖았지만, 오늘날에는 다른 사람과 협력이 필수가 되었고 또한 억압도 발달했다. 토지 분할경작이 시작되면서 토지 소유가 가장 중요한 정의의 원칙이 되었다.

루소는 야만인과 비교하여 현대인의 능력이 상당히 발전했지만, 현대사회에서 인간이 다른 인간의 노예가 되고, 새로운 욕구에 복종하게 되었다고 주장했다. 평등의 붕괴가 갈등과 전쟁으로까지 이어지면서 현대사회에서는 자유를 내세우지만, 속박을 만들어냈다는 것이다. 루소는 바로 이러한 특징이 자연과 대비되는 '사회'의 기원이라고 한다. 자연을 잃어버린 사회는 불평등을 만들고, 강탈을 권리로 만든다. 루소는 소수의 이익을 위해서 모든 사람이 예속과 힘든 노동에서 벗어나지 못하게 되었다고 본다. 루소는 계몽주의적 인간관인 이성적 인간을 부정적으로 인식하고, 자연 상태의 인간을 이상적 인간형으로 내세웠다. 언어가 발달하기 전의 인간, 이성이 발달하기 전의 인간, 사회가 형성되기 전의 인간인 자연인(야만인)을 이상적인 인간으로 인식하고 평등한 사람들의 시대를 가설적으로 논의했다. 또한 계몽주의적 인간으로 이루어진 사회를 시민사회civil society라 부르고, 이러한 사회를 불평등이 만연한 사회라고 비판했다. 사람들이 다른 사람들과 비교하고, 타인에 대한 연민이 사라졌다는 것이다.

루소는 제대로 교육을 받지 못했지만 계몽사상가들 중 현대 정치사상에 가장 큰 영향력을 행사한 인물이라는 평가를 받는다. 그만큼 루소의 사상이 현대 사회제도가 만들어내는 부정적 현실을 비판하는 근거를 풍부하게 제공했기 때문이다. 불평등과 관련해 제도가 불평등을 만든다는 혁명적 사고는 루소 이전에는 없었다. 루소는 이론적인 논의로 이러한 결론에 이르렀지만, 인간이 만들어낸 제도가 불평등을 만들어낸다는 인식은 현대 불평등 논의에서 가장 핵심 명제가 되었다. 제도는 무엇이고 제도의 어떤 요소가 불평등을 만들어내는 중요한 요소인지에 대한 논의는 다양하지만, 불평등이 사회제도의 산물이라는 인식은 모든 불평등 연구자가 공유하는 관점이다.

신광영

중앙대 사회학과 명예교수

도덕감정론

THE THEORY OF MORAL SENTIMENTS

애덤 스미스 Adam Smith (1723~1790)

애덤 스미스의 이름을 지성사에 길이 남긴 책은 단연코 1776년에 출간된 『국부론』이다. 그러나 스미스가 평생 학자로 누린 명성은 1759년에 자신의 첫 저서로 발간한 『도덕감정론』에 기인한다.

『도덕감정론』은 발간 즉시 영국뿐 아니라 유럽 전역에서 커다란 주목을 받았다. 프랑스의 사교 살롱에서 이 책은 데이비드 흄에 버금가는 논의의 대상이 되었다. 이마누엘 칸트는 스코틀랜드 도덕철학의 여러 저서 중 『도덕감정론』을 가장 높이 평가했다. 스미스가 1764년 글래스고대학교 교수직을 그만두고 버클루 공작의 개인교사로 공작의 유럽 장기 사교여행에 동행한 것도 『도덕감정론』의 명성에 힘입은 것이다. 스미스 자신도 『도덕감정론』에 더 많은 애정을 보였다. 스미스는 생애의 황혼에 이르러서도 책 내용을 다듬었다. 그리고 죽기 몇 달 전에 『도덕감정론』 제6판을 세상에 내놓았다.

후세의 독자에게 『도덕감정론』이 중요한 이유는 크게 두 가지다. 첫째, 『도덕감정론』과 『국부론』은 비록 17년의 간격을 두고 발간되었지만 하나로 묶어 읽을 때 비로소 스미스의 사상을 온전히 전달할 수 있다.

이 두 저서는 스미스의 '사람에 관한 과학' 구상에서 불가분한 두 중심 축을 구성한다. 둘째, 『도덕감정론』은 『국부론』과 함께 미국 독립혁명과 프랑스혁명을 전후하여 지식층 사이에서 격렬하게 진행된 논의에서 중요한 한 부분을 차지했다.

1748년부터 에든버러에서 수사학과 문학에서 경제학사에 이르는 넓은 주제로 대중 강연을 진행하던 스미스는 1751년 글래스고대학교 논리학 교수로 임용된다. 이듬해 스미스는 공석이 된 도덕철학 교수로 지위를 옮긴다. 당시 도덕철학은 자연신학, 윤리학, 법학, 경제학을 망라한 학문이었다. 이곳에서 스미스는 스코틀랜드 계몽주의의 전통 속에서 독창적인 '사람에 관한 과학'을 구상한다. 『도덕감정론』은 그 구상의 전반부, 즉 인간의 본성과 특성을 연구한 책이다.

『도덕감정론』은 '공감sympathy'을 논의하며 시작한다. 공감은 '상상imagination'으로 이루어진다. 곡예사가 외줄의 다른 한쪽 기둥에 무사히 도착했을 때, 나 자신이 외줄을 탄 것은 아니지만 깊은 안도감을 느낀다. 곡예사의 감정에 공감하는 것이다. 공감은 내가 다른 사람의 상황에 있다고 상상할 때 내가 느낄 감정이다.

도덕적 판단은 궁극적으로 공감에 기초한다. 타인의 감정에 내가 공감할 때 나는 그 감정을 '인정'한다. 그리고 그런 인정 여부로 나는 그 감정이 주어진 상황 속에서 적절한지 아닌지를 판단한다. 행위의 적절성에 도덕적 판단을 내리는 것이다. 행위의 장단점에 대한 도덕적 판단도 있다. 이 판단은 행위자에 대한 공감을 피행위자에 대한 공감과 동시에 고려할 때 이루어진다. 공감을 통한 도덕적 판단은 나 자신에게도 적용된다. 내 행동을 관찰하는 사람이 상상 속에서 내 행동에 어떻게 공감할지를 상상해봄으로써 나는 나 자신의 행동에 따른 공감 여부를 판단할 수 있다.

공감이 상상으로 이루어지므로 내가 느끼는 감정이 타인이 실제로 느끼는 감정과 반드시 같으리라는 보장이 없다. 두 감정 사이에는 항상 간격이 존재할 가능성이 있다. 그런데 바로 이 가능성 때문에 사람들은 삶에서 다른 사람들의 감정을 되도록 같이 느끼려고 노력한다. 다른 사람이 내 감정에 공감하는 것을 보는 일만큼 나를 행복하게 해주는 것은 없다. 반대로 내 감정에 아무도 공감하지 않을 때만큼 나를 슬프게 하는 것도 없다. 다른 사람이 내 감정에 완전히 공감하기를 바라는 만큼 나도 다른 사람의 감정에 완전히 공감하려고 노력하는 것은 매우 자연적인 일이다.

사회적 덕목은 바로 이런 쌍방향의 감정 조정 과정에서 발생한다. 그런데 이 과정에서 내가 갖고자 하는 느낌과 그 느낌을 판단하는 기준이 실제 내가 살고 있는 사회에서 통용되는 느낌과 기준에 일치할 필연성은 존재하지 않는다. 여기서 스미스는 **'공정한 관찰자**the impartial spectator' 개념을 불러낸다. 각 사람에게는 주어진 상황에 대해 공정한 관찰자 처지에서 판단을 내리는 **'가슴속 인간**man in the breast'이 존재한다. 도덕적 규범은 공정한 관찰자 시각에서 상황을 바라볼 때 나타날 행위와 반응이다.

미국 독립혁명 형성에 『도덕감정론』이 미친 영향은 그리 크지 않아 보인다(이때는 아직 『국부론』이 출간되기 전이다). 그러나 독립이 선언된 후 이 책에 대한 미국 계몽주의자들의 평가는 급격히 높아진다. 1790년대에 흄의 저서보다 『도덕감정론』을 소장한 대학 도서관이 더 많았다. 1790년 초 당시 미국의 초대 부통령 존 애덤스는 법률가로서 경력을 갓 시작한 아들에게 "인류에게 도덕, 정치, 법에 관해 내가 읽었던 그 어떤 책들보다도 더 계몽적인 성찰들"로 『국부론』과 함께 『도덕감정론』을 권장했다.[26] 제임스 매디슨이 1790년대에 《내셔널 가제트》에 쓴 칼럼들에는 스미스의 영향, 특히 그의 공감 이론의 영향이 뚜렷하다. 『도덕감정론』은 기존 사회질서를 변혁하는 혁명보다는 혁명 후 정립되어야 할 도덕적 적절성을 바탕으로 하는 시민사회를 안내하는 데 더 적절했다.

혁명이 공포정치로 변질하면서 프랑스에서는 사유재산, 불평등, 인간의 정념, 정치적 안정 등에 대한 논쟁이 더 치열해졌다. 논쟁의 한편에는 자코뱅파가, 다른 한편에는 셰예스 신부, 피에르 루이스 뢰더러, 마르퀴스 드 콩도르세 같은 사람들이 있었다. 논쟁은 인간에게 본래적으로 사회성이 있는지의 문제를 중심으로 이뤄졌다. 자코뱅파는 루소의 사상을 따랐다. 자연 상태에서 사람에게 다른 사람은 필요하지 않다. 사람은 자기 보전에 필요한 모든 자연적 능력을 갖추었기 때문이다. 다른 편 사람들은 『도덕감정론』에 기댔다. 사람의 본성은 자연적으로 주어지는 것이 아니라 사회적 관계를 바탕으로 구성되는 것으로 이해되었다. 이는 궁극적으로 민주주의적 주권, 대의 정부와 양립할 수 있는 인간의 정념에 관한 논쟁이었다.

결국 자코뱅파는 1793년 콩도르세에게 반역죄로 체포령을 내린다. 콩도르세는 1794년 체포되어 옥중에서 사망한다. 그로부터 4년 뒤 콩도르세의 부인 그루시는 『도덕감정론』을 프랑스어로 번역한 뒤 자기 생각을 편지 형식의 글 8편으로 정리해 『공감에 관한 서한들』로 번역판에 첨부했다.

박만섭

고려대 경제학과 교수

국부론

An Inquiry into the Nature and Causes of the Wealth of Nations

애덤 스미스 Adam Smith (1723~1790)

"각 개인이 자신의 상황을 개선하려 노력하는 것은 자연스러운 일이다. 이 노력은 자유와 안전 속에서 작동하게 놓였을 때 무척이나 강력한 원리가 된다. 다른 아무런 도움 없이도 단독으로 사회를 부와 번영으로 이끌 수 있을 뿐 아니라 사람들이 만든 법의 어리석음으로 작동이 방해받을 때도 그런 수많은 장애를 극복할 수 있다."[27]

이 구절은 『국부론』의 철학을 요약한다. 그리고 이 철학은 후세대에게 끊임없이 이용(혹은 오용)된다.

스코틀랜드 계몽주의 전통의 '인간에 관한 과학'은 인간 본성을 탐구하는 데서 시작해 사람들이 모여 사는 사회의 작동에 대한 탐구로 이어진다. 1759년에 발간된 『도덕감정론』은 애덤 스미스의 '인간에 관한 과학'의 전반부를 구성한다. '국부의 본질과 원인'을 다루는 『국부론』은 후반부에서 사회의 경제적 측면에 관한 탐구를 맞는다.

스미스는 사회의 통치 형태와 경제적 유형이 밀접하게 연관되어 있다고 주장했다. 사회는 수렵, 유목, 농경, 상업의 단계를 거쳐 진화한다.

사회 단계가 진화함에 따라 사유재산으로 부의 불균등이 심화하고, 그에 따라 사회 구성원 집단들 사이의 정치적 권력관계도 변화한다. 스미스 시대에 사회는 가장 높은 진화 단계인 상업사회 단계에 와 있었다. 이 단계에서는 모든 재화와 서비스에 가격이 설정된다. 부가 이전보다 훨씬 더 넓게 분배된다. 그에 따라 봉토 제도에 근거했던 이전의 권력관계는 와해되고 정치적 권력도 상인 계층으로 옮겨간다.

『국부론』은 상업사회에서 '국부의 본질과 원인'이 무엇인지를 탐구한다. 중상주의에 따르면, 한 나라의 부는 그 나라가 통제하는 자원의 규모에 비례한다. 이에 반해 스미스는 국부의 규모는 일정 기간에 그 국가가 생산해내는 산출량에 비례한다고 주장했다. 상업사회는 지주, 노동자 그리고 제조업자 세 계층으로 구성된다. 생산량이 증가하면, 이 세 사회계층의 삶이 모두 개선된다. 생산량 증가로 사회를 구성하는 모든 사람의 삶이 개선되는 것이 바로 국부의 증가가 궁극적으로 뜻하는 것이다.

국부의 증가, 현대 용어로 경제성장은 '노동의 생산력(노동 생산성)' 증가로 가늠할 수 있다. 『국부론』의 서술은 노동의 생산력을 증가시키는 요인이 '노동 분업'이라는 주장으로 시작한다. 여기서 스미스가 든 핀 공장의 예는 지금은 상식에 속한다.

스미스는 노동 분업이 인간의 본성에 기인한다고 생각했다. 사람에게는 '한 물건을 다른 물건으로 서로 바꾸고, 주고받고, 교환하려는 성향'[28]이 있다. 사람들은 특히 상업사회 단계에서는 다른 사람들의 도움을 받지 않고는 살아갈 수 없다. 다른 사람이 나를 돕게 만드는 방법은 무엇일까? 내가 원하는 것을 그들이 해주는 것이 그들에게도 이득이 되도록 만드는 것이다. 그것을 가능하게 하는 것이 교환이다. 상업사회에서는 사람들이 자신의 생산물에서 자신이 필요한 것을 넘는 부분, 즉 잉여를 언제나 다른 사람과 교환할 수 있다. 이때 사람들은 잉여를 가능한 한 크게 만들려고 할 것이다. 노동 분업이 그것을 가능하게 한다.

교환을 목적으로 잉여를 극대화하려는 시도는 개인의 자기이해 추구 성향에서 기원한다. 자신의 상황을 더 좋게 만들려는 사람들의 성향은 "우리에게 어머니의 자궁에서부터 주어지고 우리가 무덤에 가기까지는 결코 우리 곁을 떠나지 않는 욕망"[29]이다. 그런데 노동 분업이 인간 본성에서 발원한다면 왜 유독 상업사회 단계에 이르러서야 실현되었을까? 노동 분업이 실현되려면 분업으로 생산을 수행할 정도로 충분한 규모의 노동이 고용되어야 한다. 그렇게 하려면 그런 노동을 '흡수'할, 즉 노동과 같이 생산에 투여되어 생산물을 만들어낼 자본이 필요하다. 그런 규모의 자본축적은 상업사회 단계에 이르러서야 이뤄졌다. 자본축적은 국부 증가의 전제조건이자 결과다.

스미스가 생각하는 '완전한 자유 체계'는 모든 개인이 각자 자기이해를 추구하는 (그것이 궁극적으로 노동 분업으로 실현되어 국부를 증가시키는) 사회였다. 이런 사회가 어떻게 질서를 유지하는가 하는 문제는 스미스가 철학자로서 답해야 할 문제였다. 『도덕감정론』은 사회의 질서를 각 개인의 가슴속에 있는 '공정한 관찰자'에서 찾았다. 『국부론』은 답을 '경쟁'이라는 제도적 메커니즘에서 찾는다(통상적으로 이 과정은 '보이지 않는 손'이라는 은유로 표현된다). 경쟁은 내 처지를 개선하려는 욕망이 다른 사람의 동일한 욕망에 대치되는 상황이다. 상품 가격은 수요와 공급에 따라 결정되는데, 자신의 이득을 최대로 만들려는 각자의 시도는 상품 가격을 '자연적' 수준에, 일시적으로 그 수준에서 벗어나더라도 다시 돌아가게 만든다.

더욱 중요한 것은 노동에 대한 임금, 토지에 대한 지대, 자본에 대한 이윤도 경쟁을 거쳐 각자의 '자연적' 수준에, 일시적으로 그 수준에서 벗어나더라도 다시 돌아간다는 것이다. 사회를 구성하는 세 계급이 자신의 경제적 활동에 대한 보답을 궁극적으로 '자연적' 수준에서 획득할 수 있다면, 그 사회가 질서에서 벗어날 이유는 내재적으로 존재하지 않는다. 그리고 그런 상황을 실현하는 메커니즘은 개인의 자기이해에 근거한 경쟁이다.

『국부론』은 1776년에 1000페이지에 가까운 분량으로 두 권으로 출간됐다. 책은 출판사는 물론 독자에게도 몹시 부담스러웠다. 그러나 책은 출간 즉시 '예상치 않은 베스트셀러'가 되었다. 발간 초기에 『국부론』은 정치적 '우파'와 '좌파' 모두에게 이용되었다. 예를 들어, 18세기 말 영국 의회에서 스미스는 노동조합이나 최저임금제를 찬성하는 데는 물론 반대하는 데도 인용되었다. 프랑스혁명을 전후해 이 책이 혁명에 사상적 근거를 제공하는 중심 출처 중 하나였음은 잘 알려져 있다.

세월이 흐를수록 스미스는 더 강력하게 '자유방임주의' 혹은 '자본주의'를 정당화하는 근거로 이용되었다. '보이지 않는 손'은 그런 정당화를 대표하는 은유였다. 19세기 초 "유럽에서 애덤 스미스는 나폴레옹 다음으로 가장 강력한 왕"[30]이라는 로자 룩셈부르크의 말은 그 상황을 요약한다. 1970~1980년대에 스미스는 정치·경제 분야에서 신자유주의의 선구자로 널리 인용되고 이용되었다.

21세기에 들어선 현재도 상황은 그리 다르지 않다. 2023년에 스미스 탄생 300주년을 기념하는 수많은 행사에서 스미스는 여전히 '자유방임주의'를 정당화하는 사상가로, 반면에 현실은 스미스의 사고에 반해 여러 '장애'가 설치된 극복되어야 할 존재로 그려졌다. 이들에게 『국부론』에서 자기이해를 추구하며 활약하는 개인이 『도덕감정론』에서 그려진 공감을 바탕으로 사회적 규범이 성립된 사회 속에 사는 개인이라는 사실은 크게 안중에 없어 보인다.

박만섭

고려대 경제학과 교수

순수이성비판

KRITIK DER REINEN VERNUNFT

이마누엘 칸트 Immanuel Kant (1724~1804)

"인간의 이성은 자신이 거부할 수도 그렇다고 대답할 수도 없는 문제로 괴로워하고 있다. 이 문제는 이성의 본성 자체에서 비롯되기에 거부할 수 없는 것이며, 인간 이성의 모든 능력을 넘어서는 것이기에 대답할 수 없는 것이다."[31]

이마누엘 칸트의 『순수이성비판』 초판의 첫 문장에서 등장하는 이 문제는 바로 형이상학을 가리킨다. 이로써 칸트는 수천 년간 인간을 괴롭혀온 형이상학을 새로운 궤도 위에 올려놓고자 했다.

칸트는 독일 쾨니히스베르크에서 태어나 같은 곳에서 생을 마쳤다. 마구馬具 제작을 업으로 삼은 그의 부모는 루터교 전통의 경건주의적인 가정을 꾸렸다. 우리에게 잘 알려진 칸트의 매우 규칙적인 생활과 엄격한 형식주의 철학은 이러한 집안 분위기에서 비롯했다. 그러나 칸트는 결코 경직되고 고답적인 인물이 아니었다. 그는 카드 게임이나 내기 당구를 즐겼으며 사교 모임에서도 재치 있는 농담으로 인기가 많았다. 그의 규칙적인 삶은 40세가 넘어 건강을 유지하려고 시작되었으며 평생

독신으로 산 것은 부모를 모두 여읜 20세 초반부터 부딪친 경제적 어려움 때문이었다. 물론 그는 어려서부터 경건주의적인 교육을 받았다. 고전어와 성서를 공부하고 대학에서는 논리학, 수학, 자연과학, 철학을, 특히 뉴턴 물리학과 라이프니츠·볼프 전통의 합리론을 집중적으로 연구했다. 그러나 칸트의 개방적 성격은 당시 유럽을 휩쓴 계몽사상을 폭넓게 수용했으며 자신이 몸담아 온 합리론 전통을 비판적으로 되돌아보는 이른바 비판적 전환의 계기를 가져왔다.

『순수이성비판』은 바로 이 비판적 전환의 최초 성과물이라고 할 수 있다. 그러나 이 책의 파급 효과는 칸트 개인을 넘어 철학사 전체의 전환점을 이룬 것으로 평가된다. 칸트는 이 책을 펴내려고 10여 년간 연구와 수정을 거듭했지만 정작 저술은 네다섯 달이라는 짧은 기간에 완료했다. 이후 그는 초판 서문Vorrede에서도 고백한 불명료함을 극복하려고 6년 뒤에 자신이 직접 수정한 개정판을 내놓았다. 따라서 오늘날 우리는 『순수이성비판』을 1781년 초판과 1787년 재판 두 권으로 마주해야 한다. 이 두 판본 간의 연속성이나 불연속성에 관해서는 학자들 사이에서 여전히 논란거리가 많다. 그럼에도 그 누구도 부인하지 않는 공통점도 많다. 다른 무엇보다 철학사의 전환기를 이룬 저 비판 정신이 그렇다.

『순수이성비판』은 '이성 능력 일반의 비판'을 목표로 삼는다. 비판Kritik은 원래 중대한 분기점crisis에서 각자 가야 할 방향을 나누고 결정해준다는 의미의 그리스어 크리네인krinein에서 파생된 말이다. 이러한 의미에서 『순수이성비판』은 무엇보다 순수하게 사용되어야 할 이성이 불순하게 사용되는 이성 자신에 대한 비판이라고 할 수 있다. 그러나 이성의 자기비판은 이것만이 아니다. 칸트가 보기엔 언제나 경험적 인식에 기반을 두어야 할 이성이 이 기반을 초월해 너무 순수하게 사용되는 것도 문제다. 오랜 세월 인간 이성을 괴롭혀온 형이상학처럼 말이다. 그렇기에 어찌 보면 『순수이성비판』은 수십 년간 합리론 전통의 형이상학 연구에 전념해온 칸트 자신에 대한 비판이라고 할 수도 있다. 칸트는 그만큼 자기 자신에게 성실하고 개방적이었다.

그렇다면 이성이 결코 떠나지 말아야 할 경험적 인식이란 무엇인가? 이러한 인식은 어떻게 가능한가? 한마디로 경험 가능성의 조건은 무엇인가? 무엇보다 먼저 이것을 규명하려는 『순수이성비판』은 바로 그 때문에 동시에 인식 비판이자 근대의 경험론과 합리론을 비판적으로 종합한 새로운 인식론이기도 하다. 이를 가장 잘 표현하는 것이 재판 서론Einleitung의 다음 문장이다. "우리의 모든 인식은 경험과 함께 시작한다." 그러나 그렇다고 "우리의 모든 인식이 경험에서 비롯하는 것은 아니다."[32] 우리는 항상 어떤 대상에 자극받아 경험하고 무언가를 안다. 이 경험 대상은 외부 사물일 수도 있고 우리의 심적 상태일 수도 있다. 이때 주의해야 할 것이 있다. 우리가 경험하는 것은 언제나 그 대상이 우리의 감각 기관에 나타나는 모습, 즉 현상Erscheinung일 뿐이지 그 대상 자체의 불변하는 본모습 같은 것은 아니라는 점이다. 칸트는 이 후자를 사물 자체Dinge an sich라 하고 이것을 경험 대상, 즉 현상이 있으려면 그 자체로 무엇인지는 모르지만 현상하는 어떤 것으로 생각해야 한다고 설명했다.

우선 현상하는 대상의 다양한 내용은 우리 감성으로 수용된다. 다시 말해 대상을 직관하거나 감각하고 지각하는 우리의 능력은 감성Sinnlichkeit이다. 예컨대 푸르게 보이는 어떤 것을 감성적으로 직관하고 난 다음 우리는 이렇게 말한다. 이 소나무는 푸르구나. 그런데 칸트에 따르면 이와 같은 경험적 인식은 직관의 내용만 가지고 형성된 것이 아니다.

어떤 것을 보고 소나무라 하고 그것의 어떤 모습을 보고 푸르다고 말했기 때문이다. 이 인식 판단에는 소나무라는 개념과 푸름이라는 개념이 사용되었다. 물론 이러한 개념들은 우리가 어려서부터 다양한 경험과 교육으로 이렇게 생긴 것은 이렇게 부른다고 알게 된 것들이며, 이러한 의미에서 경험적 개념들이다. 칸트는 이처럼 직관된 내용을 어떤 개념으로 통일하는 능력을 오성 또는 지성Verstand이라고 했다.

여기까지 경험적 차원에서 이루어지는 이 모든 일을 이해하는 것은 그리 어렵지 않다. 그런데 칸트가 보기에 이러한 경험을 하려면 경험에서 비롯하지 않은 요소들이 함께 작동해야 한다. 즉, 어떤 것이 직관되려면 직관의 형식으로서 공간과 시간이 있어야 한다. 또한 소나무라는 이 하나의 대상에 푸름이라는 성질이 긍정적으로 현존하는 것으로 인식하려면 하나(단일성), 긍정적 성질(실재성), 지금 있음(현존성) 같은 순수한 개념들을 사용해야 한다. 칸트는 이것들을 순수오성 개념들 혹은 범주들이라고 한다. 칸트에 따르면 직관의 형식과 범주는 경험이 가능하도록 경험에서 비롯하지는 않으나 모든 인간의 건전한 정신에 갖추어진 것들이다. 경험에서 독립해 경험에 앞서 선차적으로a priori 갖추어진 이러한 경험 가능성의 조건을 탐구하는 것을 칸트는 선험철학Transzendentale Philosophie이라고 했다.

그런데 문제는 이성에서 자주 발생한다. 이성은 순수한 개념들, 즉 범주들 자체를 통일하는 능력이기 때문이다. 예컨대 때에 따라 즐겁거나 슬프고 기쁘거나 노여워하는 여러 심적인 성질을 인식할 때 이 다양한 성질을 갖춘 하나의 주체를 상정할 수 있다. 이성이 이러한 주체를 상정해 오성으로 하여금 다양한 심적 상태를 인식하도록 인도하면 아무 문제가 없다. 이것은 오히려 이성의 건전한 사용에 해당한다. 그런데 이성이 온갖 심적 상태를 표출하는 영원불멸의 영혼 같은 것이 정말 있다고 판단하면 이때부터 문제가 생긴다. 온갖 것이 현상하는 이 세계의 궁극적 시초가 있다고 판단하거나 이 모든 것을 창조한 신이 있다고 판단하는 것도 마찬가지다. 이러한 존재자들은 우리가 경험으로 확인할 수 없는 것들이기 때문이다. 이로부터 칸트의 유명한 형이상학 비판이 본격적으로 추진된다. 이 비판의 절정은 무엇보다 전통 형이상학이 추구해온 신 현존 증명 비판일 것이다. 『순수이성비판』 이후 당시 철학적 신학이 그 학문적 지위를 상실한 것으로 평가되는 이유도 바로 여기에 있다.

그러나 칸트는 『순수이성비판』 후반부에서 이렇게 자신이 비판한 형이상학적 주제를 절제된 방식으로, 즉 이론적으로는 자연의 경험적 인식을 끊임없이 촉진하려면 상정해야 할 것으로, 실천적으로는 인간의 도덕적 행위를 부단히 격려하려면 요청되어야 할 것으로 다시 도입하고자 했다. 그 성과물이 1786년의 『자연학의 형이상학적 시원 근거들』과 1797년의 『도덕 형이상학』이다. 우리에게 잘 알려진 『실천이성비판』(1788)과 『판단력비판』(1790)은 칸트가 본래 의도한 이 두 가지 형이상학을 위해 계속해야 했던 또 다른 이성 비판의 결과물이다. 이렇게 늘 자기 자신에게 열려 있던 칸트의 철학은 한마디로 부단히 스스로 개정하고 완성해가는 계몽철학이라 할 수 있다. 그리고 그 시작에 『순수이성비판』이 있다.

남기호

(전) 연세대 철학과 교수

판단력비판

KRITIK DER URTEILSKRAFT

이마누엘 칸트 Immanuel Kant (1724~1804)

이마누엘 칸트가 66세에 출간한 『판단력비판』(1790/1793)은 헤겔의 『예술철학 강의』와 함께 서양 근대미학이 산출한 최고의 성취로 평가된다. 『판단력비판』은 전체적으로 두 부분으로 되어 있다. 칸트는 앞부분에서는 오늘날 보통 미학에서 다루는 '미적 경험과 예술'을 분석하고, 뒷부분에서는 '목적론적 판단'의 조건과 한계를 논의한다. '목적론적 판단'은 생물학의 연구 대상인 유기체(생명체)에 관한 판단과 이 세계 전체가 어떤 '의미 있는 체계'를 형성할 수 있느냐에 대한 거시적·가설적 판단을 포함한다. 요컨대 **『판단력비판』은 미적 판단의 토대 분석과 목적론적 판단의 토대 분석을 책 한 권에 통합했다.**

하지만 『판단력비판』이 후대에 끊임없이 영감을 준 것은 책의 특이한 구성보다는 인간의 감정과 예술 그리고 시민의 삶과 문화에 대한 빛나는 통찰들 덕분이다. 이들 가운데 가장 중요한 것은 미적 경험의 독자적 위상을 확고하게 논증한 것이다. 미적 경험은 이론적 경험이나 도덕적 경험과는 근본적으로 다르다. 칸트는 이 차이를 특히 두 가지 측면에서 분명히 한다. 하나는 주체의 '무관심성'이며, 다른 하나는 '미적 쾌감'

의 독특한 성격이다. 무관심성은 주체가 자연과 예술의 대상을 미적으로 경험할 때—미적 경험은 대상의 아름다움 또는 숭고함을 느끼는 경험인데—, 그 대상의 존재를 직접적으로 욕망하지 않으면서 관조하는 것을 가리킨다. 가령, 우리는 아름다운 풍광을 바라볼 때 그 풍광을 이룬 산, 숲, 하늘, 형태, 색채, 공간, 분위기 등을 소유하고 지배하겠다는 욕망을 품지 않는다. 그 자체를 있는 그대로 바라보고 음미하면서 좋아하는 것이다. 또한 칸트는 미적 경험을 동반하고 활성화하는 미적 쾌감(쾌락)이 일반적인 감각적 쾌감 그리고 좋음에 대한 쾌감과 질적으로 다르다는 것을 설득력 있게 해명한다. 우리는 보통 쾌감이라는 큰 집합 아래에 여러 종류의 쾌감이 포함되어 있다고 여긴다. 칸트는 미적 쾌감, 감각적 쾌감, 좋음의 쾌감이 각기 질적으로 다른 근거와 지향점을 갖고 있음을 보여줌으로써 이러한 통념을 결정적으로 바로잡는다. 맛있는 음식을 먹는 쾌감과 탁월한 작품을 감상하며 느끼는 쾌감은 그 근거, 과정, 목표가 전혀 다르다.

칸트의 두 번째 통찰은 미적 쾌감의 저변에 '형식'에 대한 주체의 능동적 '반성'이 놓였음을 밝힌 데 있다. 이때 반드시 유념해야 할 것이 있다. 미적 대상을 관조하는 주체는 이미 존재하는 대상의 형식을 단지 수동적으로 받아들이는 것이 아니다. 칸트는 관조하는 주체가 마음의 능력을 활용해 대상의 '미적 형식'을 능동적으로 형성한다는 점을 여러 차례 강조했다. 다시 말해 물리적 대상으로서 형식과 미적 대상으로서 형식은 서로 전혀 다른 차원이다. 가령, 모차르트의 협주곡을 꽤 똑똑한 원숭이와 어떤 사람이 함께 듣는다고 가정해보자. 원숭이도 음악을 듣고 기분이 좋아질 수 있다. 하지만 원숭이가 듣는 것이 인간이 듣는 것과 동등한 수준과 성격이라고 말할 수는 없다. 선명하게 대비하면, 원숭이는 같은 물리적 소리를 '감각적 자극'으로 듣고, 인간은 자신의 감정, 기억, 상상력 등을 움직이면서 '음악적 형식(멜로디, 화음, 악곡의 연속된 질서)'으로 듣는다. 이로써 칸트는 미적 경험과 예술의 본령이 인간이 능동적·문화적으로 산출하는 '미적 형식'의 차원에 있음을 논증했다.

이로부터 칸트의 세 번째 통찰이 도출된다. 그것은 미적 경험과 예술이 지닌 삼중의 중요성, 즉 인간학적·문화적·윤리적-사회정치적 중요성에 대한 통찰이다. 미적 형식을 실제 작품에서 창조하는 일은 일부 재능 있는 예술가(천재)들의 노력으로 가능할 것이다. 하지만 미적 형식을 감상하고 그 가치와 완성도를 평가하는 일은 누구나 할 수 있다. 칸트는 일정한 교육을 받은 시민이라면 누구나 아름다움과 숭고함이라는 두 종류의 미적 경험 혹은 미적 가치를 감상하고 평가할 수 있다고 보았다.

그런데 아름다움을 감상하고 평가할 때는 상상력과 지성이, 숭고함을 감상하고 평가할 때는 상상력과 이성이 활발하게 상호 작용한다.(칸트는 두 가지 지적 능력인 '지성'과 '이성'을 명확히 구별한다. 지성은 논리적 사고와 경험적 지식의 능력이며, 이성은 지성을 넘어 총체성, 무한성, 절대성을 상정하고 추구하는 능력이다. 다만, 이성은 과도한 이론적 추론과 비약에 빠지지 않도록 늘 경계해야 한다.) 따라서 미적 경험과 예술은 주체의 능동적 형성 능력인 상상력, 지성, 이성을 일깨우고 도야하는 데 중요한 역할을 할 수 있다. 이것이 인간학적 중요성이다.

문화적 중요성은 미적 경험과 예술이 시민사회의 조화로운 소통과 통합에 기여하는 데 있다. 미적 경험과 예술이 개인과 작품의 창조성과 독특성, 그 섬세한 표현능력과 공감능력을 긍정하고 촉진하기 때문이다. 다음으로 윤리적-사회정치적 중요성은 특히 '미적 이념'에 대한 칸트의 설명에서 간접적으로, 하지만 충분히 명확하게 읽어낼 수 있다. 미적 이념은 미적 대상에서 주체가 감지하는 상상력의 생동하는 이미지를 말한다. 그것은 말로 표현할 수 있는 것보다 훨씬 더 '풍부한 연상과 암시'를 불러일으키는 함축적 이미지다. 달리 말해 미적 이념은 근본적으로 통상적인 언어나 일반적인 개념과 법칙의 손길에서 벗어나 있다. 이는 미적 이념이 일반적 규칙이나 관습적 사고방식에 충격을 주고, 모종의 새로운 지각과 사유를 촉발할 수 있음을 말한다. 미적 이념은 이로써 공동체의 기존 규범과 질서를 다른 시각에서 바라보고, 아울러 새로운 윤리적 관계와 정치적 정의正義를 구상하는 계기가 될 수 있다.

칸트의 네 번째 통찰은 목적론적 판단의 분석에서 발견할 수 있다. 칸트가 『판단력비판』 후반부에서 목적론적 판단의 토대를 파고드는 것은 생명체와 세계 전체의 내적 연관성을 파악하는 일이 물리학의 기계론적 설명과는 근본적으로 다르다고 보았기 때문이다. 목적론적 판단에서는 항상 '부분과 전체 사이의 동시적 상호작용'을 잠정적으로 전제할 수밖에 없는데, 이는 기계론적 설명에서는 할 수도 없고 해서도 안 되는 전제다. 칸트는 기계론적 설명의 한계에 대해 뉴턴이 한 명 더 나타난다 해도 "풀 한 포기를 만들어낼 수도 없고, 풀 한 포기를 온전히 이해할 수도 없다"라는 유명한 말을 남겼다. 칸트 시대보다 생물학과 유전공학이 비약적으로 발전한 오늘날에는 여러 조건이 갖춰지면 무기체에서 유기체가 탄생할 수 있다고 보는 학자들도 많다. 아무튼 목적론적 판단의 특수성에 대한 칸트의 통찰은 19세기 생물학과 진화론의 부상을 예감했으며 현대 생물학, 뇌과학, 사이버네틱스, 체계이론, 생태학 등에도 여전히 생산적인 자극을 준다.

『판단력비판』의 이러한 통찰들은 미적 경험과 예술에 대한 기존의 시선을 혁명적으로 바꾸었다. 미적 경험과 예술은 이제 더는 단지 즐거운 감정이나 사교적 취향의 문제가 아니다. 반대로 미적 경험과 예술은 마음의 여러 능력이 어떻게 자유롭고 수준 높게 활성화되고 계발될 수 있는가, 그럼으로써 한 인간이 어떤 전인적 인간으로 성장할 수 있는가와 직결되어 있다. 또한 미적 경험과 예술은 시민사회와 시민문화의 조화로운 통합과 질적 고양을 좌우하는 중대한 사안이다. 우리가 오늘날 어렴풋하게나마 예술교육과 예술비평의 필요성을 인정하고 박물관과 미술관을 찾는 일이 의미 있다고 여기게 된 것은 그 역사적 연원을 볼 때 『판단력비판』 덕분이다.

아울러 『판단력비판』을 기점으로 미적 경험과 예술에 관한 학문적 연구가 본격적으로 시작되었다고 볼 수 있다. 오랫동안 미적 경험과 예술은 진리와 선, 곧 이론적 인식과 도덕적 교훈에 종속되어 있었다. 이제 『판단력비판』이 이런 관행의 토대를 확실하게 무너뜨림으로써 미적 경험과 예술이 학문의 고유한 연구 대상으로 부상한 것이다. 『판단력비판』은 미학과 예술철학의 진정한 출발점이 되었다.

나아가 『판단력비판』은 예술이론과 예술철학의 핵심 문제가 '미적 형식'이라는 점을 분명하게 각인해주었다. 오늘날에도 모든 예술이론가와 예술철학자는 작품의 '형식' 또는 '양식'에 특별히 주목하는데, 이는 확실히 칸트에서 시작된 이론적 전통이다. 또 낭만주의와 헤겔이 미적 형식 속에서 역사적 삶과 문화를 읽어내고자 하는 것도 이 전통을 역사적으로 확장한 결과라고 할 수 있다. 이 밖에 우리가 예술을 생각할 때 자연스럽게 떠올리는 가상, 유희, 이념, 천재, 독창성, 상상력 등의 개념도 『판단력비판』의 유산이다.

『판단력비판』은 실러의 미학이론, 쇼펜하우어의 예술철학, 슐레겔과 낭만주의 사상, 헤겔의 예술철학, 유미주의, 형식주의 예술론, 미적 경험론에 직접 영향을 미쳤다. 또한 아름다움과 숭고함, 예술제도, 예술교육, 예술치료, 창의성에 관한 현대의 모든 이론은 직간접적으로 『판단력비판』에 뿌리를 두고 있다. 무엇보다도 『판단력비판』은 미학의 연구대상과 분석적 연구 방법론을 전범으로 보여준 고전으로 오늘날까지 전 세계에서 미적 경험과 예술에 관한 '교과서' 역할을 하고 있다.

하선규

홍익대 예술학과 교수

홍루몽

紅樓夢

조설근 曹雪芹 (1724~1763)

"『홍루몽』『삼국연의』『수호전』을 읽지 않는 이는 중국인이 아니다!"

사회주의 현대중국을 건설한 혁명가 마오쩌둥이 한 말이다. 그가 이 말을 했을 때는 연안이라는 오지로 쫓겨 들어가 가까스로 혁명 근거지를 마련한 지 얼마 지나지 않아서였다. 그러니까 사회주의혁명의 명운이 위태롭던 때 했던 말이다.

마오쩌둥은 이 세 소설 중에서도 단연 『홍루몽』을 애독했다. 『홍루몽』은 본래 청대 조설근이 쓴 80회짜리 장편소설로 처음에는 필사본 형태로 널리 읽혔다. 그러다가 조설근이 죽고 30년쯤 후 고악(1740?~1815?)이 뒤에 40회를 더 붙여 총 120회로 된 목활자본을 1791년에 출간했다. 이를 기점으로 『홍루몽』은 상당한 신드롬을 일으키며 크게 성행해 청대뿐 아니라 중국 고전소설을 대표하는 작품으로 자리매김했다. 이 『홍루몽』을 마오쩌둥은 적어도 다섯 번 이상 읽었다고 고백했다. 『홍루몽』에 대한 마오쩌둥의 애착이 남달랐다고 할 수 있는데, 이는 두 가지 점에서 주목할 만하다.

첫째는 사회주의 혁명가조차 『홍루몽』을 중국 고전소설 가운데 최고봉으로 꼽았다는 점이다. 중국 고전소설을 대표하는 작품으로는 주로 '빼어난 책 4권'이라는 뜻의 사대기서四大奇書가 꼽힌다. 『삼국연의』 『수호전』 『서유기』 『금병매』가 그것이다. 그런데 마오쩌둥은 이들보다 『홍루몽』을 더 높게 평가했다. 사실 마오쩌둥만 그런 건 아니다. 많은 전문가가 『홍루몽』을 사대기서보다 더 탁월한 소설로 꼽아왔다. '중국 예술사상 유일무이한 대저술', '2000여 년 중국문화의 이정표인 고전', '중국 전통문화의 보고' 같은 찬사를 보내며 『홍루몽』의 성취를 소설 영역에 가두지 않고 문화예술 전반에 걸친 차원에서 높게 평가해왔다. 그만큼 『홍루몽』의 세계는 넓고도 깊었다. '홍학紅學'이라고 하여 『홍루몽』을 연구하는 분야가 형성되어왔음도 이 점을 잘 말해준다. 세계사에서 유례를 찾아보기 힘들 정도로 소설 작품 하나를 다루는 것이 독자적인 하나의 학문 분야로 정립되었는데, 이는 『홍루몽』이 그만큼 다채롭고 풍요롭게 연구될 수 있는 성취를 내포한 역작임을 잘 말해준다.

범위를 소설로 한정해도 『홍루몽』은 사대기서의 성취를 비판적으로 계승하면서도 이들을 넘어섰다는 점에서 중국 고전소설의 절정임이 틀림없다. 『홍루몽』은 외형상 세 겹으로 구조화되어 있다. 하나는 서사의 시작과 끝이 연결된 구조다. 태곳적 여와라는 여신이 구멍 뚫린 하늘을 메꾸고 남은 돌에 생명력을 부여해 돌이 사람으로 환생하고, 그것이 인간 세상에서 '정情'과 '욕欲'을 경험한 후 다시 돌로 돌아가는 구조다. 또 하나는 주인공 가보옥의 집안사람들과 가씨 가문과 연관된 사람들로 이루어진 구조다. 『홍루몽』 서사의 근간인 이 구조 안에서 가보옥, 설보채, 임대옥 등 핵심 주인공은 물론 이들과 직간접적으로 연관된 등장인물 수백 명이 서로 어우러지면서 갖가지 이야기를 빚어낸다. 마지막 하나는 가씨 가문과 외부 세계로 이루어진 구조다. 가씨 가문은 외면적으로는 딸이 왕비로 간택될 정도로 영화를 누리며 대저택과 호화스러운 정원인 대관원을 이루었다. 하지만 내면에서는 많은 문제를 겪고 있었으며 이와 외부 세계의 부조리, 혼란 등이 연동되면서 결국 가문은 무너지고 식구들은 사방으로 흩어진다.

이러한 세 겹의 구조를 바탕으로 전개된 『홍루몽』의 서사는 세속적 출세와 욕망을 긍정하며 이를 극적으로 펼쳐낸 『삼국연의』, 똑같이 돌의 환생 서사이지만 돌이 영웅호걸이 되어 공적 의로움을 구현한다는 『수호전』 서사에 대한 반명제다. 또한 돌이 원숭이로 환생한 후 91난을 겪으면서 종교적 깨달음을 얻는다는 『서유기』와 마찬가지로 인간으로 환생한 돌이 정과 욕의 인생살이를 하며 한층 심오한 깨달음을 얻는 성장서사이고, 『금병매』처럼 한 집안이 최고 영화를 누리지만 결국 기울고 만다는 인생사 섭리를 다루되 그에 비해 한층 심원한 세계관을 펼쳐 냈다는 점에서 사대기서를 비판적으로 계승하는 것은 물론 심화·종합해 넘어섰다고 할 수 있다. 게다가 『홍루몽』의 이러한 빼어남은 전문가가 아니어도, 마오쩌둥 같은 직업적 혁명가의 눈에도 확연하게 포착될 정도였다. 그만큼 『홍루몽』의 빼어남은 보편성을 띠었다. 『홍루몽』이 18세기 이래 베이징에서 집집이 한 부씩 구비하는 '홍루몽 신드롬'을 거세게 일으킨 것도 그것이 지니는 이러한 탁월함 덕분이었다.

마오쩌둥의 『홍루몽』 언급에서 주목할 만한 또 다른 점은 다름 아닌 **'사회주의 현대중국을 건설한 혁명가'인 마오쩌둥이 이를 중국의 정수로 꼽았다는 사실이다.** 이미 알고 있듯이 사회주의는 봉건문화 일소를 정권 획득의 중요한 명분으로 삼았다. 따라서 '중국 전통문화의 보고'

같은 찬사를 받는 『홍루몽』은 응당 배척되어야 했다. 그런데 마오쩌둥은 『홍루몽』을 내치기는커녕 도리어 높게 평가했다. 그저 어느 한때 그러다 만 것도 아니다. 그의 『홍루몽』 애호는 극좌적이고 반지성적인 문화대혁명이 추동되는 '문화 암흑'의 시대에도 지속되어 『홍루몽』은 문학작품을 포함한 모든 책 가운데 유일하게 마오쩌둥 어록과 함께 독서가 허락된 작품이었다. 당시 『홍루몽』에 대한 마오쩌둥의 애호는 마오쩌둥 개인 숭배와 결합하면서 '홍루몽 비평 신드롬'을 불러일으키기도 했다.

이는 『홍루몽』이 '봉건적 전근대 대 사회주의 근대'라는 대립 구도를 넘어섰음을 일러준다. 이는 적잖은 논자가 『홍루몽』을 두고 '시공을 초월한 텍스트'라는 평가를 해왔다는 사실에서도 입증된다. 『홍루몽』이 창작된 시기가 봉건왕조 말기인 청대이고, 다룬 서사가 전근대사회의 봉건문화라고 하여 그것의 가치와 효용이 봉건적 전근대시기에 한정되지는 않았다는 것이다. 무릇 한 영역에서 정점에 오른 텍스트는 그 영역에서만 최고로 존재하지 않는다. 또한 그 소용이나 영향이 어느 한 시기에 갇히지도 않는다. 어느 한 사회체제나 시대, 지역에서만 이해되거나 향유되지도 않는다. 실제로 『홍루몽』은 청조라는 봉건왕조 말기뿐 아니라 20세기 초엽의 5·4신문화운동 시기, 사회주의 현대중국 초기 등에서 각각 그 시기의 시대정신과 호응하며 시대적 과업을 수행하는 데 적극적으로 활용되었다. 『홍루몽』은 거작 중의 거작답게 넓게는 문명 차원, 국가 차원부터 좁게는 개인 차원까지 무언가 새로운 전기를 마련해야 할 때 확실하게 기댈 수 있는 아름드리나무였다.

김월회

서울대 중어중문학과 교수

의산문답

醫山問答

홍대용 洪大容 (1731~1783)

우리가 학교에서 배우는 과학은 철저하게 서양에서 발달해온 체계를 따르며, 이는 대체로 고대 그리스에서 잉태하고 중세라는 암흑기를 거치면서 잊힌 듯했으나 아랍 세계에 전파된 그리스의 유산이 다시 유럽으로 넘어와 되살아나는 과정에서 오랫동안 축적되어온 사고체계나 방법론에 기초한다. 반면 동양사회에서는 과학이라는 학문 체계보다는 경험적으로 습득한 자연법칙 등을 활용한 기술 분야에서는 뛰어난 수준을 유지했으나 기초 지식이나 논리체계를 바탕으로 놀라운 발전을 이룩한 서구 국가들에 경쟁력을 빼앗기는 결과를 초래했다.

과학혁명이 왜 동양에서 일어나지 못했는지를 두고 많은 학자가 연구하고 나름대로 답을 내놓았으나 위에 기술한 것처럼 단순하지 않을 수는 있다. 그러나 공고한 체계를 가지고 학문이 발달하는 과정이 동양사회에 없었음은 부인할 수 없다. 고대 그리스의 유클리드가 만든 기하학은 아직도 유효하며, 천문학에서는 히파르코스를 거쳐 프톨레마이오스로 하여금 지구 중심 태양계 모형으로 발달하는 데 중요한 바탕이 되었다. 프톨레마이오스의 지구 중심 모형은 아랍 세계를 거쳐 일부 내용은 우리나라에까지 전해져 『칠정산』 외편의 기초를 마련해주었으며, 유럽에서는 코페르니쿠스가 새로운 가설인 태양 중심 모형을 제시하는 흐름으로 연결되었다. 코페르니쿠스의 태양중심설은 처음에는 큰 반향을 일으키지 않았지만, 얼마 지나지 않아 갈릴레이, 케플러 등에게 깊은 영향을 주어 새로운 시각으로 우주를 바라보게 만들었고, 뉴턴에 이르러서는 기존의 기하학적 모형에 본격적인 수학적 접근을 가능하게 함으로써 태양계 천체의 운행을 비로소 원리적으로 이해하게 해주었다.

고대 그리스에서는 이미 지구가 둥글다는 것을 기정사실로 받아들였기 때문에 지구 중심 모형이나 태양 중심 모형이 나올 수 있었다. 태양중심설이 널리 퍼진 것은 코페르니쿠스 이후의 일이지만 사실 고대 그리스의 아리스타르코스라는 천문학자가 이미 기원전 3세기경에 이를 제기했다고 한다.

그러나 동양 세계에서는 정교한 역법이 만들어졌지만 태양계의 모형에 대한 논의는 거의 찾아보기 어렵다. 오히려 하늘과 땅이 과연 어떤 것인지에 대한 사변적 우주론인 천체구조이론은 상당히 다양했던 것으로 보인다. 중국의 우주관으로 크게 개천설蓋天說, 혼천설渾天說 등이 대표적인 것으로 알려져 있으며 그 외에 여러 가지 이론이 존재했다. 혼천설이나 개천설은 어느 특정인이 주장한 이론은 아니었으므로 구체적으로 설명하기는 쉽지 않지만 대체로 개천설이 하늘과 땅을 상하 개념으로 본 반면 혼천설에서는 땅을 둘러싼 것이 하늘이라고 보았기 때문에 혼천설이 오늘날 우주 모형과 좀 더 가깝다고 할 수 있다. 또한 이런 우주구조에 대한 이론이 만들어진 것은 한나라 이전의 일이고, 그 이후에 새롭게 전개되거나 발전되지는 않았던 것 같다. 우리나라에도 이러한 이론들이 소개된 것은 삼국시대였을 것으로 추정하지만, 학자들 사이의 논쟁은 거의 찾아보기 어렵다. 다만 역서 편찬을 담당하는 천문학자들은 혼천설을 지지했을 것으로 짐작할 수 있다. 실제로 천문 관측을 위한 기기도 혼천설을 바탕으로 만든 혼천의가 있었다. 혼천설에서 지구 모양을 명시적으로 제시하지는 않았지만 구형으로 생각했을 확률이 높다. 이미 역서를 만드는 사람들은 일식과 월식 때 그림자가 둥근 모양을 했음을 볼 수 있었을 테니 말이다. 다만 이 정도 지식이 있는 사람들은 극히 드물었을 것이므로 널리 알려지지는 않았을 것이다.

조선시대에는 세종의 지원으로 천문학이 매우 발달했으나 고려시대에 들어온 성리학이 사상의 중심 역할을 했다. 이러한 성리학은 나름대로 우주론적 성격이 있지만 인간의 심성론에 집중함으로써 우주의 실체에는 큰 관심을 기울이지 않았다.

『의산문답』은 30년 동안 독서로 유불도 삼교의 가르침에 통달했다고 자처하는 허자虛子가 세상에 나왔으나 알아주는 사람이 없고 오히려 비웃음을 받자 더 큰 세상으로 나가고자 베이징에 가서 그곳 관리들과 토론을 벌였지만 역시 인정받지 못해 귀향길에 올라 의무려산醫巫閭山이라는 명산을 지나다가 실옹實翁의 집이라고 적힌 한 누각에 앉아 있는 실옹을 만나 대화하는 형식으로 쓰여 있다. 전체적으로 허자가 당시 주류 학자들인 유학자를 대변해 세상 이치를 질문하면 실옹이 답변하는 형태다. 아마도 실옹은 홍대용 자신을 뜻하는지도 모른다. 질문 범위는 인간과 사물의 차이, 지구와 천체의 운행, 우주의 전체 모습과 생성원리, 전통 천문학 비판, 기상 현상, 지상에서 일어나는 여러 가지 자연현상, 전통 지식 체계 비판, 심지어는 생명의 탄생과 진화 등 실로 광대한 주제를 포함했으며, 마지막으로 중화사상을 바탕으로 하는 동아시아 질서의 효용성 등 정치 문화적인 내용까지 파고든다.

『의산문답』이 특히 흥미로운 것은 전통 지식 체계를 과감하게 흔들면서 가장 객관적인 시선으로 만물을 이해하려고 했다는 점이다. 예를 들어 지구와 태양계는 수없이 많이 존재하는 천체 중 하나일 뿐이므로 지구건 태양이건 우주의 중심일 필요는 없으며, 하늘이 우리를 중심으로 돌고 있다는 전통적 우주관은 멀리 있는 천체일수록 더 빨리 돌아야 한다는 모순된 결과를 초래하므로 지구가 돌고 있다고 보는 것이 가장 타당하다는 지전설을 설파하는 대목은 우리가 비교적 이해하기 쉬운 부분이다. 『의산문답』에서 중요한 키워드 몇 개를 꼽는다면 지구설, 지전설, 무한우주론을 들 수 있다. 인문학적 내용까지 확장하면 인종 간의 우열을 인정하지 않는 중화와 이적은 같다는 역외춘추론도 포함시킬 수 있다.

우주에 대한 실옹의 설명에는 놀랄 만한 대목들이 꽤 있다. 예를 들어 우주의 크기는 무한하며 은하계도 가까이 있어 크게 보이지만 우주에는 이런 것들이 몇천, 만, 억 개일지 모른다고 하는 장면이 나온다. 『의산문답』을 집필하던 시기에는 천문학자들도 외부 은하의 존재를 전혀 몰랐다.

『의산문답』에 등장하는 내용 가운데는 아주 상세하고 논리적인 것들도 있지만, 전체적으로는 매우 포괄적이고 궁색한 부분도 있다. 예를 들어 행성의 크기를 논하면서 궤도의 크기는 무게에 반비례하므로 가장 바깥에 있는 토성이나 목성에 비해 수성이나 금성과 같은 내행성이 더 무겁다는 것이다. 실옹은 대부분 기존 성리학의 사고체계와는 전혀 다른 주장을 펴지만 어떤 때는 다시 성리학에 바탕을 둔 논리를 편다. 이런 점에서 『의산문답』은 정확하게 알려진 사실을 기술하고 설명하는 과학서라기보다는 담론의 영역을 넓혀놓은 과학 사상서라고 보는 것이 적절할 것이다.

『의산문답』은 우리에게 황당하면서도 넓은 시선으로 우주를 바라보게 하지만, 당대에는 필사본으로 소수에게만 읽히다가 일제강점기에야 조선학 운동을 펼치던 국학자들이 활자화했다. 예나 지금이나 거대담론은 인기가 없다는 것을 의미하는 것일까?

우리나라는 경제나 문화 분야에서 뛰어난 발전을 이룩해 이미 선진국과 어깨를 나란히 한다고 자부하지만, 노벨상으로 대표되는 최고 수준의 학문적 성취는 아직 이루지 못했다. 우리의 학문적 시야가 너무 좁은 것도 노벨상급 연구 성과를 내지 못하는 이유 중 하나다. 『의산문답』은 그 내용의 정확성이나 현대성을 떠나 '천지와 인물에 대한 일탈적 우화'로 일탈적 상상을 펼쳐보게 해준다는 점에서, 더 높은 단계로 나아가야 하는 우리의 과학자들이 한번쯤 되짚어 봐야 하는 책이 아닐까 한다.

이형목

서울대 물리천문학부 교수

열하일기

熱 河 日 記

박지원 朴趾源 (1737~1805)

『열하일기』는 조선 후기의 문장가인 연암 박지원이 1780년 청나라 건륭제의 칠순 잔치를 축하하는 사신단에 합류해 중국의 북경과 열하 등을 견문한 체험을 담은 여행기다. 연암은 중국 청나라의 문화와 예술, 역사와 풍속, 문물과 제도 등을 관찰하여 북학과 이용후생利用厚生을 제시하고 조선 후기의 첨예한 사회정치적 담론을 우언과 해학으로 담아 냈다.

『열하일기』는 전반부는 일기체로, 후반부는 잡록체雜錄體로 구성되어 있다. 일기체에서는 압록강에서 출발하여 책문, 요양, 심양, 산해관, 북경, 고북구, 열하를 거쳐 다시 북경으로 돌아오기까지의 여정을 날짜순으로 적었으며 잡록체에서는 북경과 열하에서 보고 들은 내용을 주제별, 사건별 등으로 기록했다. 일기 형식의 여행기이지만 소설, 산문, 한시 등이 두루 담긴 장르 복합서의 성격을 지녔으며 역사와 풍속은 물론 종교와 음악, 의학 등 백과사전을 방불케 하는 다양한 내용을 담았다. **여행기라는 형식 안에 당대의 모든 장르와 모든 분야와 모든 모순을 담아 이전에는 없던 가장 독창적인 책의 면모를 보여준다.** 중국과 다른 나라 기록에는 없는 1780년 건륭제의 고희연과 판첸라마 방문을 둘러싼 사건을 자세히 다룸으로써 당시 동아시아의 국제 정세를 이해하는 데 큰 도움을 주어 자료적 가치도 높다.

『열하일기』에는 조선의 대문호를 뛰어넘어 세계적 수준의 작가로 자리매김하게 할 만한 연암의 문학적 역량이 온전히 담겨 있다. 문체 면에서는 정통 고문과 패관소품체를 자유자재로 구사하여 주제 의식을 생생하게 전달한다. 정통 고문을 구사하다가도 조선식 한자어와 속담·격언을 적재적소에 사용하여 사건을 입체적으로 보여주고, 등장인물의 개성을 효과적으로 부각했다. 특히 『사기』와 『수호전』의 소설적 기법을 탁월하게 활용한 것으로 평가받고 있다. 또한 글 곳곳에서 해학과 유머를 적절하게 활용함으로써 긴장된 분위기를 쇄신하고 작품에 여유와 활기를 불어넣었다. 『열하일기』에 나타난 해학 정신은 단순히 긴장을 이완하는 데 그치지 않고, 강력한 풍자와 페이소스를 동반한다. 표면적으로는 웃음을 유발하지만 그 이면에는 바뀌지 않는 현실에 대한 좌절 의식과 비애를 담고 있다. 한편으로는 하층민의 대사와 행동을 해학적으로 표현함으로써 낮은 존재들에게 연민과 친근함을 느끼도록 했다.

무엇보다 『열하일기』는 풍부한 형상화로 인간과 공간을 새롭게 창조했다. 『열하일기』의 가장 뛰어난 문학적 성취는 인간과 공간, 사건과 상황을 탁월하게 형상화하는 수법으로, 이것이 작품의 예술성을 한층 높이는 상황과 분위기를 생동감 있고 현실감 있게 만들어준다. 작품에 등장하는 다양한 인물의 외모와 말투, 행동과 성격 등을 구체적으로 보여줌으로써 인간의 숨소리와 생각을 들리게 하고 인물들의 독자적 개성을 드러냈다. 또한 자연과 건물을 세밀하게 묘사해 장면을 눈앞에서 보듯이 생생하게 재현했다.

사상의 깊이 측면에서는 문명과 인간의 본질을 예리하게 파헤치고 동아시아 비전까지 도달한 문명사적 성찰을 보여준다. 작품 곳곳에서 식자층의 무능과 탐욕, 도덕과 지식의 한계, 현실의 부조리와 병폐를 은밀한 우언으로 보여준다. 특히 「호질」과 「허생전」을 통해 양반 계층을 중심으로 한 인간의 야만성과 폭력성, 허위의식을 신랄하게 비판했다. 열하에서는 건륭제의 칠순 잔치를 둘러싸고 벌어지는 판첸라마 접견 사건과 건륭제의 노련한 통치술을 다각도로 관찰함으로써 동아시아 국제질서를 조망하는 작가의 통찰력을 보여준다. 나아가 『곡정필담鵠汀筆談』에서 지구는 둥글며 스스로 돈다고 주장하여 천원지방설天圓地方說에 근거한 유학의 의리론과 중화 세계관을 깨뜨리는 주체적 인식을 보여준다.

작가 의식 측면에서는 중국의 제도와 문물을 편견 없이 객관적으로 관찰하려는 경계인의 의식을 보여준다. 연암은 특정한 편에 서지 않고 제3의 눈으로 세상과 현상을 바라보고 창조적인 길을 걸어갔다. 그리하여 연암은 『열하일기』에서 편협한 일국적 시야에서 벗어나 공평하고 객관적인 눈으로 중국의 실상을 살펴보았다. 청나라를 오랑캐로 무시하는 당대의 관행에서 벗어나 청나라의 선진 문화와 문물을 받아들여 조선 사회에 적용하고 낙후된 조선의 제도를 개혁하고자 했다. 특히 수레 제도와 벽돌 등을 적극적으로 도입해 조선 백성들의 삶을 윤택하게 해야 한다고 주장했다.

『열하일기』를 관통하는 미의식은 지극히 작은 것에서 아름다움을 찾는 태도다. 연암은 『일신수필馹汛隨筆』 「장관론壯觀論」에서 자신을 삼등 선비라 지칭하면서 깨진 기와와 똥거름이 장관이라고 말했다. 사람들이 버리는 사물에서 실용성과 미적 가치를 발견하고 문명의 본질을 꿰뚫어본 것이다. 지극히 작고 하찮은 존재에게서 소중한 의미를 발견하는 작가의 눈은 『열하일기』 전편全篇에 제시되어 있다. 연암은 미천한 하층민에게서 인간의 활발성과 생동감을 찾아내고 평범한 사물들에서 이용후생의 가치를 발견한다. 그리하여 천하의 지극히 미미하고 가벼운 물건이라도 하찮게 취급해서는 안 되며 범과 사람, 개미와 메뚜기는 서로 해치지 말고 함께 어울려 살아가야 한다는 문명사적 지혜를 주장하기에 이른다.

이렇게 『열하일기』에는 연암이 평생에 걸쳐 이룩한 문학적 역량이 유감없이 드러나 있으며, 우리 고전이 나아간 문학과 문화, 사상의 최고 수준과 깊이를 보여준다. 『열하일기』가 담고 있는 패관소설체의 구사, 상대주의적 사고, 인간도 만물의 하나일 뿐이라는 생태 정신, 개방적·주체적인 태도, 문명과 지식인에 대한 강력한 비판 정신, 시대 현실을 반영한 청나라 연호 사용 등은 당대에 크게 비난받은 요소였지만 오늘날의 관점에선 오히려 『열하일기』의 가치를 더욱 빛나게 한다. 『열하일기』는 민족의 고전을 넘어 세계의 고전이 될 요소를 갖춘 작품이라 하겠다.

박수밀

한양대 동아시아문화연구소 연구교수

파우스트

FAUST

요한 볼프강 폰 괴테 Johann Wolfgang von Goethe (1749~1832)

『파우스트』는 독일을 대표하는 대문호 요한 볼프강 폰 괴테의 대표작이며, 그가 죽기 1년 전에 마지막으로 완성한, 즉 평생에 걸쳐 쓴 드라마다. 이미 중세 민담이나 영국 극작가 크리스토퍼 말로의 작품 등에 등장하는 파우스트 박사라는 인물을 당대에 걸맞게 변형시켜 근대인의 대변자로 만들고 작품을 근대성의 드라마로 만들었다는 점에서 역사적인 의미가 있는 작품이다. 예나 지금이나 다시 읽어도 여전히 우리 시대의 문제라 느껴지는 작품 주제의 초역사적 현재성 역시 이 작품의 가치 평가에 크게 한몫을 한다.

『파우스트』는 크게 1부와 2부로 나눌 수 있는데 1부는 '학자 비극'과 '그레트헨 비극'으로 이루어져 있으며, 주인공 파우스트가 서재에서 고뇌하는 장면과 악마 메피스토펠레스와 계약 그리고 그의 권유에 따른 지상 세계에서의 다양한 체험과 모험이 주를 이룬다. 2부는 '헬레나 비극'과 '지배자 비극'으로 이루어지며, 지하세계와 고대 세계 그리고 현실 세계 활동이 주를 이룬다. 한편 이 드라마는 서양의 고대부터 현대를 넘나들며 인류의 보편적 욕망과 의지 그리고 인간 삶의 의미를 대변하며, 다른 한편 파우스트의 한계를 모르는 욕망과 행위는 이른바 근대적 인간상의 화신으로서 현대성을 보여준다.

파우스트는 무엇보다도 지식과 경험을 바탕으로 인간의 본성과 자연 그리고 세계의 비밀을 탐구하고자 하는 욕망이 있는 인물이다. 1부의 서재 장면에서 파우스트는 철학, 의학, 법학, 신학 등 모든 학문을 다 연구해도 해갈되지 않는 지식에 대한 끝없는 갈망을 절절히 토로한다. 그럼에도 자신이 아는 것이 없다고 절망하여 극단적 선택을 하려던 파우스트는 서재에 나타난 악마와 계약을 맺고 서재 밖의 세계에서 새로운 시도를 하게 된다. 그는 자신이 어떤 순간에 **"멈추어라, 너 정말 아름답구나!"**라는 말을 하게 되면 자신의 영혼을 악마에게 주기로 계약을 한다.

메피스토펠레스는 마법을 부려 파우스트의 세상에 대한 지식과 경험의 갈망을 충족해주려 한다. 파우스트와 메피스토펠레스는 긍정과 부정, 초월과 현실, 상승과 하강 등 다양한 의미에서 양극단을 대변하지만 전체적으로 보면 드라마는 항상 이 둘의 끊임없는 매개와 중재로 지양하며 상승하는 궤도를 그린다. 혹은 메피스토펠레스는 늘 함께 있고 다투고 타협하는 파우스트의 분신에 불과하다고 해석되기도 한다.

파우스트는 세상에 나와 부활절의 활기찬 풍경, 아우어바흐의 지하 술집, 발푸르기스의 밤에 브로켄산에서 열린 악마와 마녀들의 축제 등에서 이제까지 몰랐던 감각과 쾌락의 세계를 한껏 즐기게 된다. 그 가운데 마녀의 부엌에서 젊어진 파우스트는 마을의 청순한 아가씨 그레트헨을 만나게 되고 둘은 열정적 사랑에 빠진다. 그러나 혼전 임신이 그녀의 온 가족을 몰락의 구렁텅이로 내몰아 그레트헨은 영아 살해라는 끔찍한 범죄를 저지르고 형장의 이슬로 사라질 위험에 처한다. 그러나 감옥에서 자신의 죄를 뉘우치고 신의 심판을 기다리던 그레트헨에게 천상으로부터 "구원받았노라!"라는 소리가 들려온다.

괴테는 자신의 장년과 노년의 풍부하고도 다양한 경험을 투영해서 좀 더 보편적인 인간 일반의 비극으로 2부를 구상한다. 파우스트는 황제의 궁성이라는 무대에 등장해 화폐를 발행함으로써 국가 재정에 도움을 준다. 또한 독일의 기사, 장군으로 나타나 지하세계를 거쳐 고대 그리스 신화의 세계를 섭렵하며 전설의 미녀 헬레나와 사랑을 체험하고 황제를 도와 전쟁에서 승리를 거둔 뒤 그 대가로 바닷가의 땅을 하사받는다. 그는 지배자로서 바닷가에 대규모 간척 사업을 일으킨다. 이때 이러한 군중을 지켜보며 "자유로운 땅에서 자유로운 백성과 살고 싶구나"라면서 이 순간에 드디어 악마와의 계약에 있는 "멈추어라, 너 정말 아름답구나"라는 말을 한다. 이 장면에서 악마는 순간에서 덧없음을 보지만 파우스트는 순간에서 행위의 충만함을 보는 것이다.

비록 파우스트는 계약에 있는 말을 했지만 "인간은 노력하는 한 방황하는 법"이라는 점에서 파우스트는 하늘의 구원을 얻는다. 이미 1부 이전 서막에 나오는 하느님과 악마 사이의 계약에서도 작가는 이 점을 강조했다. 새롭게 다가오는 현대라는 거대한 물결 앞에서 괴테는 새로운 시대의 근본에는 끊임없이 추구하고 노력하는 인간이 있음을 메시지로 전달한다. 이 때문에 『파우스트』는 완성이란 세상의 지식을 탐구하는 서재 혹은 육체의 향락이나 연인과의 사랑에 있는 것이 아니라 공공을 위한 행위, 새로운 미래 비전의 선취에 있음을 전달한다. 그러한 점에서 파우스트가 고민한 '로고스'의 번역이 '말', '의미'를 거쳐 '행위'로 최종 번역되는 것은 작품 전체에 일관된 의미를 준다. 그러나 파우스트가 간척사업을 하다가 눈이 멀고 그 상태에서 이 미래 비전을 보고 자신의 무덤을 파는 소리를 일하는 소리로 오인했다는 것은 이 장면을 문제적 장면으로 만든다.

물론 이 작품에는 다양하고 논쟁적인 해석이 존재한다. 특히 악마의 존재와 의미, 악마와의 계약, '영원하고도 여성적인 것', 호문쿨루스, 필레몬과 바우치스의 에피소드, 파우스트의 죄책과 구원, 파우스트 비전의 맹목성, 욕망의 무절제성, 더 근본적으로는 (부제가 말하는) 작품의 비극성 등은 이른바 파우스트적 인간을 경계하고 성찰하게 만든다. 작품 속의 무수한 상징, 이로니와 알레고리를 이해한다면 파우스트의 구원과 비극의 문제는 다시 논하게 될 것이다. 『파우스트』는 오늘날에도 계속 새로운 독해를 요구하고 있다.

최윤영

서울대 독어독문학과 교수

여권의 옹호

A VINDICATION OF THE RIGHTS OF WOMAN

메리 울스턴크래프트 Mary Wollstonecraft (1759~1797)

오늘날 모든 사람은 자신들이 다른 사람들과 동등하게 존중받고 대접받아야 한다고 생각한다. 그리하여 차별과 배제를 당했을 때 불만을 품게 되고 이는 갈등의 씨앗이 된다. 모든 사람은 일에 대한 보상이나 투표와 같은 사회정치적 차원에서도 모두가 동등하게 대우를 받고 권리를 누려야 한다고 생각한다. 이러한 생각은 최근에 이르러서야 당연한 것으로 받아들여졌다.

근대사회는 계급, 성, 인종, 국적, 연령 등 다양한 요소에 근거하여 이루어졌던 차별과 배제를 점진적으로 때로는 혁명적으로 약화해왔다. 경제적·정치적·사회적 차원에서 차별적 요소가 새롭게 인식되어왔다는 점에서 이는 발견되었다고 할 수 있다. 과거엔 당연시됐던 차별과 배제가 새롭게 문제시되었기 때문이다.

서구에서 진보적 사상의 시작이라고 여겨지는 계몽주의는 인간의 이성을 내세워 종교적 권위와 왕권에 도전했다. 인간의 이성을 무지와 편견을 거부하고 합리적 지식과 판단에 이르게 하는 핵심적 인간의 속성으로 인식했다. 사회의 중심 원리가 신에서 인간으로, 왕에서 시민으로 전환되는 서구 근대의 시작은 바로 인간 이성에 대한 인식의 대전환에 기초했다.

메리 울스턴크래프트의 『여권女權의 옹호』는 여성의 권리가 보장되지도 않았고, 여성은 태생적으로 열등하고 의존적이어서 남성 가장의 보호를 받아야 할 종속적 존재로 인식되던 시기에 여성이 독립적이고 이성적인 존재라고 주장한 초기 페미니즘 저작이다. 근대 서구를 만들어낸 계몽주의는 왕권을 부정하고, 종교의 지배를 거부하면서 인간의 합리적 이성에 근거한 새로운 사회를 만들어냈다. 그러나 계몽주의가 만들어낸 새로운 사회는 남성 중심 가부장제 사회였다.

메리는 이러한 계몽주의자들의 편견을 비판하고 여성의 해방을 내세운 혁명가였다. 계몽주의 사상가들은 인간에 관한 논의에서 인간을 중간계급 남성에 한정하는 것을 당연한 전제로 삼았다. 그리하여 계몽주의 사상가들은 여성, 노예, 노동자와 아동을 인간의 범주에 넣지 않았다.

이러한 인간에 대한 편협한 인식은 '자유, 평등, 박애'를 내세운 프랑스혁명에서 가장 극명하게 드러났다. 1789년 프랑스혁명의 인권선언에서 인간은 남성 시민계급을 지칭했다. 1791년 프랑스 여성 작가 올랭프 드 구주는 여성인권선언Déclaration des droits de la femme et de la citoyenne을 작성해 여성의 인권도 보장되어야 한다고 주창했다. 그러나 올랭프 드 구주는 로베스피에르 혁명 정부에 도전하는 것으로 간주되어 1793년 11월 반역죄라는 이름으로 기요틴에서 처형되었다.

바로 이 시기 영국의 여성작가이자 철학자인 메리는 1792년 『여권의 옹호』를 출간했다. 메리는 당시 영국의 군주제와 귀족제도를 비판하고 부의 세습을 반대했으며, 노동계급에게도 투표권을 부여해야 한다고 주장한 급진주의자였다. 메리는 프랑스혁명 당시 파리에 머물면서 시민들의 혁명으로 구체제가 붕괴되는 것을 목격했다. 그리고 자유, 평등, 박애를 내세우는 새로운 체제의 등장도 경험했다. 자유, 평등, 박애는 추상적이어서 구체적인 내용이 분명하지 않았기 때문에 권력을 새롭게 장악한 집단은 그 해석을 둘러싸고 급진파와 온건파로 나뉘었고, 혼란스러운 정치적 상황 속에서 폭력이 난무했다.

메리의 『여권의 옹호』는 프랑스혁명이 내세운 평등의 편협함이 계몽주의 사상가의 남성 우월주의에 기인한다는 점을 철학적으로 다루었다. 따라서 페미니즘에 대한 최초의 철학적 논의라고 볼 수 있다.

메리는 또한 평등주의를 내세운 루소를 비판하면서 "사람들은 자신들이 받아들여왔으나, 어떻게 그렇게 되었는지는 밝힐 수 없는 편견들을, 뿌리 뽑기보다는 정당화하는 데 자신의 이성을 활용하는 것처럼 보인다"[33]라고 계몽주의의 편견을 비판했다. 루소는 그의 교육관을 잘 보여주는 『에밀』에서 남성과 여성을 태생적으로 다른 존재로 인식했다. 그는 자연이 남성과 여성에게 부여한 특성을 구분하고, 여성은 남성을 즐겁게 하고 남성에게 복종하려 창조되었다고 주장했다. 여성은 "심오한 논리를 이해할 능력이 없으며, 정해진 목표를 달성할 수 있는 수단을 생각할 수는 있지만, 목표 자체를 생각할 높은 능력은 없다"[34]라고 주장했다. 인간의 평등을 주장한 계몽주의 사상가 루소가 남성과 여성의 타고난 차이로 여성은 어린 시절부터 불의를 견디고 남편의 모욕까지 참는 것을 배워야 한다고 주장한 것이다.

메리는 남성과 여성의 특성은 태어날 때부터 자연적으로 주어진 것이 아니라 관습과 교육으로 형성된 것이라고 주장했다. 여성도 이성적 존재로 합리적 사고를 하고, 아내와 어머니로 또 독립적인 시민으로 사회적 책임을 다할 수 있다고 주장했다. 메리는 남성은 이성적이고 독립적인 존재, 여성은 종속적인 존재라는 인식이 유년기에 형성된다고 보았다. 여성이 지성 대신에 신체적인 것에 관심을 두게 하는 것이 유년기 교육의 산물이라고 본 것이다. 유년기 습관의 힘은 대단히 강해서 유년기의 교육으로 감정 습관이 형성되지 않도록 해야 한다는 것을 강조했다. 남녀가 동료의식을 가지려면 성별 구분 없이 같이 교육받아서 지성과 미덕을 갖추고 모두가 의무를 다할 수 있어야 한다고 주장했다. 그리하여 진정한 계몽국가에서는 남성과 여성이 교육과 정치의 유용성을 경험하게 해서 더 지혜로워지고 자유로워질 수 있다고 보았다. 이를 위해 남녀 공학의 공립학교 체제를 제시했다.

메리는 계몽주의의 프로젝트를 실현하려면 계몽 사상가들의 한계를 인식하는 것이 필요하다고 보았다. "남성들이 관대하게 우리의 속박을 끊고 노예적인 복종 대신 합리적인 동료애에 만족한다면, 그들은 우리가 좀 더 주의 깊은 딸, 좀 더 애정 어린 누이, 좀 더 신의가 두터운 아내이자, 좀 더 합리적인 어머니, 한마디로 더 나은 시민들임을 발견하게 될 것이다"[35]라고 주장했다. 그리하여 "인간의 운명을 개선할 수 있는 계몽적 원칙들을 확산하기 위해서 여성들이 지식에 기초한 미덕을 가져야 하는데, 여성들이 남성과 같은 정도의 교육을 받지 않는다면 이는 거의 불가능하다"[36]라고 주장했다. 교육에서 여성을 배제하고 차별하는 것이 여성의 종속적 지위를 지속하는 핵심 요인이라고 본 것이다.

메리의 『여권의 옹호』는 계몽주의 사상가들에 대한 비판으로 서구 가부장제 사회를 이론적으로 비판하는 고전적인 책으로 평가된다. 이 책은 2세기 전 유럽 가부장제 사회에 대한 고전적 비판서이지만, 아직도 여성의 권리에 대한 인식이 낮은 한국 사회에 좀 더 적실성을 지닌다는 점에서 현재적 의의가 크다고 볼 수 있다.

신광영

중앙대 사회학과 명예교수

목민심서

牧民心書

정약용 丁若鏞 (1762~1836)

공자는 평생 자신이 일군 학문적 성과를 관직에 임용되어 실천하고자 했다. 짧은 기간 노나라 대사구가 되어 자신의 기량을 펼칠 기회를 마련했지만 원대한 이상을 실현할 수 없었다. 이러한 성향을 반영하듯 『논어』에 보면 출사出仕 이야기가 많이 나온다. 그중 하나가 "출사하다가 여유가 있으면 배우고, 배우다가 여유가 있으면 출사한다"라는 내용이다. 이는 학문과 벼슬이 선순환 관계에 있다는 주장이라고 할 수 있다.

유학은 춘추전국 시대에 사회적 환영을 받지 못했지만 한제국에 이르러 관학官學으로 자리를 잡았다. 그 뒤 관료가 되려면 평소에 유학 경전의 소양을 쌓고 과거를 거쳐야 했다. 특히 조선은 유학의 가치를 국정 운영의 원칙으로 삼아서 현실 정치에 실현하고자 했던 나라였다. 이로써 『논어』에서 말한 학문과 벼슬의 선순환 관계가 제도적으로 정착되게 되었다.

정약용은 이런 상황을 『목민심서』의 자서에서 "군자의 배움은 자기 수양이 반이고 목민이 반이다"라고 선언하였다. 자기 수양은 균형 잡힌 도덕의식을 가리킨다. 자기 수양이 되지 않은 상태에서 관직을 맡게 되면 부정부패의 사슬에 걸려들 수도 있고 탐욕을 주체하지 못할 수도 있다. 목민은 백성이 경제적 안정을 바탕으로 사람다운 삶을 살도록 돌본다는 뜻이다. 이 때문에 지방관을 달리 '목민관牧民官'이라 부르기도 했다.

자기 수양이 유학의 텍스트를 학습하고 자신의 인격을 가다듬는 개인적 활동이라면 목민은 낯선 임지에서 자신이 맡은 임무를 수행하는 공적 활동이다. 전자도 쉬운 과정이 아니지만 후자는 빈약한 경험, 낯선 환경, 현지 사정과 잇속을 밝히는 아전 그리고 지역의 실력자 등 다양한 변수가 존재하는 상황에서 임무를 수행해야 하는 어려운 일이었다.

특히 목민관이 타락하여 탐욕을 부리면 막대한 피해가 고스란히 해당 지역민에게 돌아간다. 중앙정부가 이 사실을 시정하기 전까지 지역민은 언제 끝날지 모르는 고통을 겪을 수밖에 없다. 그래서 정약용은 『목민심서』의 첫 문장을 "다른 관직은 해보고 싶다고 구할 수 있지만 목민관은 그럴 수 없다"라는 말로 시작한다. 그만큼 정약용은 목민관의 폐해가 심각하다는 사실을 알았기 때문이리라.

우리가 차를 몰 때 가고자 하는 목적지까지 길을 잘 알면 운전하기가 편하다. 아무리 운전을 잘한다고 해도 처음 가는 길이라면 평소에 하지 않던 실수도 하고 갑작스러운 상황에 깜짝 놀라기도 한다. 목민관도 아무리 유학 경전에 대한 소양이 깊다고 하더라도 낯선 임지에서 임무를 탁월하게 수행하기가 쉽지 않다. 처음 겪는 일이 많을 뿐만 아니라 매뉴얼이 있다고 하더라도 구체적인 현실과 똑 들어맞지 않는 경우도 발생하기 때문이다.

이런 측면에서 목민관이 된 사람에게 추상적인 기준과 설법보다도 풍부한 현장 경험에 바탕을 둔 세세한 실무 지침서가 필요하다. 그래서 정약용은 기존의 역사서와 목민 관련 저서에서 내용을 뽑아서 『목민심서』로 편집해 목민관이 처하게 될 상황에서 지침으로 제시하고자 했다. 목민관이 자기 임무를 성공적으로 수행하는 목적을 달성하는 데 지침서 역할을 하는 일종의 내비게이션이라고 할 수 있다.

목민관에 임명되면 주위에서 축하하고 당사자도 기분 좋은 일이라 인심을 쓸 수 있다. 이때 목민관이 이런 인사를 자기 비용으로 처리하면 문제가 되지 않겠지만 부임 이후에 정산할 걸로 생각하면 나중에 문제가 될 수 있다. 이 때문에 「부임」 항목에서 정약용은 "임명된 직후에 재물을 함부로 뿌려서는 안 된다"라는 주의를 서두에 제시했다.

목민관이 임지에 부임하면 전임이 사용하던 기물을 새것으로 바꾸려고 할 수 있다. 이는 새것을 쓰기 좋아하는 사람의 심리에 따르는 일이다. 하지만 이 모든 기물은 세금을 재원으로 한다. 망가져서 쓸만하지 않으면 교체할 수 있지만 멀쩡한데도 헌것이라고 바꾼다면 자원 낭비가 될 수 있다. 의전을 다루는 「치장治裝」 항목에서 "의복, 안장과 말은 모두 쓰던 것을 그대로 쓸 것이고 새로 마련하지 말아야 한다"라고 주의를 환기했다.

목민관은 오늘날 시장과 군수에 해당하므로 특정 지역에서 제일 어른인 셈이다. 목민관이 해당 지역에서 제일 높다고 생각하면 이런저런 일에 간섭하기 쉽고 자기 생각대로 일을 진행하고자 할 수 있다. 몸가짐을 뜻하는 「율기律己」 항목에서 "말을 많이 하지 말 것이며 갑자기 몹시 성내지 말아야 한다"거나 "오직 백성의 고혈을 빨아먹는 자만이 탐관이 아니다. 모든 식물과 선물을 보내온 것은 다 받아서는 안 된다"라는 지침을 제시했다.

『목민심서』는 목민관이 생각할 모든 항목을 다루지는 않지만 적어도 한두 번 “이런 상황에서 어떻게 해야 할까?”라고 생각할 만한 내용을 다루었다. 아울러 미리 생각하지 못했다면 『목민심서』로 “아, 이런 일이 있을 수 있구나!”라고 경계할 준비를 할 수 있다. 이로써 『목민심서』는 목민관이 자신의 권력에 도취해 작은 악에서 거악으로 타락하지 않도록 예방 주사 역할을 충실히 한다. 물론 이 지침서를 읽을 때 예방 주사의 효과를 거둘 수 있다.

오늘날 우리는 공직만이 아니라 기업과 기관 등에 취업할 수 있다. 이때 ‘나’는 공무원이 아니니까 『목민심서』를 읽을 필요가 없다고 생각할 수 있지만 그건 대단한 착각이다. 개인 기업이라고 해도 소비자를 상대로 하고 또 협력업체와 거래할 수 있다. 이 모든 과정이 공정하게 진행된다면 문제가 없겠지만 현실에서는 청탁을 비롯해 여러 가지 비리가 발생한다.

이렇게 보면 『목민심서』는 공직에만 해당하지 않고 사람을 상대로 하는 모든 직업에 골고루 적용된다고 할 수 있다. 사람이 모인 곳이 투명하면 문제가 생길 틈이 없지만 불투명하면 범죄가 생길 틈이 언제라도 있기 마련이다. 이때 시험에 합격하여 선발을 통과했을 경우 해당 직무를 수행할 일부 능력이 검증되었지만 모든 능력이 검증되었다고 할 수 없다. 더더욱 어디에 선발되었다고 해서 그 사람이 모든 부패와 타락에서 자유롭다고 할 수는 없다.

정약용은 목민관에 나설 기회가 없어서 책 제목을 『목민심서』라고 했다. 우리가 이 책을 읽어서 필요한 상황에 지침서로 삼는다면 마음에만 새겨야 할 것이 아니라 몸으로 실천해야 한다. 즉 『목민심서』가 『목민신서牧民身書』가 되는 것이다. 이처럼 정약용의 『목민심서』가 오늘날 여기저기에서 ‘목민신서’로 살아난다면, 이 땅에서 부정부패와 탐관이 발을 붙일 곳이 줄어들 것이다.

목민관이 『목민심서』를 읽고 현실에서 일어날 시행착오를 줄인다면 목민관은 농지 개척, 호구 증식, 부역 균등, 소송 처리, 도둑 단속 등의 수령오사守令五事(고려), 여기에 학교 진흥, 예속 보급 등 두 가지를 추가한 수령칠사守令七事(조선)라는 본연의 임무에 더 집중할 것이다.

신정근

성균관대 유학대학 교수

인구론

An Essay on the Principle of Population

토머스 맬서스 Thomas Malthus (1766~1834)

프랑스혁명은 유럽 전역을 뒤흔들었다. 영국도 예외가 아니었다. 잉글랜드에서 1770년대부터 있었던 의회 개혁 운동은 급진주의로 변모했고, 급기야 1794년에는 30여 명이 체포되고 3명이 국가반역죄로 재판에 넘겨졌다. 반혁명 움직임도 있었다. 혁명 다음 해에 에드먼드 버크는 프랑스의 부르봉 왕조를 옹호하는 글을 발표했다. 이 글은 즉시 토머스 페인이나 윌리엄 고드윈 같은 지식인들의 강력한 비판 대상이 되었다.

사회 개혁에 관심이 높던 대니얼 맬서스는 친분을 나누던 장 자크 루소와 사회 진보에 대해 낙관적 견해를 공유했다. 1797년 어느 날, 대니얼은 고드윈의 최근 글에 관해 아들 토머스 맬서스와 대화를 나누었다. 고드윈은 인간과 사회의 완벽(가능)성에 무한한 신뢰를 보인 영국 급진주의를 대표하는 지식인이었다. 그는 인간이 이성으로 비유기체적·유기체적으로 지닌 모든 한계를 초월할 수 있다고 주장했다. 이 대화 후에 토머스 맬서스는 사회 진보에 대한 아버지와 루소의 낙관주의, 특히 고드윈의 유토피아적 급진주의에 더해 고드윈과 유사한 사상을 프랑스에서 전파하던 마르퀴 드 콩도르세를 비판하는 글을 쓰기로 마음먹었다.

맬서스의 눈에 프랑스혁명의 직접적 도화선이 된 1788년 프랑스 기근 그리고 혁명 프랑스와 전쟁 중인 1795~1796년 영국이 겪은 극심한 식량 부족과 식량 가격 급등은 이들의 낙관주의와는 너무도 동떨어진 생생한 현실이었다.

1798년 『인구원리에 관한 시론』이라는 제목의 소책자가 무명으로 출간되었다. 그때까지 지방 교구에서 목회 활동을 하던 토머스 맬서스는 이 책으로 일약 영국의 지식층을 대표하는 사상가로 주목받았다. 맬서스는 통계자료를 보충하고 내용을 확장해 1803년에 제2판을 이번에는 본명으로 출간했다. 이후 『인구론』은 1826년 제6판까지 출간되었다. 『인구론』의 명성에 힘입은 맬서스는 1805년 허트포트셔의 동인도회사 대학에서 영국 최초로 '정치경제학 교수' 지위로 교수 생활을 시작했다.

고드윈과 콩도르세가 그린 자연의 이미지는 인간과 완벽한 조화를 이루는 존재였다. 반면에 맬서스의 시각에 자연과 인간 사이에는 필연적으로 불균형이 존재했다. 잘 알려져 있듯이, 맬서스는 『인구론』에서 자연과 인간 사이에 존재하는 불균형을 '인구원리'로 불리는 매우 간명한 명제로 요약했다. "인구는 제어되지 않는다면 기하학적 비율로 증가한다. 식량은 단순히 산술적 비율로 증가할 뿐이다."[37] 물론 인구원리가 무한히 연속해 적용되면, 자연과 인간 사이의 괴리는 걷잡을 수 없이 커질 것이다. 그러나 현실에서 괴리는 시간에 걸쳐 조정된다. 인구의 증가를 억지하는 힘이 존재하기 때문이다. 억지력은 두 가지로 구분된다. 첫째, 예방적 억지력은 출산율을 하락시킨다. 산아 제한, 만혼晩婚제도, 순결제도 등의 형태를 띤다. 둘째, 적극적 억지력은 사망률을 높이고 전쟁, 기근, 역병 등의 형태로 나타난다. 정책 입안자라면 인구 증가를 억지하는 사회 정책의 방향을 가늠할 수 있다.

인구 증가율은 시간에 걸쳐 변화하고 경제의 작동에 따라 결정된다. 동시에 경제의 작동은 인구원리에 영향받는다. 식량(자원)의 양에 가장 민감하게 반응하는 인구는 노동자 계층이다. 임금이 생계 수준에서 결정되기 때문이다. 그러면 노동자 인구가 식량보다 더 빨리 증가하면, 식량에 대한 수요와 공급 메커니즘에 따라 식량 가격이 상승하고 그 결과 실질임금이 하락한다. 노동자의 섭생에 악영향이 미칠 테고 궁극적으로 노동자 인구 증가율이 낮아진다. 이 증가율 하락은 식량 증가가 노동자 인구 증가를 감당할 때까지 계속되고, 감당하는 시점에 이르면 이제 식량 가격이 하락하고 실질임금이 상승하기 시작한다. 여기서 인구 조절의 일차 대상이 노동자여야 한다는 주장을 끌어낼 수 있다.

영국에서는 중세 때부터 빈민구제 제도가 공식적으로 시행되었다. 이 제도는 튜더 왕조 시기에 '빈민구제법(구빈법)'으로 법제화되었다. 맬서스는 구빈법을 점진적으로 폐지하자고 주장했다. 구빈법이 빈민층의 후생을 증가시키기는커녕 오히려 장기적으로 그들에게 해악을 끼친다는 이유에서다. 구빈법에 따른 지원은 상품 가격을 높이고, 빈민층의 독립성과 강인함을 약하게 만든다. 구빈법은 빈민층을 구제하기보다는 구빈법이 지원하는 빈민층 자체의 규모를 확대하는 (역)효과가 있다.

이전에도 인구에 관한 논의는 있었지만 『인구론』은 영국에서 인구 규모의 적절성에 대한 논의에 불을 붙였고, 그 영향은 즉시 1800년에 발효한 '인구조사법'으로 나타났다. 잉글랜드, 웨일스, 스코틀랜드 지역에서 1801년에 시작한 인구조사는 10년마다 시행되어 현재까지 이른다. 맬서스의 구빈법 비판은 1834년에 이전의 '구빈민구제법'의 내용을 크게 변경한 '신빈민구제법'을 제정하는 데에 강력한 영향을 미쳤다. 이 신빈민구제법은 제2차 세계대전 후 현대식 제도가 도입되기 전까지 영국 사회보장제도의 골격을 형성했다. 피임을 포함한 가족계획은 한국인에게도 그리 낯선 정책이 아니다. 1887년에 조직되어 1927년까지 활동한 '맬서스 리그'는 세계 최초로 가족계획을 권장한 사회운동 조직이었다. 노동자 계층의 빈곤 완화를 목적으로 한 이 운동은 인구과잉이 빈곤의 주원인이라는 맬서스적 사고에 근거했다.

고드윈과 콩도르세에게 인간은 이성을 소유한다는 점에서 자연과 명백히 구분되는 존재였다. 반면, 맬서스에게 인간은 자연의 한 부분일 뿐이었다. 맬서스의 『인구론』은 자연 속 인간의 지위에 대한 관점을 근본적으로 변화시켰다. 이 변화의 최고 결정체는 찰스 다윈과 앨프리드 러셀 월리스의 진화 이론으로 나타난다. 다윈은 1938년 우연히 『인구론』을 읽은 후 자연선택 아이디어가 뇌리를 스쳤다고 고백했다. 인간에게 적용되는 자연법칙으로서 맬서스의 인구원리는 다윈의 손에서 동물과 식물을 포함하는 자연 전체로 확장된다. 월리스도 1858년 자신의 적자생존 이론을 완성하는 데 이미 12년 전에 읽은 『인구론』의 논의가 절대적인 영향을 미쳤다고 밝혔다.

프랑켄슈타인 박사는 과학을 굳건히 믿은 사람이다. 그가 창조한 생명체는 인간과 같은 인격과 감정을 지녔지만, 이름조차 주어지지 않은 비참한 '삶'에서 인간에 대한 복수를 다짐한다. 이 두 등장'인물' 앞에 놓인 거울 속에서 고드윈과 맬서스를 본다면 무리일까? 『프랑켄슈타인』의 저자 메리 셸리가 고드윈의 딸이라는 사실은 적지 않은 시사점을 던진다.

박만섭

고려대 경제학과 교수

미학 강의

VORLESUNGEN ÜBER DIE AESTHETIK

게오르크 헤겔 Georg Wilhelm Friedrich Hegel (1770~1831)

게오르크 헤겔의 『미학 강의』에는 '강의Vorlesungen'라는 이름이 붙어 있다. 서양의 대학 전통에서 강의는 특수한 의미를 갖는데, 교수자가 강의한다는 것은 곧 '특정한 학술적 주제에 관해 쓴 글을 청중 앞에서 vor- 읽는-lesen' 것을 뜻했다. 보통 강의의 내용은 사전에 제공되지 않았고 강의를 마친 후 후속 작업을 해서 단행본으로 출간되기도 했다. 『미학 강의』는 헤겔이 베를린대학에서 네 차례(1820/1821년 겨울학기, 1823년 여름학기, 1826년 여름학기, 1828/1829년 겨울학기) 행한 강의를 위한 친필 수고와 수강생들의 노트를 그의 수강생이기도 했던 미술사학자 호토가 한데 모아 세 권으로 편집한 책이다. 본문만 총 1593쪽에 달하는 이 책은 헤겔 사후 '친우회親友會판 헤겔 전집'에 수록되었다. 말하자면 헤겔 미학은 그의 입으로 전해진, 제자들의 귀와 손으로 담아낸, 그리고 호토의 눈으로 가려낸 강의록이다. 헤겔 자신도 미학에 대한 단행본 출간을 염두에 두었으나 갑작스러운 서거로 그 구상은 실현되지 못했다.

호토가 편집한 이 책이 출간된 후에도 개별 강의에 대한 수강생의 필기 원고가 열 개 이상 발굴되어 그중 온전한 것들은 별도 단행본으로 출간되기도 했고 최근에는 '학술원판 헤겔 전집'에 그 원고들이 총망라되어 수록되었다.(근래에는 헤겔이 하이델베르크대학에서 행한 1818년 여름학기 미학 강의의 필기록도 발굴되었다.) 『미학 강의』와 저 개별 강의 필기록들 사이의 서술상 차이를 지적하면서 호토판 미학의 진본성에 의문을 제기하는 이들도 있지만 이 책은 헤겔 미학의 주저로 인정되어 지금까지 읽히며 헤겔 미학 연구의 중추적 거점 역할을 하고 있다.

『미학 강의』의 첫 장을 넘기자마자 미학aesthetics이라는 학문에 대한 헤겔의 정의를 만나게 된다. 헤겔은 선배 미학자들이 모색해왔던 길을 택하지 않았다. 그러니까 '감성적 인식'(바움가르텐), '미beauty에 대한 '미감적aesthetic 판단'(칸트), 미와 예술이 자아내는 '감정'(멘델스존) 등과 같은 주제 대신에 예술 자체를 철학적으로 다룬다. 미학이라 쓰고 예술철학이라 읽는 이런 관점은 어찌 보면 이른바 순수 예술의 체계가 성립되기 시작한 직후 낭만주의가 발흥할 무렵 미의 준거점이 자연에서 예술로 옮겨가는 과정에서 나타나는 역사적 귀결이라 할 수 있다. **『미학 강의』는 당대에 주종을 이루던 예술론과 철학적 사유 방식을 비판적으로 검토하면서 예술의 철학적 개념을 무진장한 예술 현상으로 논술한 미학의 역사상 가장 광대한 저작이다.**

헤겔에게 철학은 대상에 내재한 이성(로고스)을 개념으로 파악하는 학문이다. 그리고 『미학 강의』의 대상인 예술은 헤겔의 철학에서 '정신spirit'에 해당한다. '정신'은 이성적 인식과 실천의 잠재력('주관적 정신')이자 인간의 행위로 구현된 이성적 현실('객관적 정신')이며, 더 나아가 인간이 파악하고 표현해온 최고의 지적 문화('절대적 정신')다. 인간은 예술적 산물에서 자신의 자연적·개인적·지역적·관습적·민족적 유한성이 극복된 최상의 (그러니까 영원하고, 참되고, 고귀하고, 보편타당한) 진리를 대면

한다.(이 유한성의 극복 여부에 따라 '객관적' 정신과 '절대적' 정신이 갈린다.) 헤겔의 철학은 예술이 바로 절대정신임을 밝힌다. 이때 헤겔이 말하는 '절대자'는 단순히 인간의 한계를 넘어선 '존재' 자체가 아니라 (그 누구도 이런 것을 포착하고 현시할 재간이 없다는 점을 헤겔도 부인하지 않았다) 자신의 한계를 넘어선 것이라 흔히 상정해온 그 존재를 '이해'한 내용이다.

동서고금을 막론하고 누가 되었든, 어떤 식으로든 (감성적으로든, 표상적으로든, 개념적으로든) '절대자'에 대한 저 나름의 '이해'를 모색했으며 자신이 포착한 그 내용을 현시했다. 그 가운데 예술은 감성의 형식을 띤 절대정신이다. 가령 고대 그리스의 신상神像은 그리스적 뮈토스 이해를 감성적으로 표현한 절대정신이며 지금 우리에게는 그리스 정신을 해독하게 해주는 문화적 텍스트 역할을 한다.

예술을 일종의 텍스트로 보고 철학의 대상으로 삼는다면 '예술 권리의 철학적 박탈Philosophical Disenfranchisement of Art'(아서 단토)과 같은 일이 헤겔 미학에서 벌어진 것이라고 생각할 수도 있겠다. 헤겔의 예술 사유에 대한 이런 문제 제기는 물론 유효하다. 다만 미학자 헤겔의 주요 관심사는 예술 본연의 형식과 그에 걸맞은 예술 특유의 내용을 해명하는 데 있었다. 헤겔이 보기에 예술은 통상적인 관념 체계로는 포착되지 않는, 오직 예술 본연의 형식으로만 포착되는 내용을 담고 있다. 헤겔에 따르면 기독교 교리에서 말하는 성모의 사랑과 라파엘로 산치오의 〈시스티나 성모〉는 전혀 다른 형식을 기반으로 했기에 그 내용도 같을 수 없다. 예술로도 표현된 내용이 아니라 예술로만 표현 가능한 내용을 가리켜 헤겔은 '이상ideal'이라 했다. 이 의미가 형상화되는 방식에 따라 '상징적', '고전적', '낭만적' 예술로 구분되며 하나의 작품으로 예술이 구체화되는 방식에 따라 건축, 조각, 회화, 음악, 시문학 등의 장르 체계가 확립된다.

헤겔이 자신의 미학으로 예술의 '종말'을, 심지어 예술의 '죽음'을 설파했다고 받아들이는 독자도 적지 않을 것이다. 『미학 강의』에서 이에 대해 헤겔이 적극적으로 언급한 바가 없다는 항변으로 이런 의혹이 완전히 해소되지는 않을지도 모른다. 19세기 근대의 사상가 헤겔은 동시대인의 의식과 삶에서 예술이 차지하는 의미의 크기를 말하고자 했다. 예술이 절대 유일의 위력을 발휘하던 시기는 이미 과거가 되었다. 예술 고유의 잠재력이 극대화된 현실은 그 시효를 다했다. 우리 시대에 예술이 최고 유일의 지적 문화가 아니라 해서 고도의 지적 문화조차 아니라는 뜻은 아니다. 이제 예술은 향유의 대상일 뿐 아니라 더 나아가 성찰의 대상이 되었다. 그것으로 예술은 우리에게 자신의 역할을 계속 수행한다. 예술은 한 발짝 정도 뒤로 물러났으나 여전히 우리 삶에 긴요한 정신문화로 자리매김하고 있다. 『미학 강의』에서 헤겔이 예술을 논하는 이유는 바로 여기에 있다.

박정훈

서울대 미학과 교수

정신현상학

PHAENOMENOLOGIE DES GEISTES

게오르크 헤겔 Georg Wilhelm Friedrich Hegel (1770~1831)

"참된 것은 전체다. 그러나 전체는 오직 자신의 발전을 통해 스스로 완성하는 본질이다."[38] 『정신현상학』 서문의 이 선언으로 헤겔은 처음으로 자신의 철학 체계를 전개한다. 철학은 모든 학문을 아우르는 근본 학문이다. 그렇다면 철학은 모든 학문의 상호 관계를 체계적으로 다루는 학문, 따라서 그 자체로 체계를 이루는 근본 학문이어야 한다.

헤겔은 독일 슈투트가르트에서 태어나 베를린에서 생을 마쳤다. 헤겔이 활동한 시기에 독일은 이웃 나라와 비교하면 경제적으로나 정치적으로 매우 후진적인 상태였다. 이미 산업혁명을 활발히 추진하던 영국에 비해 독일은 여전히 봉건적 경제 질서를 유지하며 겨우 공장제 수공업 생산체제가 발전하고 있었다. 혁명으로 정치적 근대화에 앞장선 프랑스에 비해 독일은 여전히 영주와 제후가 나라를 분할통치하는 영방국가에 머물러 있었다. 그렇기에 학창 시절 횔덜린, 셸링, 헤겔을 비롯한 수많은 독일 청년이 조국의 근대화를 진지하게 고민할 수밖에 없었다는 것은 건강한 젊은 세대의 자연스러운 모습이었다고 하겠다.

그러나 다행히 이 새로운 세대에게는 훌륭한 문화적·정신적 전통이 있었다. 이미 이들에게는 마르틴 루터의 종교개혁(1517)에서 비롯한 종교와 사상의 자유를 존중하는 전통이 이어지고 있었다. 이미 칸트와 피히테가 경험론과 합리론으로 분열된 서양 근대 사상 전체를 재통합하려는 야심 찬 기획을 시도하기도 했다. 야코비는 계몽철학 전체를 다시 계몽하고자 했다. 게다가 독일인들에게는 위대한 문예가 실러와 레싱 그리고 대문호 괴테가 있었다. 특히 괴테의 『빌헬름 마이스터의 편력시대』와 『빌헬름 마이스터의 수업시대』는 한 독일 청년이 세상의 부침과 방랑 속에서 어떻게 자신의 자아를 도야하는지를 생생하게 보여준 근대 교양소설의 대표작이라 할 수 있다. 이 소설이 한 인간의 파란만장한 삶의 여정을 보여준다면, 그와 같이 인간의 내적 정신의 성장 과정을 보여주는 철학 작품이 있으면 더 좋을 것이다. 이러한 시각에서 **철학적 '학문을 향한 의식 자체를 도야'하는 역사를 상세히 이야기해주는 작품이 바로 헤겔의 『정신현상학』이다.**

『정신현상학』은 괴테와도 친분이 두터웠던 헤겔이 예나대학 교수로 재직 중 나폴레옹 군대가 독일을 침략하는 매우 어수선한 시기에 쓰였다. 예나 전투에서 승리한 나폴레옹이 입성할 때 헤겔이 이 책을 탈고했다는 것은 매우 유명한 일화로 알려져 있다. 헤겔이 이 책을 처음 쓸 때 제목은 '의식 경험의 학'이었다. 즉 의식이 대상과 세계의 다양한 경험을 통해 비로소 진정한 의미의 학문을 할 수 있는 도야 수준에 이르는 여정을 보여주겠다는 것이다. 이 여정이 어떻게 펼쳐질지는 이 책 목차에서 확인할 수 있다.

『정신현상학』은 크게 서문, 서론, 의식, 자기의식, 이성, 정신으로 나뉘어 있다. 헤겔은 먼저 서론에서 이성 장章까지 작성해 출판사에 넘기고 이 앞부분이 인쇄되는 동안 앞부분과 맞먹는 분량의 정신 장과 서문을 작성했다. 서문이 책 목차에는 처음에 등장하지만 제일 마지막에 쓴 이유는 이 서문에서 『정신현상학』 전체와 그 이후에 펼쳐질 자신의 철학 체계 전체를 소개하려는 목적이 있었기 때문이다. 반면에 서론은 『정신현상학』의 본론을 소개하는 입문적 성격을 띤다. 따라서 이 책에서 내용적 특징을 주로 살펴보려면 무엇보다 서론을 주의 깊게 읽어야 한다.

먼저 서론에 언급된 '학문을 향한 의식 자체의 도야의 상세한 역사'를 살펴보자. 여기서 역사는 꼭 직선형으로 진행되는 실제 사건들의 순서로 이해될 필요는 없다. 독일어 Geschichte나 영어 History는 '이야기'를 의미하기도 하기 때문이다. 따라서 『정신현상학』은 인간이 역사적으로 거쳐온 도야의 전 과정을 단계별로 재구성한 웅장한 철학적 서사로 이해하면 된다. 이 장엄한 서사의 주인공은 '경험하는 의식' 또는 '자연적 의식'이라 불린다. 이때 경험은 근대 경험론에서 말하는 감각적 내용Empirie을 뜻하지 않는다. 의식이 겪는 경험Erfahrung은 오히려 이 감각적 개별 내용에 이미 보편적 내용이 함께 들어 있는 통일로써 경험을 말한다. 아울러 이렇게 다양한 경험을 하는 자연적 의식은 특정한 시기에 통용되는 진리의 척도를 무비판적으로 자연스럽게 수용하는 의식을 뜻한다. 의식은 예컨대 때로는 자신이 감성적으로 직관한 것에 진리가 있다고 여기기도 하고 때로는 보편적으로 지각한 것에 또는 오성적으로 파악한 것에 진리가 있다고 여기기도 한다.

그러나 단계마다 의식은 자신의 척도가 틀렸다는 것을 경험하고 절망한다. 이 '회의'와 '절망'의 여정은 『정신현상학』 정신 장 마지막 부분인 절대지絶對知에 이르기까지 계속된다. 『정신현상학』에는 의식 자신이 생각한 진리와 이에 따라 살아가는 실존이 온통 절망에 부딪혀 산산이

부서지는 엄청난 밀도의 회의주의가 포함되어 있다. 그러나 이 회의주의는 모든 진리를 거부하는 회의, 단지 회의만을 위한 회의를 목표로 삼지는 않는다. 이 고난의 여정에서 의식은 마침내 스스로 학문을 할 수 있는 위치에 도달하기 때문이다. 『정신현상학』은 의식이 **"자기 자신을 완성해가는 회의주의"**[39]다.

의식 자신이 이렇게 스스로 성취해가는 도야Bildung는 보편적 진리관이나 가치관뿐만 아니라 세계 전체를 올바로 바라볼 줄 아는 세계관을 갖춘 전인적全人的 교양Bildung을 의미한다. 이러한 교양을 갖춘 자만이 개인적 안위를 위해 지식을 추구하는 것이 아니라 시대를 넘어서는 인류의 영원한 지혜를 탐구할 수 있다. 헤겔에게 참된 의미의 학문이란 나와 타자가 구별되면서도 통일을 이루는 지혜로운 앎을 추구하는 학문이다. 이는 『정신현상학』의 마지막 단계인 절대지에서 비로소 가능해진다. 그러나 헤겔 철학에 자주 등장하는 절대적인 것das Absolute, 절대지, 절대정신, 절대종교, 절대예술 같은 표현에 너무 겁먹을 필요는 없다. 이것들은 모두 인간이 성취하는 것들이다. 절대적인 것이란 원래 마주대하여 갈등하거나 대립하는 것을 그만두고 끊는 것을 말한다.

앎이란 처음에는 대상을 마주하고 그것을 알아가는 것이다. 이때 대상은 사물일 수도 있고 사람일 수도 있다. 그러나 알면 알수록 나는 그 대상이 내가 쌓아온 앎의 내용과 다르지 않다는 것을 알아가기도 한다. 절대지는 바로 대상 속에서 자기를 보고 자기 속에서 대상을 보는 앎, 다시 말해 타자 관계 속에 자기 관계가 들어 있고 자기 관계 속에 타자 관계가 유지되는 앎을 말한다. 이러한 앎은 언제나 자기의 실현이기에 자유롭다. 그리고 동시에 타자를 배제하지 않기에 자기중심적이지 않다. 헤겔에게는 이러한 앎Wissen이 체계System를 이루는 것이 바로 서문에서 언급한 철학적 학문Wissenschaft이다. 철학적 학문은 이러한 앎의 체계적 전체로만 비로소 진리를 밝혀낼 수 있다. 이 진리 탐구의 주체는 이제 자신 속에 자기성과 타자성이 조화를 이루는 정신이라 불린다. 따라서 이 정신의 최종 단계에 이르기까지 여러 여정을 거쳐온 의식은 정신이 다양하게 나타난 현상 형태라고도 할 수 있다. 의식의 경험을 다루는 학이 동시에 정신현상학인 이유가 바로 여기에 있다.

『정신현상학』은 서양 지성사의 축소판이라 할 수 있다. 이를 발판으로 헤겔은 이후 '사고 속에서 포착된' 새로운 시대의 혁신적 철학을 전개하고자 했다. 이후 방대하게 펼쳐지는 그의 논리학, 자연철학, 정신철학, 특히 법철학, 역사철학, 예술철학, 종교철학, 철학의 철학 등은 흔히 칸트에서 시작된 독일 고전철학의 완결작업으로 평가된다. 이 때문에 오늘날 헤겔 철학을 한 번쯤 통과하지 않고는 현대 철학을 이해하기 어려울 정도다. 그 철학적 체계의 발전에서 출발점이 되는 것이 바로 『정신현상학』이다. 그만큼 이 책은 어렵다. 그러나 앎은 끊임없이 발전한다. 그렇기에 그만큼 지금까지의 지성사로 철학의 새로운 혁신을 희망하는 교양 독자라면 한 번쯤 도전할 만한 책이다.

남기호

(전) 연세대 철학과 교수

의지와 표상으로서의 세계

DIE WELT ALS WILLE UND VORSTELLUNG

아르투어 쇼펜하우어 Arthur Schopenhauer (1788~1860)

"법률의 영역 밖 모든 사례에서는 즉각 동료 인간에 대한 인간 고유의 무자비함이 드러난다. 그의 끝 모를 이기심과 악의에서 비롯되는 무자비함 말이다. 인간이 인간을 어떻게 처리하는지는 예를 들어 그 궁극 목적이 고작 설탕과 커피인 흑인 노예무역이 잘 보여준다."[40]

약탈적 자본주의와 제국주의를 연상시키는 이 준엄한 시대 진단은 아르투어 쇼펜하우어의 『의지와 표상으로서의 세계』에 나오는 말이다. 우리에게 염세주의 또는 허무주의 철학자로 잘 알려진 쇼펜하우어는 폴란드의 항구 도시 그단스크에서 태어나 독일 프랑크푸르트 암마인에서 숨을 거두었다.

당시 폴란드는 힘없는 약소국이었기에 주위의 프로이센이나 러시아 강대국의 약탈 대상이 되곤 했다. 쇼펜하우어가 다섯 살이 되던 해에도 프로이센이 그단스크를 합병하는 바람에 그의 부모는 독일의 항구 도시 함부르크로 이주한다. 쇼펜하우어는 침략국의 억눌린 시민으로 성장한 셈이다.

상인이었던 그의 부친이 상실감과 저항심에서 어린 쇼펜하우어에게 프랑스어와 영어를 습득하게 하고 자유롭게 세상을 넘나들 수 있는 상인 교육을 받도록 한 것은 오늘날 우리에게도 매우 납득할 만한 방향으로 보인다. 그렇지만 쇼펜하우어의 부친은 그가 17세 때 자살한 것으로 추정된다. 쇼펜하우어는 어머니의 권유로 19세라는 늦은 나이에 김나지움에 입학한다.

그는 이때부터 세상의 모든 지식을 열정적으로 흡수했다. 그리스어, 라틴어뿐만 아니라 법학, 의학, 수사학, 여러 자연과학 등 관심이 가는 온갖 분야를 섭렵했으며 대학교 2학년부터는 플라톤에서 당대의 유명한 칸트, 야코비, 피히테, 셸링, 헤겔 그리고 힌두교와 불교에 이르기까지 폭넓게 철학을 공부했다. 그 결과 25세에 예나대학에서 받은 그의 박사학위 논문 「충분 근거율의 네 가지 뿌리에 관하여」는 『의지와 표상으로서의 세계』의 예비학으로 평가될 정도로 수준이 높았다.

그는 평생 여러 논문과 책을 저술했지만, 그의 사상은 바로 이 책 『의지와 표상으로서의 세계』에 집약되어 있다고 해도 지나친 말이 아니다. 이에 관해 그 스스로 오직 "한 가지 사상만을" 보여주려 한다고 했기 때문이다. 그 유일한 사상은 밑바닥pessum 가장 아래로까지pessimum 추락해버린 잔혹한 세계의 무가치와 공허함nihil을 엄중하게 진단하는 것이다. **그의 염세주의Pessimism와 허무주의Nihilism는 이러한 냉혹한 현실 인식을 바탕으로 한다.**

쇼펜하우어가 30세 되던 1818년에 출판한 『의지와 표상으로서의 세계』는 그의 인생 역작이라고 할 수 있다. 이후 그는 24년에 걸쳐 보완 작업을 한 뒤 칸트 철학에 대한 비판을 부록으로 추가한 재판(1844)을 세상에 내놓았다. 그러나 그의 작업은 여기서 그치지 않았다. 그가 사망하기 1년 전에 내용이 보완되고 재서술된 셋째 판(1859)이 출간되었기 때문이다. 이로써 이 책은 4부분으로 이루어진 1권과 1권에서 다룬 여러 주제에 대한 에세이를 담은 2권으로 우리에게 전해진다. 쇼펜하우어는 이 셋째 판을 생전에 완료할 수 없으리라 생각했다고 한다. 이 때문에 틈틈이 작성한 메모들을 모은 책이 바로 셋째 판 2권에도 실린 『여록과 보유』다. 이 책은 우리에게 『쇼펜하우어 인생론』이라는 제목으로 번역되어 알려져 있다. 그러나 삶에 대한 값진 교훈이 실려 있어도 이 책을 인생론으로만 읽으면 안 된다.

『의지와 표상으로서의 세계』는 결코 멋진 세계를 보여주려고 붙여진 제목이 아니다. 이 책에 쇼펜하우어의 인식론, 존재론, 미학, 윤리학이 총망라되어 있음에도 그렇다. 제목 또한 뒤에서부터, 즉 표상으로서의 세계부터 그 의미를 새겨야 한다. 쇼펜하우어에 따르면 **"세계는 나의 표상이다."**[41] 이 첫 문장과 함께 그는 『순수이성비판』에서 전개된 칸트의 인식론을 극단적으로 주관화한다. 칸트는 표상表象이라는 말을 특별한 용어로 사용하지 않았으며 일반적 의미에서 인식 주관의 심정 속에 설정되거나 떠올린表 상象 정도를 뜻하는 것으로 사용했다.

쇼펜하우어에게도 그 의미는 비슷하다. 다시 말해 그는 표상Vorstellung을 영어에서처럼 우리가 육체로 감각한 내용을 다시 정신 속에 제시하는 재현re-presentation의 의미가 아니라 독일어에서처럼 그것이 무엇이든 우리 정신 앞에vor 세워놓은stellen 것이라는 의미로 사용했다. 이때 개념들로 이루어진 추상적 표상은 이성Vernunft이 형성하고 감성Sinnlichkeit을 통해 수용된 직관적 표상은 오성Verstand이 형성한다. 그런데 쇼펜하우어에게 인간이 인식하는 것은 이것들이 전부다. 칸트가 말하는 현상 같은 것이 따로 있는 것이 아니다. 우리에게 나타난 대상의 현상도 이미 우리 정신 속에 표상된 것으로만 인식되기 때문이다. 현상하는 "객관과 표상은 같은 것이다." 그리고 이 객관들의 총체가 세계라면 세계는 나의 표상이다. 그러나 주관에만 떠올려진 것들이라 해서 질서가 전혀 없는 것은 아니다. 쇼펜하우어가 보기에 객관은 이미 우리의 주관 속에서 인과관계와 충분 근거를 지닌 것으로 표상되기에 그렇다.

이러한 인식론을 바탕으로 의지로서의 세계를 논하는 쇼펜하우어의 존재론이 이어진다. 우선 주의해야 할 것은 쇼펜하우어가 말하는 의지가 결코 인간의 의지가 아니라는 점이다. 오히려 **이 존재론의 핵심은 간단히 말해 칸트의 사물 자체**Ding an sich**가 곧 의지**Wille**라는 것이다.** 칸트에게 사물 자체는 인간이 알 수 없는 것이다. 쇼펜하우어에게도 마찬가지다. 다른 점은 그것이 무엇인지는 알 수 없지만 언제나 작용하는 것이라는 점이다.

무언가 작용하는 것은 사물 자체가 아니라 의지라고 해야 한다. 이 의지가 작용한wirken 결과가 바로 대상들로 이루어진 현실Wirklichkeit로서 세계다. 더구나 세계 전체를 표출하기에 이 의지는 하나의 단일한 것이어야 한다. 이 하나의 의지가 작용한 결과가 바로 세계를 구성하는 수많은 객관이다.

그런데 이 의지의 객관화 또는 의지의 작용은 사물에서뿐만 아니라 인간에게서도 발휘된다. 우리도 우리가 알지 못하는 의지의 결과로 육체를 지니기 때문이다. 이 육체의 영향으로 인간이 다양한 정신적 활동을 하게 된다는 것이 쇼펜하우어의 생각이다. 결국 **인간의 지성**Intellekt **또한 우리가 모르는 의지를 객관화한 산물인 셈이다.** 인간의 지성은 이제 더는 세상의 주체가 아니다.

그렇다면 의지는 어떻게 작용하는가? 우리가 무언가를 인식할 때마다 의지는 우리의 표상에 질서 있는 것으로서 개별적으로 작용한다. 그러나 세계에는 우연한 것들이 더 많다. 전체로서 의지의 작용도 법칙이나 질서가 있다고 할 수 없다. 그럼에도 한 가지 특징은 있다. 어떻게 작용하든 의지는 언제나 '삶을 향한 의지' 혹은 '존재를 향한 무의식적 충동'이라는 것이다.

인간의 지적 활동은 자세히 보면 저마다 잘 살려는 이러한 의지를 표출한 것이다. 더구나 인간만이 아니라 조약돌 하나에도, 풀 한 포기에도 이러한 충동이 들어 있다. 바로 이 때문에 세계의 모든 존재자는 살려고 발버둥 치며 존재하려고 몸부림친다. 그리고 바로 이 때문에 세계는 생존을 향한 이기심과 폭력이 난무하는 갈등과 전쟁의 무대가 된다. 부처가 말하듯 삶이란 고통의 연속이다.

어떻게 이러한 고통에서 벗어날 수 있을까? 삶에 대한 의지에서 해방되거나 그 의지를 끊는 수밖에 없다. 그러나 결코 자살이 답은 아니다. 자살로 그 의지가 파괴되는 것이 아니라 잠시 작용을 멈출 뿐이기 때문이다. 이에 대해 쇼펜하우어는 플라톤적 이데아를 관조하는 예술적 천재의 길과 만물에 내재하는 이기주의를 적극적으로 직시하고 금욕적인 삶으로 내 안에서 꿈틀대는 이 어찌할 수 없는 의지를 약화弱化하는 윤리적인 길을 제시한다. 전자는 소수만이 할 수 있는 해탈의 길이지만, 후자는 모든 이가 도달할 수 있는 열반의 길일 터다. 이렇게 쇼펜하우어는 서구 중심의 폭력적 세계를 직시하며 베다Veda와 불경佛經에서 그 해법을 찾았다. 그의 인생론이 우리에게 가깝게 읽히는 이유가 바로 여기에 있다.

평생을 바쳤음에도 『의지와 표상으로서의 세계』는 쇼펜하우어 생애 말년에야 비로소 빛을 본다. 그러나 이 책은 한 인생을 바칠 만한 교훈으로 가득 차 있다. 쇼펜하우어는 독자에게 이 책을 적어도 두 번 읽어달라고 부탁했다 한다. 그러나 고통스러운 삶 속에서 평정심을 얻으려는 독자라면 여러 번 읽을 것이다.

남기호

(전) 연세대 철학과 교수

자유론

ON LIBERTY

존 스튜어트 밀 John Stuart Mill (1806~1873)

존 스튜어트 밀은 영국 런던에서 역사가, 경제학자, 철학자였던 제임스 밀의 맏아들로 태어났다. 아들 밀은 학교를 다니지 않고 아버지 밀에게서 풍성한 교육을 직접 받으며 박식한 사상가로 성장해 정치, 경제, 철학 등 여러 분야에서 많은 저술을 남겼다. 존 스튜어트 밀에게 큰 영향을 준 또 한 사람은 그의 아내였다.

> "진리와 정의에 대한 높은 식견과 고매한 감정으로 나를 한없이 감화시켰던 사람, 칭찬 한마디로 나를 무척이나 기쁘게 해주었던 사람, 나와 같이 쓴 것이나 마찬가지인 사람."

그 사람, 죽은 아내에게 존 스튜어트 밀은 『자유론』을 바쳤다.

『자유론』은 자유주의liberalism의 기초를 마련한 책이다. 자유주의는 16~18세기 중소부르주아들의 사회관을 그 배경으로 한다. 그들은 만인 평등, 신분 차별 폐지, 개인 인권 보장, 사상과 언론의 자유 등 정치적 자유와 자유방임의 시장경제 등 경제적 자유를 옹호했다. 전자가 정치적 자유주의라면 후자는 경제적 자유주의다.

고전적 자유주의는 정치적 자유주의와 경제적 자유주의를 모두 포함했지만, 19세기 중반 이후 시장의 실패가 두드러지면서 경제적 자유주의는 여러 비판에 직면했다. 반면, 정치적 자유주의는 서구 제국주의 중심의 보편성에 도전하면서 더욱 강화되었다. 오늘날은 정치적 자유의 확대를 요구하면 진보로, 경제적 자유주의 강화를 요구하면 보수로 여겨진다.

정치적 자유주의를 옹호한 초기의 대표적 사상가로 밀을 꼽을 수 있다. 밀이 『자유론』에서 옹호한 자유는 사회적 권력에서 벗어나 개인이 누려야 할 자유다. 개인의 자유를 침해하는 대표적인 사회적 권력은 정치권력이다. 그런데 개인의 자유에 대한 정치권력의 침해는 민주주의의 발전과 더불어 점차 약화하고 있다. 그렇다면 오히려 더 문제가 되는 사회적 권력은 무엇일까? 굳이 밀의 시대로 돌아가지 않더라도 오늘날 인터넷 시대에 비추어 답을 구해보기 바란다.

밀에 따르면, 사회적 권력에서 벗어나 개인이 누려야 할 자유는 크게 세 가지다. 첫째는 내면적 의식의 영역에서 이루어져야 할 자유로 양심의 자유, 생각과 감정의 자유, 의견과 주장의 자유 등이다. 둘째는 개인이 자신의 취미를 즐기고 희망을 추구할 자유다. 셋째는 개인이 어떤 목적의 모임이든 자유롭게 결성할 자유다. 자유는 왜 중요한가? 존 스튜어트 밀은 다음과 같이 답변했다.

> 인간은 전지전능한 신이 아니다. 잘못을 범할 수 있는 불완전한 존재다. 따라서 한 의견만이 옳다고 다른 의견을 억누르는 것은 바람직하지 않다. 다양한 의견이 자유롭게 주장되는 가운데 토론을 거

쳐 적절한 의견을 선택해나가야 한다. 그러한 토론과 선택은 의견의 타당성을 강화할 뿐만 아니라 실행 가능성도 높인다. 어떤 의견이 전적으로 옳다고 할지라도 토론에서 진지하게 시험받지 않으면 사람들이 그 의견을 적절히 이해하지도 느끼지도 못해서 실천으로 옮기지도 못한다.

의견의 실험이 생각과 토론의 자유를 거쳐 활발히 모색되는 것이 유익하듯이 개인의 삶도 다양한 상황 속에서 자유로운 선택으로 활발히 모색되는 것이 바람직하다. 절대적으로 올바른 삶의 유형은 존재하지 않는다. 어떤 삶이 어떤 개인에게 적합한 삶의 유형인지에 대한 정답은 존재하지 않는다. 우리는 다양한 상황 속에 던져져 있다. 다양한 상황 속에서 각 개인은 자신의 지각, 판단, 감정, 취향 등을 힘껏 사용하여 자신에게 올바른 삶을 자유롭게 선택해야 한다. 관습적 모형을 좇아가는 삶은 고귀할 수도 아름다울 수도 없다. 저마다 스스로 갈고닦은 삶이 자라나고 뻗어나야 개개인의 고귀하고 아름다운 삶이 된다. 그리고 이런 개인의 삶이 다양하게 꽃피는 사회와 국가가 발전할 가능성이 높다.

밀의 『자유론』은 이후 미국의 「수정 헌법」 제1조의 기조로 이어진다.

"의회는 종교의 설립을 편애하는 또는 종교의 자유로운 활동을 금지하는 또는 발언이나 출판의 자유를 축소하는 또는 평화롭게 회동하는 권리와 불만의 시정을 정부에 청원하는 권리를 축소하는 그 어떤 법도 제정하지 못한다."

무한정의 자유를 허용하는 것일까? 자유의 축소가 낳을 문제점도 있지만, 자유의 축소 금지가 낳을 문제점은 없을까? 밀에게 자유는 매우 중요하지만 무제한으로 가능하지는 않다.

> “다른 사람에게 피해를 주지 않는 한, 각자의 개성을 다양하게 꽃피울 수 있어야 한다.”[42]

> “어느 누구의 어떤 행동이든 다른 사람의 이익을 부당하게 침해하면, 바로 그 순간부터 사회가 그에 대한 사법적 권한을 지닌다.”[43]

개인의 자유는 타인의 자유를 침해하거나 타인에게 피해를 줄 경우에는 허용될 수 없다. 그런데 침해나 피해 여부를 어떻게 판정할까? 침해나 피해의 폭을 넓힐수록 자유의 폭은 좁아질 테고, 침해나 피해의 폭을 좁힐수록 자유의 폭은 넓어질 테다. 생각과 감정을 표현하는 자유의 축소를 금한다고 할지라도, 특정 인종에 대한 혐오를 부추기는 표현의 자유를 제어 없이 허용하기는 어렵다. 자유에 대한 어느 정도 제어가 필요하다고 하더라도, 사사건건 피해를 내세우며 의견을 표현할 자유를 축소하려는 시도도 허용하기 어렵다.

전지전능한 신이 이 세상을 주관하는데 왜 세상에 악이 존재할까? 이 물음에 대한 답 중 하나가 자유 의지다. 신은 인간에게 자유로운 선택권을 주었고, 그 선택의 하나가 악이 될 수도 있다는 것이다. 세상에 악이 발생한다고 해서 자유 의지를 포기하기 어렵듯이, 갈등을 낳는다고 해서 자유를 포기하기도 어렵다.

톨레랑스의 시대, 관용의 시대, 다원주의의 시대라고 하지만 인종

차별, 취향 혐오, 정파 대결, 가짜뉴스, 인터넷 댓글 등을 통한 갈등은 더 심하다. 존 스튜어트 밀의 『자유론』은 의견, 사상, 감정을 표현할 자유를 강력히 옹호하는 기틀을 마련하면서도 그 자유가 주는 위험을 어떻게 제어할지에 대한 고민도 던지고 있다.

김진엽

서울대 미학과 교수

종의 기원

ON THE ORIGIN OF SPECIES

찰스 다윈 Charles Robert Darwin (1809~1882)

외계에서 사는 한 학자가 미션을 받아 지구로 왔다고 상상해보자. 그 미션은 인류의 삶과 사상에 혁명적 변화를 몰고 온 지구의 대표 지식인들을 선별하고 그들의 주요 저작의 목록을 작성하는 일이다. 그는 먼저 지구 최고의 과학자 목록부터 만들기로 했다. 뉴턴과 다윈이 가장 먼저 이름을 올렸고 갈릴레이, 아인슈타인, 슈뢰딩거 등이 그 뒤를 따랐다. 갈릴레이 항목의 비고란에는 다음과 같이 쓰여 있다. "지구가 우주의 중심이 아니라고 해서 파문을 당하다니 참 딱한 인류일세!"

그렇다면 찰스 다윈의 비고란에는 뭐라고 적혀 있을까? "갈릴레이보다 한 발 더 나간 친구. 호모사피엔스가 지구 생명계의 중심이 아니라고 하는 통에 자존심 강한 인간들과 일부 종교로부터 왕따를 당하곤 했음. 참 무식한 인류일세, 쯧쯧!"

다윈을 좋아하든 싫어하든 그를 인류의 대표 과학자 목록에 넣는 데 반대할 사람은 그리 많지 않을 것이다. 미국의 저명한 철학자 대니얼 데닛은 "인류 역사상 최고 아이디어를 낸 사람 중 단 한 명을 고르라면 주저 없이 다윈을 택하겠다"라고 했다. "자연선택이라는 메커니즘을 도입해 의미와 목적이 없는 물질 영역과 의미, 목적 그리고 설계가 있는 생명 영역을 통합했기 때문"이란다.

다윈의 대표작 『종의 기원』은 마르크스의 『자본론』, 프로이트의 『꿈의 해석』과 함께 인류 역사에 혁명적 변화를 몰고 온 지구의 3대 대표작으로 통한다. 이미 다윈은 과학자의 범주를 넘어 인류의 역사를 변화시킨 혁명적 사상가로 평가받았다. 심지어 어떤 역사가는 이렇게 한술 더 뜬다. "지성계의 이 거두들 중 다윈만이 오늘까지 건재하다."

그러나 이렇게 지성사의 변곡점을 찍은 『종의 기원』을 독파해보리라는 야심으로 책장을 넘겨봤다면 누구나 당혹스러웠으리라. '대체 이 비둘기 이야기는 언제 끝난단 말인가?' 몇십 쪽을 넘겨도 여전히 비둘기 얘기다. 그는 비둘기들이 육종사의 마법과 같은 솜씨로 어떻게 다양한 변이로 탄생하는지를 시시콜콜 기록했다. 1장의 제목부터가 '사육 및 재배하에서의 변이'다. 그러니 처음부터 뭔가 대단한 원리나 흥미로운 이야기를 기대했다면 실망과 지루함이 이만저만이 아닐 것이다.

하지만 타임머신을 타고 이 책이 쓰인 시대로 되돌아가 보면 이야기는 달라진다. 역사학자들에 따르면, 19세기 당시 영국 빅토리아 사회에서는 육종으로 특이하게 생긴 비둘기나 개를 만들어내는 일이 그야말로 대유행이었다. 개나 비둘기 품평회가 대유행이었는데, 닥스훈트니 그레이하운드니 하는 것들이 다 그때 탄생했다. 이런 맥락에서 비둘기 얘기로 시작한 다윈의 접근법은 오히려 비범한 글쓰기 전략이었다. 그는 당시 영국의 수많은 독자가 수긍할 수밖에 없는 육종사의 인공선택 이야기로 시작한 후 결정적 순간에 그 육종사를 '자연'으로 대체한다. '육종사가 몇십 세대 만에 목도리를 두른 비둘기를 만들어낼 수 있다면, 하물며 자연이 훨씬 더 긴 기간에 어떤 생명체든 못 만들어내겠냐'는 식으로 말이다.

이런 자연선택 이론은 과학사에서 중요한 이론 중 하나지만 동시에 초등학생도 충분히 이해할 정도로 간결하다. 그는 이렇게 요약했다.

"만일 어떤 개체들에게 유용한 변이들이 실제로 발생한다면, 그로써 그 개체들은 생존 투쟁에서 살아남을 좋은 기회를 가질 것이 분명하다. 또한 대물림의 강력한 원리를 통해 그것들은 유사한 특징을 지닌 자손들을 생산할 것이다. 나는 이런 보존의 원리를 간략히 자연선택이라고 불렀다."

그동안 신의 섭리나 신비로만 얼버무렸던 자연 세계의 정교한 기능들이 다윈의 자연선택 이론 덕택에 드디어 지적으로 이해되기 시작했다. 다윈 이전 사람들은 이해할 수 없었던 방식으로 말이다. 『종의 기원』이 없었다면 인류는 자연 세계의 정교함에 대해 완전히 까막눈이었을 것이다.

『종의 기원』의 또 다른 기여는 생명이 마치 나뭇가지가 뻗어 나가듯 진화한다는 사실을 밝힌 것이다. 우리는 이를 '생명의 나무Tree of life'라고 한다. 자연선택 이론도 그렇지만 생명의 나무 개념도 전통적 생명관과는 완전히 달랐다. 다시 타임머신을 타고 19세기 중엽 유럽으로 가보자. 그때까지 사람들은 자연계를 위계적으로 보았다. 존재의 맨 밑바닥에는 광물이 있고 그 위에 식물, 그다음엔 동물 그리고 그 위에 인간이 존재한다고 생각했다. 물론 천사와 신은 인간 위의 존재였다. 말하자면 생명을 한 줄로 쭉 세워놓고 우열을 가리는 식이었다. 이 '생명의 사다리'에서 인간은 최고위층이었다.

하지만 다윈은 여기에 반기를 들었다. 그는 사다리 대신에 나무를 택했다. 그 나무에서는 지렁이건 장미건 살아 있는 모든 것은 하나의 공통조상에서 갈라져 나온 여러 가지다. 그리고 인간도 현재 살아 있는 수많은 잔가지 중 하나일 뿐이다. 영장류학자들에 따르면, 침팬지와 인간은 600만 년 전쯤에 어떤 공통조상에서 갈라져 나온 사촌지간으로 인식된다. 이런 의미에서 생명의 나무에는 우월한 종도 열등한 종도 없다. 이것이 바로 다윈이 160여 년 전에 인간의 오만함에 끼얹은 도발적 사상이다. 우리는 이를 '다윈 혁명Darwinian revolution'이라고 한다.

다윈 혁명은 플라톤에서 시작하여 서양 사상을 떠받치고 있던 '본질론essentialism'의 토양도 갈아엎었다. 본질론은 세상에 존재하는 모든 것의 본질을 찾고자 하는 열망인데, 다윈 이전 사람들은 자연계에도 그런 본질이 있다고 믿었다. 아직도 자신이 동물들과 '본질적으로' 다르다고 믿는 이들이 많지 않은가? 이들에게 변이variation는 비정상으로 취급된다.

하지만 자연선택 이론의 관점에서 변이는 오히려 자연계가 우리에게 보여주는 유일한 패턴이다. 당장 주변을 둘러보라. 가장 먼저 감지할 수 있는 것은 우리가 서로 다르다는 사실이다. 다윈은 이 세상에 존재하는 수많은 변이를 긍정의 눈으로 관찰했다. **그리고 감히 변이가 없다면 자연선택에 따른 진화도 불가능하다고 말한다.** 다윈 이후로 변이는 이제 더는 탈선이나 비정상이 아니라 중심 그 자체가 되었다. 이 얼마나 혁명적 사상인가!

혁명가의 삶 뒤에는 늘 비범함이 있기 마련인데 다윈의 삶은 왠지 정겹다. 실패와는 담을 쌓은 여느 무균 천재와 달리 그의 생애는 딱 우리네 인생살이다. 의대 중퇴와 낙향 그리고 원인 모를 질병으로 인생의 쓴맛을 경험했고, 자신이 골몰해온 문제에 해답을 써서 보낸 한 과학자의 편지를 받은 후 깊은 좌절에 빠진 적도 있다. 하지만 그는 자신에게 찾아온 기회를 덥석 물 줄 아는 열정과 호기심이 있는 사람이었다. 그것은 다름 아닌 26미터짜리 비글호로 남미를 탐험하는 것이었다. 4년 10개월간의 항해로 그는 인류에게 발상 전환의 돛을 달아주었다. 그의 비글호는 이제 점보 여객기로 진화해 지식의 창공을 더 높이 날고 있다.

장대익

가천대 창업대학 석좌교수

인간의 유래

The Descent of Man and Selection in Relation to Sex

찰스 다윈 Charles Darwin (1809~1882)

"저는 욕을 많이 먹게 될 겁니다." 찰스 다윈은 초조함에 휩싸여 이렇게 편지에 썼다. 1871년 2월에 『인간의 유래』가 출간되기 직전이었다. 다윈은 책에서 인간이 동물로부터 서서히 진화했으며, 인간과 동물의 차이는 본질이 아니라 정도 차이에 불과함을 입증했다.

반응은 예상대로 뜨거웠다. 어느 출판인은 "허튼소리나 다름없다"라고 평했다. 한 풍자잡지는 62세의 석학 다윈을 '덕망 있는 오랑우탄'으로 묘사한 만평을 실었다. 그럼에도 이 책은 『종의 기원』 못지않은 위대한 고전이 되었다. 지그문트 프로이트는 시대를 통틀어 중요한 책 10권에 이 책을 포함했다. 조지 엘리엇과 토머스 하디 같은 소설가는 이 책에서 특별한 영감을 얻었다. "인간은 모든 고상한 능력을 갖추었지만 그의 신체 구조에는 비천한 기원에서 나온 지워지지 않는 낙인이 새겨져 있다"라는 최종 결론은 과학, 신학, 문학, 철학 전반에 큰 울림을 주었다.

인간에 대한 진화적 분석이 처음부터 끝까지 죽 펼쳐지리라 기대하고 책을 집어 든 독자는 당혹감을 느끼게 된다. 부제가 '그리고 성에 관련된 선택'인 데서 알 수 있듯이, 책의 상당 부분은 다윈이 '성 선택'이라고 이름한, 진화의 또 다른 동력에 대한 설명으로 채워진다. 새, 물고기, 곤충, 포유류, 파충류 등 다양한 분류군을 다룬다. 단연 으뜸은 새다. 새가 총 21장 가운데 다섯 장을 차지한다.

이럴 바에야 2부 '성 선택'에 속하는 8~18장을 묶어서 『성 선택』이라는 책을 먼저 출간하는 게 낫지 않았을까? 그러고 나서 1부 '인간의 유래 혹은 기원'에 속하는 1~7장과 3부 '인간의 성 선택과 결론'에 속하는 19~21장을 함께 묶어서 '진짜'(?) 『인간의 유래』를 후속작으로 냈다면 깔끔하지 않았을까?

이 책이 별로 상관없는 두 주제를 느슨하게 묶었다는 인식은 잘못되었다. 우선 인간에 대한 다윈의 탐구는 1831년에 그가 청년 박물학자로 비글호에 승선했을 때 시작되었음에 주목해야 한다. 비글호에는 이전 항해 때 생포된 어느 섬의 '야만인'들이, 그러나 수년간 교육으로 영국인만큼 똑똑하고 점잖아진 이들도 타고 있었다. 다윈은 매우 놀랐다. 동식물의 야생종으로부터 다양한 개량종이 진화했듯이, 아프리카의 먼 조상으로부터 서구의 '문명인'과 오지의 '야만인'이 진화했음을 보여주는 증거라고 생각했다. 신이 여러 인종을 각각 창조한 이래 인종은 영원불변하다는 시각은 틀렸다고 다윈은 확신했다. 즉, 인간이 아닌 동식물만 서서히 진화해온 것이 아니다. 인간을 특징짓는 고상한 속성들(언어, 도덕성, 종교, 모성애, 문명, 미적 판단 등)도 '열등한' 동물로부터 점진적으로 진화했다. 처음부터 다윈의 진화 이론은 인간을 포함한 모든 생물을 설명하려고 제안된 것이었다.

1859년에 다윈이 『종의 기원』을 출간하기 전에도 이미 인간 연구는 상당히 진척된 상태였다. 하지만 다윈은 『종의 기원』에서 인간을 거의 언급하지 않았다. 앨프리드 러셀 월리스에게 보낸 편지는 이렇다.

"인간도 논의할 참이냐고 물으셨죠. 저는 이 주제를 아예 회피할 생각입니다. 워낙 편견을 많이 받는 주제니까요. 물론 이것이 박물학자에게 최고로 중요하고 흥미로운 문제라는 것은 전적으로 인정합니다."

상황이 바뀌었다. 마침내 다윈은 『종의 기원』의 나머지 절반, 즉 '인간-책'을 내기로 결심했다. 다윈에게 주어진 숙제 중 하나는 여러 인종이 신체적으로나 정신적으로나 제각각 매우 달라 보인다는 사실을 어떻게 설명할까 하는 것이었다. 인종 간의 유전적 변이는 극히 미미함이 밝혀진 오늘날에는 질문 자체가 큰 의미가 없어 보인다. 그러나 흑인과 백인은 심지어 서로 다른 종에 속한다고 여겨졌던 19세기에 인종 간 차이는 중요한 문제였다. 생존과 무관한 것처럼 보이는 피부 빛깔, 몸집, 체모, 머리카락 형태, 눈 색깔 등 인종 간 변이를 자연선택으로 어떻게 설명할 것인가?

성 선택은 이 수수께끼를 푸는 열쇠였다. 피부 빛깔을 예로 들자. 지역마다 상이한 미적 기준에 따라 각 지역의 조상 남성들은 피부 빛깔이 특정한 배우자를 선호했다. 이에 따라 인간 개체군의 피부 빛깔이 지역마다 달라졌다. 다윈은 성 선택이 개체군 사이에 신체적 특성뿐만 아니라 지능, 용맹, 이타성, 모성애, 창의성 같은 심리적 특성도 매우 다르게 나타난다는 (실제로는 그렇지 않지만) 사실을 잘 설명해준다고 보았다.

요약하면, 『인간의 유래』는 진화 이론이 어떻게 인간과 사회도 잘 설명해주는지 다윈이 40여 년에 걸쳐 찾아낸 대답이다. 남성은 여성보다 더 우월하게 진화했다고 단언하는 등 다윈은 종종 시대적 한계를 넘지 못하는 모습을 보여준다. 그럼에도, 엄숙한 기독교가 득세하던 시대에 이 책이 인간 본성의 과학이라는 '가장 중요하고 흥미로운 문제'를 처음 제기한 위대한 걸작이라는 사실은 흔들리지 않는다.

전중환

경희대 후마니타스 칼리지 교수

자본론

DAS KAPITAL: KRITIK DER POLITISCHEN ÖKONOMIE

카를 하인리히 마르크스 Karl Heinrich Marx (1818~1883)

1917년 볼셰비키 혁명.

1949년 중화인민공화국 건국 선언.

1989년 베를린 장벽 붕괴.

각각 20세기의 초기, 중기, 말기에 일어난 이 세 사건을 관통하는 사람이 있다면 그는 당연히 마르크스다. 20세기의 사상 그리고 현실 역사의 흐름에 마르크스보다 더 큰 영향을 준 사상가는 단연코 없다. 그리고 『자본론』은 그의 사상을 대표하는 대작이다.

마르크스의 생애 기간은 유럽에서 산업혁명이 본격 궤도에 올라 있던 때와 일치한다. 이 시기는 인류 역사에서 전례 없는 속도로 물질적 생산이 증가했다. 그러나 다른 한편에서 공장 노동자들은 열악한 작업 환경에서 그리고 빈곤 계층은 비인간적인 생활 조건 속에서 궁핍한 삶을 꾸려가야 했다.(찰스 디킨스는 마르크스와 동시대에 영국이라는 같은 나라에서 살았다. 우리에게 친숙한 그의 소설들은 당대 모습에 대한 사실적 묘사로 가득하다.)

1848~1849년에 유럽 전역에서 몰아친 혁명의 회오리는 그런 사회

가 지닌 문제를 표출한 한 방식이었다. 급진적 정치 활동으로 유럽 각국에서 추방당해 망명자로 전전하던 마르크스는 드디어 1849년 영국 런던에 정착했고, 대영박물관 도서관 한구석에서 책들을 섭렵하기 시작했다.

『자본론』은 총 3권으로 구성되어 있다. 이 중 마르크스 생전에 발간된 것은 1867년 「자본의 생산 과정」이라는 부제를 단 『자본론』 제1권뿐이다. 마르크스 사후 그의 친구이자 동지였던 프리드리히 엥겔스는 마르크스의 원고를 정리하여 1885년에 「자본의 순환 과정」이라는 부제로 『자본론』 제2권을, 1894년에 「자본주의적 생산 전체 과정」이라는 부제로 『자본론』 제3권을 발간한다. 때로 『자본론』 제4권이라고도 불리는 『잉여가치론』은 1905~1910년에 걸쳐 세 권 분량으로 카를 카우츠키가 편집해 발간했다.

애덤 스미스에게 노동 분업은 국부를 증가시키는 원천으로 박수를 받아야 할 발전이었다. 그러나 마르크스는 노동 분업의 어두운 면에 더 시선을 보냈다. 노동 분업은 기본적으로 사회적 생산관계가 표출된 것이다. 그런데 자본주의에서 생산물은 시장에서 교환될 목적의 '상품'으로 생산된다. 물질적 상품들만 시장에서 교환되는 것이 아니다. 노동자 자신도 시장에서 자신의 '노동력'을 판매하고 생계 수단을 구매한다. 자본주의 시장에서 실현되는 것은 노동자 간의 사회적 관계가 아니라 단순히 '상품' 간의 교환이다. 상품이 물신화fetishism된다.

'노동labour'과 '노동력labour power'은 구분해야 한다. 노동은 생산 활동에 실제로 투여되는 노동자들의 시간과 노력이다. 노동력은 노동자가 생산 활동에 투여할 수 있는 노동의 능력이다. 노동시장에서 거래되는 것은 노동이 아니라 노동력이다. 거래에서는 자본주의의 시장 원리, 즉 '등

가교환' 원리가 적용된다. 물질적 상품처럼 노동력도 그것의 생산비용과 같은 가격에서 거래된다. 노동력의 생산비용은 노동자가 생계 수단으로 사용하는 상품들의 가치와 같다(그리고 이 가치는 그 상품들에 체화된 노동의 양으로 표현된다).

자본가가 노동력을 구매하는 순간 노동력은 다른 물질적 상품처럼 자본가의 소유가 된다. 이제 자본가는 자신의 소유물인 노동력을 원하는 대로, 원하는 시간과 강도로 사용할 수 있다. 일반적으로 (즉, 경제 전체에서 볼 때) 자본가의 통제하에 노동자가 현장에서 실행하는 노동은 노동자 생계 수단의 가치보다 크다. 그 차이가 '잉여노동surplus labour'이다. 잉여노동은 실제로 노동자들이 실행하지만 자본가가 값을 치르지 않는 노동이다. 즉, 자본가는 노동자를 '착취'한다.

착취, 즉 잉여는 생산 과정에서 발생한다. '이윤profits'은 잉여가 시장 교환에서 취하는 형태다. 이윤은 단순히 잉여의 다른 표현일 뿐이다. 따라서 이윤의 발원지도 생산 과정이다. 중상주의는 이윤이 상품을 싸게 사서 비싸게 팔 때 발생한다는 잘못된 주장에 근거한다. 데이비드 리카도 같은 사회주의자나 피에르 프루동 같은 반자본주의적 사상가들도 이윤이 노동의 결실에서 '부당하게' 떼어낸 것이라고 잘못 주장한다. 마르크스는 '착취'를, 자본주의 생산양식을 인정하는 한 '부당'한 것으로 생각하지 않는다. 시장에서 노동력은 '등가교환'이라는 '정당'한 (자본주의) 원리에 따라 거래된다. 그리고 자본가는 노동력에 값을 치르는 순간, 노동력을 원하는 대로 사용할 (자본주의하에서) '정당'한 권리를 획득한다. 문제가 있다면, 그것은 자본주의 생산양식 자체에 있다. 착취 문제는 자본주의 양식이 다른 생산양식으로 바뀌어야만 해결할 수 있다.

마르크스는 자본주의 생산양식이 자체적인 '운동법칙' 때문에 필연적으로 사회주의 생산양식으로 변환될 것이라고 주장했다. 자본주의 하에서 프롤레타리아의 삶은 점차 더 피폐해진다. 동시에 부르주아지의 힘은 점차 소수에게 집중된다. 힘 있는 소수에서 제외된 소상공인이나 독립적 가공업자들은 프롤레타리아의 지위로 떨어진다. 인구 중에 프롤레타리아가 차지하는 비중이 점점 더 커진다. 이런 변화는 사회를 필연적으로 혁명으로 이끈다. 규모가 절대적으로 더 큰 프롤레타리아가 승리할 수밖에 없다. 이제 부르주아지가 없는 세상에서 생산수단은 사회 전체가 공유한다.

자본주의가 와해될 수밖에 없는 또 다른 이유가 있다. 자본이 축적될수록 이윤율이 하락하는 경향을 보인다. 노동 분업과 자본축적은 같이 움직인다. 더 나아가 노동 분업은 더 많은 기계가 생산에 사용되도록 만든다. 생산의 기계화는 착취가 기계화와 같은 속도로 증가하지 않는 한 자본 1단위당 이윤인 이윤율을 낮춘다. 이윤율의 하락은 자본축적의 동력을 낮출 테고, 낮은 이윤율은 자본주의의 위기를 불러온다.

'정치경제학 비판'이라는 부제가 붙지만 『자본론』은 21세기 현재에도 좁은 의미의 경제학을 넘어 철학, 정치학, 사회학, 심지어는 정신분석학과 미학에서도, 지적 탐구의 구석구석에서도 끊임없이 영감을 제공한다. 그 영감은 때로는 긍정적이고 때로는 부정적이다. 그러나 언제나 철학적 의미에서 비판적이다.(최근의 한 연구에 따르면 『자본론』은 1950년 이전에 발간된 사회과학 저서에서 가장 많이 인용되는 책이라고 한다.)

마르크스에 대한 세속적 평가는 부침을 겪었다. 1956년 3월 15일 영국 《가디언》은 런던 하이게이트 공동묘지에 마르크스의 동상이 제막되었다는 기사와 함께 사진을 크게 실었다. 그로부터 60여 년이 지난 2019년 1월과 2월 연이어 《가디언》은 반달리즘으로 훼손된 동상의 모습을 실었다. 묘비명은 망치로 찍혀 나갔고, 동상에는 붉은 페인트로 "증오의 이론. 1917~1953 볼셰비키 홀로코스트를 기리는 기념비"라는 글이 갈겨써 있었다.

박만섭

고려대 경제학과 교수

모비 딕

MOBY-DICK

허먼 멜빌 Herman Melville (1819~1891)

허먼 멜빌의 소설 『모비 딕』은 미국 문학에서 고전 중 고전으로 꼽힌다. 고래잡이배 '페쿼드호'의 선장 에이헙과 그의 선원들이 거대한 흰 고래 '모비 딕'을 추적하는 모험을 그린 소설이다. 누구나 한 번쯤 들어보았을 만큼 유명한 작품이지만 실제로 원작소설을 읽어본 사람은 생각보다 많지 않다. 일반 소설책의 두세 배에 달하는 만만치 않은 길이도 부담스럽지만, 온갖 자극적인 소재의 이야기와 영상이 넘쳐나는 요즘 같은 세상에 170년 전 고래잡이 이야기가 그리 흥미롭게 보이지 않는 것도 사실이다. 하지만 일단 소설의 첫 페이지를 열어보라. 이 긴 장편소설의 생각보다 빠른 이야기 전개에 어느새 신비로운 모험의 세계에 들어와 있는 것을 알게 된다.

"나는 이슈마엘이다"로 시작되는 첫 장은 도대체 왜 이슈마엘이 고래잡이배를 타는지 그 배경부터 설명한다. 그는 세상사에 지쳤고 우울증에 걸려 익숙한 육지를 떠나 바다로 나가볼 마음을 먹었다. 익숙하지 않은가? 삶에 지친 현대인이 인터넷 속 휴가지 풍경에 여행을 꿈꾸고 문명세계를 떠난 자연인의 삶에 열광하듯이, 이슈마엘은 고래잡이배를 타고 대양을 누비는 삶을 꿈꾸며 해양판 자연인이 되기로 결심한다.

이슈마엘이 고래잡이배를 타고 떠나는 것은 그 한 사람의 개인적 경험을 넘어 보편적인 의미로 확장되는데, 작품은 시작부터 우주적·신화적 상징들로 가득하다. 작은 인간이 거대한 대양 속 흰고래를 쫓는다는 이야기는 그 자체로 신비하고 신화적이다. 물은 생명의 근원이며 동시에 죽음의 세계로, 대양 속 어딘가에 숨어 있는 거대한 흰고래는 인간이 이해하기에는 너무도 방대한 초월적 존재다. 고래는 또한 구약성경에 나오는 요나 이야기와 연결된다. 신의 부름을 거부한 요나가 고래에게 삼켜졌다 다시 살아나온다는 이야기가 소설 도입부부터 거듭 반복해서 나타난다.

교회 목사님의 설교는 요나의 모험을 실감 나게 묘사하고, 이슈마엘이 고래잡이배를 타려고 방문한 어촌 마을 뉴베드포드에서 그가 머무는 숙소 이름이 '스파우터(고래가 물 뿜는 기관)'이고 주인은 '피터 코핀(관)'인 것은 우연이 아니다. 여인숙 입구는 커다란 고래 턱뼈로 장식되어 있어 이슈마엘은 요나처럼 고래 입속으로 들어가는 형국이다. 요나가 고래 배 속에 있다가 다시 나오는 것은 죽음을 경험하고 다시 태어나는 것을 상징한다. 고래잡이배를 타고 바다로 나가는 이슈마엘은 원초적인 태고의 세계로 나아가는 신화 속 영웅처럼 죽음의 세계로 모험을 떠나는 것이다.

이슈마엘이 탄 배는 그 자체로 작은 세상의 축소판이다. 광적인 집착으로 자신을 불구로 만든 흰고래 모비 딕을 쫓는 선장 에이헙, 그의 광기와 대척점에 있는 차분하고 이성적인 일등항해사 스타벅(커피 브랜드 '스타벅스'의 상호가 여기서 유래했다고 한다), 이슈마엘과 절친이 된 식인종 출신의 작살잡이 퀴퀘그, 겁많은 흑인 소년 핍 등 다채로운 인물들이 등장한다.

멜빌은 뉴욕 출신으로 가정 형편이 어려워 여러 직업을 전전했다. 한때 포경선을 타고 대양을 누비며 세계 각지를 돌아보았던 그는 이 경험을 필생의 대작 『모비 딕』에 고스란히 녹여냈다. 석유기름이 보편화되기 전에는 고급 등유로 고래기름의 수요가 많았다. 19세기 기술의 발달로 포경업이 산업화되었고, 지나친 남획으로 20세기 중반 포경을 국제적으로 금지하는 방안이 논의되기 전까지 조직적인 고래잡이가 계속되었다.

모비 딕이라 불리는 거대한 흰고래는 그 자체로 신비로운 존재다. 고래기름을 얻으려고 향유고래sperm whale를 주로 포획했는데, 그중 흰고래는 아주 특별한 알비노 변종일 것이다. 여러 포경선을 파괴하고 수많은 선원을 죽음으로 몰아넣은 모비 딕은 에이헙 선장이 집착하는 복수의 대상이자 바다의 괴물로 인간이 통제할 수 없는 대자연의 힘이나 초월적 존재 등 여러 의미로 해석될 수 있다. 대양 속 어딘가에 숨어 있는 모비 딕을 찾아 헤매는 페쿼드호의 선장과 선원들의 이야기로 멜빌은 선과 악, 문명과 자연, 삶과 죽음에 관한 철학적 질문을 던진다.

천신만고 끝에 모비 딕을 만나고, 복수를 위해 자신과 선원들을 죽음으로 몰아넣는 에이헙 선장은 인간의 야망과 한계, 독재자와 리더십 문제를 던져준다. 멜빌은 또한 페쿼드호에 승선한 인디언과 식인종, 흑인 출신의 선원들로 인종 문제와 백인중심주의, 기독교중심주의를 비판하고 심도 있는 문제를 제기한다. 뉴잉글랜드 지방의 초월주의 전통 또한 한몫하는데, 전통 기독교의 도그마를 넘어서 거대한 자연 너머 이성으로 이해할 수 없는 신에 대한 경외와 초월을 추구했던 그들의 사상이 멜빌에서도 비판적으로 나타나는 것을 볼 수 있다.

멜빌은 이슈마엘의 모험을 통해 빠르게 산업화·도시화하는 미국 사회에 대한 환멸과 비판 그리고 문명의 껍질을 벗어버린 인간이 대자연과 마주하는 장엄한 드라마를 펼쳐낸다. 그리고 일상을 떠나 요나처럼 죽음의 항해를 마치고 돌아온 이슈마엘에게서 우리는 여행 이야기를 듣고, 일상 너머의 벅찬 우주적 드라마와 철학적 문제들을 마주하게 된다.

멜빌의 소설 『모비 딕』은 **19세기 중반 캘리포니아 금광 발견으로 프런티어가 사라지고 산업화가 가속화하던 시기에 다시금 대자연과 신을 마주한 인간의 실존을 탐구한 대작이며, 신화를 잃어버린 현대인에게 주어진 새로운 신화다.** 소포클레스나 에우리피데스가 남긴 고대 그리스의 비극이 아직도 우리에게 감동을 주는 것은 신과 운명 앞에 선 인간의 본질을 탐구한 위대한 작품들이기 때문이다. 이들처럼 멜빌의 『모비 딕』도 문명을 지워버린 바다라는 광활한 무대에서 초월적인 힘을 지닌 대자연과 마주한 태초 인간의 모습을 그린 웅장한 서사시이며, 미국이 창조해낸 현대의 신화다.

미국 소설은 영국 소설에 비해 문학적 전통이 짧지만 신세계의 광활한 자연과 원주민, 개척민의 생활 등 신선한 소재와 거칠지만 새로운 서술방식으로 독특한 문학 전통을 만들어냈다. 문명과 길들인 사회에 염증을 느낀 사람들이 구대륙에서 신대륙으로 넘어와 정착했고, 또다시 끝없이 펼쳐진 미국 대륙을 횡단하며 서부로, 서부로 프런티어를 넓혀가며 새로운 땅을 찾아 떠날 수 있었다. 1849년 캘리포니아에서 금광이 발견되면서 사람들은 일확천금을 기대하며 서부로 달려갔고, 드디어 태평양 바닷가에 도달하면서 미국의 프런티어가 끝났다는 사실을 깨닫게 되었다. 이제 더는 미지의 땅이 존재하지 않게 된 것이다.

멜빌의 『모비 딕』이 세상에 나온 것은 1851년 바로 이즈음이었다. 정신없이 분주한 사람들로 가득한 육지에서 미지의 대양으로 떠난 이슈마엘 이야기는 산업화되어가는 현대사회의 초입에서 이 모든 껍데기를 벗어버리고 선과 악, 우주와 인간, 삶과 죽음같이 거대한 주제를 마주하는 신화적 이야기다. 『모비 딕』이 위대한 작품인 이유는 여러 가지가 있지만, 일상에 매몰된 현대인이 자연인의 삶을 꿈꾸듯이, **산업사회의 작은 부품이 되어버린 우리로 하여금 겹겹이 둘러싼 문명의 옷을 벗어버리고, 대양으로 나가 태초의 힘이며 원리인 모비 딕을 만나고, 죽음을 경험함으로써 삶의 의미와 대자연의 위대함을 다시 깨닫는 경험을** 제공해주기 때문일 것이다. 『모비 딕』은 인류의 원초적인 경험을 담아낸 미국판 현대의 신화다.

손현주

서울대 인문학연구원 책임연구원

전쟁과 평화

Война и мир

레프 톨스토이 Lev Nikolaevich Tolstoy (1828~1910)

『전쟁과 평화』는 톨스토이의 창작사에서 전기 소설의 특징들이 예술적으로 완전히 발아하고 사상적으로 성숙한 중기 대소설기에 속하는 작품으로, 후기의 도덕적·교훈적 작품들과 구별된다.

이 소설은 니콜라이 1세가 사망하면서 사면을 받아 30년 만에 시베리아 유형에서 귀환한 데카브리스트(12월 당원)에 톨스토이가 관심을 가지며 시작된다. 1825년 12월 14일, 귀족 명문가의 젊은 장교들이 니콜라이 1세의 즉위식이 열린 날 전제 군주제를 타도하고 근대적 입헌국가 체제를 수립하고자 의거를 일으켰다. 민중이 배제된 채 위로부터 시작된 '데카브리스트 혁명'은 실패하고, 오히려 니콜라이 1세의 전제정을 강화하는 결과를 낳았지만, 그 과정에 참여한 젊은 장교들과 그들의 애국적 시민의식이 톨스토이의 시선을 사로잡았다.

톨스토이는 스스로 '1812년의 자식'으로 명명한 이 데카브리스트 장교들의 사상 형성과정을 추적했다. 그들이 1812년 나폴레옹과 벌인 전쟁을 조사하고 현장까지 직접 답사하면서 그 이전 시기인 1805년 아우스터리츠 전투로까지 역사적 시선을 확장했다. 그 결과 톨스토이는 데카브리스트 혁명을 다루려는 기존의 목표에서 벗어나 '크림전쟁(1853~1856)'의 패배와 니콜라이 1세 사망 후 시대적 각성과 전환을 맞은 1860년대 러시아에서 나폴레옹으로부터 조국을 수호한 1812년 '조국 전쟁'의 민족사적·역사철학적 의미를 묻는 작품 『전쟁과 평화』를 발표하기에 이른다.

그런데 『전쟁과 평화』에서 작가의 이런 역사적 시선은 작품을 구성하는 두 이야기 축 가운데 하나인 전쟁의 축이 되고, 볼콘스키 공작과 로스토프 백작 두 가문을 중심으로 빚어지는 개인적 차원의 삶이 또 하나의 축으로 들어온다. 전자는 사실에 근거하며, 나폴레옹과 쿠투조프 장군 같은 역사적 실존 인물들이 등장한다. 반면, 후자는 허구적 이야기로 작가의 가족사 인물들이 중심이 된다.

러시아 귀족으로서 전쟁에 직접 참여하기도 하고, 사랑 때문에 갈등하기도 하며, 러시아제국이 처한 운명 앞에서 영웅과 민족에 대해 끝없이 고민하는 모습을 보이는 안드레이 볼콘스키와 표트르 베주호프(피에르), 니콜라이 로스토프, 마리야 볼콘스카야, 나타샤 로스토바 등이 대표적인 허구적 주인공이다. 이 두 축으로 진행되는 이야기는 흐르는 강과 같이 때로는 독립적으로, 때로는 합류하며 자연스럽게 이어지고, 그 사이사이에 자신만의 뚜렷한 역사관을 주장하는 톨스토이의 역사철학적 논설이 투입되면서 작품은 광대한 시간적 배경만큼이나 다양한 전쟁, 사랑, 가족, 성장, 역사, 역사철학 등의 주제를 다룬다.

이 소설은 333장으로 이루어진 네 권에 28장에 이르는 에필로그로 구성되어 있으며, 상트페테르부르크와 모스크바를 비롯한 러시아 여러 지역을 오가며 다양한 에피소드로 프레스코화 같은 구성을 취한다. 작품의 각 권과 에필로그는 크게 '전쟁'과 '평화' 부분으로 나눌 수 있다.

'전쟁' 부분에는 러시아군의 1805년 원정 모습과 스몰렌스크 함락, 보로디노 전투, 모스크바 포기, 파르티잔 전투, 나폴레옹 퇴각 등 1812년 전쟁의 주요 모습이 묘사되고, '평화' 부분에서는 정세와 인물들이 속한 러시아 상류사회의 세태와 가족의 변천 이야기가 전개된다. 한편, 작품이 '전쟁(군대)'과 '평화(가족)'와 같은 대립적인 플롯들의 독자적 이야기들로 구성됨으로써 작품의 통일성이 상실되는 '탈중심적' 경향이 일어나기도 한다. 그러나 허구적 인물들과 그들 못지않게 작가의 예술적 구상과 기교로 역사적 평가나 사료와는 다르게 새롭게 형상화되는 역사적 실존 인물들이 작품의 여러 장면과 사건에 등장해 각 플롯을 연결함으로써 종국에는 역사 속 전쟁과 평상적 삶을 통일하고 작품을 거대한 한 몸으로 만든다.

톨스토이는 『전쟁과 평화』에서 대하소설뿐 아니라 심리소설의 본보기를 제시한 것으로 평가받는다. 작가는 역사적 인물들을 일반적 인간성을 보여주는 이들로 탈신화화하고, 이들과 더불어 자신이 애착을 느끼는 중심인물들의 심리까지 무자비하게 분석하며, 그들의 고유한 결점과 함께 보이는 불완전한 인간의 모습을 가감 없이 다룬다. 동시에 이 작품은 날카로운 풍자, 윤리 소설, (특히 1권에서 그 특성을 찾아볼 수 있는) 가족연대기, 풍부한 세부 묘사로 이루어진 사실주의 소설, 기독교적 종교 소설 같은 여러 장르가 복합된 속성을 띤다.

그러나 무엇보다 톨스토이가 이 작품에서 이룬 혁신이자 대표적 특징은 소설적 서사와 철학적 논설을 장르적으로 통합한 것이다. 톨스토이 자신이 엄밀한 장르 규정을 피하면서도 종종 이 작품을 호메로스의 서사시 『일리아스』나 『오디세이아』에 빗대곤 한 것은 19세기 역사소설의 발전과 함께 중요한 대규모 역사적 사건이 플롯의 토대에 놓인 거대

서사가 서사시 영역에서 산문 영역으로 옮겨가는 흐름을 의식한 것일 수 있다. 하지만 그 근원에는 이 역사소설이라는 장르의 혁신으로 역사의 법칙, 역사의 근본 동인과 개인의 역사적 역할에 대한 작가의 역사철학적 질문과 사유를 포함하려는 의도가 자리하고 있다.

톨스토이는 삶의 '현실적' 짜임새를 역사가들이 그려낸 '비현실적' 풍경과 대비하고자 했다. 그는 역사가 '역사적 인물들'이 벌이는 행위의 결과이자 '결정적 사건'에 따라 기초한다는 역사가들의 관점과 맞선다. 역사가는 역사적 현상들의 원인, 시작과 끝을 규정하려 하지만 톨스토이는 그렇지 않다. 그가 본 역사적 현상들은 그에 앞선 무한한 원인소들의 결과다. 역사에는 수많은 우연이 개입하지만, 그렇다고 해서 역사가 우연의 산물인 것만은 아니다. 톨스토이는 인간이 그 인과를 알 수 없는 것은 이성의 한계 때문일 뿐이라 생각하고, 역사의 법칙이 존재한다는 것을 믿는다.

톨스토이의 세계관은 반역사적이 아니라 반영웅적이다. 예술가로서 톨스토이는 전체로서 삶의 흐름을, 모든 대안적 가능성의 싹을 지닌 생생한 삶을 포착하고 묘사하려 시도한다. 그 가운데 톨스토이는 묵묵히 일상에 힘쓰는, 모든 것을 섭리에 맡기는 수동적인 민중이야말로 역사의 주역이라는 사실을 이야기하고자 한다. 따라서 이와 대조적으로 한 개인이 역사를 바꿀 수 있다는 착각에 빠진 사람들 가운데 가장 정점이라 할 역사적 위인, 낭만적 영웅 '나폴레옹'은 이 소설에서 준엄하게 심판받는다.

반면에 역사적 실증에 따르면 교활하고 늙은 궁정 귀족이었으나 작품에서는 역사의 대세에 순응할 줄 아는 체험적 지혜로 러시아군을 이끄는 '쿠투조프 장군'은 러시아 민족성을 현현하는 인물로 묘사된다. 피에르에게 진정한 삶에 대한 깨달음을 주는 농민 플라톤이 그러하듯이 톨스토이가 그려내는 러시아 민중은 온유한 순종과 불굴의 인내, 자연의 유기적 일부로 살아가는 소박한 삶의 기쁨, 오랜 세월에 걸친 지혜, 진정성 그리고 인간에 대한 사랑을 지닌 이들이다.

톨스토이에게 역사 탐구는 삶의 철학, 인간 윤리의 문제와 불가분한 것이었다. 역사적 결정론 속에서도 인간의 자유의지의 가능성을 찾아 통합하려는 톨스토이의 노력은 대표적으로 '안드레이'와 '피에르'라는 두 중심인물의 의식 세계를 서술하는 장면에서 엿볼 수 있다. 특히 그들이 새로운 경험과 그에 대한 성찰로 삶의 의미와 소명을 찾아가는 과정에서 발견된다. 톨스토이는 **역사적으로 가장 미세한 단위가 되는, 이름 없는 개인들의 의식을 미분微分으로 삼고, 이를 다시 적분積分함으로써 역사의 법칙을 발견하고자 한다.** 그러므로 그 절대적 가치라고 여겨지는 명예, 부, 애국심 등과 같은 중간 가치들은 우상에 불과하다. 참된 위대함은 소박함과 선과 진실에 있기 때문이다.

톨스토이에게 '전쟁'과 '평화'는 역사를 구성하는 두 축이지만, 그 토대인 삶의 본질을 이루는 것은 아름다움, 선, 진실 그리고 사랑이다. 안드레이가 전장의 죽음의 문턱에서 깨닫는 삶의 허무는 역설적으로 삶의 아름다움과 공존하고, 이 아름다움 속의 허무는 만물에 대한 사랑으로 초월된다. 피에르가 몇 차례 죽음을 목도하며 통렬하게 자각하는 삶의 허무함도 카라타예프를 만나 삶에 대한 사랑을 깨달으며 극복된다. 결국 이 사랑은 한때 경박스러운 소녀였지만 시간이 지남에 따라 성숙해 과거의 잘못을 뉘우치고 갱생의 길을 찾는 인물, 생명력과 기쁨이 가득한 인물인 나타샤를 통해 평화와 화해, 공동체에 대한 사랑으로 확대되어 제시되는 듯하다.

그러나 『전쟁과 평화』가 어린 소년 니콜렌카 볼콘스키의 생각이 흐르는 중 열린 채 끝나듯이, 가장 작은 개인적인 역사로서 삶이 민족공동체와 인류의 역사와 만나는 현재 지점에서 톨스토이가 던지는 '우리는 과연 어떻게 살아야 하는가?'라는 실존적 물음에 대한 답으로서 '사랑'은 여전히 오늘 우리 현실에서 독자의 응답을 기다리고 있다.

박종소

서울대 노어노문학과 교수

전기자기론

TREATISE ON ELECTRICITY AND MAGNETISM

제임스 클러크 맥스웰 James Clerk Maxwell (1831~1879)

현대 문명은 전자기電磁氣(전기와 자기) 문명이라 해도 지나친 말이 아니다. 독자가 이 책을 읽는 공간에 전자기파가 몇 종류 활용되는지 잠시 고민해보자. 라디오파를 비롯한 각종 전파, 블루투스, 와이파이, 5G 통신, 위성항법장치GPS, 광통신에 쓰이는 적외선, 게다가 천장의 조명이나 휴대전화 화면에서 정보를 품고 나오는 가시광선까지……. 현대인에게 전자기파는 너무나 친숙하고 자연스러운 현상이다. 그러나 인류가 전자기파의 이해와 응용에 다다르는 여정은 결코 만만치 않았고, 그 중심에 영국의 물리학자 제임스 클러크 맥스웰이 있다.

스코틀랜드에서 태어난 맥스웰은 1854년 케임브리지대학교 트리니티 칼리지에서 학위를 마쳤다. 그의 과학적 관심사는 색채 인식, 기체운동론, 토성의 고리를 포함해 매우 다양한 범위에 걸쳐 있었고 분야마다 중요한 발자국을 남겼으나, 학문적으로 가장 중요하게 기여한 것은 『전기자기론』이다. 예부터 마찰 전기와 같은 전기 현상과 자석에 관련된 자기 현상은 서로 무관하다고 여겨졌지만 19세기에 들어서며 이런 상황이 급변한다. 전류가 주변의 나침반을 움직이는 현상을 최초로 관찰한

외르스테드의 실험 이후, 전류 고리가 자석의 성질을 띠거나 자석의 운동이 코일에 전류를 유도하는 등 전기와 자기의 관계가 밀접하다는 증거들이 잇따랐다. 하지만 당시에는 이를 통합적으로 이해할 만한 이론이 없었다.

19세기 과학자들에게 전하 사이에 작용하는 전기력(즉, 쿨롱의 법칙)이나 자석의 극(자극, 즉 N극과 S극) 사이에 작용하는 자기력을 설명하는 관점이 두 가지 있었다. 이른바 '원격작용'이라는 관점에서는 전하나 자극 사이에 힘이 순간적으로 전달된다고 생각했다. 그사이 공간은 아무런 역할도 하지 않는 텅 빈 곳일 뿐이다. 반면에 맥스웰에게는 원로 과학자였을 마이클 패러데이는 자기력과 전기력을 전달하는 힘의 선, 즉 '역선'이 공간을 가득 채우고 있다고 생각했다. 이 역선의 마당에 다른 전하나 자석이 들어오면 역선과 반응해 힘을 받는다는 것이다. 가령 자석 주변에 뿌려진 철가루의 패턴이 패러데이에겐 자기력을 전달하는 선의 흐름으로 보였다. 그러나 원격작용의 관점을 프랑스 물리학자들이 정교한 수학으로 기술한 데 비해 패러데이의 역선 개념은 당시 과학자들에게 낯설었을뿐더러 수학적 정식화도 없었다. 이것이 바로 맥스웰의 전기자기론이 출발하는 지점이 되었다.

패러데이의 역선 개념에 깊은 인상을 받은 맥스웰은 자기력선이나 전기력선을 정식화하려고 가상의 유체 흐름에 기반한 역학적 모델을 수립했다. 역학적 비유를 활용해 전자기 현상을 설명하는 방식은 맥스웰이 즐겨 사용하던 방법이다. 이로써 그는 정지해 있는 전하나 자석 사이의 힘이 기존의 원격작용 이론 대신 패러데이의 역선 개념으로도 설명될 수 있음을 수학적으로 보여줬다. 맥스웰은 물론 이런 역학적 모형이 자연에 실재하는 게 아니라 현상에 숨은 수학적 관계를 드러내는 보조적 수단이라고 강조했다.

맥스웰의 새로운 사고와 이론은 1860년대에 본격적으로 전개되었는데, 당시 발표한 논문들에서 그는 전기와 자기 사이의 상호작용까지 설명할 수 있는 정교한 역학적 모델을 제안했다. 이 모형에서 그는 자기적 변화가 전기 현상을 유도하고 전기적 변화가 자기 현상을 유도하는 파동 현상, 즉 전자기 작용이 일정한 속도로 전파되는 전자기파가 존재한다는 이론적 예측을 내놓았다. 전기와 자기를 연결하는 최종적 연결고리에 전자기파라는 현상이 있다는 것이었다. 게다가 맥스웰은 자신의 이론에 포함된 상수들에 당시 실험 결과를 대입한 결과 전자기파의 속도가 그때 알려져 있던 빛의 속도와 거의 같다는 사실도 확인했다. 이는 빛 역시 전자기파의 일종임을 강하게 시사하는 것이었다.

맥스웰의 전기자기론은 전기와 자기를 통합했을 뿐만 아니라 빛의 현상, 즉 광학까지 전자기 이론 속으로 통합한 것이다. 맥스웰은 이후 발표한 논문에서 역학적 모형이라는 거추장스러운 옷을 벗어 던진 동역학적 전기자기론을 최종적으로 완성했다. 이 이론에서 제시된 맥스웰의 방정식 4가지는 오늘날 전 세계 이공계 학생들 가운데 상당수가 배워야 하는 전자기학의 뼈대를 이룬다.

맥스웰의 전기자기론은 1873년 3월 출간된 『전기자기론Treatise on Electricity and Magnetism』이라는 대작으로 집대성된다. 이 책은 맥스웰이 킹스 칼리지 교수직을 사임한 뒤 고향에 머무르며 집필에 전념한 노력의 산물로, 새로운 내용을 담기보다는 지난 시기 그가 발표했던 전기자기론을 포함해서 그 당시 전기와 자기 지식을 총망라해 포괄적으로 정리했다. 그러나 맥스웰의 기념비적 논문들과 저서가 출간되었을 때 그의 혁명적 이론에 과학계가 즉시 환호한 것은 아니다. 당시 『전기자기론』은 이론적 혁신보다는 실험과 수학 교육상의 가치로 주목받았다. 그의 이론은 당시 물리학자들이 이해하는 범위를 한참 넘었을뿐더러 시대를 앞서 있었다.

오직 몇몇 과학자만이 맥스웰의 이론을 더 정교화하면서 전자기파의 실험적 검증에 필요한 아이디어를 발전시켰다. 맥스웰이 예측했던 전자기파의 실험적 검증은 독일에서 이뤄졌다. 맥스웰의 전기자기론을 진지하게 생각한 헬름홀츠의 학생 하인리히 헤르츠는 공명 회로로 발생시킨 전기 스파크를 활용해 전자기파의 존재를 증명했다. 이는 곧 마르코니의 무선통신 발명 등으로 이어지며 전자기파의 상업적 이용이 가속화된다.

하지만 맥스웰 저작의 의미는 전자기파의 응용에 국한되지 않는다. 맥스웰의 전자기 방정식과 기존의 고전 역학 체계 사이에 모순이 있다는 사실을 간파한 아인슈타인은 광속 불변이라는 전제하에 특수 상대성 이론을 만들었다. 게다가 **맥스웰의 전기자기론에서 정식화된 패러데이의 마당field 개념은 오늘날 중력 마당까지 포함해 과학자들이 세계를 바라보는 관점을 근본적으로 바꾸어놓았다.** 아울러 20세기 초반에 양자역학이 등장한 후 맥스웰의 전기자기론은 양자전기역학으로 탈바꿈했다.

맥스웰은 자신의 전기자기론이 실험적으로 검증되고 세상을 바꾸는 인류의 자산으로 변하는 과정을 지켜보지 못하고 48세에 세상을 떠났다. 하지만 항상 영원의 일을 현재 속에서 구체화하는 것을 진정한 행복으로 생각한 그는 자신의 이론도 영원의 일부로 남으리라는 것을 알았으리라. 아인슈타인이 얘기한 대로 맥스웰과 더불어 '과학의 한 시대가 끝나고 또 한 시대가 시작'되었고, 막스 플랑크의 평가대로 그의 『전기자기론』은 인류가 만든 모든 지적 성취 가운데 위대한 업적의 하나로 영원히 남을 것이다.

고재현

한림대 반도체·디스플레이스쿨 교수

심리학의 원리

THE PRINCIPLES OF PSYCHOLOGY

윌리엄 제임스 William James (1842~1910)

생리학자나 해부학자가 되고 싶어 했지만, 높은 소득이 보장되는 의대를 택한 학생이 있었다. 그 이름은 윌리엄 제임스. 진로에 대한 고민과 질병에 시달렸던 그는 1867년에 하버드 의대를 휴학하고 독일을 여행했다. 그는 헤르만 폰 헬름홀츠와 빌헬름 분트 같은 생리학자들이 다양한 자극에 대한 반응 시간을 측정하는 것 같은 과학적 방법론을 사용해 인간의 정신 능력을 연구하는 광경에 매료되었다. **"심리학이 하나의 과학이 되기 시작한 때가 온 것 같다."** 그는 편지에 이렇게 썼다.

하버드로 돌아온 제임스는 생리학 교수가 되어 1875년에 '생리학과 심리학의 관계'라는 과목을 개설했다. 북미 대륙에서 열린 최초의 심리학 강좌였다. 그는 단숨에 미국 심리학계를 이끄는 주역으로 부상했다. **"내가 처음 들은 심리학 수업은 내가 처음 가르친 심리학 수업에서였다"**라는 농담을 남기기도 했다. 제임스가 1890년에 펴낸 『심리학의 원리』는 심리학사를 전공하는 학자들로부터 "미국에서 출간된 가장 중요한 심리학 서적"으로 평가받고 있다. 이 책의 업적은 크게 두 가지로 나누어 살펴볼 수 있다.

첫째, 이 책은 심리학을 철학으로부터 독립시켜 하나의 자연과학으로 자리매김하는 데 결정적으로 기여했다. 7장 1절 '심리학은 자연과학이다'에서 제임스는 **"심리학자가 연구하는 마음은 실제 시공간을 일정 부분 점유하는 개별적인 개인들의 마음"**임을 못 박는다. 곤충학자가 연구하는 대상이 각각의 꿀벌이듯이, 심리학자가 연구하는 대상은 각각의 마음이다. 덧붙여, 마음들이 서로 관계를 맺는 양상도 심리학자의 연구 대상이다. 물리학자들은 두 공을 충돌시키는 우주적 질서는 전혀 신경 쓰지 않고 그저 두 공이 충돌하면 어떤 일이 일어나는지 탐구한다. 마찬가지로, 심리학자들도 영혼, 절대 지성, 초월적 이성 등은 철학자들에게 맡기고 각 개인의 개별적 마음을 자연현상의 일부로 탐구하면 된다. 즉, 제임스는 형이상학과 완전히 결별한, 과학적이고 유물론적인 심리학을 꿈꿨다.

둘째, 이 책은 마음이 어떤 특성을 지니는지 묻는 게 아니라 마음이 어떠한 목적을 수행하게끔 되어 있는지 묻는 기능적 접근을 확립했다. 이 책을 펼치면 오늘날의 심리학 교과서와 다름없이 뇌, 감각, 습관, 의식의 흐름, 자아, 주의, 기억, 지각, 추론, 정서, 본능, 의지 등을 다루는 장들이 이어진다. 어떻게 이토록 다양한 정신 활동이 잘 작동할까?

과거의 철학적 심리학은 우리 몸 안의 영혼은 하나의 독자적 실체이기 때문에 영혼이 행하는 정신 활동은 바깥 세계의 요소와 별로 상관없이 잘 설명될 수 있다고 보았다. 제임스는 이 점을 비판했다. 그는 찰스 다윈이 『종의 기원』(1859)에서 제창했던, 자연선택에 따른 진화 이론을 적극적으로 받아들였다. 제임스를 따르면, 인간의 심적 능력은 조상들의 번영에 도움이 되게끔 먼 과거의 진화적 환경에 '이미 적응된' 상태다. 그는 축약판 서론에서 우리가 현재 느끼고 생각하는 방식은 "우리가 외부 세계에 대해 적절하게 반응하는 데 유용했기 때문에" 오늘날과 같이 형성된 것이라고 강조했다. 심지어 우리의 의식도 "특정한 기능을 수행하기 위해 (……) 진화했을 가능성이 매우 높다." 제임스는 이 책에서 진화심리학이라는 용어를 처음으로 사용한 심리학자이기도 하다.

안타깝게도, 사람들은 왜 마음의 진화적 기능을 물어야 하는지 잘 실감하지 못한다. 왜 탕후루를 많이 먹는가? 달콤하기 때문이다. 왜 아이돌 가수를 보면 설레는가? 멋지고 예쁘기 때문이다. '왜 탕후루가 하필이면 달콤하게 느껴지는가? 왜 탕후루가 역겨우면 안 되는가?'가 정작 중요한 질문이라는 말을 들으면 사람들은 대개 어리둥절해한다. 우리 마음은 외부 자극을 받아들여 그에 맞는 적응적 반응을 너무나 척척 잘 만들어내기 때문에 정작 우리는 우리 마음이 얼마나 복잡하고 위대한지 체감하지 못한다.

제임스는 익숙한 것을 낯설게 보는 훈련이 중요하다고 역설했다. "사자에게 사랑스러운 대상은 암사자다. 수곰에게는 암곰이다. 알을 품은 암탉에게는 둥지를 가득 채운 달걀이 참으로 매력적이고, 소중하고, 함부로 깔고 앉아선 안 될 아가들이라는 생각을 전혀 하지 않는 생명체가 이 세상에 있다는 발상 자체가 괴상하게 보일 것이다." 탕후루가 달콤한 진화적 이유는 당이 풍부한 높은 에너지원을 많이 먹은 조상이 번식에 유리했기 때문이다. 아이돌 그룹 '아이브'의 장원영 같은 여성이 예쁜 진화적 이유는 그런 여성을 배우자로 선택했던 조상이 번식에 유리했기 때문이다. 마음의 적응적 기능을 규명하고자 했던 제임스의 통찰은 현대에 들어 진화심리학으로 결실을 맺고 있다.

『심리학의 원리』는 과거의 형이상학적 심리학과 결별하고 미국에서 과학적 심리학의 토대를 놓은 기념비적 저작이다. 이 책의 내용인 기능적 접근은 이후 게슈탈트 심리학, 정신분석학, 인본주의, 행동주의 등이 잇달아 대두되면서 한동안 잊혔다. 그러나 20세 후반에 인지심리학 혁명이 일어나고 진화심리학이 급부상하면서 제임스의 기능주의적 관점은 다시금 활발히 논의되고 있다.

전중환

경희대 후마니타스 칼리지 교수

경제학 원리

PRINCIPLES OF ECONOMICS

앨프리드 마셜 Alfred Marshall (1842~1924)

앨프리드 마셜의 『경제학 원리』는 1890년에 초판이 발행되었다. 이 책은 판을 거듭하며 1920년에 제8판까지 이른다. 판마다 많은 양의 수정과 내용 재배열이 있어서 후세에 사람들이 표준적으로 인용하는 것은 제8판이다.

『경제학 원리』가 출간되자 이 책에 대한 서평은 칭찬 일색이었다. 이 책은 곧 (적어도 영어권의) 경제학계를 '지배'하기 시작했다. 이 책에서 전개된 개념과 분석방식은 급속히 경제학의 표준으로 자리를 잡았다. 1950년대 초까지도 이 책은 경제학 전공자가 거쳐야 할 가장 핵심적인 교과서로 사용되었다.(이후 경제학 교과서의 전범이 된 것은 1948년 발간된 폴 새뮤얼슨의 『경제학』이다.)

600여 쪽의 본문을 구성하는 여섯 개 소책은 각각 경제학 방법론, 기본 개념들, 수요, 공급, 균형, 분배의 주제를 차례로 다룬다. 여기에서 지금은 이미 친숙한 개념들, 예를 들어, '탄력성', '소비자 잉여', '생산자 잉여', '단기', '장기', '규모에 따른 수확 체감 혹은 체증', '내부경제', '외부경제' 등이 최초로 정의되고 분석에 사용된다. 『경제학 원리』가 처음 발행된 지 130여 년이 지난 지금도 표준적인 대학교 미시경제학 원론 교과서는 현대적인 표현과 예를 덧붙이긴 하지만 『경제학 원리』의 주제와 내용을 그대로, 오히려 현실의 복잡함과 미묘함에 대한 마셜의 섬세한 감수성을 제외한 채 반복하고 있다.

마셜은 모든 개별 상품의 가격 그리고 모든 개별 '생산의 행위자'(현대 용어로 '생산요소', 즉 토지, 노동, 자본)의 수익률을 하나의 원칙, 즉 '수요와 공급'으로 설명한다. **"새와 네발짐승이 그 모습에서 큰 차이가 있지만 그들의 틀을 관통하는 하나의 근본 아이디어가 있듯이, 수요와 공급의 균형이라는 일반적 이론은 분배와 교환의 핵심 문제를 구성하는 여러 부분의 틀을 관통하는 근본 아이디어다."**[44](이 말에는 진화론의 모습이 어른거린다. 실제로 마셜은 스펜서의 진화론에 영향을 받았음을 밝히고 생물학이야말로 경제학자의 '메카'라고 말한다.)

이렇게 하나의 근본 아이디어가 적용되는 근거는 '연속성 원리'다. **"자연은 도약하지 않는다"**라는 모토는 『경제학 원리』 8개 판본 모두에 걸쳐 책의 첫 쪽을 장식한다. 경제를 포함하여 자연에 속하는 것들은 모두 연속적이다. 인간의 본성, 생산요소, 상품 등이 모두 연속성 원리를 따른다.

특히 시간은 연속적이다. 마셜의 분석에서 시간은 '단기'와 '장기'로 구분되고, 그에 따라 정상적인 것과 그렇지 않은 것이 구분된다(여기서 '정상적'은 규정적이 아니라 실증적인 개념이다). 그러나 이 구분은 원래적인 것이 아니라 경제학자가 분석 목적으로 임의로 설정한 기준에 따른 것이다. 생산요소 중 자본과 토지는 그런 임의적 시간 구분에 따른 범주다. 따라서 이자와 토지의 구분도 임의적이다. 여러 번의 생산기간에 사용되어 소모되는 자본(고정자본)에 발생하는 '이자'는 실은 '준지대quasirent'라고 하는 것이 합당하다. 자본도 노동에 따라 생산된다는 점에서 노동과 연속적이다. 유사한 논리로, 생산요소와 그것에 따라 생산되는 상품 사이에도 연속성이 존재한다. 이 모든 것의 차이는 본질이 아니라 정도 차이다. 여기서 중요한 결론을 끌어낼 수 있다. 모든 상품과 모든 생산요소에 하나의 분석방식이 적용될 수 있다. 그것이 바로 '수요·공급의 이론'이다.

연속성 원칙은 분석방법에도 적용된다. 보통 물리적 자연에서건 도덕적 상황에서건, 사람들의 관찰에 관련되는 것은 관찰 대상의 전체보다는 그것의 변화다. 따라서 수량들의 '한계적' 변화 사이에 성립하는 관계가 분석 대상이 된다. '한계적 분석'은 이미 1870년대에 윌리엄 제번스, 레옹 발라, 카를 멩거 등이 발전시켰다. 그러나 그것을 이후 부동의 경제학적 분석 방법으로 확립한 것은 『경제학 원리』다.

연속적 양의 변화를 분석하는 수학이 미적분이다. 그러나 수학은 전문가들을 위한 것이다. 시각적인 그래프로 표현하는 것이 이해하기에 더 쉽다. 경제학을 배우는 사람이 가장 친숙한 그림이 하나 있다면 그것은 단연코 가격을 수직좌표로, 수량을 수평좌표로 하는 공간에서 우하향하는 (연속적) 수요곡선과 우상향하는 (연속적) 공급곡선이 교차하는 그래프다. 마셜은 이 그래프를 모든 개별 상품에, 그리고 모든 개별 생산요소에 적용한다. (두 가지 의미의) 연속성 원칙 덕분이다. 마셜의 손을 통해 이 그래프는 경제학적 분석의 상징이 되었다. 통상 이 그래프가 (마셜이 창시자가 아님에도) '마셜의 십자가Marshallian cross' 혹은 '마셜의 가위Marshall's scissors'로 불리는 이유다.

『경제학 원리』의 본문은 일반인도 쉽게 이해하도록 서술되었다. 추상적 이론을 다루지만 현실에서 찾을 수 있는 예들로 가득 차 있다. 본문 다음에는 전문적 경제학 연구자들을 위해 100여 쪽으로 12개 부록과 수학적 부록을 첨부했다. 이를 두고 존 메이너드 케인스는 "경제학자는 이 책의 각주만 읽고 본문은 잊어버리는 쪽이 나을 것이다"라고 했는데, 이는 분명 농담이다. 케인스는 누구보다도 '경제학 하기'에 관한 마셜의 철학을 철저히 따른 제자였기 때문이다.

> "① 수학을 탐구의 동력이 아니라 속기를 위한 언어로 사용하라. ② 분석을 마칠 때까지 그 수학을 지켜라. ③ 결과를 영어로 옮겨라. ④ 그런 다음에 현실에서 중요한 예들을 들어 설명하라. ⑤ 수학을 불살라 버려라. ⑥ ④에서 성공하지 못하면 ③을 불살라 버려라. 이 마지막 단계를 난 수없이 겪었다네."[45]

마셜과 케인스 모두 '랭글러Wrangler(케임브리지대학교 수학과 우등 졸업자)'였다.

경제학에 대한 마셜의 공헌은 경제학 이론에 그치지 않는다. 19세기 말에도 경제학은 여전히 도덕철학의 일부로 여겨졌다. 경제학을 위한 기관도 마찬가지였다. '런던정치경제학클럽'은 배타적이었고, '학문진보를 위한 영국협회'의 '섹션 F'는 경제학에 비전문적이었다. 1890년에 마셜은 독립적인 전문 경제학회로 '영국경제학회(후에 왕립경제학회)'를 창립했다.

1885년에 '케임브리지 정치경제학 석좌교수'로 취임한 마셜은 대학교육에서 경제학을 도덕철학이나 역사에 버금가는 전공으로 독립시키고자 했다. 그의 꿈은 1903년에 이루어졌다. '경제·정치 학부'가 설립되어 이제 학생들은 '경제·정치 트라이포스' 과정을 밟아 학위를 받을 수 있게 되었다. 이것은 향후 적어도 40여 년 동안 세계 경제학의 최전선을 이끌게 될 '케임브리지학파'의 시작을 알리는 변화였다. 이것은 또한 석좌교수 취임강연에서 "냉철한 머리와 따뜻한 가슴으로, 자신이 가진 최고 능력 중 적어도 일부를 자신의 주위에서 일어나는 사회적 고통을 해결하는 데 기꺼이 사용하는"[46] 학생들로 교육하겠다는 마셜의 포부가 현실화한 것이기도 하다.

경제에 관한 탐구를 독립적인 학문 분야로 정립하고자 했던 마셜은 그 비전을 1890년 책 제목으로 천명했다. 경제학적 탐구의 이름은 이제 '정치경제학political economy'이 아니라 '경제학economics'이다.

박만섭

고려대 경제학과 교수

비극의 탄생

DIE GEBURT DER TRAGÖDIE AUS DEM GEISTE DER MUSIK

프리드리히 니체 Friedrich Nietzsche (1844~1900)

도대체 우리 인간의 삶을 어떻게 설명할 수 있는가? 실상 다양한 방식으로, 예컨대 철학적 형이상학으로 또는 윤리적이거나 종교적인 형이상학으로 삶을 설명할 수 있을 것이다. 그런데 철학, 윤리, 종교 등이 정말로 삶을 설명하는가? 19세기 사상가 프리드리히 니체는 '아니요'라고 말한다. 니체는 무엇보다 삶의 철학자다. 그는 자신의 사유에서 삶을 가장 근본적인 문제로 삼았다. 우선 기억해야 할 것은 그가 말하는 삶은 단순히 관념적이거나 초월적인 삶 또는 규범에 얽매인 삶이 아니라 언제나 현실에서 생생하게 작동하는 삶이라는 점이다.

그런데 니체가 보기에 진리라는 이름으로 전개되는 전통적인 형이상학은 이러한 삶의 역동성을 제대로 설명하지 못한다. 진리라는 개념의 껍데기에 둘러싸여 지금 이곳의 현실을 제대로 인식하는 데 실패하기 때문이다. 윤리적 형이상학은 어떤가? 당위에 따른 규범윤리는 삶의 현실성을 설명할 수 없다. 그토록 복잡한 삶의 현실문제가 그대로 남아 있는데도 당위로 그 모든 것이 해결된 것처럼 포장하는 것에 지나지 않기 때문이다. 그렇다면 종교가 우리네 삶을 진정으로 설명할 수 있는가?

종교는 이곳 현실의 삶을 결코 설명하지 못한다. 지금 여기에서 문제가 되는 이곳의 삶을 저곳 하늘나라로 옮겨 설명하는 것에 불과하기 때문이다. 철학, 윤리, 종교가 아니라면 도대체 무엇으로 삶이 설명될 수 있는가?

니체는 1872년에 출간한 『비극의 탄생』에서 삶을 설명하는 실로 놀라운 형이상학, 곧 **'예술가-형이상학'**을 주장한다. 지금까지 이러한 형이상학은 존재하지 않았다. 논리적 형이상학, 윤리적 형이상학, 신학적 형이상학 등은 서구의 지성사에서 줄곧 논의되어왔지만 예술가가 전개하는 형이상학은 전적으로 새로운 것이다. 얼핏 예술가-형이상학이라는 말은 모순적인 듯 보인다. 예술 그리고 예술가는 형이상학의 대상이 아니기 때문이다. 그러나 여기서 문제가 되는 것은 논리나 규범 또는 신앙의 문제가 아니라 바로 인간의 삶이다. 기존의 형이상학은 삶을 설명하지 못한다. 니체는 이 삶을 설명하려면 새로운 예술가 형이상학, 달리 말해 미학적 형이상학이 필요하다고 보았다.

니체는 특히 자신의 초기 미학을 대표하는 『비극의 탄생』에서 이러한 **예술가-형이상학을 두 가지 예술충동, 곧 '아폴론적인 것'과 '디오니소스적인 것'으로 설명**했다. 빛의 신이자 태양의 신인 아폴론의 충동, 곧 아폴론적인 것은 합리적인 질서의 원리를 상징하는 반면, 술의 신이자 황홀경의 신인 디오니소스의 충동, 곧 디오니소스적인 것은 비합리적인 무질서의 원리를 상징한다. 아폴론적인 것과 디오니소스적인 것은 외형상 대립적으로 보이지만, 양자는 지속적인 상호관계 속에 놓여 있다. 한마디로 디오니소스적인 것이 없다면 아폴론적인 것은 가능하지 않다. 마찬가지로 아폴론적인 것이 없다면 디오니소스적인 것도 가능하지 않다. 니체는 양자가 결합해 비극이 탄생했다고 주장했다. 여기서 비극은 그리스 비극이지만, 좀 더 넓은 관점에서 예술로 바꿔 이해해도 무리는 없을 테다. 그리스 비극은 일종의 종합예술이기 때문이다.

니체의 『비극의 탄생』은 25장으로 구성되어 있는데, 1장에서 11장까지는 비극이 어떻게 탄생되고 전개되었는지, 12장에서 16장까지는 비극이 왜 파국을 맞이하게 되었는지, 마지막으로 17장에서 25장까지는 비극이 다시 가능할 수 있는지를 다양한 관점에서 서술했다. 『비극의 탄생』은 친절한 책이 아니다. 널리 알려지고 중요한 책이라고 하니 한 번 읽어보겠다고 작정하고 책을 펼쳐 보지만 앞부분부터, 특히 1장에서 5장까지 도저히 갈피를 잡을 수 없는 내용이 쏟아져 책을 덮어버리기 일쑤다. 그러나 니체 전문가에게도 어려운 부분이니 지레 포기하지 말고 저마다의 해석으로 자유롭게 읽으면 된다.

니체는 우선 "아폴론적인 것을 꿈, 디오니소스적인 것을 도취"라고 말했다. 아폴론적인 꿈은 망상이나 몽상 또는 허상이 아니라 현실을 버텨가는 원리로 작동하는 꿈이다. 우리는 흔히 꿈이 있으니까 그래도 버티며 살아간다고 말하지 않는가? 쉽게 말해, 여기서 꿈은 이러한 의미로 파악할 수 있다. 디오니소스적 도취는 그야말로 술에 취한 것과 같은 열광의 상태에 있는 것을 의미한다. 아폴론적인 것은 회화, 조각, 공예 등의 조형예술에 반영되어 있는 반면, 디오니소스적인 것은 음악에 상응한다.

또한 니체는 아폴론적인 것과 디오니소스적인 것을 개체화의 원리와 연관해서 설명했다. 아폴론적인 것에서는 개체화의 원리가 유지되는 반면, 디오니소스적인 것에서는 개체화의 원리가 붕괴된다. 개체화의 원리는 아주 간단히 말해, 한 개체가 시간과 공간의 현실에서 존재할 수 있는 원리를 말한다. 인과성은 이러한 개체화의 원리를 특징짓는다. 예컨대, 독사가 있는 굴에 손을 집어넣지 않는 이유는 원인과 결과를 상정하기 때문이다. 우리는 이 현실에서 개체화의 원리에 따른 인과성으로 살아간다. 그런데 디오니소스적 황홀경의 상태에서 이러한 개체화의 원리는 붕괴한다. 예컨대, 개체화의 원리에 따른 인과성을 전혀 고려하지 않기에 독사가 있는 굴에 손을 집어넣고 독사와 놀이를 할 수도 있다.

두 예술충동, 곧 아폴론적인 것과 디오니소스적인 것의 결합은 비극을 산출한다. 아폴론적-디오니소스적 예술작품으로서 비극은 기원전 5세기에 절정을 이룬다. 대표적인 비극 작가로 소포클레스, 아이스킬로스, 에우리피데스 등을 들 수 있다. 그런데 니체는 소포클레스나 아이스킬로스와 달리 에우리피데스가 디오니소스적인 것과 소크라테스적인 것을 대립시키고, 마침내 소크라테스적 지성주의의 경향으로 나아갔다고 주장한다. 달리 말해, 에우리피데스의 비극에서 볼 수 있듯이, 소크라테스의 지성주의로 비극이 몰락하게 되었다는 것이다.

이러한 주장은 매우 파격적이다. 그런데 눈여겨볼 것은 니체가 비극의 몰락 이후 다시 비극의 가능성을 이런저런 관점에서 서술한다는 점이다. 흥미롭게도 니체는 소크라테스와 예술 사이에 순전히 대립관계만 있느냐고 묻는다. '예술적 소크라테스', 달리 말해 '음악을 하는 소크라테스'는 불가능한가? 이러한 물음은 서구 문화에서 비극의 재탄생 문제와 밀접히 연관되어 있다.

아폴론적인 것과 디오니소스적인 것은 인간의 삶을 이해하는 데 중요하면서도 근원적인 예술충동이다. 우리는 아폴론적인 것으로만 살아갈 수도 없고 그렇다고 해서 디오니소스적인 것으로만 살아갈 수도 없다. 삶은 아폴론적인 것과 디오니소스적인 것이 만나는 교차로에서 이루어진다. 니체는 『비극의 탄생』에서 이러한 삶을 설명하는 근원적인 예술충동의 형이상학으로서 예술가-형이상학을 주장했다.

그런데 니체는 이후 1886년에 『비극의 탄생』에 덧붙인 서문, 곧 「자기비판의 시도」에서 자신이 처음 강조했던 '예술가-형이상학'을 포기한다고 했다. 왜 예술가-형이상학을 포기한다고 했을까? 분명히 해둘 필요가 있는 것은 삶을 설명하는 문제에서 예술과 미학이 더는 중요하지 않다고 생각하기 때문에 니체가 예술가-형이상학을 포기한다고 말한 것이 아니라는 점이다. 그는 오히려 삶과 예술이 형이상학이라는 매개 없이 직접 연관된다는 것을 더욱 강조한다. 삶과 예술은 이제 더는 형이상학으로 설명될 필요가 없다. **'예술을 위한 예술'은 성립하지 않는다. 삶이 예술이고 예술이 삶이다.** 이러한 니체의 후기 미학의 사유는 『비극의 탄생』에서 이미 시작되었다.

임성훈
성신여대 교양학부 교수

꿈의 해석

DIE TRAUMDEUTUNG

지그문트 프로이트 Sigmund Freud (1856~1939)

크리스토퍼 놀란 감독의 2010년 영화 〈인셉션〉에서는 꿈이 현실보다 무겁고 중요하다고 한다. 꿈의 세계는 꿈 바깥의 세계를 반영하기도 하지만 때로는 꿈속에서 무엇이 일어나느냐에 따라 꿈의 주인이 바깥세상에서 하는 선택에 영향을 미치기 때문이다. 이 영화는 꿈이 무의식을 반영한다는 설정에 기대고 있다. 오늘날 '무의식'이라는 말은 일상생활에서도 흔히 쓰인다. 누군가가 어떤 말이나 동작을 자신도 모르는 새에 또는 인지하지 못한 채 보였을 때, 그 반응을 무의식적이라고 한다. '무의식'이라는 단어를 한자 그대로 풀이한다면 '의식이 없다'는 뜻이 되지만, 그렇다고 혼절과 같은 상태를 일컫는 것은 아니다. 오히려 의식은 있으나 그것을 인지하지 못하는 상태, 어떤 말이나 행동의 주도권을 나 자신의 의식이 갖지 못하는 상태를 뜻한다. 그렇다면 '무의식'은 정확히 무엇일까?

'무의식' 개념은 19세기 말 오스트리아의 정신병리학자이자 심리학자였던 지그문트 프로이트의 이론에서 찾을 수 있다. 그는 원인을 알 수 없는 말, 행동 그리고 신체적 증상을 동반하는 히스테리라는 상태에 놓인 환자들을 다루면서 인간에게는 의식 너머의 정신세계가 있다고 보았다. 그리고 그가 전의식, 무의식이라고 분류한 이 세계가 모든 인간에게 보편적인 것이라고 주장했다. 우리의 의식으로는 알 수 없지만 분명히 존재하는 세계는 당시 유럽 지성계에 낯선 개념은 아니었다.

그러나 프로이트의 무의식 이론이 당대에 충격을 준 이유는 그것이 욕망, 특히 성적인 욕망으로 추동된다고 보았기 때문이다. 프로이트는 이성, 오성, 발전, 성취가 아니라 성욕, 좌절, 억압과 같은 것들이 무의식, 더 나아가 의식 전반에서 더 중요한 기제라고 보았다. 그에 따르면 인간의 소원 또는 욕망 가운데 실현되지 못하고 억압, 좌절된 것들은 사라지는 것이 아니라 무의식의 영역에 남아 남모르게 인간의 의식을 지배하게 된다. 이 욕망 중에서도 힘이 가장 강력한 것은 어린아이 시절의 성적 욕망이다. 그리고 꿈은 이렇게 좌절된 욕망들이 만들어내는 무의식에 다다르는 왕도王道다.

하지만 우리는 〈인셉션〉에서처럼 누군가의, 심지어 자기 자신의 꿈속으로도 들어갈 수 없다. 프로이트는 1900년 저서 『꿈의 해석』에서 꿈의 요소를 분석함으로써 무의식의 파편들을 추리할 수 있다고 보여준다. 이 책에서 분석 대상은 몇몇 환자, 지인뿐만 아니라 프로이트 자신의 꿈이다. 그는 '보통' 사람들의 꿈을 분석함으로써 무의식이 병적인 것이 아니라 보편적인 것이라는 점을 보여주고자 했다. 실제로 한 번도 꿈을 꾸지 않거나 말실수를 하지 않는 사람은 없다. 그러므로 히스테리에서의 발작이나 정신착란과 같은 극대화된 증상이 없더라도, 내 꿈에 나타난 친한 친구의 모습, 낮에 마주쳤던 풍경 등에서 내 무의식의 단면을 유추할 수 있다.

프로이트에 따르면, 의식 영역에서 억압되어 무의식의 영역으로 떨어진 욕망은 내가 지닌 생각이나 이미지 등을 '압축'하고 '전치'해 꿈속에서 살며시 모습을 드러낸다. 압축은 여러 가지 요소를 한데 섞어 압축하는 것이고, 전치는 부분 요소를 다른 것으로 바꾸어놓는 것이다. 이러한 과정에서 꿈은 억압된 욕망을 표출하고 나아가 이루기도 한다. 프로이트가 말하듯이 '꿈은 소원 성취', 즉 "'억압된' 소원의 '위장된' 성취"다. 그리고 그가 거듭 강조하듯이 억압된 욕망은 나쁜 것이 아니며, 꿈은 현실에서는 허용되지 않는 욕망을 가상의 세계에서나마 성취함으로써 현실 세계를 유지하도록 해주는 필수불가결한 것이다.

프로이트의 파격적인 무의식 이론은 곧 카를 융, 알프레트 아들러, 멜라니 클라인 등 후대 정신병리학자, 심리학자들에게 채택되어 다양한 방향과 분야에서 발전·변형되었다. 특히 어린아이의 성적 욕망에 대한 이론은 어린아이의 심리적 성장을 연구하는 데 두루 이용되었다. 하지만 오늘날 실제로 히스테리, 즉 신경증 환자나 정신병 환자를 치료하는 데 쓰이지는 않는다. 프로이트 이론이 가장 큰 영향력을 행사하는 곳은 오히려 예술, 문화, 사회현상 등이다. 꿈을 분석해 무의식을 알아낸다는 것은 창작물을 해석해 창작자의 정신 구조 또는 숨겨진 의미를 알아낼 수 있다는 명제로, 더 나아가 사회현상을 해석해 그 사회 구성원들의 정신 구조를 파악할 수 있다는 것으로 발전한다. 예를 들어, 그리스·로마 신화를 담은 『변신 이야기』에서 수많은 친부 살해 또는 친자 살해는 어떤 욕망에서 비롯했을까? 또는 세르반테스의 소설 『돈키호테』에서 계속 중요한 대상으로 등장하지만 사실 아무런 말도 하지 않는 탑은 어떤 욕망의 위장으로 볼 수 있을까? 『꿈의 해석』과 정신분석은 이에 대해 하나 또는 여러 가지 해석을 내놓는다.

예술, 문화, 사회현상을 정신분석학적으로 분석하는 데 가장 중요하고 또 유용하게 쓰이는 것은 꿈의 구성 기제인 압축과 전치다. 이는 수사학에서 은유, 환유와 유사한 매커니즘을 갖고 있고, 또 후대 구조주의 언어학자나 정신분석학자들이 비단 꿈뿐만 아니라 한 사람의 정신세계나 사회 체계 등을 분석할 때 사용했기 때문에 프로이트 이론이 더 널리 쓰이는 데 도움을 주었다. 예를 들어 프랑스 정신분석학자인 자크 라캉은 은유와 환유에 대한 언어학 이론에서 영감을 받아 무의식이 언어처럼 은유와 환유로 구성된다고 주장했다. 무의식의 요소를 언어처럼 분석하는 라캉의 정신분석학 이론은 20세기 후반에 문학작품뿐만 아니라 시각 문화, 예술작품을 분석하는 데도 널리 쓰였고, 영화학이나 문화연구 등이 모두 여기서 큰 영향을 받아 발전했다. 그리고 프로이트의 이론 역시 한 번 더 주목을 받았다.

이처럼 비록 프로이트의 이론이 오늘날 임상 영역에서는 옛것으로 치부될지라도, 인간의 행동과 정신을 연구하는 인문사회학의 영역에서는 어둡고 매혹적인 길을 향한 포문을 열었다. 프로이트의 정신분석학은 보이는 것과 보이지 않는 것, 기억하는 것과 기억하지 못하는 것 사이를 자유롭게 넘나들게 해준다. 그리하여 우리의 눈길이 닿고 손길이 닿는 것들의 이면에 겹겹의 의미의 층위를 만들어 우리의 기억과 삶을 더욱 다채롭게 만들어준다.

성지은

토론토대학 연구원

유한계급론

THE THEORY OF THE LEISURE CLASS

소스타인 번드 베블런 Thorstein Bunde Veblen (1857~1929)

『유한계급론』은 소스타인 베블런이 1899년 미국 뉴욕에서 출간한 책이다. 이 책에서는 사회에서 노동을 하지 않는 계급을 유한계급이라고 정의하고 유한계급에 관한 포괄적·이론적 논의를 제시하며 미개 사회부터 19세기 말까지 유한계급의 역사적 변화를 다루었다. 『유한계급론』은 유한계급에 관한 포괄적 논의를 최초로 제시하면서 경제적 진화를 이해하는 독특한 시각을 제안했다. 또 1세기 이전에 나왔지만, 오늘날 자본주의 사회에 나타난 명품 소비와 금전 만능주의를 이해하는 데 도움을 준다는 점에서 베블런의 혜안을 확인할 수 있다.

베블런은 노르웨이에서 미국 위스콘신주로 이주한 이민자 가정에서 태어났다. 다른 부모들과 달리 교육에 관심이 많았던 부모님 덕에 베블런은 예일대학교에서 경제학 박사학위를 받았다. 그는 생산을 중심으로 하는 경제학적 분석에서 소비를 중심으로 하는 분석을 통해 경제변동을 경제 제도와 사회진화 관점에서 다루었다.

진화적 관점은 경제를 정태적 변화가 아니라 동태적 변화를 중심으로 분석하는 것인데, 베블런은 유한계급을 중심으로 경제 체제의 동태적 변화를 분석했다. 그는 인류의 초기공동체 사회에서는 유한계급이 존재하지 않았으나 점차 사회가 발전하면서 유한계급이 나타났다고 보았다. 모두 생산하고 모두 소비하는 공동체 사회에서 유한계급은 존재하지 않았지만 약탈적인 경제가 형성되면서 유한계급이 등장했다고 본 것이다. 유한계급은 노동을 기피할 뿐만 아니라 비천한 활동으로 인식하며 전쟁, 정치, 종교, 스포츠 등 비생산적인 활동에 종사하는 계급이다. 베블런은 유한계급이 직업 분화의 결과로 등장했다고 보았다. 인류 역사에서 약탈을 전문으로 하는 전사와 일상적인 노동을 담당하는 사람들 사이의 역할이 구분되기 시작하면서 유한계급이 등장했다고 본 것이다. 역사적으로는 노동을 하지 않는 유한계급이 등장해 공동체 일부가 노동하지 않더라도 공동체가 유지될 정도로 경제력이 발달한 단계에서 이들이 나타났다고 했다.

이러한 경제력 발달은 공동체 소유에서 개인 소유로 소유권이 변화한 것과 맥을 같이한다. 유한계급의 등장과 개인 소유권의 등장을 동전의 양면이라고 본 것이다. 개인 소유권이 등장하자 단순 소비와는 다른 소비개념 또한 등장했다. 소유권의 근원적 동기는 단순 소비가 아니라 경쟁이다. 재산은 우월함과 성공을 드러내는 지표로 받아들여지기 시작했다. 개인 재산 축적의 동기가 물질적 결핍의 충족이 아니라 다른 사람과의 비교를 통한 상대적 성공이며, 이는 금전 경쟁으로 이루어졌다. 부의 소유는 부를 소유하지 못한 사람들과 비교하게 해주는 구별 짓기다. 이렇듯 금전을 과시하는 문화는 자본주의가 발달하기 이전부터 시작되었다.

베블런은 금전 경쟁이 시대에 따라 달랐지만, 유한계급은 공통적으로 노동을 기피했을 뿐 아니라 비천한 것으로 보았다고 주장했다. 부의 축적이 중시되는 사회에서도 빈곤 계급은 근면과 절약으로만 부를 축적하고자 했다. 반면에 유한계급은 노동을 하지 않아도 되는 상황을 명예롭고 고결한 것으로 생각해 노동을 기피하는 태도를 보였다. 노동 기피는 성공적인 축적과 명성의 지표로 인식되었다. 금전 경쟁이 본격화한 시대에도 노동은 빈곤의 지표로 인식되어 수치스러운 것으로 받아들여졌다는 것이다.

유한계급은 '과시적 여가'를 발전시켰다. 유한계급의 관심은 노동 생산물이 아니었다. 무형의 재화 형태인 예절, 어법, 의례적 관례가 신분 관계의 표현이자 지배와 복종을 보여주는 행위로 인정받았다. 예의범절은 인간의 탁월함을 드러내는 징표이자 상류 계급에 속한다는 유용한 징표였다. 예법과 소비 용품 사용 방법은 취향과 구별 짓기 교육을 통해 발전했으며, 이로써 명문가가 탄생하고 예의범절을 갖춘 가문이 나타났다. 공식화된 예법은 신분적 규약으로 노동과는 거리가 먼 것이었다.

유한계급은 '과시적 소비'도 발전시켰다. 베블런에 따르면, 유한계급은 재력을 드러내는 전문적인 소비로 차별화를 시도했다. 생존과 육체 활동에 필요한 수준을 훨씬 넘는 생활용품이 소비되고 음식, 술, 주택, 장식품, 의복, 무기와 장비, 오락 등에서 최고급을 추구하는 유한계급이 중세에 등장했다. 이들은 비생산적인 정치, 전쟁, 스포츠, 종교를 명예로운 것으로 생각했다. 과시적인 소비를 명예로운 것으로 받아들였다. 더구나 부가 축적되면서 유한계급 내에서도 차별화하려고 과시적 취향을 기르고, 파티나 축제를 열어 부를 과시하는 과시적 소비가 나타났다.

과시적 소비는 종교 건축물이나 종교의식에서 입는 의복에서도 나타났다. 사치스럽고 웅장한 교회나 절이 경쟁적으로 건축되면서 과시적 소비는 종교에서도 확산되었다. 이는 금욕과 절제라는 종교적 교리와는 거리가 먼 가시적인 건축물들이 지어졌다는 것을 의미한다. 또한 금전 규범이 종교에서도 받아들여지면서 과시적 소비가 고대와 중세 사회를 지배했다는 것을 뜻한다.

산업혁명이 진행되면서 과시적 소비는 공산품 대신 수제품을 선호하는 것으로 나타났다. 베블런은 수제품 선호도 사람들이 소비하는 기계제품의 평범함에 대한 반감에 기초한다고 보았다. 평범한 제품이 명성이나 차별적 비교우위를 가져다주지 못했기 때문이다. 금전적 명성 기준에서 보면 기계제품이 더 실용적이고 비용이 덜 들지만, 싸구려에다 평범했으므로 유한계급은 과시적 소비 형태로 수제품을 더 선호했다는 것이다.

의복은 금권 과시 문화의 대표적 사례다. 의복은 사람의 금전적 지위를 쉽게 드러내 다른 소비재보다 더 가시적으로 소비 수준을 보여준다. 추위와 더위를 피하고자 의복을 구매하는 것이 아니라 공인된 취향과 사회적 평판을 고려해 싸구려로 보이지 않게 하려고 비싼 명품을 구매한다. 유용성과 미적 차원에서 전혀 차이가 없는 모조품도 그것이 모조품으로 밝혀지는 순간 명품과 다르게 대접받는 이유는 가격 때문이다. 명품 소비는 금전적 성공을 과시하는 것이다. 의복이 유행 따라 변하는 것도 의복의 효율성과 기능성 때문이 아니라 과시적 낭비의 규범이 작동한 결과다. 의복이 개인의 사회적 명성을 드러내는 장식이라는 비경제적 동기로 유행 따라 변하고 과시하려는, 즉 보여주려는 의도의 산물이라고 본 것이다.

고등교육도 금전 과시 문화와 밀접한 관련이 있다. 학문적 의례는 인문학 함양을 주목적으로 하는 학교에서 잘 시행되고 있다. 학교는 초기에 산업계급의 청년들을 교육하는 기관으로 출발했지만, 점차 학문적 의례를 중시하고 고대적 복장을 하고 학사모와 가운이 유행하는 것을 베블런은 고대적 유한계급 전통으로 돌아가려는 것으로 해석했다. 이러한 학문적 의례는 과시적인 낭비 요소가 있어서 유한계급의 속성과 부합한다. 또한 기업 총수가 고등교육 기관의 장을 맡는 경향도 강화되어 금전적 능력이 중시되는 경향을 보인다고 지적했다.

『유한계급론』은 나온 지 120년이 넘은 오래된 책이다. 그렇지만 '과시적 여가'와 '과시적 소비' 같은 개념은 현대사회에서 일어나는 소비와 관련된 취향과 불평등 현상을 이해하는 데 도움을 준다. 경제학적 논의들이 주로 생산을 중심으로 펼쳐지는 데 반해 베블런의 논의는 소비를 중심으로 했다는 점에서 소비에 관한 새로운 이해를 돕기 때문이다.

신광영

중앙대 사회학과 명예교수

경험으로서 예술

ART AS EXPERIENCE

존 듀이 John Dewey (1859~1952)

19세기 말 에드거 피어스는 하버드대학교에서 심리학 박사학위를 취득한 후 전공과는 상관없이 호텔 경영에 뛰어들었다. 사업에 성공하여 하버드대학교 심리학과에 80만 달러가 넘는 유산을 기부했다. 이 기부금으로 윌리엄 제임스 기념 정기 강연회를 후원했는데, 첫 강연자가 존 듀이였다. 이 강연은 1934년 『경험으로서 예술』로 출간되었다.

듀이는 이 책을 앨버트 반스에게 헌정했다. 반스는 의사, 사업가, 교육가, 수집가로 듀이의 30년 지기였다. 그는 인상주의, 후기인상주의, 입체파 등의 많은 걸작을 수집하여 1922년 미국 필라델피아 인근에 반스미술관을 설립했다. 100여 년 역사를 자랑하는 이 미술관은 지역민들의 민원이 제기될 정도로 인기 있는 명소가 되었다. 듀이는 자신의 책이 반스와의 대화, 반스의 소장 미술품들, 반스미술관의 교육 프로그램 등에서 많은 도움을 받았다고 했다.

이렇게 탄생한 『경험으로서 예술』에서 듀이는 예술이란 무엇인가에 대한 답변을 모색했다. 기존의 대표적 답변은 세 가지다. 외부 대상이나 사건을 진짜처럼 또는 진짜 일어나는 것처럼 모방하는 활동이다.

가장 오래된 대표적 답변으로 모방론이라 한다. 플라톤과 아리스토텔레스가 이를 대변하며 제욱시스, 솔거, 화룡점정 등 전설적 이야기에 따라다니는 답변이기도 하다. 그리스의 〈라오콘〉, 소포클레스의 〈오이디푸스〉, 미켈란젤로의 〈천지창조〉 등 수많은 예술작품이 모방론의 예다.

예술이란 무엇인가에 대한 두 번째 대표적 답변은 표현론이다. 예술은 예술가 내부의 감정을 표현하는 활동이다. 톨스토이와 콜링우드가 이를 대변하며 질풍노도, 꿈, 신화, 푸른 꽃 등이 따라다니는 답변이기도 하다. 괴테의 『젊은 베르테르의 슬픔』, 베토벤의 〈합창〉, 고흐의 〈별이 빛나는 밤〉 등 수많은 예술작품이 표현론의 예다.

세 번째 대표적 답변은 형식론이다. 예술은 형식을 잘 빚는 활동이다. 선, 색, 공간 등을 잘 빚는 활동이 그림이고, 음과 박자와 리듬 등을 잘 빚는 활동이 음악이다. 러시아 형식주의, 클레멘트 그린버그, 에드워드 한슬리크 등이 이를 대변하며 재즈나 피카소의 추상화 등이 형식론의 예다.

대표적 세 가지 답변과 달리 듀이의 답변은 예술은 하나의 경험이다. 듀이는 미국의 철학인 프래그머티즘의 창시자 중 한 명이다. 프래그머티즘은 존 스튜어트 밀의 자유주의와 통한다. 자유주의의 미국식 번안본이 프래그머티즘이라고 할 수 있다. 프래그머티즘은 경험을 중시한다. **진리는 이미 주어진 것이 아니라 경험으로 만들어가는 것이다. 예술에서도 경험을 중시한다.**

우리는 살면서 잠자기, 눈뜨기, 양치하기, 밥 먹기, 옷 입기, 일하기, 운동하기, 수다 떨기 등 수많은 경험을 한다. 예술도 수많은 경험 중 하나다. 그런데 예술은 하나의 경험이라고 할 때 그 하나는 하나, 둘, 셋의 하나를 의미하지는 않는다. 분산하고 산만한 경험과 대비되는 통일되고 응집된 경험이라는 의미로 하나의 경험이다. 하나의 경험은 두 가지 특징을 지닌다. 첫째, 하나의 경험 속에는 그 경험을 구성하는 연속적인 부분 각각의 자기 고유성이 유지된다. 둘째, 하나의 경험 속에는 그 경험을 구성하는 연속적인 부분이 이음새나 단절 없이 하나의 전체 속으로 통합된다. 두 가지를 합치면 하나의 경험은 경험의 부분들이 각기 고유성을 유지하면서 전체를 형성해야 한다.

그런데 하나의 경험이 예술작품을 만들거나 감상할 때만 이루어지는 것은 아니다. 옷 입기, 운동하기, 요리하기, 일하기 등에서도 가능하다. 숏이 예술이다, 음식이 예술이다 같은 말이 가능한 것이다.

존 듀이는 **예술의 기원이 일상적 삶에 있다고 여겼다.** 근대 이후 예술과 일상적 삶은 분리된다. 듀이에 따르면, 뮤지엄이 결정적 기여를 했다. 뮤즈들의 자리seat of the Muses라는 뜻의 뮤지엄은 초창기인 로마시대에는 철학적 논의를 하는 장소였다. 뮤지엄은 르네상스 시대에 들어서 메디치 가문처럼 명망가가 수집한 소장품들을 의미했다. 소장품들을 보존하고 전시하는 곳이라는 의미는 18세기에 이르러서 지닌다. 1759년 런던에 세운 브리티시 뮤지엄과 1793년 파리에 세운 루브르 뮤지엄이 대표적이다. 19세기 후반에 이르면 유럽 뮤지엄은 크게 번성한다. 1887년 이전 15년 동안 영국에서만 뮤지엄이 100여 개가 생기고, 1876년에서 1880년까지 5년 동안 독일에서 뮤지엄이 50여 개가 새로 생긴다.

뮤지엄은 문화유산의 보존과 그 유산의 전시를 통한 교육이라는 두 가지 중요한 역할을 한다. 그럼에도 듀이는 민족주의와 제국주의를 앞세운 강대국이 문화유산을 무분별하게 수집하여 뮤지엄에 전시함으로써 불러일으키는 폐해를 경고했다. 그 폐해의 대표가 앞서 언급한 예술과 일상적 삶이 분리되는 것이다.

천하대장군이나 지하여장군 같은 장승을 예로 들어보자. 장승은 오랫동안 마을 어귀에서 수호신이나 이정표 역할을 했다. 마을 사람들은 장승 앞에서 소원을 빌었고 나그네들은 여정의 무탈을 빌었다. 그런데 어느 날 외적이 장승을 약탈하여 외적의 수도에 설립한 뮤지엄에 전시했다. 그 수도의 시민들은 뮤지엄을 방문하여 장승을 구경하지만, 그 이국적 조형물 앞에서 더는 소원과 무탈을 빌지 않는다. 그리스 신전 앞의 조각들이나 이집트 신전의 벽화들도 마찬가지다. 대영제국이나 나폴레옹 제국의 시민들에게 뮤지엄의 전시물은 일상에서 분리된 공간 속에 감상을 위해 자리한 예술품이다. 일상적 삶의 이익과 관심이 얽힌 살아 숨 쉬는 대상에서 무관심한 관조 대상으로 박제된 것이다.

21세기 초 미국에 등록된 뮤지엄 1만 6000여 개 가운데 90퍼센트 가량은 1950년 이후에 설립되었다. 그리고 2008년에 집계된 미국 뮤지엄 방문자 수는 8억 5000만 명에 이른다. 유럽의 대표 뮤지엄인 브리티시 뮤지엄, 루브르 뮤지엄 등도 연간 방문자 수가 각각 500만 명을 꾸준히 넘는다. 듀이가 뮤지엄을 비판한 이후에도 뮤지엄은 번성했다.

그렇지만 듀이의 비판과 더불어 뮤지엄 밖 예술도 활성화되었다. 광장, 공원, 길, 벽 등 일상적 공간 속에 예술을 새롭게 두려는 시도가 공공미술이라는 이름으로 많이 늘어났다. 공공미술은 일상적 공간에서 예술적 경험을 하게 함으로써 일상적 삶과 예술의 연결을 도모한다고 볼 수 있다. 그러한 연결을 도모하는 다른 예들은 무엇일까? 듀이는 우리에게 실험으로 그러한 예들을 도모하라고 권유한다.

김진엽

서울대 미학과 교수

프로테스탄트 윤리와 자본주의 정신

PROTESTANTISCHE ETHIK UND DER GEIST DES KAPITALISMUS

막스 베버 Max Weber (1864~1920)

19세기 중반, 마르크스는 유럽을 배회하는 유령을 보았다. "하나의 유령이 유럽을 떠돌고 있다. 공산주의라는 유령이."[47] 세기 전환기에 막스 베버는 서양 사회를 배회하는 또 다른 유령을 보았다. "소명 속 임무라는 생각은 죽어버린 종교적 신앙의 유령처럼 우리의 삶 속에서 어슬렁거리고 있다."[48] 그러나 두 유령은 완전히 다르다. 하나는 세상을 전복하려는 유령이고 다른 하나는 세상을 바꾸는 데 결정적 역할을 했으나 바뀐 세상에서 버림받은 조력자의 유령이다.

베버의 아버지는 베버와 크게 말다툼하고 나서 두 달 만에 사망했다. 베버에게 아버지의 죽음은 너무도 큰 충격이었다. 베버는 극심한 우울증에 걸렸고 강의와 연구를 중단해야 했다. 몇 년간 공백 후 학계로 돌아온 베버는 1904년과 1905년 두 번에 걸쳐 장문의 논문을 발표했다. 이 논문은 즉각 학계에 격렬한 논쟁을 일으켰다. 베버는 10여 년에 걸친 논쟁을 반영하는 내용을 원논문에 버금가는 양의 각주로 담아 1920년에 논문과 같은 제목으로 『프로테스탄트 윤리와 자본주의 정신』을 발간했다.

이 연구는 넓게 볼 때, 당대 독일 학계에서 점차 더 큰 힘을 얻고 있던 마르크스주의를 비판한 것이다. 베버는 독일 역사학파의 방향을 따랐고 역사학파는 독일 관념론의 전통 속에 있었다. '역사의 법칙'은 존재하지 않는다. 한 시대에 지배적인 사회제도는 역사적으로 특정적인 사건들의 조합으로 발생할 뿐이다. 여기서 인과관계는 물질적인 것에서 정신적인 것으로 한 방향으로만 흐르지 않는다. 인과관계는 쌍방향이다. 베버의 논문은 '관념이 역사에서 유효해지는 방식을 이해하려는' 시도였다. 특정적으로, 베버는 여러 자본주의 형태 중 '현대' 자본주의가 지니는 특성을 확인하고, 그것을 촉발한 결정적 원인으로 '프로테스탄트 윤리'를 지목했다. 그리고 이것이 현대 자본주의가 오직 서양(서부 유럽과 미국)에서만 발생한 이유임을 강조했다.

베버는 말했다. **"금에 대한 저주받은 갈망**auri sacra fames**은 인간의 역사와 같다."**[49] 그러나 부의 추구 자체가 '자본주의 정신'은 아니다. 경제적 교환으로 이득을 획득하려는 행위는 서양뿐 아니라 바빌론, 고대 이집트, 중국, 인도, 중세 유럽에도 존재했다. 그러나 '현대' 자본주의는 이들과 매우 다르다. 여기서는 부를 추구하는 행위가 "공식적으로 자유로워진 노동의 합리적 조직"으로 이루어진다. 언뜻 보면 마르크스와 유사하다. 중세 장원의 붕괴로 도시로 흘러나온 노동자들은 이제 시장에서 '자유롭게' 자기 노동력의 사용 여부와 용처를 결정할 수 있다. 그러나 베버는 **'합리적 조직'을 더 크게 강조한다.** 현대 자본주의 기업은 철저한 계산에 근거해 노동력을 정해진 규율 속에 사용하고, 잉여를 자본의 재투자를 위해 사용하면서 연속적으로 기능한다. 목적-수단 사이의 효율성을 추구하는 '도구적 합리성'이 객관화한 것이다.

도구적 합리성은 계산 가능성에 근거한다. 현대 자본주의에서 계산

가능성은 보편적 원리로 작동한다. 자본주의 발현 즈음에 서양에서는 그런 합리성을 위한 제도적 전제조건들이 충족되어 있었다. 가계와 생산 기업이 분리되었다. 도시가 발전하고 시민적 권리가 인정되었다. 법체계가 정립되었다. 전문적 관료가 국가 운영을 맡았다. 기업에 이중장부 회계가 도입되었다. 그러나 현대 자본주의가 발현하는 데는 결정적으로 한 가지 요소가 더 필요했다.

프로테스탄트교는 기독교가 아닌 종교는 물론 가톨릭교와도 한 가지 점에서 완연히 구분된다. '현세적 금욕주의this-worldly asceticism'가 그것이다. 이 특징은 칼뱅주의에서 확연히 나타난다. 칼뱅주의는 우주가 신의 영광을 위해 창조되었고, 신은 인간의 이해를 초월해 존재하며, 사람들이 현세에서 사는 삶은 예정되어 있다고 주장했다. 오직 특정한 사람만이 영원한 삶을 위한 구원을 받을 수 있었다. 그가 누구인지는 신이 예정해놓았다. 그러나 인간은 구원이 예정된 자가 누구인지 모른다. 자신이 신에게 이미 선택되었다고 믿을 때, 구원의 불확실성에서 느낄 극심한 불안에서 해방될 수 있다. 선택되어 있다고 믿는 것이 신앙적 의무다. 그런 확신의 결여는 곧 신앙심이 미약하다는 증거다.

그렇다면 실제로 자기가 구원받을 사람인지 어떻게 확인할 수 있을까? 현세에서 인간의 임무는 신의 영광을 위해 사는 것이다. 루터는 직업이 '소명Beruf'이라 설교했다. 직업은 신의 부름에 따라 현세에서 수행할 임무다. 소명에서 성공하는 것이야말로 신의 영광을 실현하는 것이다. 성공이 부의 축적으로 나타날 수 있다. 근면함과 연결되는 한, 나태한 사치나 자기 욕심을 채우는 데 사용되지 않는 한 부의 축적은 크리스천으로서 임무를 수행하는 것이다.

아담과 이브가 에덴동산을 떠나기 직전 천사 미카엘은 그들에게

동산 밖에서 어떻게 살아야 할지를 얘기해준다.

> "답할 수 있는 지식에 단지 행동을 더하라.
> 신앙을 더하라. 덕목을, 인내를, 절제를 더하라.
> 모든 다른 사람의 영혼, 자선이라 불릴, 사랑을 더하라.
> 그럴 때 너희는 이 낙원에서 떠남을 애석해하지 않으리.
> 지금보다 훨씬 더 행복한 낙원을 너희 안에 갖게 되리라."[50]

존 밀턴의 『실낙원』 끝부분에 나오는 이 구절에서 베버는 "청교도가 현세에 쏟는 진중한 관심, 현세의 삶을 임무로 받아들이는" 자세를 본다.

이제 서구사회에서 끊임없는 부의 축적을 추구하는 자본주의 정신과 부의 축적을 신의 영광의 실현이라 믿는 프로테스탄트 윤리는 마치 두 화학적 요소가 서로에게 이끌리듯이 '선택적 친화력'으로 결합된다. 일과 이윤에 대한 칼뱅주의의 교리야말로 "지금 우리가 자본주의 정신이라 부르는 삶의 태도를 확장하는 데 작동한, 생각할 수 있는 가장 강력한 지렛대"였다. 세속의 도구적 합리성이 성공을 거두는 데 종교적 가치 합리성이 결정적 역할을 한 것이다.

그런데 자본주의는 일단 정립되고 나면 자동적 메커니즘에 따라 작동한다. 발현의 지렛대였던 종교적 기초는 더 필요 없다. 청교도의 금욕주의는 "현대의 경제적 질서라는 엄청난 우주를 구축"[51]했으나 이제 자본주의적 경제 질서는 사람의 삶 전체를 덮어 싸는 '강철 껍질stahlhartes Gehäuse'(탈코트 파슨스의 영어 번역에서는 '쇠우리iron cage')이 되어버렸다. 종교적 가치 합리성이 지향했던 개인들의 '자율적 삶'은 점차 강해지는 관료제도에 제거되었다. "청교도는 소명 속에서 일하기를 원했다. 현대인은 일하기를 강제당하고 있다."[52] 물질적·도구적 합리성이 종교적 가치 합리성을 현대인의 삶 속에서 쫓아내 버렸다.

쫓겨난 합리성은 유령처럼 거리를 배회하기 시작했다. 베버 이후 또 다른 한 세기가 지나면서 도구적 합리성의 '강철 껍질'은 더 두꺼워졌다. 그사이에 베버는 마르크스, 에밀 뒤르켐과 함께 현대 사회이론을 떠받치는 세 기둥 중 하나가 되었다.

박만섭

고려대 경제학과 교수

미술사의 기초개념

KUNSTGESCHICHTLICHE GRUNDBEGRIFFE

하인리히 뵐플린 Heinrich Wölfflin (1864~1945)

대학 신입생들에게 인기 있는 교양과목 중 하나는 미술사 관련 강의다. 미술사 수업은 이미지를 보면서 진행되므로 대체로 어두운 강의실에서 한다. 그래서 다른 수업에 비해 공사다망한 신입생들의 피로를 풀기에 좋은 조건을 제공한다. 게다가 수강생들은 비슷비슷한 그림을 보면서 잠깐잠깐 꿈나라에서 화가들을 직접(?) 대면할 기회를 얻기도 한다. 그래선지 미술사 수업을 듣고 나오면 영혼이 맑아지고, 정신이 고양된 느낌을 받곤 한다. 이처럼 고상한 취향에 해박한 지식을 제공하는 매력 있는 학문인 미술사에 대한 기초 개념을 펼친 뵐플린이라는 학자가 쓴 책은 어떤 의미와 가치가 있을까?

고대 이집트와 고대 그리스·로마 미술부터 현대에 이르기까지 미술의 역사를 다루는 미술사라는 학문이 대학에서 정규 커리큘럼과 학과로 자리 잡은 것은 그것이 다루는 내용이나 시대만큼 오래되지는 않았다. 흔히 16세기 이탈리아의 화가, 건축가이자 작가인 조르조 바사리가 쓴 『이탈리아의 뛰어난 건축가·화가·조각가의 생애』(1550년 초판, 1568년 증보 재판)를 미술사의 기원으로 본다. 이 책에서 바사리는 조토에서 시작해 이탈리아 르네상스 미술가 200여 명의 삶과 작품을 정리했다. 다만 바사리가 정확한 사실을 확인하기 어려운 경우 그 빈틈을 허구와 상상으로 대체했다는 점에서 엄밀한 근대 학문으로서 성격과는 다소 거리가 있었다.

본격적인 학문으로서 미술사의 기초는 요한 빙켈만의 『고대 예술사』(1764)에서 찾아볼 수 있다. 그는 미술에 엄밀한 '역사' 개념을 처음 적용했다고 평가받는다. 빙켈만은 고대 예술을 시기별로 구분하고, 성장·성숙·쇠퇴라는 순환론적 시각으로 바라보았다. 비록 빙켈만의 관심이 순수 조형적 측면보다는 역사주의적 시각이 섞여 있지만, 그의 저술은 이후 전개될 미술사의 터전을 마련했다.

빙켈만 이후 문화사의 일부로 인식되던 미술사는 1840년대 독일의 대학에 미술사 전담 교수와 커리큘럼이 등장하면서 정식 학제로 그 시작을 알렸다. 19세기에 등장한 민족주의 국가는 정체성 수립이라는 이데올로기 차원에서 미술관과 박물관의 건립을 추진했다. 그에 따른 전시 작품의 수집과 전시 방식이라는 실제적 문제는 미술사의 성장을 촉진했다.

실증주의적 역사 인식과 과학적 연구방법론의 발달과 함께 일반적으로 미술은 그 자체의 미적 가치라는 차원에서 일반적 역사 사료와는 다른 의미가 있다고 여겨지게 되었다. 이는 미술사만의 고유한 학문적 방법과 개념에 대한 탐구로 이어졌다. 이런 상황에서 근대적 미술사가 제기한 방법론적 질문이 바로 '형식'과 '양식'의 문제였고, 이를 체계적이고 깊이 있게 다룬 대표 학자가 뵐플린이다.

『미술사의 기초개념』(1915)에서 뵐플린은 개인과 민족, 시대 특유의 '시각적 가능성(혹은 시각적 층)'이 있다면서 이러한 시각 형식을 탐구해 미술작품에 나타나는 보편적 양식의 역사를 서술하고자 했다. 특히 그는 ① 선적인 것과 회화적인 것, ② 평면성과 깊이감, ③ 폐쇄적 형식과 열린 형식, ④ 다원성과 통일성, ⑤ 명료성과 불명료성이라는 다섯 가지 형식적 범주를 제시했다. 또한 이 다섯 가지 범주를 바탕으로 르네상스와 바로크의 미술을 비교·분석함으로써 양식사의 모범을 보였다.

뵐플린은 작품을 면밀히 관찰하고 분석해 다양한 형식적 요소를 구별하고자 했다. 그는 르네상스 미술과 바로크 미술의 양식적 차이를 회화, 조각, 건축에 나타나는 선과 형, 공간, 색, 명암, 균형, 질서, 비례, 패턴, 리듬 등의 형식적 요소를 비교하면서 집중적으로 고찰했다. 『미술사의 기초개념』의 첫 장인 '선적인 것과 회화적인 것'에서 몇 문장을 보며 뵐플린의 양식론을 직접 느껴보자.

"소묘적인 양식은 선을 통해 보며 회화적인 양식은 덩어리를 통해 본다고 할 수 있을 것이다. 선적으로 본다는 것은 사물의 느낌이나 아름다움을 우선 윤곽선에서 찾는 (……) 것을 의미한다. 반면 덩어리로 보는 방식에서는 더 이상 테두리선에 주의하지 않으며 (……) 대상을 얼룩(혹은 반점)으로 파악한다. 여기서 사물의 첫인상을 이루는 요소로서 얼룩은 색채일 수도 있고 밝고 어두운 공간일 수도 있다."

"뒤러가 1521년에 그린 초상화는 (……) 이마에서 시작된 얼굴 실루엣이 매우 또렷하고, 입술은 확고하고 안정된 선을 이루며 (……) 이에 비해 프란스 할스가 그린 형태는 손으로 만질 수 있을 것 같은 느낌과는 거리가 있다. (……) 선적 형태라는 전통적인 체계는 흔들리고 (……) 코는 실룩거리고, 눈은 깜박거리며, 입은 움직이는 듯한 양상을 띤다. (……) 프란스 할스가 그린 것은 결국 반 다이크나 렘브란트가 그린 것과 같은 성격을 띤 것이라고 할 수 있다. 그들은 (……) 모두 동일 계열에 속하는 화가들이다. (……) 단일 화가에 관해 연구할 때도 그의 초기와 말기를 지칭하기 위해 위와 같은 양식 개념을 이용해야 할 경우가 있다. 비록 상대적인 판단이긴 하지만, 초기 렘브란트의 초상화는 전성기 때의 초상화에 비교해 조형적이고 선적인 경향이 강하다고 할 수 있다."

이처럼 뵐플린은 '선적인 것'과 '회화적인 것'의 개념적 정의와 함께 다양한 형식적 요소로 그 구체적 차이를 설명한다. 더 나아가 르네상스와 바로크의 개별 회화 작품을 비교해 자신의 논리를 실증한다. 이는 조각의 경우도 마찬가지다.

"입체적 덩어리의 예술인 조각은 문자 그대로 선과 무관하다. 그렇지만 분명히 선적인 조각과 회화적인 조각의 차이는 존재하며 (……) 고전적 조각은 (……) 고정된 선적 요소를 통해 표현되며 (……) 반면에 바로크는 모든 종류의 윤곽선을 거부한다."

"고전적 성향은 고요한 표면을 선호하고, 바로크는 생동감 있는 표면을 선호한다. (……) 전자에서는 변함없고 일관된 형태에 대한 묘사가 관건이지만, 후자에서는 끊임없이 변화하는 외형이 중요해서 (……) 자유로운 빛의 움직임을 통해 (……) 형태를 어두운 그림자 속으로 완전히 사라지게까지 한다."

이 인용문에서[53] 확인할 수 있듯이, 형식적 요소에 대한 치밀한 분석에 근거한 뵐플린의 양식론은 탄탄한 내적 논리를 갖추고 있다. 특히 그는 회화와 조각, 건축이라는 매체의 차이에도 불구하고 개별 장르에 적절한 형식 요소를 찾았을 뿐 아니라 양식을 재료나 당대의 기술력이라는 측면에서 살펴보았다. 또한 양식과 내용, 즉 양식이 특정 사회나 시대의 이념이나 철학을 어떻게 반영하는지도 유의했다. 더 나아가 그는 양식과 당시의 유행이라는 측면도 고려했는데, 이는 전후 양식과의 관련성도 세심히 살펴보았음을 의미한다.

이후 뵐플린의 양식론은 '과도한 형식주의자'라는 비판에 직면했다. 그러한 비판을 펼친 이들은 정신사적 미술사 연구에 심취했던 미술사학자들이었다. 곧 뵐플린의 양식론은 에르빈 파노프스키의 도상해석학에 그 권좌를 내주게 된다. 비록 그 영예의 순간은 짧았지만, 뵐플린의 양식론은 최초로 체계적인 미술사 방법론의 등장을 알렸다. 또한 『미술사의 기초개념』은 책 제목처럼 이후 모든 미술사의 연구에 기초와 같은 역할을 하고 있다.

김승환

조선대 문화콘텐츠학부 교수

흑인의 영혼

THE SOULS OF BLACK FOLK

듀보이스 **W. E. B. Du Bois (1868~1963)**

『흑인의 영혼』(1903)은 듀보이스가 미국 최초로 흑인 문제를 다룬 기념비적인 책이다. 듀보이스는 고조할아버지가 남북전쟁에 참여한 공적으로 자유를 얻은 소수 흑인 집안에서 태어났다. 남부 테네시 피스크 대학에 다니면서 인종차별과 린치 같은 흑인을 상대로 한 백인들의 폭력을 알게 되었다. 하버드대학교로 옮겨 역사학을 전공했다. 하버드대학교 대학원에 진학해 사회학을 전공하는 동안 펠로십으로 독일 베를린대학교에 체류하면서 막스 베버를 만나기도 했다. 막스 베버가 1904년 미국을 방문했을 때도 듀보이스와 만날 정도로 친분이 있었다. 듀보이스는 1895년 「1638~1871년 미국의 노예무역 억제」라는 논문으로 하버드대학교에서 사회학 박사학위를 받았다.

듀보이스는 최초의 흑인 사회학자로 역사가, 민권운동가, 작가 등 다양한 활동을 펼쳤다. 그중에서도 흑인의 권리를 증진하는 활동가 역할이 두드러졌는데, 1905년 흑인의 완전한 시민권을 요구하는 '나이아가라운동'에 참여했고 1909년에는 '제1차 범아프리카 권익 증진 전국협의회NAACP' 설립에 참여했다. 1919년에는 파리에서 '제1차 범아프리카 회의the First Pan-Africa Congress'를 개최했다. 그는 『어두운 물Dark Water』(1925), 『어둠의 공주Dark Princess』(1928), 『흑인 재건Black Reconstruction』(1935) 등을 저술해 흑인의 시각으로, 흑인의 목소리로 미국 흑인의 감정과 의식을 드러내고 흑인 차별과 배제를 비판해왔다.

자본주의가 인종차별주의의 1차 원인이라고 생각해 사회주의에도 우호적이었던 그는 1963년 8월 28일 미국 워싱턴에서 마틴 루서 킹 목사의 연설이 있은 기념비적인 민권운동 시위가 벌어지기 하루 전인 27일 가나에서 영면했다.

듀보이스는 1903년 14편의 글을 모아서 『흑인의 영혼』을 출간했다. 주된 내용으로 그가 경험하고 관찰한 미국 흑인의 일상적인 삶과 의식, 인종 차별주의의 현실과 슬픔을 담았다. 그는 서문에서 '20세기 문제는 피부색에 따른 분리color line'라고 선언했다. 그것은 경제적·정치적·사회적·문화적으로 백인과 흑인이 분리되어 있다는 것을 의미한다. 1863년 1월 1일 링컨이 노예 해방을 선언했지만 흑인은 백인과 동등한 미국 시민으로 인정받지 못하는 현실에 대한 고발이자 문제 제기였다. 흑인 차별은 일상생활에서 이루어져 개인들의 감정과 심리 속에 내면화됨으로써 좌절, 무력감, 분노를 만들어냈다.

듀보이스는 초등학교 시절 자신의 일화를 소개하면서 흑인의 심리를 말한다. 그가 다닌 뉴잉글랜드의 작은 학교에서 학생들끼리 카드를 교환하는 날, 그는 새로 온 백인 여학생에게 카드를 주었으나 단호하게 거절당했다. 듀보이스는 다른 학생들(백인)과 달랐고 거대한 베일로 가려진 그들의 세계와 차단되었다는 느낌이 들어 슬펐다고 회상했다.

베일은 듀보이스가 백인의 세계와 흑인의 세계 사이에 놓인 보이지 않는 장벽을 상징적으로 표현하는 용어다. 미국이라는 같은 사회에서 살지만, 흑인과 백인의 세계는 서로 알 수 없는 심리적 장벽으로 가려져서 백인이 흑인의 존재를 제대로 보지 못하는 현실을 상징한다. 베일 때문에 백인은 흑인을 미국인으로 인정하지 않았고, 흑인들의 실상을 모른 상태에서 편견과 왜곡된 인식에 기초해 흑인을 차별하고 억압했다. 그리하여 흑인은 노예 신분에서 해방되었지만, 미국인으로서 백인과 동등한 인간으로 대우받지 못하고, 백인들로부터 차별과 배제를 받는 보이지 않는 감옥에 살고 있었다.

『흑인의 영혼』은 **백인들에게 들려주는, 베일 속에 가린 흑인들의 과거와 현재의 삶, 절망과 좌절의 이야기**다. 듀보이스는 다음과 같은 질문을 했다. 미국에서 자유를 이야기하지만 아프리카에서 백인에게 잡혀 미국에 노예로 끌려온 아프리카 출신 흑인들만큼 '자유'를 원하고 갈망하는 사람들이 있을까? 그리고 그는 노예제도야말로 '모든 악의 종합이며, 모든 슬픔의 원인이며, 모든 편견의 뿌리'라고 말한다. 그럼에도 백인과 흑인 사이에 커다란 베일이 있어서 백인들이 이러한 진실을 보지 못한다고 토로했다.

듀보이스는 미국의 흑인들이 '이중적 의식double consciousness'을 가지고 있다고 보았다. 이것은 노예라는 역사가 있는 흑인들이 백인의 눈을 통해 자신들을 바라보며, 동시에 주위 흑인들의 눈을 통해 자신들을 바라보기 때문에 갖는 이중적 자아의식이다. 듀보이스는 이를 이렇게 표현했다.

> **"하나가 언제나 두 개를 느끼고 있다-하나의 검은 몸뚱이 속에 미국인이자 니그로; 두 개의 영혼, 두 개의 사고, 두 가지 화합 불가능한 싸움; 전쟁을 벌이는 두 가지 이상화된 전형이 존재한다."**

백인이 주류인 미국 사회에서 사는 아프리카계 흑인의 의식은 백인의 문화와 정체성을 갖지 못하지만 백인의 시선에서 자신들의 행동과 말이 평가되고 판단되는 현실을 항상 의식해야 한다. 또한 문화와 일상생활 속에서 아프리카계 흑인의 정체성이 유지된다. 둘은 서로 충돌하며 흑인들의 의식을 무겁게 짓누른다.

듀보이스가 바란 것은 흑인과 백인 사이에 존재하는 보이지 않은 베일을 걷어내는 것이었다. 그리하여 흑인들이 지닌 이중적 의식으로 고통받지 않고 분열적인 정신 상태에서 벗어나기를 기대했다. 그러나 이러한 변화는 아직 이루어지지 못했다.

현실에서 흑인들은 여전히 미국적이지 않은 존재로 인식되면서 백인사회에서 기회를 얻기 어렵다. 교육 기회를 제대로 갖지 못하고, 백인과 경쟁해서 제대로 된 일자리를 얻기도 힘들다. 흑인 대다수가 만성적인 빈곤층에서 벗어나지 못하고 있다.

『흑인의 영혼』이 출간된 지 벌써 백 년이 넘었다. 그렇지만 인종 연구가 21세기 들어 미국에서도 붐을 이루면서 한동안 잊혔던 『흑인의 영혼』은 흑인 문화를 이해하는 데 필독해야 하는 **흑인 문학의 고전**으로 부활했다. 더 나아가 『흑인의 영혼』이 미국의 흑인과 백인의 문제를 다루었지만, **오늘날 유색인종과 백인 사이에 존재하는 심리적 갈등이나 출신 지역에 따른 차별과 배제가 강한 사회에서 차별받는 사람들의 정신적 고통과 심리적 갈등을 이해하는 데도 크게 도움을 준다.**

『흑인의 영혼』은 글쓰기에서도 혁신을 보여주었다. 14개 장마다 시와 음악으로 시작해서 자신이 수행한 사회학적 연구 결과, 개인사, 미국 흑인의 역사를 녹여 서술했다. 21세기에도 『흑인의 영혼』은 문학성과 더불어 흑인들의 삶과 심리에 대한 포괄적인 이해를 제공하고 있다. 더더욱 전통적 글쓰기와는 다른 대단히 창의적인 글쓰기를 보여준다는 점에서 큰 관심의 대상이 되고 있다.

신광영

중앙대 사회학과 명예교수

상대성 이론

THEORY OF RELATIVITY

알베르트 아인슈타인 Albert Einstein (1879~1955)

『상대성 이론』은 사람들에게 두 가지 층위에서 충격을 가져왔다. 하나는 보편적인 과학 이론을 대표하는 뉴턴의 물리학이 완전하지 않다는 것이 처음으로 확인되었다는 점이고, 다른 하나는 세상 모든 것의 과학적 바탕이자 철학적 기반이기도 한 시간과 공간이 우리의 직관과 벗어난 방식으로 존재한다는 것을 알게 되었다는 점이다.

우리가 정말 진리라고 여길 만한 것은 그리 흔하지 않지만, 인간은 언제나 믿고 기댈 진리를 갈구해왔다. 오랜 세월 그러한 역할을 했던 체계들은 지금 우리가 종교라고 하는 것들이다. 인간의 지식과 경험이 늘어남에 따라 종교는 차츰 그러한 역할을 하지 못하게 되었고, 그 대신 쌓인 지식과 그 지식을 사용하는 방법이 세련되어지면서 차츰 진리의 위치를 대신하게 되었다. 이러한 체계를 우리는 과학이라고 한다.

근대 이후 과학을 대표하는 체계는 뉴턴의 물리학이었다. 뉴턴의 역학은 엄청난 보편성과 정량적인 답을 주는 뛰어난 예측력이 있었으므로 이전의 어떤 체계보다도 강력한 위력을 발휘했고, 우주의 근본 원리이자 다른 모든 과학의 배후에서 물질세계를 지배하는 기초를 이루는 법칙으로서 위치를 차지했다.

상대성 이론은 이러한 위치에 있던 뉴턴의 물리학을 다시 돌아보게 만들었다. 좀 더 정확히 말하면, 뉴턴의 역학 자체보다 뉴턴의 역학을 기술하는 데 사용하는 시간과 공간이 고정된 존재가 아니라 더욱 기초적 원리인 상대성과 빛의 속력이 일정하다는 법칙을 만족하도록 늘어나고 줄어들고, 심지어 휘는 대상임을 알게 해주었다. 이렇게 과학적으로나 철학적으로나 아주 기초적인 개념에 충격을 주었기 때문에 상대성 이론은 순수한 물리학 이론이면서도 열광적인 반응을 끌어냈고, 일상에서는 그 효과를 실감할 수 없으면서도 널리 많은 관심을 끌었다. 더구나 일반화한 상대성에 따르면 빛이 휘고 우주가 팽창하고 블랙홀이 존재하는 등 상상도 하지 못했던 결과가 유도되는데, 더욱 놀랍게도 이러한 결과들이 실험과 관측으로 발견되었고 지금도 확인되고 있다.

이 책이 나오기 전후 상황을 살펴보자. 아인슈타인은 1902년부터 베른의 스위스 특허청에서 심사관으로 근무하면서 이듬해 대학 시절의 동급생 밀레바 마리치와 결혼해서 안락한 가정을 이루었다. 하지만 아인슈타인에게 편안한 삶이란 걱정 없이 물리학 연구를 할 수 있다는 의미였으므로 특허청 일을 마치고 비는 시간에 연구를 계속했다. 1905년 아인슈타인은 논문 네 편을 학술지에 발표했는데, 이 논문들은 하나하나가 모두 뛰어난 독창성과 탁월한 중요성을 지닌, 역사에 남을 논문으로, 별다른 경험도 없고 경력도 변변치 않은 젊은 특허청 직원이, 스승이나 동료도 없이 일과 시간 후에 혼자 연구해서 이러한 업적을 냈다는 것을 도저히 믿을 수 없을 정도의 수준이었다. 그것도 뛰어난 연구 하나가 아니라 무려 3가지 다른 주제에 대한 논문이 네 편이었다!

상대성 이론에서 벗어나기는 하지만 이 논문들을 간단히 소개해본다.

3월에 제출해서 6월에 발표된 첫 번째 논문은 광전효과라고 알려진 현상을 양자론을 통해 이해하는 선구적인 내용이었다. 이 논문으로 아인슈타인은 1921년 노벨물리학상을 수상한다. 5월에 제출해서 7월에 발표된 두 번째 논문은 브라운운동이라는 현상을 원자의 관점으로 설명한 논문으로, 이 논문의 결과를 실험적으로 확인하면서 비로소 모든 사람이 원자가 아주 작은 입자로 존재한다는 것을 확신하게 되었으며 이 실험을 수행한 프랑스의 장 페랭은 이 업적으로 훗날 노벨상을 받는다. 6월 말 완성되어 9월에 출판된 세 번째 논문 「움직이는 물체의 전기역학에 관하여」가 바로 특수 상대성 이론을 담고 있다. 이 논문에서 아인슈타인은 19세기 말부터 사람들을 괴롭혀왔던 빛의 속력, 관성계, 에테르, 전기역학의 상대성 등과 같은 여러 문제를 간결하고도 명확하게 해결했다. 그리고 9월에 제출해서 11월에 출판된 네 번째 논문에서 아인슈타인은 세 번째 논문의 논의를 더욱 진전해서 질량과 에너지 사이의 관계를 밝혔다. 저 유명한 $E=mc^2$가 바로 이 논문에 나온다. 아인슈타인은 불과 몇 개월 사이에 노벨상을 낳은 논문 두 편과 특수 상대성 이론을 만들어낸 것이다. 이 논문들은 곧바로 여러 과학자의 관심을 끌어서 베를린의 막스 플랑크는 조수 막스 폰 라우에를 보내 아인슈타인을 직접 만나보게 했을 정도다.

몇 년 후 아인슈타인은 베른대학에서 강의를 시작했고, 1909년에는 마침내 특허청을 그만두고 취리히대학의 이론물리학 교수가 되어 학계에 들어왔다. 이때 아인슈타인은 이미 관성계들뿐 아니라 어떤 운동 상태에 있는 기준체에서도 성립하는 상대성의 일반원리를 향한 사유를 진행하고 있었다. 그러한 사유의 첫걸음에 해당하는 아이디어는 가속운동의 효과를 중력의 효과로 바꾸어 생각한다는 것이었다. 이 생각을 등가원리equivalence principle라고 한다. 아인슈타인은 이후 취리히대학에서 프라하의 카를대학으로, 다시 취리히의 연방공과대학ETH으로 옮기며 선도적인 젊은 물리학자로 성장해갔고, 상대성의 일반원리를 향한 중력 이론 또한 개발해나갔다. 그 과정에서 아인슈타인은 중력을 휜 시공간의 기하학으로 설명한다는 방법을 생각해냈고, ETH에서 대학 동급생이었던 수학자 마르셀 그로스만의 도움을 받아 휜 공간을 다루는 리만 기하학을 배워 일반적인 상대성의 방정식, 곧 임의의 휜 공간으로 변환할 때 일반적인 공변성을 가지는 입자의 운동방정식을 찾기 시작했다. ETH에서 베를린대학으로 옮긴 후인 1915년 11월, 아인슈타인은 마침내 일반적인 공변성을 완전히 만족하는 방정식을 프러시아 아카데미에서 발표했다.

『상대성 이론』은 아인슈타인이 일반 상대성을 완성한 후인 1916년에 상대성 이론을 일반인에게 설명하려고 쓴 책이다. 서문에서 아인슈타인은 이 책의 목적이 일반적인 과학과 철학의 관점에서 상대성 이론에 관심이 있지만 이론물리학의 수학적 도구에 익숙하지 않은 독자들에게 상대성 이론에 대해 가능한 한 정확한 통찰을 제공하는 것이라고 밝혔다. 책 내용은 특수 상대성 이론과 일반 상대성 이론을 소개하는 1, 2부와 우주론에 대한 짧은 3부로 되어 있다. 1부의 특수 상대성 이론은 수학이 그리 복잡하지 않으므로 이 책에서도 수학적 설명까지 소개했다. 따라서 이 책만으로도 어느 정도 이론을 이해할 수 있다. 그러나 일반 상대성 이론부터는 수학이 훨씬 복잡하므로 아무래도 이 책만으로 구체적인 이해를 얻는 것은 무리다. 또한 아인슈타인이 이 책을 펴낸 1916년에는 아직 일반 상대성 이론이 충분히 발전하지 않았으며, 블랙홀이나 팽창하는 우주는 관측은커녕 이론이나 개념조차 등장하지 않았다. 심지어 일반 상대성 이론을 받아들이게 한 주된 근거인 빛의 휨도 검증되기 전이라는 점을 감안하고 읽어야 한다.

오늘날에는 상대성 이론을 이 책보다 더 잘 설명하는 책들이 얼마든지 있겠지만, 시간과 거리 개념의 상대성이라는 상대성의 핵심 개념을 다룬 이 책의 설명은 지금도 충분히 음미할 가치가 있다. 특히 아인슈타인 자신이 그러한 사유를 얼마나 근본적인 수준에서부터 쌓아 올렸는지를 직접 느낄 수 있다는 점이 이 책의 가장 중요한 의미라고 하겠다.

이강영

경상국립대 물리교육과 교수

납함

吶喊

루쉰 魯迅 (1881~1936)

인류의 간단없는 진보는 무언가를 사상 최초로 빚어내는 활동이 끊이지 않고 전개된 덕분에 이어지고 있다. 그래서 역사는 무언가를 처음 일구어낸 이들에게 찬사를 아끼지 않는다. 설령 그것의 완성도가 떨어져도 사상 최초라는 의미는 결코 줄지 않는다. 그러니 최초인데 최고最高이기까지 하다면 그에 대한 찬사는 어떠하겠는가?

중국 최초의 현대소설인 루쉰의 『광인일기』를 두고 하는 말이다. 1918년 5월, 문학과 사상의 혁명적 전환을 주도하던 『신청년』에 발표된 이 소설은 3000년이 넘는 중국문학사상 최초로 출현한 완전히 새로운 유형의 소설임에도 그 문학적 성취가 가히 최고 수준이었다. 발표된 시기가 현대소설이 전혀 없던 때였기 때문이 아니었다. 광인으로 호명된 피해망상증 환자의 입을 빌려 수천 년 봉건사회의 근간인 예교禮教의 타파를 소설적으로 형상화해낸 이 작품은 100여 년이 지난 지금까지도 중국 현대소설의 최고 걸작으로 평가받으며 여전히 향유되고 있다. '최초이자 최고'라는 가치가 이 순간에도 여전히 빛을 발하고 있다. 여기에 중국문학이 3000여 년이라는 유장한 역사를 일구어왔음에도, 수없이 많은 명작을 배출했음에도 최초이자 최고를 구현한 경우가 몇 안 된다는 점을 고려하면 『광인일기』의 탁월함은 독보적이라고 할 수 있다.

1923년 8월 베이징에서 출판된 『납함』은 이러한 『광인일기』를 비롯하여 이와 쌍벽을 이루는 절정의 걸작 『아큐정전』, 전근대기 전형적인 지식인의 처참한 몰락을 다룬 『공을기』, 혁명가의 피를 마시면 병이 낫는다는 미신을 믿다가 결국 죽고 만다는 서사인 『약藥』, "희망이란 원래 있다고 할 수도 없고 없다고 할 수도 없다. 그것은 마치 땅 위의 길과 같은 것이다. 본래 땅에는 길이 없었다. 걸어가는 사람이 많아지면서 그게 길이 되었다"라는 서술로 유명한 『고향』 등 중단편 소설 총 15편(훗날 14편으로 조정)을 묶어 출간한 루쉰의 첫 번째 소설집이다. 이들은 루쉰이 1918년부터 1922년 사이에 창작한 작품들로, 출간된 지 100년이 지난 지금도 학계와 평단은 물론이고 일반 독자들이 꾸준히 연구하고 재해석하며 향유하고 있다. 이는 비단 중국에만 있는 양상이 아니다. 루쉰의 소설은 제2차 세계대전 이후 우리나라와 일본 등지에서는 제국주의 이후 근대문명을 사유하고 모색하는 문명사적 원천으로 활용되었고, 세계문학의 어엿한 일원으로 편입되어 인류의 보편적 성취로 인정받고 있다.

이는 『납함』에 수록된 소설들의 남다른 덕목 덕분에 가능했다. 가령 '함성을 내지르다'는 뜻의 『납함』은 '내파內破하기', 그러니까 '안으로부터 깨며 나오기'의 소산이었다. 내파하기는 루쉰이 제시한 근대문명을 대하는 정신이자 태도로, 전통과 중국은 낡은 것이자 개조해야 하는 것으로 치부되고, 근대와 서구는 새로운 것이자 본받아야 하는 것으로 인식되던 시절, 이 양자를 어떻게 대해야 비로소 새롭고 진보한 중국을 빚어갈지를 끊임없이 곱씹고 되씹어 내놓은 길이었다. 이는 신진 '근대+서구'가 낡은 '전통+중국'이 나아가야 할 바라고 해도 하루아침에 전통과 중국을 버리고 근대와 서구를 추구하는 태도를 경계한다. 전통과 중국을 무조건 고수하는 태도는 더더욱 견결하게 반대한다.

내파를 행하는 정신과 태도는 이러한 전제 아래 기존의 나를, 또 우리를 구성해온 것 모두를 가능한 한 최대치로 짚어보며 그것의 현재적 소용과 미래의 쓸모를 점검한다. 그 과정에서 여전히 쓸모 있고 의미 있다고 판단한 것을 새롭고 진보한 것이라는 바들과 마주 세워 양자를 대조한다. 그 결과 더 나은 바라면 그것이 전통 중국이냐, 근대 서구냐를 따지지 않고 수용한다. 그러니까 전통과 중국을 낡았다며 무조건 폐기하는 것이 아니라 그들에게서 긍정할 수 있는 바들을 추려내어 근대 서구와 마주 세운 후 양자의 장단점을 최대한 비교하며 양자 모두에서 중국의 새로운 미래에 필요한 자양분을 흡수하고자 한다. 그래서 과거에 몰두하다가 생계조차 영위하지 못하는 폐인이 되어 시골 마을의 웃음거리가 된 공을기, 마을에서 가장 무력하고 비겁하며 야비하기까지 한 아큐 등 『납함』에 등장하는 전통 중국의 낡고 초라한 모습은 그저 세계적 조류에 뒤처진 채 잠만 잘 줄 아는 사자 중국의 어두움을 표피적으로, 즉자적으로, 단세포적으로 묘사한 결과가 아니다. 그것은 내파 과정을 거쳐 버려져야 할 것으로 분류된 것들이다.

이들을 보면 서구 근대로부터 무엇을 받아들이고 전통 중국으로부터는 무엇을 되살릴지 그림을 그릴 수 있다. 전통과 중국을 낡았다고 보고 근대와 서구를 좋다고 보았던 시대조류에 그저 편승한 결과가 아니라는 얘기다. 당시 함량이 미달한 인사들처럼 자신의 선진성을 드러내려 계몽의 외피를 쓰고 비판을 위한 비판을 수행한 결과도 아니다. 무릇 부정적 면모를 들춰내며 욕하고 비난하는 것은 그다지 어렵지 않다.

반면에 부정적 면모를 드러내서 긍정의 계기를 확보하고, 한층 진전된 상황을 빚어낼 수 있는 자양분이나 동력을 끌어내기는 무척 어렵다. 루쉰이 이 쉽지 않은 길을 선택한 덕분에 『납함』에 묘사된 전통 중국의 흑암은 그가 '이중의 근대기획'이라는 과업을 평생 수행하는 탄탄한 토대가 되었다. 내파로 전통 중국의 모든 것이 폐기 대상이지 않음을, 동시에 제국주의적 침탈처럼 근대 서구의 모든 것이 수용 대상이지 않음을 통찰한 루쉰은 근대 서구로 전환함과 동시에 근대 서구의 단점도 극복해낸 중국의 미래를 사유할 수 있었다. 근대화의 실현과 극복을 동시에 빚어내는 길에 일구어갈 중국의 미래가 있음을 읽어낸 것이다.

『납함』은 이렇게 이중의 근대 기획과 연동되면서 출간 당시뿐 아니라 지금까지도 오늘날의 문명을 성찰하는 데 유용한 디딤돌 역할을 톡톡히 해내고 있다. 이중의 근대기획은 루쉰 당시뿐 아니라 사회주의혁명을 추동하던 시기에도, 사회주의 신중국이 성립된 이후로도 여전히 완결되지 않은 시대적 과업이었기 때문이다. 21세기에 들어서도 사정은 마찬가지다. 개혁·개방으로 시장경제를 본격적으로 추구하며 서구와 다시 전면적으로 마주하게 된 중국은 중국의 근대화와 그렇게 실현한 근대를 극복해야 하는 과제를 여전히게 안고 있다. 『납함』을 빚어낸 루쉰의 정신과 태도가 오늘날에도 유효한 까닭이다.

김월회

서울대 중어중문학과 교수

변신

DIE VERWANDLUNG

프란츠 카프카 Franz Kafka (1883~1924)

전 세계 어느 나라의 서점에 가든 독일 문학 코너에 거의 빠짐없이 꽂혀 있는 책이 바로 체코 출신 작가 프란츠 카프카의 『변신』이다. 유럽뿐 아니라 아시아, 남미 등에서 『변신』은 현대문학을 대표하는 고전으로 인정받으며, 매년 무수히 많은 논문이 새로 쓰이고 있다. 철학적·신학적·정신분석학적·사회비판적·작품 내재적 해석뿐 아니라 최근에는 전기적 관점의 연구들도 많이 나온다. 풀 수 없는 수수께끼 같고 낯설고 그로테스크하며 난해한 현대의 고전, 그게 바로 카프카의 작품이며 『변신』이다.

카프카는 소속감을 느끼지 못하는 주변인의 삶을 그레고르 잠자에게 자전적 방식으로 녹여 넣었다. 역사적·사회적으로 볼 때 프라하의 유대인 카프카는 그 어떤 주류 사회에도 속하지 못했다. 프라하에 살면서 슬라브인도 아니었고, 독일어를 사용하고 독일어 학교에 다녔지만 프라하를 지배하는 오스트리아인도 아니었다. 또한 유대인이라는 소수 집단에 속했지만 유대교의 종교나 문화, 전통은 이미 세속화된 집안에서는 익히지 못했다. 그의 글쓰기는 평생 그를 억누르고 심판하는 '거인'

아버지의 인정을 받지 못했고 온전히 작가로서 사는 것은 벌레로 변신해서만, 꿈같은 현실에서만 가능했다. 정체성이 흔들리는 자, 자신의 모습이 낯선 자, 그게 카프카요 『변신』의 주인공 잠자 아니었을까? 그레고르 잠자가 벌레로 변한 자기 몸 앞에 낯선 자가 되어버렸듯이 자신의 내부 정체성과 외부 정체성이 일치하지 않는 많은 현대인에게 거울 앞의 낯선 자기 모습은 스스로를 불안하게 만든다. 이러한 절박한 상황에서 문학은 작가에게 삶의 장식이나 미화가 아니라 전부였으며, 또한 '우리 내면의 얼어붙은 바다를 깨는 도끼'여야 했다.

카프카의 대표작 『변신』은 현대 자본주의 사회에 매몰되고 기형화된 인간 존재의 고독과 소외를 대변해준다. 카프카가 묘사한 기계처럼 꽉 조인 현대사회에서 겪는 개인의 실존적 위기, 무엇보다도 소외 체험의 객관적 서술은 여전히 오늘날에도 현대인들에게 깊은 울림을 준다. 또한 오랫동안 『변신』의 벌레는 다양한 소수집단에 실존의 위기를 상징하는 것으로 해석되었다.

"어느 날 아침 그레고르 잠자는 불안한 꿈에서 깨어나 보니 침대 속에서 흉측한 갑충으로 변해 있었다"라고 시작되는 카프카의 『변신』은 '불안한 꿈'을 꾸고 깨어난 주인공 못지않게 독자들을 불안하게 만든다. 이러한 카프카 문학의 분위기는 독일어 사전에 '카프카적인kafkaesk'이라는 형용사가 등재되게 했다.

벌레로 변할 정도로 혹은 벌레로 변해서야 벗어날 정도로 현대 시민사회가 개인에게 가하는 압박은 엄청나다. 특히 직업노동과 가족은 성실한 시민이자 개인인 그레고르 잠자의 삶과 개인의 자유를 억압한다. 그는 가족과 회사를 위해 새벽부터 밤늦게까지 성실하게 일하는 세일즈맨이며 주말이나 휴일에도 오로지 일만을 생각한다. 그러나 벌레로 변신하면서 이제까지의 다람쥐 쳇바퀴 같던 회사원의 일상은 갑자기 중단되고 가족과 직장에서의 인정도 사라지며 자기 방으로 추방되어 벌레로서 새로운 삶을 살게 된다. 벌레로 변한 현실은 꿈같지만 주인공의 현재 상황 묘사는 정밀한 사실주의적 문체와 언어로 되어 있어 이 작품을 환상적 리얼리즘의 대표작으로 이해하게 만든다. 마치 뫼비우스 띠의 다른 면이 겉으로 드러난 것처럼 새로운 악몽은 그의 변신과 새로운 삶에 대한 적응을 요구한다.

3부로 이루어진 소설에서 문지방을 사이에 두고 가족과 직장 상사 그리고 하숙인이 서 있는 외부 세계와 방에 갇혀 벌레로서 삶을 사는 잠자의 내부 세계가 분리되고 잠자는 외형적으로만이 아니라 점차 내적으로도 벌레로 변신하게 된다. 그러나 이 과정은 그의 무의식적인 소망의 실현으로도 읽힌다. 그가 영혼의 양식을 얻고 기쁘게 죽어가기 때문이다. 현실과 환상 혹은 악몽이 교차하는 독특한 카프카의 작품은 우리가 잘 아는 무라카미 하루키뿐 아니라 남미의 대표작가 보르헤스, 마르케스 등 많은 작가에게 지대한 영향을 주었다. 작가의 사후 100주년에는 더 많은 관련 서적이 나오고 기념행사들이 열려 그의 작품을 논할 것이다.

최윤영

서울대 독어독문학과 교수

고용, 이자, 화폐에 관한 일반이론

The General Theory of Employment, Interest and Money

존 메이너드 케인스 John Maynard Keynes (1883~1946)

1935년 새해 첫날 케인스는 버나드 쇼에게 편지를 보냈다. "저는 제가 당장은 아니겠지만 향후 10년 안에 경제적 문제에 대해 사람들이 생각하는 방식을 혁명적으로 바꿔놓을 경제이론 책을 쓰고 있다고 생각합니다."[54] 그로부터 1년 후 『고용, 이자, 화폐에 관한 일반이론』(이하 『일반이론』)이 출간된다.

'케인스 혁명'은 케인스가 1930년 『화폐론』을 발간한 직후에 싹트기 시작했다. 이 책에 대한 전문가들의 비판 그리고 자기 자신이 생각하기에도 무언가 불만스러운 점이 케인스를 괴롭혔다. 케인스와 비슷한 생각을 하던 젊은 경제학자들이 『화폐론』을 논의하려고 '케임브리지 서커스'라는 이름의 토론 모임을 결성했다. 이들은 케인스가 '고전파 이론'의 틀에 갇혀 있다고 지적했다. 케인스 자신이 몸담아왔던 전통이기도 한 이 이론적 틀의 가장 큰 특징은 경제 전체의 산출량이 주어져 있다는 가정이었다. '사고와 표현의 습관적 방식에서 벗어나려는 몸부림' 속에서 케인스는 드디어 '경제 전체에서 산출량과 고용의 규모를 변화시키는 힘들에 대한 연구'를 탄생시켰다.

세상은 근본적인 불확실성 속에 있다. "간단히 말해서 우리는 아무것도 알지 못한다."[55] 불확실성 속에서 사람들은 미래에 대한 기대를 형성한다. 케인스의 '유효수요 이론'은 고용과 산출량을 결정하는 궁극적 요소를 기대에서 찾는다.

경제의 총수요는 투자와 소비로 구성된다. 기대는 투자 결정에 중심 역할을 한다. 투자의 방향과 양이 투자로 획득할 것으로 기대되는 수익에 좌우되기 때문이다. 여기서 주목해야 할 사실은 기대가 외생적, 즉 경제 작동에 따라 결정되는 것이 아니라 경제 외부에서 주어지는 변수라는 것이다. 소득이 변화하면 소비도 변화한다. 경험적 사실로도 증빙되고 사람들의 심리분석에서도 밝힐 수 있듯이, 사람들은 소득이 변화할 때 그 변화량을 모두 소비로 전환하지 않는다. 소득 변화량 대비 소비 변화량의 비율인 '한계소비성향'은 1보다 작다. 투자 결정에 기대라는 외생적 힘이 크게 작동하고 소비의 변화가 소득의 변화를 그대로 반영하지 않는다면, 두 양의 합인 총수요, 즉 '유효수요'가 노동의 완전고용에 해당하는 수준에 일치할 필연성은 존재하지 않는다.

불확실성은 '화폐경제'의 전제조건이기도 하다. 미래의 불확실성 아래에서 사람들은 현재 그에 대한 대비책을 마련한다. 화폐가 바로 그 대비책이다. 불확실성 속에서 화폐는 일종의 '자산' 역할을 한다. 미래에 예기치 않은 상황이 발생할 때 화폐는 다른 어떤 종류의 자산보다 훨씬 용이하게 필요한 형태의 자산으로 변환할 수 있다. 이것이 사람들이 그 자체로는 '수익'이 없는 화폐를 거래의 매개체 역할 이외로, 그리고 수익을 발생시키는 다른 자산들과 나란히 보유하는 이유다.

케인스의 논리는 완전고용을 하려면 정부가 적극적 역할을 해야 한다는 명제로 자연스럽게 이어진다. 민간 투자는 완전고용을 달성하는 믿을 만한 원천이 되지 못한다. 주식시장은 경쟁자들의 평균 선호에 가장 가까운 얼굴을 선택하는 사람이 우승하는 미인 선발대회와 비슷하다. 나의 판단은 다른 사람들의 판단에 대한 기대에 기초한다. 다른 사람들도 마찬가지다. 이런 상황에서 기대는 객관적 사실보다는 참여자들의 심리에 결정적으로 영향을 받는다. 따라서 기대는 급격히 변동하는 경향을 보인다. 그렇다면 투자도 항상 급격한 변동에 노출되어 있다. 이런 상황에서는 "만일 재무성이 낡은 병을 지폐로 가득 채워 폐광된 탄광의 적당한 깊이에 묻어둔 후 탄광 표면까지는 동네 쓰레기로 채우고 (……) 탄광을 민간 기업에 맡겨서 그들로 하여금 지폐를 다시 채굴하도록 한다면 (……) 아무 일도 하지 않는 것보다 나을 것이다."

케인스는 자기 이론에서 혁명적 내용이 사람들에게 쉽게 받아들여지지 않을 것을 예상했다. **"여기서 그토록 면밀하게 전개된 아이디어들은 매우 단순한 것들이고 따라서 명확해 보일 것이라 믿는다. 문제는 새로운 생각에 있지 않다. 사람들의 사고 구석구석에 뻗어나가 있는 옛날 생각에서 벗어나는 일이 어려울 따름이다."**[56] 케인스의 염려대로 경제학계는 옛날 사고방식에서 벗어나지 못했다.

『일반이론』은 발간 즉시 고전파 이론가들 때문에 변질되기 시작했다. '신고전파 종합'은 케인스 이론을 오히려 고전파 이론의 '특정'한 경우로 환원한다. 케인스의 불완전 고용 균형은 물가와 임금의 경직성에서 기인한다. 이미 고전파 이론이 단기 균형으로 이야기한 내용이다. 물가와 실질임금이 유연한 장기에는 고전파 이론의 핵심 결론이 되살아난다.

제2차 세계대전 이후부터 1960년대에 걸쳐 서구 경제는 전례 없는 호황을 맞았다. 이 시기에 많은 정부가 '케인시언' 경제학의 논리에 따른 재정정책과 통화정책을 시행했다.(그런데 이 명칭은 받아들일 때 주의해야 한다. 이 시기에 시행된 정책은 실은 신고전파 종합에 따른 정책이었기 때문이다. 이때의 호황이 특정적으로 '케인시언' 정책에 따른 것인지도 의문을 제기할 수 있다.)

1970년대에 들어 발생한 스태그플레이션 현상을 케인시언 경제학은 이론적으로 설명할 수도 현실적으로 해결할 수도 없었다. 이때부터 케인스 혁명에 대한 반혁명이 탄력을 받는다. 밀턴 프리드먼으로 대표되는 '통화주의' 그리고 '합리적 기대 가설'에 기대어 더 강력한 형태의 통화주의로 발전한 '새고전파 경제학'은 거시경제학에서 케인스적 요소를 하나하나 제거해갔다. 1980년대에 이에 대한 반작용으로 1930년대의 신고전파 종합을 현대적으로 각색한 '새케인시언' 경제학이 나타났다.

21세기에 들어서면서 주류 거시경제학은 새고전파와 새케인시언을 종합한 '새합의'의 경제학에 이른다. 합의를 구성하는 두 흐름이 동일한 원천, 즉 케인스가 『일반이론』에서 비판 대상으로 삼았던 고전파 이론에서 발원한다는 사실이 왜 그들이 합의에 이르렀는지를 일부나마 설명해준다. 현재 대부분 자본주의 국가에서 채택하는 경제정책은 새합의 경제학에 기초를 둔다.

이런 주류적 흐름에 거슬러 『일반이론』에서 케인스가 전개한 원래 논리를 발전시키려는 몇몇 연구자는 '포스트케인시언' 경제학자로 불린다. 이들은 케인스의 다음 말을 진지하게 받아들인다. "고전파 이론가들은 비유클리드적 세계에 살고 있는 유클리드 기하학자들을 닮았다. 이들은 겉보기에 평행인 직선들이 현실에서 종종 교차함을 발견하고는 선들이 직선을 유지하지 않는다고 비난을 퍼부으며 이 비난을 현재 일어나고 있는 불행한 충돌에 대한 유일한 치유책으로 삼는다. 그러나 실제로는 평행선 공준을 폐기하고 비유클리드 기하학을 수립하는 것 말고는 치유책이 없다. 이와 비슷한 일이 현재의 경제학에도 필요하다."[57] 케인스 혁명은 아직 진행 중이다.

박만섭

고려대 경제학과 교수

자본주의, 사회주의, 민주주의

CAPITALISM, SOCIALISM AND DEMOCRACY

조지프 슘페터 Joseph Schumpeter (1883~1950)

자본주의는 생존할 수 있을까? 아니다. 사회주의는 제대로 작동할 수 있을까? 그렇다. 사회주의와 민주주의는 양립할 수 있을까? 그렇다.

마르크스주의자의 말이 아니다. 평소 마르크스주의에 비판적이던, 20대 후반의 나이에 『경제발전의 이론Theorie der wirtschaftlichen Entwicklung』(1911)으로 이름을 알렸던, 3년 전에는 1000쪽이 넘는 방대한 책 『경기순환Business Cycles』(1939)을 발간했던, 이제 59세의 나이로 학문의 절정기에 있던, 교수회의에 승마복을 입고 나타나면서까지 자신의 '상류층' 이미지에 항상 신경 썼던, 하버드대학교에서 '신'으로 자처하던 학자의 말이다.

슘페터의 『자본주의, 사회주의, 민주주의』는 재기가 넘친다. 곳곳에 은유와 풍자가 담겨 있다. 아마 3년 전 펴낸 『경기순환』이 깨알 같은 역사적 사실과 통계로 가득 차 있었지만 독자들에게 부담스러웠던 사실을 반영했으리라. 그러나 책이 출간되었을 때 반응은 미지근했다. 반응은 1950년에 제3판이 발간되었을 때 반전한다. 제3판은 세계적 베스트셀러가 되었다. 제2차 세계대전 후 자본주의 경제는 역사상 유례없는 성장을 구가했다. 슘페터가 책에서 그린 자본주의의 역동적 모습과 현실이 일치했다. 이것이 책의 인기가 반전한 이유 중 하나일 것이다.

사회주의에 대한 그의 논의는 1930년대에 진행된 '사회주의 계산 논쟁socialist calculation debate'의 '시장 사회주의market socialism' 개념에 막스 베버식 문화적 요소를 더했다. 슘페터는 민주주의가 사람들이 경쟁적인 투표 과정을 거쳐 권력을 획득하는 절차라는 개념을 제시했다. 이 개념은 민주주의가 사회의 '공동선common good'을 달성하려고 대표를 선출하는 제도라는 전통적 개념과 차별된다. 새로운 개념의 민주주의는 사회주의와 양립할 수 있다. 각 주장이 나름대로 의미를 지니고 학문적 공헌을 했다. 그러나 『자본주의, 사회주의, 민주주의』가 후세에 남긴 가장 큰 유산은 자본주의 작동이 본질적으로 동학적 과정이고 혁신을 통한 '창조적 파괴'가 동력의 원천이라는 명제다.

당대의 주류 경제학 이론들은 자본주의 경제를 정적인 순환과정으로 보았다. 마르크스는 자본주의를 동학적 과정으로 이해했다는 점에서 긍정적이다. 그러나 그는 동력의 원천을 제대로 보지 못했다. 그는 자본가 계급과 노동자 계급의 갈등이 자본주의를 추동하는 근본적 원인이라 보았다. 마르크스는 증상은 제대로 보았으나 진단에서 틀렸다. 동력은 다른 데에 있다.

슘페터는 산업혁명 이래 자본주의가, 비록 때로 극심한 불황을 겪기도 했지만, 평균적으로 물질적 부가 눈부시게 확장되었다는 사실을 상기시킨다. 그렇다면 자본주의가 그렇게 성공한 이유는 무엇일까?

자본주의는 '변화'로 정의된다. 자본주의는 **"결코 정적이지 않고 그럴 수도 없다."**[58] 자본주의의 변화를 가져오는 핵심 요인은 혁신이다.

"자본주의의 엔진을 가동하고 유지하는 근본적 충동은 자본주의적 기업 활동이 창조해내는 새로운 소비자재, 새로운 생산과 운송 방법, 새로운 시장, 새로운 산업조직 형태에서 온다."[59] 이 과정에서 이전의 것은 새로운 것으로 대체된다. "끊임없이 이전 것을 파괴하고 끊임없이 새로운 것을 창조해내면서 경제구조를 내부로부터 끊임없이 변혁하는 산업 변화의 과정, 이 창조적 파괴Creative Destruction의 과정이 바로 자본주의의 본질적 사실이다."[60] 기업가의 창조적 파괴가 자본주의가 이루는 눈부신 성장의 원천이다.

이어서 슘페터는 논란을 일으킬 명제를 제시했다. 한편으로, 혁신에 따른 경쟁은 시장을 독과점 체제로 이끈다. 다른 한편으로, 독과점 체제는 기업가들이 혁신을 위한 투자를 지속하는 데 필수적이다. 독과점 체제를 유지하는 방법으로는 특허, 영업비밀, 장기계약, 유휴 생산시설, 심지어 카르텔 등이 있다. 만일 정부가 기업의 이런 전략들을 차단한다면 기업가는 투자를 망설일 것이다. 독과점에 대한 정부의 규제는 창조적 혁신 과정을 흔들고 경제의 성장 과정을 방해한다. 독과점은 혁신의 결과이자 밑거름이다.

마르크스에게 자본주의의 붕괴는 자본주의 작동이 실패했기 때문이다. 슘페터에게 자본주의의 붕괴는 자본주의 작동이 성공한 덕분이다. 자본주의의 성공은 그 자체로 파멸의 씨를 안고 있다. 쇠락의 원인은 경제적이기보다는 사회적·심리적이다. 경제가 성장하면서 혁신의 주체인 부르주아 계층에게 혁신의 정신이 사라진다. 독과점화한 시장에서 기업 활동은 관료화되고 자동화된다. 혁신 과정이 기계적으로 반복되는 일상이 되어버린다. 부르주아는 자신들이 "또 다른 사무실 직원, 그것도 대체하기에 그리 어렵지 않은 직원"이 되어버렸다고 느끼기에 이른다. 자본주의의 특징은 사유재산제도다. 그런데 주식회사의 발전으로 사람들 '재산'은 물리적 재산이 아니라 주식 같은 무형의 것으로 대체된다. 이 과정에서 사유재산 개념이 약화한다. 결국 "부르주아적 질서가 더는 부르주아 계층에 아무런 의미도 갖지 못하는"[61] 상황에 이른다. 다른 한편, 자본주의는 지식인층의 규모를 키우는 데 큰 역할을 한다. 고등교육이 더 많이 제공되기 때문이다. 그런데 지식인층은 현재 상황에 대한 비판이 핵심 활동인 사람들이다. 자본주의에 대한 지식인층의 공격은 자본주의 작동에 대한 부르주아의 반감에 힘을 더해준다.

혁신 정신의 소멸은 자본주의의 소멸을 뜻한다. 약화한 사유재산 개념으로 체제는 자연스럽게 사회주의로 전환된다. 이런 진단이 슘페터가 사회주의를 지지한다는 뜻은 아니다. 그의 진단은 순전히 객관적 관찰과 논리적 추론의 결과다. 슘페터는 말했다. "환자가 곧 죽을 것이라고 의사가 진단한다고 해서 의사가 환자의 죽음을 원하는 것은 아니다."[62]

자본주의의 몰락과 사회주의의 지배라는 슘페터의 주장은 1989~1991년 사회주의 체제의 붕괴를 경험한 지금 사람들에게는 설득력이 없어 보일 수 있다. 그러나 그의 책은 여전히 많은 사람에게 통찰을 제공한다. 경제발전을 추동하는 근본적 힘으로 '창조적 파괴'는 슘페터 시대보다 현재에 더 적절해 보인다. 한 연구에 따르면, 이 책은 1950년 이전에 발간된 사회과학 저서 중 마르크스의 『자본론』과 애덤 스미스의 『국부론』 다음으로 많이 읽히는 책이다. 이 책은 "그것이 도발하는 의견의 일치나 불일치 때문이 아니라 그것이 불러일으키는 생각 때문에 읽는"다.

2009년 경제 시사지 《이코노미스트》는 '슘페터'라는 고정 칼럼을 연재하기 시작했다.

> "조지프 슘페터는 기업 활동을 직시했다. 그는 기업가를 이름 없는 영웅으로 생각했다. 이 영웅들은 순전히 자신만의 의지와 상상의 힘으로 새로운 사업을 창조해내고, 그 과정에서 인류 역사에서 나타난 가장 너그러운 발전, 즉 대규모 풍요의 확산을 가져온 남녀들이다."[63]

박만섭

고려대 경제학과 교수

거대한 전환

THE GREAT TRANSFORMATION

칼 폴라니 Karl Polanyi (1886~1964)

아무도 1997년 한국에 외환위기가 올 것이라고 예상하지 못했다. 2008년 미국에서 서브프라임 모기지 사태가 발생해 글로벌 금융위기가 올 것이라고 예측하지도 못했다. 2020년 코로나바이러스감염증-19가 창궐하여 수백만 명이 사망할 것이라고 상상도 하지 못했다. 대부분 사람은 그날그날 해왔던 대로 일상적인 삶을 살고 있는데 통제할 수 없는 위기가 발생하고, 그로써 수많은 사람이 고통받고 목숨을 잃기까지 한다. 보통 사람들이 경험적으로 알 수 없는 어떤 보이지 않는 거대한 변화가 우리 삶에 영향을 미치기 때문이다. 우리는 과거를 돌이켜보면서 지난 일들이 거대한 역사적 전환기의 사건이었다는 것을 사후적으로 알아차리게 된다.

이러한 위기들은 우리가 가지고 있는 막연한 역사 발전이나 진보에 대한 믿음이 허구이며 현실을 왜곡하는 핵심적 장애라는 인식을 확산하는 계기가 되었다. 그리고 이러한 현실을 이해하는 데 도움을 주는 것이 최신 사회과학 이론이 아니라 **출간된 지 반세기도 넘은 칼 폴라니의 『거대한 전환』 속에 있다는 평가가 확산되면서 『거대한 전환』**이 다시 주목을 받고 있다. 『거대한 전환』 자체가 거대한 역사적 전환기의 산물이라는 점에서 이 책은 서구 자본주의의 위기에 대한 성찰적 분석이라고 평가되고 있기 때문이다.

칼 폴라니는 헝가리 부다페스트에서 성장했다. 폴라니는 학생 시절 학생운동과 지식인 운동에 참여했다. 그는 청년기에 제1차 세계대전을 경험했고, 중년기에 미국의 대공황을 목격했다. 이와 더불어 러시아혁명 이후 등장한 러시아의 스탈린 체제와 독일의 히틀러 파시즘의 대두 그리고 이어지는 제2차 세계대전까지 유럽의 경제적 혼란과 정치적 파국도 경험했다. 1933년 폴라니는 독일 히틀러 정권하에서 사회주의 사상에 대한 탄압을 피해 헝가리에서 영국으로 망명했다. 영국에 머물면서 영국 경제사 자료를 접하게 되었고, 『거대한 전환』은 이러한 자료를 바탕으로 미국 베닝턴대학교 초빙학자로 머물던 1941~1943년에 시작해 1944년 영국에서 탈고했다. 제2차 세계대전 이후 최종적으로 폴라니는 미국 컬럼비아대학교에서 학생들을 가르쳤다. 여러 번 망명 생활을 거치면서 폴라니의 인생 자체가 거대한 전환기 서구사회의 변화를 그대로 반영하고 있다.

『거대한 전환』은 3부로 구성되어 있다. 제1부와 제3부는 왜 19세기까지 지속된 유럽의 백 년간의 평화(1815~1914)가 깨지고 제1차 세계대전이 일어났는지 그리고 제2차 세계대전이 왜 발발했는지를 묻고 있다. 제3부는 당시 진행 중인 시장 사회의 전환을 다루었다. 이는 일부 서구 자본주의 사회들이 직면한 당시 상황으로 히틀러의 파시즘과 스탈린의 소련식 사회주의를 분석했다.

제2부는 시장 사회의 흥망을 다루면서 영국을 중심으로 시장 사회의 진화와 사회의 자기보호 장치의 등장을 다루었다. 시장 사회는 상호

성, 재분배, 가정경제의 원리를 토대로 한 전통사회를 대체하여 인간의 경제적 관계를 근본적으로 바꾼 사회로, 인간의 속성을 합리적이고 자유로운 교환으로 바꾼 사회다. 19세기 영국은 산업사회가 아니라 시장 사회였다는 것이 폴라니의 주장이다. 시장의 자기조정 능력을 강조하는 시장주의자들을 역사적으로 비판하면서 시장은 사회와 내적으로 결합되어서 자기조정 시장 사회를 주장하는 것은 유토피아에 불과하다고 비판했다. 그리고 자기조정 시장과 자기조정 시장에 대항하는 사회적인 힘 간의 긴장을 '이중적 운동'이라는 개념으로 다루었다.

폴라니는 경제와 사회가 분리될 수 없으며 서로 맞물려 있다는 데서 출발한다. 이것은 시장주의자들과는 매우 다른 관점이다. 시장주의자들은 시장은 스스로 조정하여 균형을 찾아가기 때문에 국가의 개입이 필요 없다고 주장한다. 또 다른 관점에서 마르크스주의자들은 경제 관계가 전체 사회의 성격을 결정한다고 보았다. 폴라니는 이 둘의 관점을 모두 비판하며 사회는 경제와 사회의 결합체로 어느 한 가지로 환원할 수 없다고 보았다. 시장주의자들은 경제를 규율하거나 경제와 맞물린 사회제도는 불필요하고 역기능적이라고 보았다. 시장을 국가의 고삐로부터 풀어줘야 한다는 것이 시장주의자들의 요구였다. 그리하여 '사회는 없다'고 주장한 전 영국 수상 마거릿 대처의 말은 압축적으로 이러한 시장 근본주의자들의 사고를 대표한다. 그의 말은 자기조정 시장을 통해서 시장이 모든 경제 문제를 다 해결해준다는 믿음을 보여준다.

이는 마르크스주의자들의 관점과도 매우 다르다. 마르크스주의자들은 19세기를 산업사회로 인식하지만, 폴라니는 시장 사회로 인식했다. 그리고 마르크스주의자들은 자본주의가 다음 단계의 생산체제인 사회주의로 나아가는 긍정적인 단계로 인식했지만, 폴라니는 그러한 선형적인 발전을 인정하지 않았다. 마르크스주의자들은 착취에 기초한 자본축적도 역사적 단계에서 사회주의로 넘어가는 데 필연적 과정으로 보았다. 그러나 폴라니는 이러한 이론적 관점을 받아들이지 않았다.

폴라니는 현대 시장경제가 두 가지 상품으로 구성되어 있다고 보았다. 하나는 실질적 상품으로 교환을 거쳐 수요와 공급을 통해 조정되는 상품으로 자기조정적 시장을 가능케 하는 상품이다. 다른 하나는 허구적 상품(토지, 노동, 화폐)으로 시장의 자기조정적 기능으로 수요와 공급이 조정되는 것이 불가능한 상품이다. 폴라니는 토지, 노동, 화폐가 시장거래를 위해 생산될 수 있는 것이 아니기 때문에 이들을 허구적 상품이라고 보았다. 토지, 노동, 화폐는 필연적으로 시장이 아니라 국가 정책에 영향을 받는다. 토지 사용 규제와 환경정책, 실업정책, 노동력 공급정책(예, 이민 노동자 정책), 통화정책 등은 시장 스스로 할 수 없으며, 국가의 정책이나 법에 영향을 받는다. 폴라니는 자유방임 시장조차 국가 계획의 산물이라고 주장했다.

사회와 내재적으로 결합한 경제에서 사회적 요소를 제거하려는 시장주의적 흐름과 시장으로부터 사회를 보호하려는 흐름이 동시에 존재하는데, 폴라니는 이를 '이중적 운동'이라고 했다. 자기조정적 시장을 추구하는 힘과 그러한 시장이 낳는 불안정으로부터 시민을 보호하려는 사회적 보호와 평등을 추구하는 힘 사이의 긴장은 이중적 운동에 내재하는 모순적 경향이다. 이중적 운동은 시계추의 진자운동처럼 역사적 국면에 따라서 경제와 사회, 시장과 국가 간 관계의 변화를 낳아서 제도적 변화를 만들어냈다고 보았다. 역사적으로 1930년대 대공황은 뉴딜개혁, 히틀러의 파시즘, 소련식 사회주의, 북유럽식 사회민주주의 등 다양한 형태의 역사적 전환을 만들어냈다.

『거대한 전환』은 사회와 국가가 없는 '자기조정 시장'이 환상이라는 것을 잘 보여주었다. 그리고 20세기 초 서구 시장 사회가 직면한 파국적 위기를 분석했지만, 21세기 경제와 사회, 시장과 국가 그리고 지속가능한 사회변동과 관련해 위기감이 있는 현대인들에게도 현재의 위기와 국가의 역할을 이해하도록 돕는 데 기여할 수 있다.

신광영

중앙대 사회학과 명예교수

생명이란 무엇인가

WHAT IS LIFE

에르빈 슈뢰딩거 Erwin Schrödinger (1887~1961)

에르빈 슈뢰딩거는 양자역학을 기술하는 파동방정식을 제안한 공로로 1933년 노벨물리학상을 수상한 '찐' 이론물리학자다. 이런 그가 『생명이란 무엇인가』라는 책을 펴냈다. 당시 슈뢰딩거는 나치를 피해 아일랜드로 이민 가서 더블린의 이론물리연구소 소장으로 있었다. 이 책은 제2차 세계대전이 한창이던 1943년 2월 더블린에서 일반 대중을 상대로 한 세 차례 강연을 정리한 것이다.

생명이란 무엇일까? 아직도 우리는 생명이 정확히 무엇인지 알지 못한다. 생물학자도 아니고 물리학자가 이런 주제로 강연한다는 것이 의미 있는 일일까? 당시는 아직 유전자의 정체조차 알지 못하던 때였다. 슈뢰딩거는 유전과 관련하여 알려진 사실들을 정리하고 물리학적 논의를 바탕으로 유전자가 가져야 하는 특성을 제안했다. 결론을 말하면 슈뢰딩거의 제안은 일부는 맞고 일부는 틀렸다.

사실 이 책은 생명이 무엇인지에 대한 답을 주지 않는다. 생물의 중요한 특성의 하나는 고양이가 고양이를 낳고 사람이 사람을 낳는다는 것이다. 이것이 어떻게 가능할까? 종교인이라면 신의 섭리라고 할지 모르지만, 과학자라면 부모의 정보를 자식에게 전달하는 체계가 있고 나아가 그 체계를 이루는 물질, 즉 유전물질이 반드시 있어야 한다고 할 것이다. 슈뢰딩거는 물리학적 논의를 바탕으로 이 질문에 대한 답을 찾아간다.

유전자는 세포 내부의 핵에 들어 있다. 세포핵의 크기가 수 미크론에서 수십 미크론에 불과하니까 유전물질의 크기도 엄청나게 작을 수밖에 없다. 당시 초파리의 침샘 염색체의 현미경 관찰로 유전자 하나는 한 변의 길이가 30나노미터인 정육면체 정도의 부피를 갖는 것으로 추정되었다. 이는 유전자가 수천에서 많아야 수백만의 원자로 구성되어 있다는 뜻이다. 우선 슈뢰딩거는 이처럼 적은 수의 원자로 구성된 물체는 무작위운동에 따라 불안정성이 생긴다는 것을 이야기했다.

고전통계역학에 따르면 원자는 열운동으로 끊임없이 움직인다. 이 때문에 물 위에 뜬 꽃가루는 이리저리 무작위적 운동을 하는데, 이를 브라운 운동이라고 한다. 처음에는 브라운 운동이 일어나는 이유가 꽃가루의 생명력 때문일 거라고 생각하기도 했다. 하지만 꽃가루가 무작위로 움직인 것은 주변의 물 분자가 쉴 새 없이 꽃가루에 부딪히기 때문이다. 즉, 적은 수의 원자들이 있으면 무작위운동이 이들을 압도한다는 뜻이다. 참고로 물 분자는 원자 세 개로 되어 있다. 슈뢰딩거가 보기에 수백만의 원자로 구성된 유전자는 고전통계역학적 관점에서 여전히 너무 작았다. 꽃가루만 해도 유전자보다 부피가 10억 배 크다.

유전자의 안정성은 중요하다. 유전자에 담긴 정보는 한 치의 오차도 없이 보관되고 정확히 전달되어야 하기 때문이다. 그렇지 않았다면 지구에 이처럼 생명이 번성할 수 없었다. 슈뢰딩거는 유전자를 이루는 원자의 수가 지나치게 적은데도 생명의 유전현상이 안정적으로 일어난다는 것은 여기에 고전통계역학 이상의 것이 있다는 뜻이라고 생각했다.

즉, 유전자는 양자역학적으로 그 안정성을 보장받아야 한다. 당시 이미 하이틀러와 런던이 분자결합에 대한 양자역학적 이론을 확립했고, 이 이론을 라이너스 폴링이 더욱 발전시킨 상태였다. 유전정보가 원자들 사이의 양자역학적 결합에 들어 있다면 적은 수의 원자들로도 충분히 안정한 상태를 유지하는 것이 가능하다.

유전정보는 마치 문자로 쓰인 책과 같이 기본 구조(문자)를 이용하되 반복하지 않는 (양자역학적 결합인) 결정이 되어야 한다. 슈뢰딩거는 이를 '**비주기적 결정**'이라고 했다. '비주기적'은 반복하지 않는다는 말이다. 사실 이것이야말로 슈뢰딩거가 이 책에서 제시한 가장 놀라운 예측이라고 할 만하다. 유전정보는 관측된 증거들에 따르면 아주 작은 분자 안에 담겨 있어야 한다. 이들이 안정성을 지니려면 양자역학적 결합을 이루어야 하고, 이것이 복잡한 생명의 정보를 담아야 하니 반복되는 무의미한 구조가 아니어야 한다. 오늘날 우리는 유전물질이 DNA라는 사실을 알고 있다. DNA의 유전정보는 A, T, C, G라는 20여 개 남짓한 원자로 이루어진 분자에 각각 담겨 있다. 이들은 이중나선의 형태를 가지며 양자역학적 결합으로 안정성을 유지한다. A, T, C, G가 문자라면 DNA는 이 문자로 쓰인 책이다. 따라서 이것은 단순 반복하지 않아 비주기적 결정이다. 슈뢰딩거는 유전물질이 '단백질'일 것이라고 잘못 추측하는데, 이 정도는 눈감아줄 만하다고 생각한다.

이 책에서 가장 혼란스러운 부분은 '음의 엔트로피'를 다룬 내용이다. 엔트로피는 거시상태를 이루는 미시상태의 개수와 관련된 물리량으로, 무질서의 척도로 혹은 복잡성의 척도로 이해되기도 한다. 열역학 제2법칙은 엔트로피가 줄어들 수 없다는 말로 표현될 수도 있다. 유기체가 자신의 구조를 유지한다는 것은 얼핏 열역학 제2법칙을 거스르는 것처럼 보이지만 이것은 오해다. 열역학 제2법칙은 우주 전체에 적용된다. 유기체만 보면 엔트로피가 줄어드는 듯하지만, 유기체가 상호작용하는 주위 환경까지 고려하면 전체 엔트로피는 증가하여 열역학 제2법칙에 위배되지 않는다. 즉, 유기체의 엔트로피가 줄어든 정도보다 주위 환경의 엔트로피가 늘어난 정도가 더 크기 때문이다. 슈뢰딩거는 이 상황을 유기체가 음의 엔트로피를 (외부로부터) 흡수한 것(따라서 외부의 엔트로피는 증가)이라 표현한 것 같은데, 엔트로피는 원래 음수가 될 수 없어 종종 오해를 불러일으킨다.

이 책의 진정한 가치는 한 분야 전문가가 경계를 넘어 다른 분야에 통찰을 주었다는 것이다. 슈뢰딩거는 철저하게 물리학적 논의로 유전물질의 정체를 추적한다. 그가 내린 결론이 정답에 근접했다는 사실보다 이런 (물리학적) 방식으로 생명의 비밀에 접근할 수 있다는 사실 자체가 의미 있다고 생각한다. 실제 이 책을 감명 깊게 읽은 왓슨과 크릭은 훗날 DNA 구조를 밝혔고 그 공로로 노벨생리의학상을 받았다. 왓슨과 크릭은 그들의 기념비적 논문이 발표되고 넉 달 정도 지나서 슈뢰딩거에게 논문 사본과 함께 감사 편지를 보냈는데 그 내용 일부는 다음과 같다.

> "저희 둘 다 선생님의 작은 책 『생명이란 무엇인가』의 영향을 받았다는 걸 알게 되었습니다. (……) 선생님께서 쓰신 '비주기적 결정'이라는 용어가 이제 아주 적절해 보인다는 점을 저희 논문에서 보실 수 있을 겁니다."

김상욱

경희대 물리학과 교수

철학적 탐구

PHILOSOPHICAL INVESTIGATIONS

루트비히 비트겐슈타인 Ludwig Wittgenstein (1889~1951)

비트겐슈타인의 『철학적 탐구』는 분석철학의 고전으로 널리 알려져 있다. 현대과학의 눈부신 발전에 힘입어 득세한 과학주의의 세례하에 철학을 그에 맞게 일신하고자 하는 사조인 분석철학은 근대과학의 대두와 맞물린 근대성의 연장선상에 있을 뿐 아니라 엄밀학이라는 철학적 방향성을 공유하고 있다. 이는 고전물리학의 연장선에 있던 19세기 물리학의 상황과 견줄 수 있다. 당시만 해도 고전물리학으로 풀리지 않을 물리학의 문제는 없을 것이라는 낙관론이 지배적이었다. 분석철학이 이끄는 현대철학도 결국 저 철학사조가 추구하는 엄밀학으로 수렴될 것이라는 낙관론이 있었다.

그러나 20세기의 물리학, 특히 양자역학이 기존의 고전물리학적 세계관을 일거에 무너뜨리며 새로운 돌파구를 마련했듯이 분석철학도 비트겐슈타인에 의해 대혼란에 휩싸이게 된다. 그는 『철학적 탐구』에서 자신이 청년 시절에 출간한 출세작이자 이미 초기 분석철학의 성경으로 꼽히던 『논리-철학논고』를 비판의 1순위에 놓는 파격을 연출했다. 현대철학에 언어적 전회로 일컬어지는 주제 변화를 이끈 당사자답게 분석철학은 언어와 의미의 문제에 새로운 장을 열어젖히는 데 공헌했다. 그 대표적 이론은 저 문제에 대한 해답을 외부의 지시체에서 찾는 외재론(지칭이론)과 마음 내부에서 찾는 내재론(정신주의)으로 대별할 수 있는데, 비트겐슈타인은 저 양대 축을 완전히 무너뜨리는 해체 작업을 감행했다.

『논리-철학논고』에서 언어와 세계는 액자에 걸린 그림과 거기에 묘사된 풍경처럼 서로 거리를 둔 채 3인칭적으로 초연하게 마주보았다. 언어가 세계를 그린다는 그림 이론은 이러한 전제 아래 구축된 의미론이다. 그 작품에는 이와는 어울리지 않는 1인칭 유아론唯我論도 보인다. 작품 후반부의 윤리학과 초월적 성찰은 1인칭적으로 묘사되어 있다. 그런데 1인칭과 3인칭만으로는 사람의 삶이 제대로 드러나지 않는다. 모든 것이 너무 정적靜的인데다가 소통이나 교류를 할 여지가 없기 때문이다.

『철학적 탐구』는 스토아주의를 연상케 하는 『논리-철학논고』의 정적靜寂에서 벗어나 상인에게서 사과를 사는 사람, 건축 기사와 조수 사이의 의사소통 이야기로 시작한다. 그리고 필요할 때마다 비트겐슈타인과 대화 상대자 사이에 서로 엇갈리는 대화가 전개되곤 한다. 플라톤의 작품에서처럼 일방적이거나 기획·연출된 대화가 아니라 어떤 판단이나 시각에 대해 당연히 나올 법한 자연스러운 반론이 제기되고 이에 대한 적절한 응수가 뒤따른다. 대화는 주고받는 사유를 더 정교하게 다듬어 서로 더 잘 이해하게 함과 아울러 서로 잘못을 돌아볼 계기를 마련해준다. 상대를 2인칭적으로 대하면서 그로부터 자신이 놓친 것이 무엇이고 상대가 환기해준 바는 무엇인지를 헤아려 서로 견해를 확충해나가는 것이다. 『철학적 탐구』에서 비트겐슈타인은 제목이 시사하듯이 자신이 수행하는 철학적 탐구의 전 과정을 대화와 토론 형태로 생중계한다. 거기서 펼쳐지는 사유의 모험은 극도로 압축된 단정적 독백으로 일관한 『논리-철학논고』와 확연한 차이를 보인다.

비트겐슈타인 자신도 인정했듯이 그의 사유는 분석철학보다는 현상학에 더 가까워 보이기도 한다. 현상학은 현상이라는 소여所與(주어진 것)에서 시작하는 철학이다. "왜 아무것도 아니지 않고 무엇(존재)인가?"라는 라이프니츠와 하이데거의 물음은 소여를 인정한다는 점에서 현상학적 물음이다. 『논리-철학논고』에서 비트겐슈타인은 스스로를 보여주는 세계의 존재를 신비스러운 소여로 간주했다. 그러나 이 작품에서 소여로서의 세계는 초연한 3인칭적 관점에서 그저 신비로운 것으로만 묘사될 뿐이다.

『철학적 탐구』에서 주어진 소여는 막연한 세계가 아니라 사람의 삶의 형식과 자연사自然史로 크게 나뉘고 그에 대한 논의도 구체성을 띤다. 사람은 천차만별이지만 누구나 동일한 삶의 형식으로 묶이고 동일한 자연사에 내던져진다. 박쥐와 고등어가 삶의 형식이 서로 다르다고 할 때 우리는 그 의미를 이해하는 데 별 어려움을 느끼지 않는다. 사람과 박쥐가 삶의 형식이 서로 다르다고 할 때도 마찬가지다. 사람에게 고유한 삶의 형식이 무엇인가에 대한 인간학이나 형이상학은 비트겐슈타인의 관심사가 아니다. 지상에 존재하는 생명체들이 종種을 단위로 삶의 형식을 달리한다는 정도만 이해하면 된다.

비트겐슈타인은 **사람의 삶의 형식과 자연사가 철학을 비롯한 모든 인간 활동의 최종적 토대이자 조건임을 적시한다.** 누구도 저러한 소여 사태를 무시하거나 그로부터 벗어날 수 없다. 우리는 저 테두리 안에서 생각하고 느끼고 체험하며 산다. 인식론이나 존재론, 윤리학이나 논리학과 같은 철학도 예외가 아니다. 삶의 형식과 자연사를 수식하는 '사람의'라는 용어는 삶의 형식과 자연사라는 두 축으로 이루어진 비트겐슈타인의 자연주의가 '사람의 얼굴을 한 자연주의'임을 보여준다.

박쥐들 중 스스로를 돌아보고 주위를 성찰할 줄 아는 박쥐가 있다면 그 박쥐의 철학은 박쥐의 얼굴을 한 자연주의일 것이다. 철학하는 박쥐는 박쥐라는 종에 부과된 삶의 형식과 자연사가 어떻게 박쥐의 인식과 존재 이해를 틀 짓는지를 박쥐의 관점에서 서술할 것이다. 철학하는 박쥐는 자신을 포함한 박쥐들이 고등어나 사람과 왜 그리고 어떻게 다르고 얼마나 다른 삶을 사는지를 이해하게 될 것이다.

사람의 얼굴을 한 자연주의는 사람과 주변에 대한 2인칭적 성찰의 산물이라는 점에서 3인칭적 탐구를 지향하는 자연과학주의, 객관주의, 상대주의나 1인칭적 탐구를 지향하는 관념론, 주관주의, 표현주의와 구별된다. 사람의 얼굴을 한 자연주의는 자연이나 자연사 자체를 탐구하는 것이 아니라, 그런 것과 사람이 어떻게 접합해 어떠한 사유를 빚어내고 그 사유 속에서 세상은 어떻게 현상하는지를 기술한다. 기술의 도구가 언어이고 언어의 규칙은 문법이기 때문에 비트겐슈타인의 현상학은 언어현상학이라고 일컬을 정도로 사람의 언어행위와 문법에 초점이 잡혀 있다. 그는 사람의 얼굴을 한 자연주의에 입각해 『철학적 탐구』의 핵심을 이루는 언어철학과 심리철학의 여러 문제와 현상들을 해소하고 기술해나간다.

이승종

연세대 철학과 교수

존재와 시간

SEIN UND ZEIT

마르틴 하이데거 Martin Heidegger (1889~1976)

하이데거가 전개하는 사유의 스타일과 스케일 그리고 그 내용의 본래성은 그를 20세기를 대표하는 철학자의 한 사람으로 자리매김하기에 충분하다. 텍스트와 삶, 역사와 현실을 자유롭게 왕래하는 그에게는 통시성과 공시성이, 이론과 실천이 하나의 끈으로 이어져 있고 서로 관통한다. 그가 문제 삼는 수많은 화두와 고전들의 해석은 모두 존재라는 하나의 대주제와 연결되어 있다. 그처럼 다작인 사상가가 그리고 그처럼 광범위한 화두를 많이 거느린 사상가가, 거기에다 2500년 서양 철학사 전체를 망라하는 엄청난 스케일의 사상가가 그렇게 철저한 일관성을 유지할 수 있다는 사실은 경이롭기까지 하다.

일관성을 유지하는 하나의 방법은 반복이다. 다작인 하이데거에서도 반복은 불가피하다. 그러나 그의 반복은 늘 새로운 면모를 함께 생성한다. 그런 점에서 그가 사용하는 반복은 주제와 변주로 진행되는 대편성 교향곡의 작곡 기법을 연상시킨다. 주제는 언제나 존재이지만 이를 새롭고도 다채로운 변주로 풍성하게 풀어내기 때문이다. 그의 사유가 지닌 혁명성은 통념에 대한 전복으로 특징지어진다. 그는 철학사를 지배해온 대전제와 통념들을 근원에서부터 뒤집어 다시 사유하라고 요청한다. 이 사유 혁명의 내용이 그의 대표작 『존재와 시간』의 주제가 된다.

하이데거가 독일의 메스키르히라는 작은 마을에서 태어난 1889년은 하이데거와 함께 현대철학계를 풍미한 비트겐슈타인, 하이데거의 인생 역정에 뚜렷한 각인을 한 히틀러가 태어난 해이기도 하다. 20세기의 세계사와 철학사를 뒤흔든 이들 동갑내기 삼총사의 관계는 (이들은 모두 독일어가 모국어다) 그 자체로 흥미로운 화젯거리가 아닐 수 없다. 비트겐슈타인과 히틀러는 실업학교 동창이고, 하이데거는 한때 히틀러의 나치즘에 깊이 관여했다. 아울러 비트겐슈타인과 하이데거는 서로에 대해 짧지만 의미 있는 논평을 남겼다.

1913년 프라이부르크대학에서 철학박사학위를 받은 하이데거는 1919년부터 1923년까지 후설의 조교로 있으면서 그와 함께 연구했다. 1927년 후설의 주선으로 출간한 『존재와 시간』으로 일약 세계적 철학자로 발돋움했고, 이듬해 그의 후임으로 프라이부르크대학 교수로 취임했다. 히틀러가 권좌에 오른 1933년에는 같은 대학의 총장에 선출되었고 이어서 바로 나치에 입당해 나치즘에 적극적으로 가담했다. 한편 하이데거는 스승 후설에게 바쳤던 『존재와 시간』의 헌사를 삭제했고(유대인 후설은 나치 치하에서 어떠한 활동도 할 수 없는 상태였다), 후설의 장례에도 불참했는데 그의 이러한 일련의 행보는 그 자신의 구구한 변명에도 불구하고 잘 이해가 가지 않는 대목이다. 1945년 연합군의 승리로 제2차 세계대전이 끝나면서 하이데거는 대학에서 추방되었다. 이후 그는 1976년 세상을 떠날 때까지 주로 슈바르츠발트의 산장에서 사색과 집필에 전념했다.

하이데거에 따르면 전통 철학은 구체적 현상 세계의 괄호 침에서 시작한다. 우리가 현상계 탈출을 사명으로 삼으면서부터 세계는 더는 우리에게 '현상'하지 않게 된다. 현상되어야 할 세계의 존재가 억압되고 망각된 역사가 곧 철학사다. 그러나 그가 볼 때 이것은 한편으로는 자연스러운 것이고 다른 한편으로는 엄청난 본말의 전도다. 그를 좇아 존재 망각이 지닌 이 두 가지 측면을 각각 살펴보자.

호흡은 인간 행위의 생리적 원천이다. 그런데 일반적으로 우리는 그것을 의식하지 않는다. 우리는 호흡 장애를 겪을 때야 비로소 호흡의 중요성을 깨닫는다. 또한 우리는 빛 때문에 세계의 사물들을 볼 수 있다. 그러나 정작 빛은 보이지 않는다. 빛의 중요성은 빛이 제거되었을 때야 비로소 우리에게 알려진다. 물속에 사는 물고기나 흙 속에 사는 지렁이에게는 물과 흙이 그러할 것이다.

존재는 우리를 통해 다양한 방식으로 드러난다. 우리는 살아가면서 수많은 현상을 체험한다. 현상現象이란 상象과 현재現在라는 시간적 계기의 합성어다. 즉 현상은 상이 시간성을 통해 드러난 상태를 의미한다. 우리가 체험하는 사건이 바로 드러남의 사건이다. 그러나 일상에서 우리는 그 드러남 혹은 드러남을 가능케 하는 존재사건을 인식하지 못한다. 우리는 드러난 존재자만을 혹은 그것과 우리 사이에 마련된 의미 연관성만을 인식할 뿐이다. 우리는 존재Being가 진행형Be+ing의 사건임을 망각할뿐더러 존재를 존재자로 대상화해서 생각한다. 그러나 존재는 대상이 아니다. 하이데거는 존재가 곧 무無라고 주장함으로써 존재를 대상화하는 인식을 부정한다. 존재가 무Nothing라 함은 곧 존재가 대상이 아님No+Thing을 함축한다.

마찬가지로 우리는 언어에서 존재와 그 드러남의 사건에 해당하는 'be'를 별도로 주목하지 않는다. 그것은 너무 흔할뿐더러 다양하게 사용된다. 'be'의 그리스어 어원인 'einai'는 ① 계사繫辭로서 '이다be', ② 양화사量化詞로서 '있다exist', ③ 동치同値로서 '…와 같다is the same as', ④ 진리 서술로서 '…는 참이다is true' 등의 방식으로 다양하게 사용될 수 있는 다의어다. 요컨대 ① 서술, ② 존재, ③ 동일성, ④ 진리의 이념은 하나의 언어, 하나의 뿌리에서 연원한다. 다만 우리가 이러한 다양한 드러남과 그 원천을 의식하지 않을 뿐이다.

하이데거가 지적하는 존재망각은 이처럼 우리의 일상에서도 자연스럽게 발생한다. 그의 용어를 빌리면 존재는 자신을 드러내는 동시에 은폐한다. 그리고 그것은 존재의 숙명이기도 하다. 존재의 지평이 우리 손에 잡히기 어려운 까닭은 그것이 어떤 심오한 경지에 놓였기 때문이 아니라 우리의 초점과 관심을 거슬러 올라가는 데서 열어 밝혀지는 것이기 때문이다. 그래서 하이데거는 초점과 관심의 해체로서 내맡김 Gelassenheit의 중요성을 역설한다. 내맡김은 무관심의 관심, 무관점의 관점, 무용無用의 용用과 일맥상통한다. 하이데거의 해체는 공시적으로는 문제 되는 담론이나 주장의 영역에 한계를 긋는 울타리 치기 작업이고, 통시적으로는 그 담론이나 주장의 종지부와 출발점을 양방향의 시제로 추적해보는 비판적 계보학이다.

이승종

연세대 철학과 교수

자연선택의 유전학적 이론

THE GENETICAL THEORY OF NATURAL SELECTION

로널드 피셔 Ronald Aylmer Fisher (1890~1962)

"『종의 기원』 바로 다음 가는 중요성을 지닌 진화 이론서." 진화생물학자 윌리엄 해밀턴은 이 책을 이렇게 평했다. 1930년에 통계학자이자 생물학자인 로널드 피셔 경이 저술한 『자연선택의 유전학적 이론』은 진화 이론의 현대적 종합을 이룩한 명저다. 오늘날 생태학, 진화유전학, 동물행동학 교과서에 수록된 핵심 개념 상당수가 이 책에서 처음 등장했다. 게다가 본문에 녹아 있는 저자의 통찰은 지금도 새로운 발견을 이끌어내는 원천이다. 말이 쉽지 실제로 교과서를 공부하다 보면 이것도 피셔, 저것도 피셔가 만들었음을 알고 혀를 내두르게 된다. 세상에 이런 천재가 또 있을까?

천재가 쓴 책이 흔히 그렇듯이 이 책은 매우 어렵다. 그나마 서문에서 "나는 매우 노력했지만 이 책을 지금보다 더 쉽게 읽게끔 만들 수는 없었다"라는 문장이 다소 위로가 된다. 피셔는 어려서부터 고도 근시였다. 저녁에 수학 교습을 받았는데, 약한 눈 때문에 전깃불을 환히 켤 수 없었다. 결국 그림이나 연습장 없이 수학 문제를 오직 머릿속으로만 푸는 법을 훈련했다. 그 덕분에 피셔에겐 명백하지만 독자에겐 하나도 명백하지 않은 수학적 논증이 곳곳에 튀어나온다. 독자는 그저 아연할 뿐이다.

예컨대 피셔가 이른바 '폭주 선택runaway selection'을 설명하는 대목을 보자. "(수컷의 깃털이) 발달하는 속도는 이미 깃털이 발달한 정도에 비례할 것이며, 따라서 시간에 따라 기하급수적으로 증가함을 쉽게 알 수 있다." '쉽게 알 수 있다'……고요? 리처드 도킨스는 그의 저서 『눈먼 시계공』에서 이 대목을 인용하면서 한숨을 쉬었다. "피셔가 남들도 '쉽게 알 수' 있으리라 짐작한 내용을 반세기가 지나도록 사람들은 제대로 이해하지 못했다."

피셔의 공헌을 살펴보자. 말할 필요 없이, 피셔는 슈얼 라이트, J. B. S. 홀데인과 함께 멘델 유전학과 다윈의 자연선택론을 통합해 진화의 현대적 종합을 이룩한 선구자로 유명하다. 종합이 다 끝난 오늘날에는 20세기 초반에는 멘델의 입자 유전론이 다윈의 자연선택론을 무너뜨릴 대항마로 여겨졌다는 사실이 생소하게 들린다. 그 당시엔 그랬다. 멘델을 신봉한 초창기 유전학자들은 둥근 완두콩과 주름진 완두콩처럼 불연속적인 형질을 만드는 유전 입자들의 돌연변이가 진화를 만든다고 주장했다. 인간의 키나 옥수수알의 기름 함유량처럼 연속적인 형질에 작용하는 자연선택은 진화의 주된 동력이 아니라고 비판했다. 1918년 논문과 이 책 1장에서 피셔는 많은 수의 유전 입자가 함께 작용한다고 가정하면 연속적인 형질도 자연선택에 따라 진화함이 잘 설명된다고 강조했다. 즉, 멘델 이론은 다윈 이론의 동반자다.

이 책 2장에서 피셔는 생물 개체군은 세대를 거치면서 마치 누군가 의도적으로 설계한 것처럼 주어진 환경에 꼭 맞추어 적응하게 된다는 다윈의 발상을 '자연선택의 근본 정리'라는 수식으로 요약했다. 이름에서 알 수 있듯이, 피셔는 물리학에서 열역학 제2법칙이 차지하는 위상만큼이나 생물학에서 그의 정리가 중요하다고 확신했다. 안타깝게도 이 정리는 수리 진화유전학자들로부터 큰 관심을 끌지 못했다. 몇몇 과학자는 이 정리가 수학적으로는 맞지만, 생물학적으로는 별로 중요하지 않다고 깎아내렸다. 그러나 최근 연구에서는 자연선택의 근본 정리가 자연선택은 본질적으로 유기체의 '설계'를 만드는 과정임을 명쾌하게 입증한 점이 높이 평가되고 있다. 다시 한번, 출간된 지 90년이 넘은 책이 활발한 연구를 촉발하는 논쟁의 씨앗이 된다는 점이 피셔의 천재성을 여실히 드러낸다.

성비 연구도 이 책에서 시작되었다. 야생 상태의 동물 개체군은 거의 다 1:1 성비를 보인다. 왜 그럴까? 많은 동물종에서 수컷 중 극히 일부만이 암컷과 짝짓기하는 행운을 누리고 대다수 수컷은 홀아비로 살다 감을 고려하면, 1:1 성비는 심히 비효율적으로 보인다. 신이 효율도 신경을 썼다면 수컷은 아주 적은 수만 만들고 나머지는 모두 암컷으로 만드는 게 낫지 않았을까?

피셔의 해법은 자명한 사실에서 출발한다. 모든 사람은 엄마 딱 한 명과 아빠 딱 한 명이 있다. 그러므로 먼 미래의 후손이 오늘 이 시대를 회상할 때, 남성 전체가 얻는 번식 성공도(먼 미래까지 남긴 자식 수로 측정됨)의 총합은 여성 전체가 얻는 번식 성공도의 총합과 무조건 같다. 남녀의 수가 같다면, 아들로부터 얻는 번식 성공도의 평균값은 딸로부터 얻는 번식 성공도의 평균값과 같다. 만약 개체군에 여성보다 남성이 약간 더 많다고 하자. 아들이 주는 번식 성공도의 평균값이 딸이 주는 번식 성공도의 평균값보다 적게 된다. 아들을 낳을까? 딸을 낳을까? 물론 딸을 낳아야 한다. 언제까지? 사람들이 딸을 많이 낳기 시작하는 바람에 개체군의 성비가 다시 1:1로 복귀할 때까지 말이다. 부모는 아들 혹은 딸에게 투자하는 총경비를 똑같이 하게끔 진화한다는 피셔의 원리는 성비에 대해 수많은 흥미로운 발견을 이끌었다.

『자연선택의 유전학적 이론』은 다윈의 저작을 제외하면 현대 진화생물학에서 가장 중요한 위치를 차지하는 책이다. 피셔의 놀라운 발상은 지금도 진화학자들에게 신선한 자극제가 되고 있다.

전중환

경희대 후마니타스 칼리지 교수

경제과학의 본질과 의의에 관한 시론

AN ESSAY ON THE NATURE AND SIGNIFICANCE OF ECONOMIC SCIENCE

라이오넬 로빈스 Lionel Robbins (1898~1984)

"경제학은 사회가 희소한 자원을 어떻게 관리하는지를 탐구하는 학문이다." 현재 세계적으로 널리 사용되는 경제학 교과서 중 하나가 경제학에 내리는 정의다. 대부분 다른 교과서도 표현은 각양각색이지만 본질적으로 같은 의미의 경제학 정의로 서술을 시작한다. 이런 정의들은 모두 라이오넬 로빈스가 발간한 『경제과학의 본질과 의의에 관한 시론』에서 내린 정의의 변종이다.

"경제학은 사람의 행동을 목적과 대안적으로 사용되는 희소한 수단 사이의 관계로 탐구하는 과학이다."[64] 이 정의는 '목적과 (……) 수단', '사람의 행동', '과학' 세 가지 요소로 구성된다. 각 요소는 이후 현대 경제학, 더 나아가 현대 사회과학 일반의 모습을 크게 바꿀 내용을 집약한다.

로빈스는 경제학적 탐구를 사람들의 물질적 후생과 관련한 것으로 한정하는 이전의 경제학 정의들을 비판한다. 그것은 경제학을 너무 좁게 정의하는 것이다. 경제학은 '목적과 (……) 수단' 사이의 관계에 대한 탐구로 넓게 정의되어야 한다. 여기서 중요한 것은 수단의 희소성과 대안적 사용 가능성이다. 수단이 희소하지 않으면 어떤 목적이라도 달성할 수 있다. 그리고 희소한 수단의 대안적 사용 가능성 때문에 어떤 수단을 이용할까 하는 문제가 발생한다. 경제학은 희소성의 학문, 선택의 학문이다.

이렇게 정의할 때 경제학적 탐구는 그것이 다루는 대상의 '내용'에 의거해 범위가 제한되지 않는다. 이전의 경제학 정의들은 '분류적' 방식에 따랐지만 로빈스의 정의는 '분석적'이다. 이 정의는 "행동의 한 특정한 측면, 즉 희소성의 영향하에서 행동이 띠는 형태에 초점을 맞춘다."[65] 여기서 중요한 명제가 도출된다. "이 측면을 제공하는 한 어떤 종류의 인간 행동이라도 경제학적 일반화의 범위에 들어온다."[66]

로빈스의 이런 비전이 로빈스 자신이 기대했건 아니건 1960년대에 들어서면서 힘을 받기 시작한 '경제학적 제국주의economics imperialism'의 시발점임을 부정하기는 어렵다. 이제 경제학적 분석방식은 '합리적 결정 이론'이라는 이름으로 '경제' 영역에서 벗어나 인간 행동 일반으로 적용 범위를 넓힌다. 인적 자본, 정치적 결정 과정, 범죄와 처벌, 사랑과 섹스 등 거의 모든 종류의 인간 행동이 경제학적으로 분석된다. 언뜻 보기에 전혀 경제적 행위와 관련이 없거나 '괴짜'나 할 행동도 궁극적으로 행위자의 경제적 결정에 따른 것으로 설명된다. 경제학은 '사회과학의 여왕'이라는 지위를 넘어 '학문의 왕'으로 군림하려고 한다.(물론 이 왕이 '벌거벗은 왕'이라는 비판도 만만치 않은 힘으로 존재한다.)

그렇다면 위와 같은 경제학적 탐구 방식에 따라 도출된 경제 '법칙'('일반화')의 본질과 의의는 무엇일까? 여기서 경제학이 물리적 자연이 아닌 '사람의 행동'을 다룬다는 사실이 중요하다. 이 사실은 두 가지 측면에서 살필 수 있다.

첫째, 경제학의 '법칙'들은 귀납법이 아니라 연역법에 따른다. 경제학적 분석에서 귀납법은 신뢰할 수 없다. 경제는 물리적 자연과 다르다. 인간의 결정이 관련되기 때문이다. 오랜 기간에 걸친 경험적 통계에 근거하여 경제적 변수들 사이의 관계를 도출할 수 있지만, 이 관계는 물리적 자연에 대한 통계적 법칙과 지위가 동일하지 않다. 경제학이 제공하는 일반적 법칙의 근거는 역사적 관찰도 의도적 실험도 아니다. 경제학 법칙은 경제학적 분석의 가장 근본적 출발점, 즉 '대안적으로 사용할 수 있는 희소한 수단'에서 연역적으로 도출된다. 다른 모든 경제학의 일반적 법칙도 마찬가지다.

둘째, 법칙의 참됨은 연역에 근거하지만, 그 법칙의 현실 적용 가능성은 다른 문제다. 희소성은 상황에 따라 여러 형태로 나타난다. 화폐수량설을 예로 들어보자. 다른 모든 것이 일정할 때 화폐량의 변화는 화폐의 가치와 역관계에 있다. 이 이론은 논리적 참이다. 그러나 현실에 적용할 때 이 이론이 말하는 '화폐량'이 무엇인지가 먼저 명확하게 밝혀져야 한다. 시대에 따라 '화폐'로 인정되는 실체가 달라지기 때문이다. 이론 자체도 경험으로 수정될 수 있다. 균형이론은 경기순환을 설명하지 못한다. 그러나 경기순환은 엄연한 사실이다. 이 사실을 반영해 균형이론은 적절히 수정되어야 한다.

경제 법칙에 대한 로빈스의 견해는 경제학에서 19세기 중반 존 스튜어트 밀에서 시작하여 1966년 밀턴 프리드먼의 『실증경제학 시론』에서 정점에 이르는 실증주의 시각의 한가운데에 있다. 그리고 이들의 실증주의적 주장은 여러 도전에도 불구하고 여전히 현대 경제학에서 방법론의 핵심이다.

경제학은 '과학'이다. 로빈스에게 이론은 순전히 분석적이다. 규범적 내용을 포함하지 않는데, 그래서도 안 된다. 사회 전체의 후생을 개인들이 얻는 효용의 합으로 계산하는, 예를 들어 아서 세실 피구가 내세우는 공리주의적 후생경제학은 과학이 아니다. 효용은 사람들의 심리상태에 관한 것이다. 과학적으로 그 심리상태의 크기를 측정하고 서로 다른 사람의 효용의 크기를 비교하는 방법은 없다. 그렇게 할 수 있다고 말하는 것은 '가치판단'이다. 순수 경제학 이론에서 가치판단은 배제해야 한다. 이제 존 힉스와 R.G.D. 앨런의 1934년 연구를 시작으로 경제학은 '서수적 효용 혁명'을 맞는다.

경제학에서 규범적 명제를 부정하는 로빈스의 주장을 많은 사람이 경제학자들은 규범과 관련된, 즉 정책과 관련된 활동을 하거나 그에 대한 의견을 내서는 안 된다는 것을 뜻한다고 해석했다. 이 비판이 로빈스의 마음을 아프게 했다. 엄청난 오해였기 때문이다. 로빈스는 1935년에 출간된 제2판의 많은 부분을 이에 대한 자기 견해를 더 명확히 하는 데 할애했다. 경제정책은 가치판단을 포함하는 것이므로 경제정책과 관련한 의견에서는 그 의견을 뒷받침하는 가치판단을 명시적으로 밝혀야 한다는 것이 로빈스가 뜻했던 바다.(로빈스 자신도 일생에 거쳐 정책과 관련한 여러 직을 맡아 활동했다.) 순수 경제학 이론과 정책 제언은 (후자가 전자에 의존하지만, 가치판단의 유무로) 분명히 구분되어야 한다. 이미 1927년에 로빈스는 "경제학은 윤리학과 분리될 수 없다"라는 랄프 호트리의 주장을 반박하면서 두 영역을 구분해야 할 필요성을 재치 있게 묘사했다.

> "호트리 씨를 레닌, 공자, 모하메드, 부처 그리고 마야의 제단 설계자와 함께 한 방에 가두자. (……) 좋음, 참됨, 아름다움이 어디서건 바람직하다는 데에 이들은 분명 동의할 것이다. 그러나 이 용어들

을 정의할 때가 되면 의견 충돌이 발생할 가능성이 높다. 반면, 이들에게 이자율 변화의 원인에 대한 보고서를 쓰라고 하면, 호트리 씨는 어쩌면 레닌만 빼고, 이들 사이에서 상당한 동의를 이끌어낼 수 있을 것이다."[67]

박만섭

고려대 경제학과 교수

물리와 철학

PHYSIK UND PHILOSOPHIE

베르너 하이젠베르크 Werner Karl Heisenberg (1901~1976)

오늘날 양자역학은 실생활에 혁신을 가져올 만큼 엄청난 유용성을 지니고 있고 실험적으로도 완전하게 검증된 신뢰할 수 있는 이론이다. 그러나 존재 세계에 대해서는 우리의 경험 또는 고전 역학이나 기존의 철학 사상으로는 이해하기 어려운 세계상을 제시하고 있다. 그래서 고전 역학과 달리 양자역학은 자연의 실재에 대해 무엇을 말하는지를 이해하기가 매우 어렵다. 이는 양자역학이 탄생하는 과정에서 더더욱 논란이 되었는데, 양자 개념이 등장하고 양자역학이 하나의 물리 이론으로 체계적으로 확립되고 수용되는 데 무려 30년이 걸린 것만 봐도 능히 짐작할 수 있다.

『물리와 철학』은 양자역학의 창시자 가운데 한 사람인 하이젠베르크가 1955~1956년에 스코틀랜드 세인트앤루스대학에서 열린 일반인을 위한 기퍼드 강연에서 발표한 내용을 정리한 책이다. 양자역학은 어떠한 배경과 과정에서 탄생했는가, 양자역학은 고전 역학과 어떻게 다른가, 양자역학이 그려내는 양자 세계의 모습은 무엇인가, 양자 세계의 참모습을 놓고 벌어진 물리학자들 간의 수많은 논쟁 속에서 코펜하겐 해석은 어째서 신뢰할 만한가, 양자 세계를 이해함에 철학이 왜 필요하고 어떻게 도움이 되는가, 그리고 양자역학은 인류 사상의 발전에 어떤 역할을 할 것인가? 이 책은 이러한 문제들에 누구나 쉽게 이해할 수 있는 언어로 설득력 있게 답하고 있다. 양자역학의 등장 과정에서 논란이 됐던 거의 모든 내용이 사실상 간략하게 압축되어 망라돼 있다.

이 책의 여러 내용 가운데서도 아주 중요한 부분은 두 가지다. 여기서는 이를 중심으로 살펴보겠다. 하나는 **하이젠베르크가 불확정성 원리를 제시함으로써 양자역학의 태동과 발전이 급물살을 타는 물리학자로서 모습이다.** 다른 하나는 **양자역학이 그려내는 양자 세계의 참모습과 관련한 존재론 논쟁에서 하이젠베르크가 다양한 철학 사상에 대한 탐구로 코펜하겐 해석을 견고히 옹호하는 철학자로서 모습이다.**

하이젠베르크는 이 책에서 양자역학이 창시되는 과정에 매우 중요했던 자신의 불확정성 원리를 먼저 소개했다. 1913년에 닐스 보어는 원자 세계에 대해 마치 태양계처럼 무거운 원자핵 주변을 가벼운 전자가 특정 궤도를 따라 운동하는 입자 모델을 제시했다. 하지만 미시적인 원자 속 전자의 운동은 고전 역학이 잘 설명하는 거시적인 태양계의 행성 운동과는 근본적으로 다름이 확인되면서 이를 어떻게 설명할 것인가가 중요한 문제로 대두됐다. 이때 젊은 학자였던 하이젠베르크는 위치와 속도로 물체의 운동을 설명하던 고전 역학의 방식 대신, 진동수와 진폭으로 전자의 운동을 기술하는 새로운 방식을 수학적으로 제시했다. 즉 원자핵을 도는 전자의 경우 위치와 속도 대신 기본 진동수를 본질적 특성으로 갖고, 위치와 속도는 이로부터 간접적으로 도출되는 부차적인 성질로 본 것이다.

그런데 그렇게 도출된 위치와 속도가 고전 역학에서와 전혀 다르게 불확정성이라는 놀라운 모습을 띠고 있음이 드러났다. 즉 양자계에서는 물체의 위치와 속도(혹은 운동량)를 동시에 정확하게 확정할 수 없게 되는데, 이것이 바로 하이젠베르크의 불확정성 원리다. 이는 양자계에 속하는 물체는 위치와 속도에 상응하는 고유한 성질을 갖지 않으며, 우리가 알고 있는 물체의 정확한 위치와 속도는 양자계를 측정해 얻은 결과임을 함축한다. 이는 뉴턴의 고전 역학이 등장한 이래 물체의 고유한 성질이자 운동의 근간으로 그 누구도 의심치 않았던 위치와 속도 개념을 뒤흔드는 중요한 계기가 되었다. 마치 아인슈타인의 상대성 이론의 등장으로 기존에 자명했던 시간과 공간 개념이 완전히 새롭게 이해된 것처럼 말이다. 그런 면에서 불확정성 원리는 양자역학의 씨앗이라 할 수 있다. 하이젠베르크가 26세 때인 1927년의 일이니까 물리학자로서 그의 천재성이 돋보인다.

한편 이 책에는 철학자 하이젠베르크의 모습도 잘 드러나 있다. 1926년에 슈뢰딩거가 입자 대신 파동 개념을 기반으로 슈뢰딩거 방정식을 만들어 양자역학을 새롭게 공식화하자 양자 세계를 입자적 관점으로 접근하는 것과 파동적 관점으로 접근하는 것이 모두 가능해졌다. 즉 양자계의 물체 운동을 입자 형태로 그릴 수도 있고 파동 형태로 그릴 수도 있게 된 것이다. 그러자 양자 세계의 물체의 본질을 놓고 그것이 입자인가 파동인가라는 새로운 존재론적 문제가 불거졌다. 예를 들어 원자핵 주위를 도는 전자는 입자인가 파동인가, 빛은 입자인가 파동인가 등이다.

우리의 일상 경험에서 그리고 이를 일반화한 고전 역학의 세계에서 입자와 파동은 서로 배타적이다. 어떤 물체가 입자이면서 동시에 파동일 수는 없다. 그렇다면 양자 세계에서는 어떠한가? 실제로 빛을 분석해

보면, 그것은 전자기파이기도 하고 광자photon라는 알갱이이기도 하다. 이는 양자 세계에서는 입자-파동의 이중성이 실제로 가능함을 뜻하는가? 이 역시 양자역학이 등장하는 과정에서 해명해야 할 난제 가운데 하나였다.

이에 대해 양자역학을 완성한 닐스 보어를 중심으로 한 코펜하겐 해석에서는 이중성의 존재론적 본질을 직접 언급하는 대신, 파동의 성질을 측정하면 파동에 해당하는 측정 결과를 얻으므로 물체가 파동처럼 행동하는 것이고 입자의 성질을 측정하면 입자에 해당하는 측정 결과를 얻으므로 물체가 입자처럼 행동하는 것이라고 해석한다. 이것이 바로 상보성 원리다. 즉 물체의 특성은 측정으로만 확정되는데, 입자성과 파동성은 이러한 측정을 조건으로 상보적 관계에 놓여 있다는 것이다.

닐스 보어가 상보성 원리라는 새로운 원리를 등장시키면서까지 해명하지 않을 수 없었던 이 문제를 놓고, 코펜하겐 해석을 지지하던 하이젠베르크는 이를 언어 차원에서 새롭게 조명한다. 하이젠베르크는 물질의 본질을 이해하려면 언어 문제가 중요함을 누누이 강조했다. 그런데 물리학의 전통적 언어들은 모두 우리가 경험하는 세계, 측정과 관찰의 결과로 인지된 세계, 고전 역학이 작동하는 세계에 속한 것들이다. 입자와 파동, 위치와 속도라는 언어 역시 그러하다. 따라서 경험 세계의 배후에 존재하는 양자 세계는 고전 역학을 따르는 경험 세계의 전통적 언어(곧 고전 언어)로 이해하기가 쉽지 않다. 양자 세계는 파동과 입자의 세계, 위치와 속도의 세계가 아니기 때문이다.

하이젠베르크는 입자-파동의 이중성 주장(고전 세계에서는 한 물체가 입자이면서 동시에 파동일 수 없는데 양자 세계에서는 이것이 가능하다는 주장)은 고전 언어로 양자 세계를 기술한 결과이기에 일관성의 부재와 모순에 부닥친다고 보았다. 즉 고전 언어로 양자 세계를 서술하고 이해하는 데 한계가 있음을 명확히 한 것이다. 하이젠베르크의 이러한 생각은 우리가 오랫동안 혼란스러워했던 입자-파동의 이중성 문제의 본질을 사실상 명료하게 해명했다고 할 수 있다. 그렇다면 하이젠베르크에게 닐스 보어의 상보성 원리를 뛰어넘어 양자 세계를 온전히 이해할 대안이 있었는가?

하이젠베르크가 선택한 방안은 철학과의 대화였다. 고전 언어로 양자 세계를 기술할 수 없다면 양자 세계를 어떻게 이해할 것인가, 양자역학이 그려내는 관찰 혹은 측정 이전 양자 세계의 참모습은 무엇인가는 오늘날까지도 논란이 되는 문제로, 이에 대해 다양한 해석이 존재해왔다. 사실 이는 물리학의 문제를 넘어 철학의 문제다. 하이젠베르크도 이 난제를 풀어보고자 고대 그리스의 자연철학에서 근대의 칸트 철학에 이르는 광활한 철학 여행을 시작했다.

우선 하이젠베르크는 우리가 양자 세계를 관찰과 측정으로 이해할 수밖에 없는 상황을 설득하려고 '우리가 관찰하는 대상이 자연 그 자체가 아니라 과학적인 방법에 노출된 자연의 일부라는 사실'을 강조했다. 이는 과학으로 우리에게 알려진 자연은 인간이 인식할 수 있는 자연, 곧 '자연 그 자체nature in itself'가 아니라 '인간에게 알려진 자연nature for us'이라는 뜻이다. 이는 칸트 철학의 정수에 해당하는 주장이다. 또한 하이젠베르크는 데카르트의 물질과 정신의 이원론을 근거로, 양자 세계의 물체 특성이 인간의 측정으로 명확히 확인되지만 이 과정에 인간의 주관적 의지가 개입하지 않음을 강조했다. 나아가 '달은 우리가 관찰하기 전에 본래 그 모습대로 존재한다'면서 존재 문제를 측정과 연결한 코펜하겐 해석을 비판하던 아인슈타인의 주장에도 하이젠베르크는 아인슈타인이 생각하는 실재 개념과 양자 세계의 실재 개념이 다르다고 강조했다. 이 역시 '자연 그 자체(혹은 물 자체)'의 실재성과 인간의 인식으로 확립된 자연에 대한 실재성을 구분한 칸트 철학의 영향을 받았음을 알 수 있다. 결과적으로 하이젠베르크는 양자 세계 자체를 그려내는 데 성공하진 못했지만, 철학과 대화하며 코펜하겐 해석을 옹호하는 데 중요한 역할을 했음을 엿볼 수 있다. 오늘날 코펜하겐 해석이 양자 세계에 대한 표준적 해석으로 자리 잡는 데 하이젠베르크의 공이 매우 컸다.

이렇듯 하이젠베르크에겐 물리학과 철학의 진지한 대화가 필요했고, 이 책은 바로 그러한 노력의 결실이다. 철학적 사유 자체를 물리학과는 무관한 것으로 무시하거나 배척하던 다른 물리학자들과 하이젠베르크가 분명히 다름을 여실히 보여준다. 사실 이러한 노력은 하이젠베르크가 처음 한 것이 아니다. 17세기 뉴턴이 근대과학의 시초라 할 고전물리학을 처음 제시했을 때도 시간과 공간, 물질과 운동, 힘과 가속도, 중력의 법칙과 같은 새로운 개념들을 설명하고자 철학적 사고를 전개했다. 그의 저서 『프린키피아』의 부제, 즉 '자연철학의 수학적 원리에 대하여'를 보면 이를 잘 알 수 있다. 20세기에 아인슈타인 역시 난해한 그의 상대성 이론이 담고 있는 통합된 4차원의 시공간 개념, 시간과 공간의 상대적 변화, 중력에 따른 시공간의 휨과 같은 매우 새로운 생각들을 설득하고자 물리학과 철학의 대화를 다룬 『물리와 실재』라는 저서를 남기기도 했다.

한마디로 인류 역사에서 기존의 사고로는 도저히 이해하기 어려운 새로운 물리 이론이 등장할 때마다 그것을 창시한 물리학자는 철학의 언어와 철학자의 생각을 빌려 이 낯선 이론을 사람들에게 설득하고자 시도해온 것이다. 아마 이러한 노력이 없었다면, 고도의 수학 언어로 기술된 뉴턴 역학과 상대성 이론 그리고 양자역학을 이해하기란 불가능했을 것이다. 뉴턴, 아인슈타인, 하이젠베르크가 보여준 물리학과 철학의 동행은 물리학의 발전뿐 아니라 철학의 발전에도 중요하게 기여했다. 세계관을 바꾸고 시간과 공간에 대한 새로운 철학을 만들고 경험 세계 배후에 존재하는 세계에 대한 존재론적 성찰을 고취했다. 이는 지금도 진행 중이다.

이중원

서울시립대 철학과 교수

1984

NINETEEN EIGHTY FOUR

조지 오웰 George Orwell (1903~1950)

『1984』는 필명 조지 오웰로 더 유명한 영국의 소설가 에릭 아서 블레어Eric Arthur Blair가 쓴 **디스토피아·미래 소설의 중요한 고전 중 하나다.** 1949년 출간 직후부터 오늘날까지 전 세계적으로 꾸준히 읽혀왔고, 작품에 등장하는 신조어 '빅브라더'는 지금까지도 다양한 매체에서 빈번히 언급되고 있다.

오웰은 영국 식민지였던 인도 벵골의 작은 마을에서 태어났다. 그의 선대는 귀족 지위를 누렸고 상당한 재력도 있었지만, 오웰의 아버지는 물려받은 재산이 별로 없는 제국의 하급 공무원이었다. 오웰은 출생 이듬해에 어머니, 누이와 함께 영국으로 건너가 명문 사립학교 세인트 시프리언스와 이튼에서 교육을 받았지만 상류층 자제들의 차별과 멸시 속에 학창 시절을 보냈고, 이 시기 경험은 훗날 계급제도와 경제적 불평등, 제도화된 폭력에 대한 작가의 감수성에 토양이 되었다. 이튼 졸업 후 식민지 미얀마에서 5년간 경찰 공무원으로 근무했으며 이때 제국주의의 실상을 맞닥뜨렸다.

이후 작가가 되기로 결심하고 유럽으로 돌아와 파리와 영국의 빈민

노동자 거주 구역에 살면서 허드렛일부터 개인 교사에 이르기까지 많은 직업을 전전하며 소설과 르포르타주 등 다양한 글을 썼다. 1936년 스페인 내전이 발발하자 취재차 스페인에 간 오웰은 프랑코 파시스트 정권과 맞서 싸우려고 의용군에 지원한다. 그러나 그가 목격한 것은 공산당 내부의 권력다툼이었고 그 와중에 어처구니없게도 파시스트로 몰려 스페인을 탈출한다. 사회 정의에 민감하고 진실을 전달하려는 욕구가 강했던 오웰은 『1984』를 쓰기 시작한 1946년, 1936년 이래 자신이 글을 쓴 이유는 '전체주의에 반대하고 민주사회주의를 지지'하기 위해서였다고 밝힌 바 있다.

소설의 배경이 되는 오세아니아는 빅브라더라고 불리는 실체를 알 수 없는 권력자를 중심으로 소수의 엘리트 권력 집단이 정보를 독점·조작하고 텔레스크린을 비롯한 과학기술과 사상경찰로 대표되는 공권력을 이용해 다양한 방식으로 사람들의 물리적·정신적 세계를 감시하고 통제하는 전체주의 국가다. 주인공 윈스턴 스미스는 과거와 현실의 기록을 조작하는 업무를 담당하는 진리부 직원으로, 지배체제에 의문과 반감을 가진 인물이다. 그는 국가가 주입하는 사실과 어긋나는 기억과 감정들 속에서 과거의 기억을 되살리고 글을 쓰고 사랑하며 변화를 꿈꾸는 위험한 반역의 길을 간다. 그는 자신의 주변에 같은 생각을 하는 동지들과 함께한다고 믿지만, 그의 반역을 모조리 꿰뚫어보는 빅브라더 체제의 덫에 걸려 갖은 고문과 세뇌 속에 인간성이 처참히 파괴되어 당이 명하는 대로 생각하고 느끼며 총살을 기다린다.

『1984』가 출간된 1949년은 제2차 세계대전이 끝나고 미국과 소련을 중심으로 자본주의와 공산주의가 첨예하게 대립하던 냉전의 시기였으며, 특히 소련의 스탈린주의와 공산주의에 대한 반감이 치솟던 때였다. 이러한 상황과 맞물려 스탈린 치하의 소련을 풍자한 오웰의 전작 『동물농장』은 일약 베스트 셀러가 되었고 『1984』는 본격 반공주의 소설로 각광받았다. 그러나 오웰은 자본주의 편에 서서 사회주의를 비판하려는 것이 아니라 소련식 공산주의가 드러내는 전체주의의 위험성을 경고하려는 것이었음을 밝힌 바 있다.

작가의 의도와 별개로 『1984』가 출간 즉시 주목받은 데는 냉전이라는 시대적 맥락이 중요한 요인으로 작용했다. 그러나 이 작품은 지금까지도 빈번히 회자되고 널리 읽히며, 2022년에는 러시아에서 베스트셀러로 등극하기도 했다. 1988년까지 소련에서 금서였던 것을 생각하면, 러시아가 우크라이나를 침공한 해에 베스트셀러가 되었다는 사실은 그 자체로 시사하는 바가 클 뿐 아니라 이 작품 특유의 생명력과 가치를 거듭 생각해보게 한다.

이 작품은 제목부터 익숙한 탓에 읽지 않아도 대강 내용을 짐작할 수 있으리라 생각하는 독자라 하더라도 막상 책을 펼치면 의외로 박진감 있는 스토리뿐 아니라 언어와 사고의 관계, 자유와 욕망, 권력과 인간성에 대한 깊은 사유를 만날 수 있다. 작품 곳곳에 도사리고 있는 감시와 통제 시스템, 자아의 말살을 넘어 인간성 말살로 치닫는 권력의 메커니즘 속에서 독자는 종종 현대사회의 어두운 면면과 섬뜩한 유사성을 마주하게 된다. 정보 독점을 통한 전방위적 감시자 또는 독재적 권력 체제를 뜻하는 '빅브라더'는 '디지털 빅브라더'를 비롯해 우리 사회에서 여러 형태로 변주되며, 모순성을 인지하지 못한 채 모순된 신념을 받아들이는 사고 불능 상태인 '이중사고' 역시 다양한 맥락 속에 소환된다.

책을 덮고 나면, 독자들은 질문이 꼬리를 물고 이어지는 흥미로운 경험을 하게 될 것이다. 이 작품이 제시하는 세계에서 가장 끔찍하고 공포스러운 것은 과연 무엇인가? 이 작품은 과연 윈스턴 스미스의 완벽한 전향과 패배, 즉 빅브라더의 완벽한 승리로 끝나는가? 이야기가 끝난 후 이어지는 「부록: 새말의 원리」의 서술자는 누구인가? 그 서술자가 객관적 분석 대상으로 삼은 새말이 지나간 역사의 일부라면 그것이 암시하는 바는 무엇일까? 이 작품은 역사의 변화를 혹은 종말의 가능성을 암시하는가? 만일 그렇다면 그 잠재력을 어디에서 찾는다고 할 수 있을까?

손영주

서울대 영어영문학과 교수

게임이론과 경제행위

THEORY OF GAMES AND ECONOMIC BEHAVIOR

존 폰 노이만 John von Neumann (1903~1957)
오스카어 모르겐슈테른 Oskar Morgenstern (1902~1977)

"세상은 전체가 무대. 사람들은 단지 플레이어일 뿐."[68] 윌리엄 셰익스피어의 이 말은 세상사의 모습을 집약한다. 세상은 사람들이 게임을 플레이하는 공간이다. 게임은 나 혼자 할 수 없다. 상대방이 필요하다. 그리고 게임의 결과는 상대방이 어떻게 플레이하느냐에 달려 있다. 내가 어떻게 플레이할지는 상대방이 어떻게 플레이할지에 대한 예측에 달려 있다. 상대방도 나에 대해 마찬가지로 생각하고 어떻게 플레이할지 결정할 것이다. 세상사는 (넓은 의미의) '갈등' 상황이다.

'게임'은 '갈등'의 제유다. 게임이론은 갈등을 분석하는 수학 이론이다. 갈등은 인류가 존재를 시작할 때부터 있었을 것이다. 인류의 역사보다 훨씬 짧지만 수학의 역사도 수천 년은 된다. 그런데 게임이론은 그 수학의 역사에서 극히 일부에 지나지 않는다. (체계적인 이론으로서) 게임이론은 지금부터 불과 80년 정도를 거슬러 올라가 수학자 한 명과 경제학자 한 명의 손에서 시작했다.

1940년 가을 어느 날, 프린스턴대학교에서 20세기 최고 수학자 중 한 명이라 자타가 공인하던 헝가리인 교수가 나치의 오스트리아 병합을 피해 프린스턴에 머물던 또래 오스트리아 경제학자에게 말했다. "나와 같이 논문을 써보지 않겠나?" 경제학자는 속으로 소리쳤다. "이 사람이야말로 하늘이 내게 보낸 선물이구나!"[69] 한 편으로 계획되었던 논문 공동작업은 3년여가 지난 후 600쪽이 넘는 책으로 세상에 모습을 보였다. 폰 노이만과 모르겐슈테른은 1944년 9월에 『게임이론과 경제행위』를 발표했다.

출판 후 평판은 놀라울 정도로 긍정적이었다. 당대의 유명한 경제학자와 수학자들이 줄줄이 유명 저널에 칭찬과 기대를 담은 서평을 실었다. 1946년 3월에 《뉴욕타임스》는 수학으로 가득 찬 책으로는 드물게 서평을 일요일판 전면에 실었다. 책 판매고가 치솟았다.

방대한 본문의 양과 대조적으로 책의 서문은 반쪽에 지나지 않았다. 저자들의 (적어도 학문을 하는 데) 성격이 엿보인다. "이 책은 게임에 대한 수학 이론을 설명하고 여러 방향으로 응용한다. (……) 응용은 두 가지다. 하나는 원래 의미의 게임이고, 다른 하나는 이런 방향에서 접근하는 것이 최선인 경제학적·사회학적 문제다. (……) 이 책에서는 가장 간단한 문제들만 다뤘다. 그러나 이 문제들은 근본적인 성격을 지닌 것들이다."[70]

저자들이 책에서 삼은 목표는 근본적 차원에서 기존의 경제학과 단절하는 것이었다. 개인의 경제활동 동기는 소비자의 경우 소비로부터 얻는 '충족감'을 극대화하는 것이고 생산자의 경우 생산에서 획득하는 이윤을 극대화하는 것이다. 그러나 기존 경제학에서 이 동기는 '로빈슨 크루소'의 경우로 분석된다. 경제활동 참여자가 다수인 경우를 다룰 때도 각 참여자는 로빈슨 크루소같이 행동하는 것으로 다뤄진다. 그러나 경제 현실은 그렇지 않다. 사람들은 항상 다른 사람과 '갈등' 상황, 즉 '게임' 상황에 있다. 경제행위를 분석하려면 기존의 것과 다른 방식이 필요했다.

게다가 기존 경제학은 경제활동 동기의 근본인 개인의 '합리성' 개념에서도 수학적 엄밀성을 결여했다. 극대화 문제와 합리성은 수량적 관계로 엄밀하게 정식화되어야 한다.(폰 노이만의 눈에 경제학자들이 사용하는 수학은 '뉴턴 시대의 원시적' 수준에 머물렀다. 그는 모르겐슈테른에게 말했다. "경제학은 물리학 같은 첨단 학문에 비해 수백만 마일이나 뒤떨어져 있다네."[71]) 소비자가 얻는 '충족감'을 경제학에서는 '효용'이라고 한다. 그런데 효용 개념은, 특히 효용을 '측정'하는 문제는 당시 혼돈 상태에 있었다. 저자들은 기존의 기수적 효용이론이 비과학적이라는 비판에 동의했지만, 대안으로 나타난 서수적 효용이론을 그리 높게 평가하지 않았다. 측정되어 수치로 표현될 수 있고 (특정 의미에서) 서로 비교될 수 있는 효용 개념이 필요했다. 그것을 위해 그들은 '기대효용' 개념을 만들어냈다. 기대효용 이론은 이후 사회과학에서 불확실성 속에서 개인의 합리적 결정을 다루는 이론으로 굳게 자리 잡았다.(그런 지위는 1980년대에 들어 '행동경제학'에 강력한 도전받으면서 흔들리기 시작했다. 그러나 게임이론의 틀은 영향을 받지 않았다. '행동주의적 게임이론'은 최근 가장 첨단을 달리는 탐구 분야다.)

이 책을 디딤돌로 하여 이후 게임이론은 경이로운 양과 심도로 발전한다. 응용 분야도 원저자들이 기대했던 것 이상이 되었다. 수학 자체에서 그들의 이론은 확대되고 심화되었다. 경제학 분야는 물론 사회심리학, 정치학, 철학, 심지어 생물학에까지 응용된다. 연인들의 사랑 줄다리기도 게임이론의 조명을 피하기 어렵다. 학계를 넘어서 세속적 권력의 중추들, 펜타곤, 랜드 연구소, 벨 연구소, IBM 등이 전문적 게임 이론가들을 고용한다. 게임이론은 이제 개인의 합리적 결정과 사람들의 상호작용이 있는 곳이라면 어디든지 소환된다.

그러나 게임이론의 이런 놀라운 발전은 노이만과 모르겐슈테른의 천재적 시작 외에 또 다른 한 천재가 기여하지 않았다면 불가능했다. 『게임이론과 경제행위』에서 수학적으로 다룬 게임의 종류는 매우 한정적이었다. 셜록 홈스와 모리아티의 대결은 한 사람이 이기면 다른 사람은 지는 '영합게임zero-sum game'이다. 책은 게임에 대한 수학적 분석 대부분을 영합게임 분석에 할애한다. 게다가 저자들은 게임 상황이 '협조적'인 경우로 대표된다고 생각했다. 게임에 참여하는 주체들의 전부 혹은 일부가 연합하고 연합을 위한 계약이 자발적으로 구속력을 갖는 경우다. 구성원이 계약을 위반하면 처벌이 내려진다.

그런데 경제학에서 생각하는 개인 합리성은 개인이 항상 각자 자신의 이득을 좇아 행동할 때를 지칭한다. 계약을 위반해도 처벌받지 않는 상황이 이런 의미의 개인 합리성에 더 적절하다. 비협조적 게임의 경우다. 존 내시는 게임이론의 대표적 형태를 비협조적 게임으로 전환했다. 이런 전환의 핵심에는 '내시 균형' 개념이 있다. 그리고 '내시 프로젝트'는 협조적 게임의 경우도 궁극적으로 비협조적 게임의 형태로 환원할 수 있음을 밝힌다. 이제 (자체 문제점이 없지는 않으나) **'내시 균형' 개념과 함께 비협조적 게임은 게임이론의 핵심이 된다.**

내시는 자신의 우상인 폰 노이만 교수에게 달려가 간밤에 쓴 노트를 보여주었다. 교수는 "미스터 내시, 이 문건은 경쟁적 협상에 관한 연구에서 내가 본 것 중 가장 중요한 것처럼 보이네." 내시가 답했다. "제가 해낸 거지요?" "맞아, 존, 자네가 해냈네." 영화 〈뷰티풀 마인드〉의 한 장면이다. 그러나 역사의 기록은 이와 다르다. "이건 너무 뻔한 거 아닌가?"[72]

이 노트를 발전시켜 1년 후 내시는 28쪽짜리 논문으로 박사학위를 받았다. 그리고 게임이론은 이제 푸릇푸릇한 20대 초반의 수학자 내시가 가리키는 방향으로 가공할 만한 속도로 달리기 시작한다.

박만섭

고려대 경제학과 교수

전체주의의 기원

THE ORIGINS OF TOTALITARIANISM

한나 아렌트 Hannah Arendt (1906~1975)

20세기 역사는 민주주의가 지속적으로 발전하는 것이 아니라는 점을 보여준다. 15세기부터 유럽 국가들은 아프리카, 중동, 서남아시아, 아메리카를 점령하여 식민지배를 해왔다. 20세기 들어서 유럽 국가들은 한 세대 내에 대규모 전쟁을 두 차례나 일으켜 대량 살상으로 삶을 파괴했다. 전쟁을 계기로 국경이 달라졌고, 제3세계 국가들은 유럽의 식민지 지배로부터 독립을 쟁취했다.

이 과정에서 유럽은 극단적인 전체주의를 경험했다. 독일의 나치즘과 러시아의 스탈린주의가 그것이다. 나치즘과 스탈린주의는 외형적으로 사라졌지만, 그 아류는 아직도 여러 가지 모습으로 영향력을 행사하고 있다. 유럽 각국의 극우 민족주의 정당들은 외국인 혐오와 이민 반대 운동을 주도하고 있다. 왜 이러한 극우 민족주의 정치가 사라지지 않고 오히려 부활하는가?

여성 정치철학자 한나 아렌트가 집필한 『전체주의의 기원』은 이러한 질문에 대한 답을 찾는 데 길라잡이 역할을 한다. 아렌트는 독일의 유대인 가정에서 태어나 반유대주의를 겪으면서 성장했고, 히틀러가 집권해 유대인에 대한 탄압이 가해지면서 1933년 독일 비밀경찰 게슈타포에 체포되어 강제로 독일을 떠나 프랑스로 망명했다. 나치 정권에 대한 독일 지식인들의 태도에 절망하여 철학을 포기하고 정치학에 관심을 돌렸다. 아렌트는 제2차 세계대전이 시작되자 1939년 남편 하인리히 블뤼허와 함께 미국으로 이주했다. 히틀러가 자행한 유대인 학살 홀로코스트 소식을 접하고 1944년 『전체주의의 기원』 집필을 시작해 1951년에 출간되었다.

아렌트는 『전체주의의 기원』 서문에서 당시 참담한 정치 현실을 서술했다. **"제2차 세계대전이 끝났지만, 미래는 더 예측 불가능하고, 광기를 부리는 정치 세력들에게 더 의존하게 돼서 사람들은 대중을 조직하는 방법을 안다면 모든 것이 가능하다고 믿는 사람들과 무기력한 사람들로 나뉘어 있다"**라고 비판했다. 정치 권력으로서 나치는 사라졌지만, 홀로코스트와 아우슈비츠를 겪은 유럽 사회는 나치즘의 광기에서 벗어나지 못한 심리적 상태를 그렇게 그렸다. 그 핵심에는 반유대주의가 있었다. 『전체주의의 기원』은 사소한 사회현상이었던 반유대주의가 독일의 나치운동, 제2차 세계대전과 유대인 대량 학살의 촉매제가 된 광기의 시대를 분석하는 정치사상서다.

먼저 아렌트는 전체주의가 일반적인 독재나 권위주의와는 다르다는 점을 강조했다. 독재나 권위주의는 개인이 소규모 집단이 권력을 독점하고 반대 세력을 억압하는 것을 특징으로 한다. 전체주의는 국가 전체를 동원한 총체적인 지배체제로 주로 비밀경찰을 이용해 지배하며, 대중의 공포심을 이용해서 복종과 순응을 이끌어내는 것이 특징이다. 기본적인 시민권에 해당하는 사상의 자유, 표현의 자유, 결사의 자유, 집회의 자유 등이 제약받을 뿐만 아니라, 국가 폭력을 이용한 공포정치와 테러가 전체주의의 핵심 특징이다.

『전체주의의 기원』은 반유대주의, 제국주의와 전체주의 세 부분으로 이루어졌다. 아렌트는 반유대주의와 제국주의는 나치즘과 스탈린주의 선행 조건이라고 보았다. 아렌트는 반유대주의는 유럽 봉건사회의 쇠퇴와 근대 국민국가의 등장으로 19세기 유럽에서 나타났다고 했다. 유럽에서 유대인은 국가가 없는 비국민으로 유럽 국민국가 형성기에 정치적 역할을 할 수 없었다. 그들은 금융, 예술, 학문 분야에서 더 많은 역할을 할 수밖에 없었다. 근대적인 반유대주의는 19세기 마지막 30년 동안 계속되었다. 이 시기 몰락하는 귀족과 위험에 놓인 하류 중산층 소상인들은 유대인 비율이 상대적으로 높은 금융업을 '남의 불행과 곤경'을 이용하는 착취업종이라고 인식해 유대인들에 대한 부정적 인식이 이들에게서 확산되었다. 그러나 근대적인 반유대주의는 단순히 유대인을 대상으로 한 '선입견'을 넘어서 유대인들을 처단하는 '정치적 이데올로기'로 사용되었다.

아렌트는 반유대주의 정당은 제국주의 시작 단계와 일치한다고 보았다. 아렌트에 따르면 유대인은 국민국가를 이루지 못했기 때문에 민족적 구호가 아니라 범유럽적 속성을 지니고 있었다. 유대인들이 많은 국가를 뒤에서 조종한다는 음모론은 이러한 배경에서 유래했다. 초기 반유대 정당은 독일에서 성공했지만 독일의 성공적인 산업화와 더불어 쇠퇴했다. 그리고 반유대 정당은 독일 국민국가의 몰락과 더불어 다시 나타났다.

제국주의는 인종주의를 바탕으로 한다. 인류가 공통의 조상을 갖고 있다는 것을 부정하는 인종주의는 백인의 유색인 지배를 정당화하고, 인종 간 위계를 강조한다. 제국주의가 전체주의의 중요한 선행 조건이 되는 이유는 바로 인종주의를 기반으로 하기 때문이다. 인종주의는 식민지 지배 이념이 되면서 식민지인의 대량 학살로 이어졌다. 유럽 국가들에서 식민지 소요를 진압하는 수단으로 대량 학살이 외교정책으로 다루어졌다. 식민지 통치는 더 높은 목적을 달성하는 수단으로 간주되어 식민지 사람들은 유럽인들과 같은 사람으로 취급되지 못했다.

나치즘과 볼셰비즘은 무엇보다도 범게르만주의와 범슬라브주의와 연관성이 높다. 아렌트에 따르면, 범게르만주의와 범슬라브주의는 영국의 제국주의에 비해 해외에서 식민지 지배의 가능성을 찾지 못해서 대륙 내에서 식민지를 찾아야 한다는 '대륙 민족주의'를 발전시켰다. 해외 식민지와 대비되는 대륙 식민지 개념은 독일과 러시아의 민족주의와 연결되어 있었다는 것이 아렌트의 주장이다. 아렌트에 따르면, 독일과 러시아의 '대륙 제국주의' 담론은 반항적이고 혁명적이었다. 그리고 범게르만주의와 범슬라브주의는 종족 민족주의를 매개로 해서 반유대주의와 결합되었다. 종족 민족주의는 국민-영토-주권이라는 국민국가를 이루지 못하고 뿌리가 없어 박탈감을 느끼는 사람들 사이에서 확산된 종족 기반 민족주의다. 유럽 각지에 흩어져 사는 사람들의 민족공동체 운동으로 나타났지만, 여러 나라에 흩어져 사는 독일인이나 러시아인들도 종족 민족주의를 바탕으로 민족운동을 발전시킬 수 있었다.

아렌트는 전체주의는 대중의 지지를 기반으로 한다는 점에서 독재나 권위주의와 다르다고 보았다. 대중의 지지가 변덕이 심해서 쉽게 변하기는 하지만, 히틀러와 스탈린의 전체주의를 가능케 한 핵심 요소였다는 점을 강조했다. 아렌트는 이러한 대중을 폭력적 대중이라는 의미에서 폭민이라고 불렀다. 전체주의 운동은 계급이나 공공의식을 갖는 시민을 대상으로 하지 않는다. 독일 나치 운동은 정당에 참여하지 않고 심지어 투표도 하지 않으며 정치에 무관심한 사람들을 구성원으로 충원했다. 아렌트는 전체주의 운동의 성공이 정당 정치에 대한 우리의 두 가지 인식이 잘못되었음을 알려준다고 했다. 공적인 이슈에 대다수 국민이 적극적으로 관심을 가지고 정당에 호응한다는 인식과 정치적으로 중립적이고 무관심한 대중이 중요하지 않다는 인식은 틀렸다는 것이다.

20세기 전체주의의 등장은 두 가지 조건에서 가능했다고 보았다. 하나는 국민국가의 몰락이고 다른 하나는 대중사회의 등장이다. 아렌트는 인과론적인 사회과학적 설명을 도모하지 않았다. 국민국가의 몰락은 근대국가의 몰락이다. 독일은 패전으로, 러시아는 차르 체제의 붕괴로 국민국가의 몰락을 경험했다. 아렌트는 대중을 다양하고 이질적인 존재들이 아니라 획일적이고 단일한 속성을 지닌 인간들의 집합체라고 보았다. 이러한 대중은 그들의 문제를 해결해줄 정치 지도자를 기대하고, 이러한 대중을 동원하는 대중운동이 전체주의의 사회적 기반이 된다고 본 것이다.

아렌트의 전체주의 논의는 홀로코스트와 아우슈비츠로 상징되는 유대인 학살과 러시아의 죽음의 수용소에 바탕을 두었다. 전체주의를 낳은 대중은 여전히 변덕스럽다. 경제적으로 배제되고, 사회적으로 고립되고, 정치적으로 대변자를 찾지 못한 많은 사람이 극우 민족주의 정당들에 호응한다. 신생 민주주의 국가들에서도 민주주의의 후퇴와 권위주의의 부활이 두드러지고 있다. 아렌트의 『전체주의의 기원』은 이러한 시대적 흐름을 이해하는 데도 큰 도움을 준다.

신광영

중앙대 사회학과 명예교수

침묵의 봄

SILENT SPRING

레이첼 카슨 Rachel Carson (1907~1964)

20세기 이후 세상을 가장 많이 바꾼 과학책을 한 권만 꼽으라면 단연코 레이첼 카슨의 『침묵의 봄』을 든다. 『침묵의 봄』을 이해하려면 레이첼 카슨이 이런 책을 쓰기까지 배경을 알아야 한다.

미국 펜실베이니아주 스프링데일에서 태어난 레이첼 카슨은 작가의 꿈을 안고 펜실베이니아여자대학교에서 영문학을 전공했다. 어쩌면 그가 과학 서적을 썼음에도 세상 사람들의 마음을 움직인 능력은 이러한 탄탄한 문과 배경의 글쓰기 실력이 있었기 때문일 것이다. 그러다가 대학에서 우연히 접하게 된 동물학이 레이첼을 사로잡았다. 1932년 존스홉킨스대학교에서 동물학 석사학위를 받은 레이첼은 미국 어업국에 근무하는 엘머 허긴스의 도움으로 이곳에 취직해서 라디오 대본을 쓰게 된다. 그 후 미국어류야생동물국에서 발간하는 모든 글을 책임지는 자리까지 올랐다.

『침묵의 봄』은 레이첼이 세상을 뜨기 전에 쓴 책이다. 이미 레이첼은 『바닷바람을 맞으며』를 시작으로 『우리를 둘러싼 바다』와 『바다의 가장자리』를 출판해 베스트셀러 작가 반열에 올라 있었다. 바다 생명의 아름다움을 유려한 문체로 써 내려간 책들이 당시 사람들 마음에 와닿았기 때문일 것이다.

그러한 훌륭한 책들 가운데 『침묵의 봄』이 백미로 꼽히는 이유는 이 책이 세상을 바꾼 영향력 때문일 것이다. 『침묵의 봄』은 어느 마을에 새들이 시끄럽게 지저귀는 소리로 가득 차야 할 봄이 쥐 죽은 듯 조용해진 실화 같은 우화에서 출발한다. 무엇이 세상을 이렇게 바꾸어놓았는지 추적하는 과정에서 몰랐던 과학적 진실을 독자에게 알려준다.

레이첼이 그 원인으로 언급한 물질이 바로 농약이며 그중 다이클로로다이페닐트라이클로로에테인DDT이 주범이라는 것이다. 실제 이와 같은 일이 미국 뉴욕에서 가까운 곳에서 발생했는데, 원인 모를 이유로 펠리컨이 집단 폐사한 것이다. 당국은 그 원인을 밝히려고 조사에 들어갔는데 펠리컨의 몸에는 DDT가 치사량 이상인 20피피엠ppm 축적되어 있었다. 그것은 이들이 사는 물속에 존재하는 DDT 농도의 무려 1000만 배에 해당하는 양이다. 펠리컨 몸에 어떻게 이렇듯 많은 DDT가 있게 되었을까? ¼

과학자들은 자연계의 먹이사슬에 주목했다. 먹이사슬을 따라 추적해보니 펠리컨이 먹는 먹이인 물고기는 이보다 펠리컨이 지닌 농도의 1/10 이하의 DDT를 지니고 있었고 이들이 먹는 더 작은 물고기 새끼는 그보다 더 적은 농도의 DDT를, 이들이 먹는 플랑크톤은 그보다 훨씬 더 적은 농도의 DDT를 몸에 담고 있었다. 뒤집어 이야기하면 먹이사슬의 상위로 올라갈수록 체내에 축적되는 DDT 양이 기하급수적으로 늘게 된다는 것이다. 먹이사슬을 통해 에너지 전달은 줄지만 화학물질은 오히려 몸 밖으로 배출되지 않고 점차 농축되는 이러한 현상을 생물농축Biological Concentration이라고 한다.

레이첼 카슨은 『침묵의 봄』에서 당시 과학계에서 밝힌 생물농축 현상을 일반인에게 알린 공로가 크다. 그전까지만 해도 DDT는 강력한 살충제로 극찬을 받아왔고 화학공업회사의 막대한 이윤을 보장해주는 공신이었다. 따라서 이 사실을 알리기를 두려워한 미국 농무부, 화학공업회사, 대농장주 등은 책 내용에 반박하는 글을 배포했으며, 특히 공업회사에서는 레이첼을 협박하기도 했다. 그럼에도 그는 굴하지 않았다. 이 책이 출판된 후 진실을 알게 된 대중 사이에 DDT 사용을 반대하는 여론이 형성되었고 마침내 미국 의회에서 DDT 사용을 전면 금지하는 법안이 통과되었다. 미국에서 시작된 이 법안은 그 뒤 전 세계 많은 국가에서 DDT 사용을 금지하는 법안을 통과시키는 계기가 되었으며, 우리나라도 바로 그중 하나다. 레이첼은 『침묵의 봄』이 세상에 출판되고 3년 뒤 안타깝게도 암으로 세상을 떠났다.

생물농축 현상을 일으키는 물질은 DDT만이 아니다. 여러 중금속이 농축되어 다른 사회적 문제를 일으키기도 했다. 『침묵의 봄』이 출간되기 전 일본에서 발생한 이타이이타이병과 미나마타병은 대표적으로 카드뮴과 수은 같은 중금속에 중독되면 신경계 교란뿐만 아니라 기형아 출산 등 인간에게 무서운 일이 벌어질 수 있음을 직접 증명한 사건이기도 하다.

『침묵의 봄』의 영향력은 비단 DDT 사용 금지에 머물지 않았다. 『침묵의 봄』 이후 우리는 인간이 배출하는 환경오염물질에 더 관심을 가지게 되었고, 환경과 인간을 안전하게 보호하려는 환경운동과 규제가 많아지는 계기가 되었다. 다행히 우리 지구에 침묵의 봄은 아직 오지 않았다. 그러나 오늘도 우리는 환경오염의 위협에서 벗어나지 못하고 있다. DDT는 사용이 금지되었지만 이를 대체하는 농약은 지금도 살포되고 있다. 그리고 현재에 우리가 계속 사용하고 배출하는 플라스틱에 포함된 화학물질도, 원전 폐수에 포함된 방사성원소도 생물농축 위험이 있을 수 있다. 레이첼 카슨의 뒤를 이어 우리는 보이지 않는 화학물질의 위협으로부터 나와 주변의 생명을 안전하게 지키는 노력을 기울여야 한다. 이는 우리와 지구 생태계가 한 몸처럼 연결되어 있다는 깨달음으로 시작해야 한다.

김태원

인하대 해양과학과 교수

제2의 성

Le Deuxième Sexe

시몬 드 보부아르 Simone de Beauvoir (1908~1986)

제2차 세계대전이 끝난 직후인 1949년 여성 문제를 핵심 의제로 제기하는 책이 출간되었다. 시몬 드 보부아르의 『제2의 성』이다. 이 책은 전쟁 기간에 집필되었고, 전후 복구가 한창인 1949년에 프랑스에서 출간되었으며, 1951년 영어로 번역되었고, 한국에서는 32년 후인 1981년 번역 출간되었다.

프랑스 실존주의 철학자 시몬 드 보부아르의 『제2의 성』은 20세기 제2차 페미니즘 물결을 일으키는 데 지대한 공헌을 한 책이다. 1차 페미니즘이 19세기 중엽 영미에서 참정권 투쟁에 몰두했다면, 2차 페미니즘은 사회영역에서의 성평등에 초점을 맞춘 사회운동이었다. 실존주의 철학자 장 폴 사르트르와 결혼이 아닌 동거를 해서 유명했던 보부아르는 여성의 문제를 본격적인 철학적 주제이면서 동시에 역사 현실로 다루었다. 철학이 사변적 담론이 아니라 여성의 실존을 정면으로 다룰 수 있다는 것을 보여주면서 젠더 이슈가 학술적 차원뿐만 아니라 정치적 차원의 문제라는 것을 부각했다.

여성 억압은 인류 역사가 시작된 이래 다양한 형태로 존재했지만,

사회정치적 이슈로 발전된 것은 오래되지 않았다. 이미 역사 이래 가부장제가 지속되었고, 여성에 대한 차별과 억압도 계속되었지만, 이것이 당연한 것으로 여겨져 학술적 논의를 통한 이해와 설명 대상으로 여겨지지 않았다. 『제2의 성』은 진실이지만 무시된 가부장제와 여성 억압을 직면하게 하고, 이로써 진정한 자유와 평등의 문제를 다시 제기하게 했다. 이제 가부장제와 여성 억압은 20세기 중반 이후 가장 중요한 학술적·정치적 이슈가 되었다.

보부아르에 따르면, 가부장제 사회에서 여성은 남성보다 열등한 존재로 인식되었고, 2등 시민으로 취급되었다. 프랑스에서 백인과 견주어 유색인종이 받았던 대우와 비슷한 대우를 여성이 받았다. 전체 인구의 절반을 차지하는 여성의 지위가 열등하게 취급되면서 여성은 남성 중심 사회에서 주변적인 인구 집단으로 인식되었다. 숫자로는 소수자가 아님에도 소수자 대우를 받아왔다. 그리하여 남성은 가족의 경제를 책임지는 가장이고, 여성은 이러한 남성에게 의존적이고 가사를 돌보는 존재라는 인식이 팽배했다.

보부아르는 '여성도 남성과 마찬가지로 인간이다'라는 주장은 공허하다고 주장했다. 이러한 주장은 현실로부터 도피하는 것을 의미하기 때문이다. 형식적으로 남성과 여성의 평등을 내세우는 법 조항은 많지만, 현실에서 남성과 여성은 다르게 대우받는다. 또 다른 현실은 남성과 여성 간에 복장, 얼굴, 신체, 관심과 직업 등에서 분명하게 차이가 있다는 점이다.

현실적으로 존재하는 남성과 여성의 차이를 인정한다면, '여성은 무엇인가'가 보부아르가 던지는 근본적 질문이다. 인간은 남성이고 여성은 독립적이고 자율적인 존재가 아니라 남성과의 관계 속에서 인식되는 존재라는 것을 보여준다. 남성은 '핵심적' 존재이고, 여성은 남성과의 관계 속에서만 부차적으로 인식되는 존재, 즉 '핵심적이지 않은' 존재로 보부아르는 그러한 존재를 '제2의 성'으로 불렀다.

보부아르는 남성과 여성 문제는 계급이나 인종 문제와는 다른 구조를 지녔다고 보았다. 계급이나 인종은 조직을 바탕으로 연대를 도모하고, 집단적인 운동으로 문제를 완화하거나 해결하는 투쟁 방식을 택했다. 그러나 여성들 사이의 연대를 도모하는 조직은 만들기 어려울 뿐 아니라 남성과 여성이 서로 필요한 총체적인 사회적 상황 속에서 여성이 타자로 존재하기 때문이다. 여성이 남성에게 의존하는 상황에서 여성이 남성으로부터 자유로워질 수 없다고 본 것이다.

반페미니즘은 여성의 열등함을 주장하려고 종교, 철학과 신학이나 생물학이나 발달심리학과 같은 과학을 동원했다. 그러나 그러한 주장은 구체적인 현실과 부합하는 주장이 아니다. 능력 있는 여성들은 남성보다 더 높은 성취를 이루었고, 과거 남성이 독점했던 직업이나 지위를 갖는 경우도 많아졌다. 보부아르는 당시에도 프랑스에서 일부 남학생들은 의대나 법대에 가는 여학생들이 남성들의 직업을 빼앗아간다고 불만을 터뜨렸다고 언급했다. 남성의 여성 억압이 지속되는 사회에서 상대적으로 열등한 남성들은 이러한 불만을 토로해 여성 비하를 강화하면서 자신의 불만을 해소했다. 그렇지만 그러한 대응으로 남성들의 열등감이 완전히 해소되는 것도 아니었다.

보부아르는 유엔과 같은 국제기구가 남녀평등을 내세우면서 과거에 비해 여성의 지위가 높아졌다는 것을 인정하면서도 프랑스 여성의 현실에 대한 더 치밀한 논의가 필요하다고 역설했다. 이러한 논의는 당연히 가치가 개입되기에 보부아르는 **'실존주의적 윤리' 차원에서 여성의**

현실을 논의했다고 강조했다. 실존주의적 윤리는 사회적 주체로서 개인의 자유와 선택과 관련이 있으며, 인간의 속성은 생물학적으로 주어지는 것이 아니라 사회적으로 결정된다는 것에 바탕을 두었다.

프랑스 사회에서 남성은 핵심적이고 주체적이며, 여성은 주변적이고 타자로 인식되어 종속적인 지위를 유지한다고 보았다. 남성이 여성으로 하여금 타자로서 지위를 강요하는 현실 속에서 살고 있다는 것을 특별히 알려주는 것이 무엇인가? 여성은 주체로서 근본적인 열망과 핵심적 존재가 아니라는 것을 강요하는 현실 간의 갈등이라고 보았다. 어떤 길이 열려 있고, 어떤 길이 닫혀 있는가? 여성의 자유를 제한하는 것은 무엇이며, 어떻게 극복할 수 있는가? 자유의 관점에서 이러한 질문에 대한 답을 찾는 것이 실존주의적 접근이라고 보았다.

보부아르의 통찰력은 여성이 남성의 지배에서 벗어나는 것은 투표권이 아니라 경제활동 참여로 가능하다고 보았다는 점에 있다. 여성이 경제활동에 참여하면서 남성에게 의존하는 데서 벗어나게 되고, 여성과 세상 사이에 남성 중재자가 필요 없게 되었다고 보았다. 그러나 다른 한편, 경제활동으로 남성에게 경제적으로 의존하는 정도는 줄어들었지만, 가사노동 부담은 여전히 여성 몫이어서 여성 해방은 반쪽짜리라고 평가했다.

『제2의 성』은 74년 전에 프랑스에서 출간되었고, 프랑스 사회의 역사와 문화를 반영했지만, 21세기 한국 사회에서 젠더 문제를 이해하는 데도 많은 시사점을 제공한다. 한국을 포함한 동아시아는 유교적 전통이 강하게 남아 있는 지역이기 때문이다. 가부장제와 여성 억압은 인류 보편적 문제라는 점에서 보부아르의 『제2의 성』은 가부장제 사회의 남성들에게는 불편한 진실인 여성 억압 문제를 성찰적으로 생각하게 한다.

일부 보부아르의 문제 제기는 그사이에 낡은 이론이 되기도 했다. 그런 점에서 『제2의 성』은 페미니즘의 전개와 관련된 역사적 기록으로 읽힐 수도 있다.

신광영

중앙대 사회학과 명예교수

예술과 문화

ART AND CULTURE

클레멘트 그린버그 Clement Greenberg (1909~1994)

모던 보이, 모던 걸, 경성을 거닐다. 모던 보이와 모던 걸은 어떤 보이와 걸일까? 넥타이를 매고 구두를 신고 핸드백을 든 남성과 여성일까? 서양식 교육을 받은 남성과 여성일까? 우리말로 번역하면 근대라고 하는 모던의 의미를 위르겐 하버마스는 다음과 같이 풀이한다. "근대는 각각의 영역에서 그 영역의 고유한 원칙을 수립하여 그 원칙에 따라 그 각각의 영역을 운영하려는 시대다."

근대적 학문은 무엇일까? 학문의 고유한 원칙은 무엇일까? 과학적 객관성이 그 후보다. "의심하라, 의심하라." 데카르트가 이를 대변한다. 근대적 학문은 문·이과 학문을 불문하고 과학적 객관성에 부합하여 운영되는 학문이다. 근대적 윤리는 무엇일까? 도덕이나 윤리의 영역에서 고유한 원칙은 무엇일까? 보편성이 그 후보다. 칸트가 대변한다. "너의 의지의 준칙이 언제나 동시에 보편적 입법의 원리로서도 타당할 수 있도록 그렇게 행동하라." 근대적 예술은 무엇일까? 예술의 원칙은 무엇일까? 자율성이 그 후보이고 그린버그가 그 대변인이다.

클레멘트 그린버그는 미술 관련 정식 교육을 받지 않은 미국의 자수성가형 미술비평가다. 1930년 시러큐스대학교에서 어문학으로 학사 학위를 받은 후 세관원으로 일하다 1939년 가을 《파르티잔 리뷰》에 「아방가르드와 키치」라는 글을 발표함으로써 미술비평가로 이름을 알리게 된다. 그 후 《파르티잔 리뷰》의 편집자, 《네이션》의 미술비평가, 《코멘터리》의 편집인 등으로 활동하며 수많은 비평을 쏟아냈다. 1939년부터 1969년까지에 이르는 그의 글들은 전문 편집인의 손을 거쳐 1986년 4권의 선집으로 출판되었다. 『예술과 문화』(1961)는 1939년부터 1960년까지 쓴 글들 가운데 37편을 그린버그 자신이 직접 골라 수정한 뒤 묶어 출판했다.

『예술과 문화』를 중심으로 한 많은 비평문에서 그린버그는 예술 중에서 그림의 자율성을 확보하려고 했다. 그림은 종전에는 타율성에 의존했다. 풍경화를 보자. 산과 들, 바다와 개울, 하늘과 구름 등 세상의 모습을 모방하려고 한다. 그림은 그림 자신을 위한 존재가 아니라 세상을 위한 존재인 것이다. 세상에 타율적으로 의존하는 셈이다. 정물화와 초상화도 마찬가지다. 바이블의 이야기나 왕국의 승전보나 귀족의 결혼식을 그린 그림을 보자. 이 또한 그림은 그림 자신을 위한 존재가 아니라 세상사를 위한 존재다. 세상의 일과 사건들에 타율적으로 의존하는 것이다.

그렇다면 그림의 자율성을 확보하는 길은 무엇인가? 그린버그는 그림에서 세상이나 세상사와 관련된 내용을 배제했다. 그런 내용과 연루되면 그림이 타율적으로 되기 때문이다. 이제 그림에서 남은 것은 형식이다. 그린버그는 그림만의 고유한 형식을 탐구함으로써 그림의 자율성을 확보하려고 했다.

그림만의 고유한 형식은 무엇일까? 그린버그는 그 후보로 캔버스,

색채, 사각형, 평면 등을 꼽았다. 그리고 이러한 형식들을 탐색해나간 그림의 사조들을 모더니즘이라고 일컬었다. 인상주의-후기인상주의-큐비즘-추상표현주의-색채추상이 모더니즘의 계보다. 사조별 대표자를 꼽으면, 마네-세잔-피카소-잭슨 폴록-마크 로스코 순이다. 이 사조들의 계보는 그림의 고유한 형식에 대한 탐색의 발전사이기도 하다. 탐색의 발전사에서 그림의 고유한 형식의 후보들 중 평면이 그 중심을 차지한다.

그림은 평면, 즉 2차원이다. 그림이 담으려는 세상은 3차원이다. 2차원에 3차원을 담는 것은 일단 불가능한 일이다. 방법을 궁리해 원근법, 선 원근법, 대기 원근법, 색채 원근법 등이 개발된다. 그림의 2차원을 3차원으로 보이게끔 만드는 환영술이다. 이는 르네상스 때 절정을 이루어 꽃보다 더 꽃이 그림에 담겼다. 그런데 이는 그림의 고유한 형식인 평면을 왜곡하는 일이다. 그림이 세상에 무릎 꿇는 일이다.

그린버그는 전복을 꿈꾸었다. 3차원의 세상이 2차원의 그림에 맞추기를 원한 것이다. 주사위가 그림에 들어오면 정육면체인 주사위가 납작해져 6개 면으로 펼쳐진다. 때론 질서 있게 펼쳐지지만, 때론 무질서하게 겹쳐서 펼쳐지기도 한다. 3차원의 세상이 2차원의 그림에 맞추어 변형되는 것이다. 그린버그는 이러한 전복의 절정을 피카소의 큐비즘에서 발견했다. 입체를 분석해 평면에 분해하거나 분해한 후 다시 종합하거나 하는 방식 이외에도 신문지나 널빤지 등 불투명한 물체를 캔버스에 붙이는 콜라주는 시각의 깊이를 차단함으로써 그림의 평면성을 더욱 강화했다. 이제 그림은 2차원의 평면을 유지한 채 3차원의 세상을 담는다.

고유한 형식을 2차원적 평면으로 확보한 그림은 그 평면에 대한 실험을 이어나가 추상표현주의와 색채추상을 낳는다. 추상표현주의는 큐비즘적 추상을 더 자유롭고 개방적이고 역동적으로 실험해나갔으며, 색채추상은 큐비즘과 추상표현주의를 변증법적으로 종합한 실험을 해나갔다. 그린버그는 이러한 비평으로 미술의 중심을 유럽의 파리 중심에서 미국의 뉴욕 중심으로 옮겨왔다. 미국 미술가 잭슨 폴록, 마크 로스코, 바넷 뉴먼 등의 이름이 20세기 중반 미술의 중심을 차지한다. 미국 미술의 전성기 그리고 그와 호환하는 그린버그 비평의 전성기가 펼쳐진다.

그러나 상황은 점차 변한다. 아무것도 담지 않은 텅 빈 캔버스가 그림으로 등장한다. 무척 평면적일 뿐 아니라 하얀 벽과 흡사하다. 그림의 고유한 형식인 평면을 잘 지켰는데 그림이 아닌 벽이 되어버렸다. 그림이 일상적 대상이 되어버렸다. 미니멀리즘이 시작된 것이다. 미국 당대의 뉴욕 미술과 호환하던 그린버그의 비평은 힘을 잃기 시작했고 그린버그는 당혹스러워했다. 고유한 형식에 집착하는 그린버그식 모더니즘도 비판에 휩싸였다. 그림은 다시 그림 밖으로 나가 인종 차별, 여성 차별, 전쟁 반대, 환경 보호 등 세상의 목소리를 담았다. 비록 그 목소리에 그린버그적 비평은 잦아들었지만, 그림을 그림으로, 예술을 예술로 보려는 그린버그의 시도는 여전히 뚜렷한 발자취를 남기고 있다.

김진엽

서울대 미학과 교수

페스트

LA PESTE

알베르 카뮈 Albert Camus (1913~1960)

2020년 1월 코로나19의 공포가 전 세계를 휩쓸기 시작했다. 21세기 들어 메르스나 에볼라 바이러스 등 국지적 풍토병이 일시적으로 유행한 적이 있으나 코로나19는 감염원이 명확히 밝혀지지 않는 상태에서 매우 빠른 속도로 전 세계에서 유행했다. 이 전염병의 공포는 바로 직전까지 경제적 호황을 누리며 여행객들이 넘쳐나던 물질적 풍요와 방만한 풍속의 시대를 단번에 중단시키는 듯했다. 이른 시기에 경제적 부를 획득하고 사회적 경쟁에서 물러나 삶에 여유를 누리는 파이어FIRE족이나 미래를 계획하기보다 현재 삶의 쾌락을 즐기려는 욜로YOLO족의 유행도 주춤해졌다.

3년 이상 이어진 이 공포의 전염병은 삶에 대한 도덕적 성찰에서부터 사회적 연대와 책임, 의료와 보건 체계, 정책적 결단과 실행 등 공동체를 구성하는 모든 요소를 성찰하는 계기가 되었다. 심지어 인류의 타락에 엄중한 죄를 묻는 신의 심판이 시작된 것이 아닌가 하는 비장하고 엄숙한 반성이 대두되기도 했다. 그런데 이 공포의 시간 속에서 사람들은 다시 문학작품에서 삶의 해답을 구하기도 했는데, 그때 크게 주목받은 작품 중 하나가 20세기 프랑스 작가 알베르 카뮈의 『페스트』였다.

20세기 현대문학의 고전 중 하나인 『페스트』가 코로나19로 모든 사회적 활동이 통제되는 상황에서 다시 주목받은 이유는 무엇보다 작품에 그려진 페스트 유행 상황과 코로나19 유행 상황이 매우 유사했기 때문이다. 『페스트』는 1940년대 프랑스의 식민지였던 알제리의 한 도시 오랑에 페스트가 유행하면서 벌어진 사태를 그린 허구다. 어느 날 도시의 쥐들이 피를 토하고 죽으면서 드러난 페스트는 곧이어 사람들을 치명적인 질병으로 몰아넣는다. 급기야 도시가 봉쇄되고 도시에 갇힌 시민들은 죽음의 공포에 시달리며 오랜 시간을 보낸다.

초봄에 시작되어 해를 넘겨 그다음 해 봄이 오기 직전에 가서야 풀린 페스트 동안 인간들은 저마다 생각과 태도, 습관 속에서 전염병에 대응한다. 『페스트』는 이처럼 페스트로 봉쇄된 도시에서 의사 리외를 중심으로 몇몇 인물이 전염병에 맞서 대응하는 양상을 연대기 방식으로 서술한 작품이다.

이미 1942년에 20세기 문제작 『이방인』을 내놓아 주목받고 일약 당대 최고 문인들이자 제2차 세계대전 전과 후의 유행을 선도한 실존주의 그룹에 발을 들인 카뮈는 『이방인』의 철학적 의미를 해명하는 에세이 『시시포스 신화』를 발표함으로써 실존주의와는 조금 다른 이른바 부조리 철학을 제시했다. 사회적 관례에 무관심한 뫼르소라는 주인공이 뜻하지 않은 살인을 저지르게 되고, 이에 대한 재판에서는 그의 의도가 소명되지 않은 채 철저히 사회적 단죄를 받게 된다는 것이 『이방인』의 줄거리다. 1인칭 시점에서 서술된 이 소설은 한 개인의 특수한 삶이 어떻게 사회적 편견과 몰이해의 희생물이 되는지를 고발했는데, 이처럼 카뮈는 개인과 사회 사이의 단절을 인간 삶의 근본 조건이라고 보면서 이를 부조리라고 규정했다. 그런데 작가는 부조리 사상의 이름으로 자아와 세계 간의 단절을 고찰하는 데 그치지 않고 부조리한 조건을 극복하는 삶의 태도로 반항의 삶을 제시하고자 했고 『페스트』에서 이를 형상화했다.

1947년에 발표된 『페스트』는 세상에 나오자마자 크게 주목받았고 이후 『이방인』과 마찬가지로 카뮈의 대표작이자 20세기 문학적 고전으로 자리 잡았다. 『이방인』이 준비되던 시기와 거의 같은 때에 구상되어 주제에 대한 탐색과 자료 취재가 축적된 뒤 발표된 『페스트』는 예고 없이 페스트가 유행한 한 도시 안에서 살아가는 사람들의 다양한 삶의 태도를 보여줌으로써 공동체를 덮친 재앙과 이에 대응하는 인간적 삶에 문제를 제기했다. 그런데 이 작품이 처음 발표되었을 때 장 폴 사르트르를 비롯한 실존주의 그룹에서는 페스트에 휩싸인 도시 모습을 나치 독일에 점령된 프랑스로 이해했다. 이는 작가 자신도 하나의 해석으로 내놓은 것이기도 했다.

그렇게 보면 페스트로 봉쇄된 오랑시는 나치 독일에 점령된 파리이고 페스트에 저항하는 의사 리외를 비롯한 인물들은 나치에 저항한 레지스탕스 활동가에 비견될 수 있었다. 하지만 단순하게 나치즘 비판으로 해석하기에는 이 작품에서 탐구하는 주제의 폭이 넓다. 히틀러의 나치즘이 무슨 전염병처럼 번진 사상이라고 볼 수도 있지만 오랑시를 덮친 페스트는 인간의 이념이 아니며, 그 전염병의 발병과 유행이 인간의 의지에 달린 것도 아니기 때문이다. 『페스트』에서 그려진 페스트라는 질병은 사실 그 자체로 하나의 역사적 연대기와 유사하기는 하지만 그것을 넘어 상징적 의미를 지닌다고 볼 수 있다.

『페스트』의 특징은 익명의 필자가 당대에 체험한 역사적 사건을 있는 그대로 기술하는 연대기 형식을 취했다는 점이다. 그래서 독자는 이 작품에 그려진 도시의 모습과 인물들의 행적이 매우 사실적인 객관성을 띤다는 점에 주목하게 된다. 1인칭 서술자의 시점에서 특수한 개인의 삶에 주목한 『이방인』과 정반대 관점에서 『페스트』는 익명의 필자가 객관성에 충실하게 사건의 양상과 인물들의 행동을 그리는 기법을 취했기 때문이다. 그리고 주제 측면에서도 두 작품은 상이한데, 『이방인』이 사회적 선입견에 희생되는 특수한 개인의 삶을 옹호하는 데 반해 『페스트』에서는 공동체를 덮친 재앙에 공동체의 일원으로서 책임과 사회적 연대를 통한 참여를 옹호하기 때문이다.

그렇게 보면 작가는 사회 속에서 특수한 개인이 느끼는 부조리의 양상을 고찰하는 동시에 공동체 안에서 인간적 삶을 위한 도덕적 태도를 고찰했다. 이것은 작가의 오래된 작업 구상에 들어 있는 것으로, 그는 『이방인』을 비롯한 부조리 연작과 『페스트』를 비롯한 반항 연작을 구상하고 있었다. 그리고 이 두 가지를 지양한 주제로 궁극적으로 인간의 사랑을 탐구하고자 했음을 여러 작업 노트에서 보여준다.

결국 『페스트』는 **나치즘 고발이라는 시대적 맥락과 역사 속 페스트 창궐을 다룬 연대기들의 유사성을 넘어 인간 공동체를 덮치는 재앙 속에서 인간은 어떤 삶을 살아야 하는가 하는 근본적 문제를 제시한다.** 작품에서 묘사된 '재앙'은 성서에서 인간을 벌하는 '도리깨'를 어원으로 하는 말이다. 그래서 페스트라는 재앙은 허공에서 맴돌다가 곡식을 타작하듯 인간을 벌하는 도리깨와 닮았다. 그런데 문제는 공동체의 위기에 개인은 어떻게 맞설 것인가 하는 것이다. 그러고 보면 작품의 중심인물인 리외가 의사인 것은 상징적이다. 인간의 질병에 대항하는 현실적인 방법은 의학에 기초한 치료행위로 맞서는 것이다. 파늘루 신부처럼 페스트를 인간의 타락에 대한 신의 형벌로 해석하고 기도로 회개하자고 주장하는 신학적 설교는 현실적 대안이 될 수 없다. 또 다른 인물 타루처럼 연대조직을 구성해 참여하는 것도 중요하다.

그러나 이런 상황에서도 작가는 개인의 행복 추구를 부정하지 않는다. 임시직 시청 서기 그랑은 일상에서는 눈에 띄지 않지만 순수하게 문학적인 작품을 꿈꾼다. 리외는 이런 예술가적 삶을 긍정한다. 또한 신문기자 랑베르는 공동체의 이방인으로서 재앙을 피해 도시를 탈출하려 하는데 리외는 그의 개인적 행복도 존중한다. 물론 코타르처럼 혼란을 틈타 사익을 취하는 인물도 있을 수 있다. 그러나 결국 작가가 주인공 리외를 통해 보여주고자 하는 것은 인간 공동체의 문제에는 연대와 책임감을 바탕으로 가능한 한도에서 최선을 다해야 한다는 것이다. 작가는 신에 대한 의존이나 인간의 영웅주의를 모두 경계하며 오로지 인간적 한계 안에서 성실하고 실천적인 노력을 지지한다. 그것이 그가 말하는 반항적 삶, 저마다 행복을 지키려고 공동의 문제에 대응해나가는 저항하는 삶의 태도다.

김진하

서울대 불어교육과 교수

밝은 방

CAMERA LUCIDA

롤랑 바르트 Roland Barthes (1915~1980)

사진은 모든 매체 중에서 가장 쉬운 매체로 느껴진다. 누구나 손쉽게 제작할 수 있고, 사진에 촬영된 대상이 무엇인지 누구나 금방 알 수 있기 때문이다. 이러한 지나친 '쉬움' 때문에 어떤 예술 장르보다 사진에서 아마추어 인구는 폭발적으로 늘어나고 있다. 전 국민, 아니 인류 전체가 아마추어 사진작가라 해도 지나친 말이 아닐 정도다. 하지만 현대인은 날마다 사진을 촬영해서 네트워크에 올리고 전송하고 바라보지만, 정작 사진 자체가 무엇인지 알려고 하지 않는다. 우리는 더 성능이 좋은 카메라가 장착된 신형 스마트폰을 값비싸게 구매하거나 심지어 수백만 원짜리 고급 DSLR 카메라를 망설이지 않고 사기도 한다.

그러나 사진에 관한 책, 그중에서도 사진 이론 서적을 구매해서 읽으려 하지 않는다. 사진 인식에 관한 중요한 맹점은 우리가 사진을 알고 있다고 착각하는 것이다. 과연 우리는 오늘날 우리 주변의 시각 환경을 구성하는 사진을 올바로 이해하고 있을까? 기계장치인 카메라로 제작한 사진은 인간의 손으로 제작한 그림과 같을까 아니면 다를까? 다르다면 과연 어떤 점에서 다를까? 사진만이 지닌 고유한 특성이 존재할까?

이러한 다양한 근본 질문에 우리가 즉각 대답하기는 결코 쉽지 않다.

사진의 역사에서 사진 이론에 관한 책들은 지속해서 존재해왔다. 하지만 사진 이론에 관한 수많은 책 중에서 프랑스 철학자 롤랑 바르트의 『밝은 방: 사진에 관한 노트』만큼 널리 읽힌 책도 많지 않다. 1980년 바르트가 사망하기 직전 저술한 이 책은 여전히 국내외 인문학, 예술학 부문에서 베스트셀러 중 하나로 주목받고 있다. 이 책은 또한 사진에 관한 비전문가는 물론이고 전문가도 가장 많이 읽고 참조하는 사진 철학의 명저로 인정받고 있다. 저명한 사진학자 제프리 배첸은 이 같은 사실을 다음과 같이 강조한다. "지금까지 사진 경험에 관해 저술된 책 중에서 바르트의 이 저서가 가장 영향력이 있다."[73] 이 책에 대한 배첸의 오마주는 단지 그만의 것이 아니라 수많은 사진학자의 것이기도 하다. "우리는 모두 자주 이 책을 인용했다. 바르트가 정립한 사고와 개념에 먼저 존경을 표하지 않고 우리가 사진에 대한 글을 쓰는 경우는 거의 없었다. 그것은 수많은 다른 학자도 마찬가지다. 이것은 확실히 사진 분야에서 가장 많이 인용된 책이다."[74]

바르트는 자신의 마지막 저서가 된 이 책에서 무엇을 말하려고 했을까? 많은 사람은 바르트가 이 책에서 '푼크툼punctum(사진이 보는 사람에게 불러일으키는 설명할 수 없는 독특한 감정)'에 주안점을 두었다고 역설한다. 바르트가 이 책에서 의도하는 것은 사진이 수용되는 방식인 스투디움studium과 푼크툼이며 이 두 가지에서 핵심은 푼크툼이라는 것이다. 사진이론가들은 푼크툼의 개념을 다양한 철학적 용어로 설명하려고 애써왔다. 비평가들은 이 개념을 비판적으로 검토하지 않고 개별 작품 분석에 기계적으로 도입하기도 했다. 하지만 이 개념은 이론에서 출발한 엄밀한 개념이 아니며 바르트의 매우 사적이고 개인적인 가정일 뿐이다.

총 두 부분으로 구성된 『밝은 방』의 전반부에서 푼크툼 개념은 매우 중요한 주제다. 하지만 이 책 전체를 관통하는 바르트의 문제의식은 푼크툼이 아니다. 다른 사람들은 이 책에서 '사랑'과 '죽음'을 이야기한다. 바르트는 이 책에서 돌아가신 어머니를 추모하며 사진을 통해 사랑과 죽음을 얘기한다는 것이다. 하지만 이 견해는 전후가 바뀌었다. 이 책은 '사진을 통해 사랑과 죽음을' 이야기하는 것이 아니라 '사랑과 죽음을 통해 사진을' 이야기한다. 책의 부제가 정확히 가리키듯이 이 책은 '사랑과 죽음에 관한 노트'가 아니라 '사진에 관한 노트'다. 결국 바르트는 이 책에서 '사진'을 말하고자 한다. 하지만 그는 사진의 '무엇'을 말하고자 할까?

이 책을 관통하여 바르트가 끈질기게 추적하는 것은 '사진의 특수성'(1장 제목)이다. 그것은 사진의 근본적 속성, 즉 사진이 언어나 다른 이미지와 구별되는 자신만의 고유한 속성에 관한 것이다. 그것은 한마디로 '사진이란 무엇인가'에 관한 것이며 결국 사진의 '존재론'에 관한 것이다. 바르트는 이 책 첫 페이지에서 자신의 문제 제기를 명확하게 밝힌다. **"나는 사진에 대해 어떤 '존재론적' 욕망에 사로잡혀 있었다. 무슨 수를 쓰더라도 나는 사진 '자체'가 무엇인지, 그것은 어떤 본질적 특징으로 이미지들의 공동체와 구분되는지 알고 싶었다."**[75]

바르트는 사진의 특수성을 탐구하려고 이 책 전반부에서 '쾌락(여기에 스투디움과 푼크툼이 해당)'의 관점을 취한다. 하지만 그는 전반부 마지막 장(24장 '취소의 말')에서 지금까지 쾌락의 관점에서 사진의 본질을 파악하려 했던 자신의 기획이 실패했음을 고백한다. 그러나 바르트는 이 책 후반부에서 돌아가신 어머니 사진 한 장을 발견하고 이로써 사진의 특수성을 다시 탐구한다. 하지만 이번에는 '쾌락'의 관점이 아니라 '사랑과 죽음'의 관점으로 사진의 본질을 탐구하기로 한다. "나는 이제부터 쾌락의 관점에서가 아니라 우리가 사랑과 죽음이라 낭만적으로 부를 수 있을 그 무엇과 관련해서 사진이 지닌 본질의 명백성을 탐구해야 한다는 사실을 깨달았다."[76] 바르트는 결국 이 책 전체에 걸쳐 쾌락, 사랑, 죽음이라는 핵심 개념들로 사진의 특수성을 밝히려고 했다.

1979년 『카이에 뒤 시네마』가 바르트에게 영화 관련 책을 요청했을 때 바르트는 왜 사진, 그것도 사진의 특수성에 관한 책을 집필했을까? 그 이유는 명확하지 않다. 그것은 아마도 1970년대 당시 서구 사진이론을 휩쓸었던 '변형transformation론' 또는 '코드code론'을 바르트가 반격하려고 한 것으로 추측된다. 그가 지적하듯이 1970년대 사진이론은 변형론자들인 사회학자들과 기호학자들이 주도했다. 이들은 사진에는 '실재'가 없으며 사진은 항상 '코드화'되어 있다고 주장했다. 또한 이들은 사진이 실재를 '유사'하게 재현하지 않으며 오히려 실재를 변형한다고 말했다.

바르트는 이들의 주장에 사진이 실재와 유사하다는 것은 의심할 수 없는 사실이라고 반격했다. 하지만 바르트는 사진의 본질은 유사성에 있지 않다고 덧붙였다. 왜냐하면 유사성은 회화, 언어 등 다른 재현 수단들도 공유하는 속성이기 때문이다. 바르트에게 사진의 고유한 속성은 '유사성'이 아니며 '코드'는 더더욱 아니다. 그것은 '다른 곳'에 있다. 그 다른 곳이란 바로 사진 '지시체(피사체)'의 특수성을 말한다. 따라서 바르트가 이 책에서 탐구하는 사진의 특수성은 바로 사진 지시체의 특수성을 말한다. 이 사진 지시체의 특수성에서 바르트는 자신이 사진의 본질이라고 생각하는 '그것이-존재-했다that-has-been'를 도출해낸다.

바르트가 이 책에서 던진 질문인 '사진의 특수성이란 무엇인가'는 사진 철학에서 핵심적이다. 이 질문은 사진 철학의 역사에서 계속 제기된 사진의 존재론에 관한 질문이기 때문이다. 즉 이 질문은 바르트 이전에 앙드레 바쟁(1945), 로잘린드 크라우스(1977), 1980년 바르트 이후 필립 뒤부아(1983), 장 마리 셰퍼(1987) 그리고 지금까지도 끊임없이 제기되고 있다. 우리는 바르트의 이 책으로 사진이론에서 가장 핵심 문제로 곧바로 진입할 수 있다.[77]

박상우

서울대 미학과 교수

선의 군림

THE SOVEREIGNTY OF GOOD

아이리스 머독 Iris Murdoch (1919~1999)

윤리학의 시대다. 더 복잡해진 세상과 더 크고 다양해진 인간의 욕구, 옳고 그름의 분간은 갈수록 어렵다. 옳은 선택과 그에 따른 행위를 규정해야 한다는 절박함, 윤리학의 초점은 어쩌면 당연하게도 옳고 그름의 기준 정립에 모였다. 옳고 그름의 객관적 기준은 무엇인가. 인간은 어떤 윤리적 기준을 선택하고 행위해야 하는가. 선(좋음)은 올바른 기준의 선택과 행위의 산출물일 뿐이었다. 기준의 정립, 선택-행위 메커니즘의 정교화, 이를 바탕으로 윤리학은 전성기를 맞이했다.

아이리스 머독은 대표작 『선의 군림』에서 이런 윤리학의 근본을 파헤친다. 그녀의 문제제기는 단순하면서도 강력하다. 윤리학이 외적 기준의 정립에 불과한 것이라면, 인간의 선함이 그저 그 기준에 따른 행위로 얻어지는 것이라면, 어떤 마음을 먹었는지는 상관없이 이 기준에 맞게 행위를 하는 사람은 무조건 선하다는 말인가? 자신의 내면과 상관없이 밖으로 드러난 행위로 자신의 선함을 타인에게 보여주어야(혹은 생색을 내어야) 윤리적일 수 있다는 말인가? 선에의 의지는 상관없이 그 의지가 외적으로 표출되지 않으면 아무런 의미도 없다는 말인가? 더없이

착한 성품을 지녔지만 그런 기준도 어떻게 행위할지 모르는 무지렁이는 윤리적 존재가 아니라는 말인가? 진정 인간은 무엇이 선한 행위인지 몰라서 행위하지 못하는가? 사실은 병적인 자기애 때문에 알면서도 행위하지 않는 것이 아닌가?

머독은 선택-행위 메커니즘을 바탕으로 한 일체의 윤리학을 묶어 실존-행태주의라고 명명한다. 그리고 이 윤리학의 핵심은 인간 의지에 대한 독특한 규정에 모여 있음을 예리하게 지적한다. 의지는 인간 내면의 영역으로 외화外化될 수도 관찰될 수도 그리고 검증될 수도 없다. 따라서 실존-행태주의는 의지를 유령과 같은 것으로 보아 실체가 없는 것 취급을 하거나(정의주의emotivism), 주체의 끝없는 확장 욕구로 보거나(공리주의) 혹은 도덕 법칙의 선험적 근거(칸트)로 본다. 그것도 아니면 멋대로 요동치는 의지의 궤적이 그 자체로 선이고 도덕이라고 주장(사르트르)한다.

이 모든 의지 규정은 삶의 구체적 순간에서 더 선한 인간이 되고자 고뇌하고 반성하는 생생한 인간상을 윤리적 논의의 장에서 배제한다. 고뇌와 반성은 타인에게 보여주려는 것이 아니다. 기실 타인은 이를 인식조차 하지 못한다. 이는 철저히 내 의지에 따른 것, 능동적인 내적 침잠일 뿐이다. 그러나 선택-행위 메커니즘에 내적 침잠은 능동성이 없다.

“사람들이 반발하며 목소리를 높이기 시작하는 지점이 바로 여기가 아닌가 싶다. (……) 뭔가 빼앗긴 것 같은데? 결정은 했지만 아직 행위는 하지 않은 상태가 분명 존재하잖아? (……) 고요한 암흑만 존재하는 건 아니지.”

도덕적 능동성은 머독 윤리학의 요체다. 그 능동성은 증명하기가 쉽지 않다. 그러나 그런 의지가 존재하지 않는다는 것 역시 증명하기는 어렵다. 어찌 보면 실존-행태주의적 의지 개념은 논리적으로 모순이다. 의지에 대해 알 수 없다고 하면서 여전히 의지를 규정한다는 점에서 그렇다. 그러면 우리는 선택을 해야 한다. 의지와 내적 결정을 무규정적인 암흑으로 볼지 아니면 일정한 방향으로 흐르는 것으로 볼지. 의지의 방향성을 받아들이는 순간, 기존 윤리학의 모든 구조는 완전히 뒤집힌다. 외적 규범의 산출과 그 정당화가 아닌, 인간의 의지가 내뿜는 에너지의 정화淨化와 정향定向으로 윤리적 초점은 전회한다. 머독의 도덕 철학이 시작되는 지점이다.

이처럼 뒤집힌 구도에서 절대타자絶對他者로서 선—인간에 의해 산출되는 선이 아니라 거리를 두고 인간이 바라보는 선—이라는 개념 규정이 부상한다. 초월적이면서도 완전한 존재인 선 그리고 그 선을 향해 시선을 옮기면서 실현되는 인간의 선함. 이제 윤리학은 이 그림을 어떻게 그려낼 것인가, 즉 어떻게 인간은 선과 만날 것인가 하는 일종의 방법론으로 전화轉化한다.

머독은 선의 유비로 아름다움을 제시한다. 우리는 위대한 예술 혹은 숭고한 자연 속에서 아름다움을 발견하고 향유하며 찬탄한다. 이는 철저히 우리 내면의 일들이다. 아름다움은 나의 외부에 하나의 대상으로 존재하지만 나를 압도하고 나는 그에 몰두한다. 아름다움 역시 절대타자다. 아름다움과 대면한다고 해서 내가 아름다워지는 것도 아니고 아름다움이 변화하는 것도 아니다. 나와 상관없이 아름다움은 그 자체로 그대로 있다.

머독의 선은 아름다움과 유사한 것이다. 내가 행위하지 않는다고 선이 없어지는 것도 아니고 훼손되는 것도 아니다. 내가 선을 산출할 수는 더더욱 없다. 선의 절대타자성, 거기서 비롯되는 나와 선 사이의 거리, 도덕은 이 '거리'에 놓여 있다.

"철학자에게 이 질문은 항상 중요하다—그는 무엇을 두려워하는가?" 검증 불가능한 비과학적 주장이 아닐까 하는 두려움, 구닥다리 형이상학이라는 혹은 철학적 반성이 결여된 나이브한 주장이 아닐까 하는 두려움, 머독은 이런 두려움에 결연히 맞선다. 그리고 주저 없이 선을 절대자의 층위에 올려놓는다. 선의 절대 타자성을 긍정하는 순간, 선택-행위 메커니즘은 극복되고 그간 무시되었던 여러 개념—사랑, 관심쏟음, 바라봄(안목), 그리고 탈아脫我 등—은 다시 생명력을 얻고 도덕의 영역으로 밀려 들어온다.

위대한 예술작품 앞에서 우리는 자신을 잊고(탈아) 그 작품에 몰두(관심쏟음)한다. 그리고 그 바라봄 과정에서 우리는 눈이 뜨인다(안목). 이 모든 일은 예술작품이 우리의 영혼을 사로잡기(사랑) 때문에 생긴다. 마찬가지로 우리는 때로 자신을 잊을 만큼 타인에게 관심을 쏟는다. 의식의 모든 초점은 그에게 맞춰지고 우리는 고뇌하고 반성한다. 이것이 바라봄의 과정이다. 또 안목이 진보되는 과정이다. 선에 대한 정향은 사랑에서 출발한 이 모든 활동 이상의 것이 아니다. 윤리학 또한 선택-행위 메커니즘과 연결된 어두운 의지의 에너지를 사랑을 바탕으로 한 의지의 에너지로 정화하는 방법론 이상의 것이 아니다.

2000년대 들어 덕 윤리학이 규범 윤리학의 주요 담론으로 부상하면서 수십 년간 묻혀 있던 『선의 군림』이 재조명되기 시작했다. 현재 윤리학계는 『선의 군림』을 기존 규범 윤리학의 가장 근본적인 문제를 파헤쳐 뒤집은, 전격적으로 새로운 규범 윤리학을 제시한 작품으로 평가한다. 그러나 머독의 윤리학은 오히려 탈규범의 윤리학이다. 주체의 능동성을 바탕으로 규범 윤리학 자체의 기반을 뒤흔든, 아니 현대 윤리학의 근본 자체를 뒤흔든 혁명적 윤리학이다.

이병익

독립연구자 / 연세대 철학과 박사

정의론

A THEORY OF JUSTICE

존 롤스 John Rawls (1921~2002)

정치인들의 발언에서 심심치 않게 들을 수 있는 말이 공정과 정의다. 그런데 공정한 것이 무엇이고 정의란 무엇인지보다는 그저 공정하지 않은 무엇과 부정의한 무엇에 대한 반대말로만 언급될 뿐이다. 공정과 정의는 곰곰이 따져보지는 않고 정치적 용어로만 사용되면서 식상한 말이 될 지경에 이르렀다.

미국의 정치철학자 존 롤스의 『정의론』(초판 1971, 수정판 1999)은 공정으로서 정의를 본격적으로 제시한 책이다. 롤스는 1950년 프린스턴대학교에서 박사학위를 받았으며 사망할 때까지 하버드대학교 철학과 교수로 재직하면서 오직 공정과 정의 문제에 천착했다. 롤스의 『정의론』은 이론적으로는 독일 칸트 철학의 전통을 따르면서도 사회계약론적 논의를 제시하고, 방법론적으로는 영미의 분석철학적 전통을 따른다는 점에서 영미권과 유럽 학계에 큰 영향을 미쳤다.

롤스의 『정의론』은 제1장 '공정으로서의 정의'라는 제목으로 시작한다. 정의로운 사회는 어떤 사회인가? 롤스에 따르면 사회의 일부 집단이 자신들의 이익을 위해 다수를 억압하는 사회는 정의로운 사회가 아니다. 또한 다수의 이익을 위해 소수의 자유를 빼앗는 사회도 정의로운 사회가 아니다. **정의로운 사회는 '평등한 시민적 자유'가 보장되는 사회다.** 개인의 시민적 자유가 보장되지 않는다면, 그 사회는 정의로운 사회가 결코 아니라고 본 것이다. 그러므로 시민적 자유인 언론의 자유, 사상의 자유, 표현의 자유, 주거이전의 자유, 기본적 인권의 보장, 법치주의, 참정권 등이 보장되지 않는 많은 권위주의 사회는 정의로운 사회라고 볼 수 없다. 롤스는 이러한 조건을 정의의 제1원칙이라고 했다.

정의의 제1원칙에서 중요한 것은 '자유의 원칙'이 아니라 '평등한 자유의 원칙'이다. 자유가 어떤 사람들에게는 많이 보장되고, 어떤 사람들에게는 제대로 보장되지 않는 불평등한 자유가 아니라 누구나 자유를 평등하게 누릴 수 있어야 한다는 것이 롤스가 내세운 정의의 제1원칙이다. 이것은 형식적 자유가 아니라 실질적 자유로 자유를 누릴 수 있는 조건의 평등을 포함한다. 자유로운 선택이 형식적으로 보장되지만 실질적으로 선택할 수 없는 경우는 자유가 보장되지 못하는 것이다. 예를 들어, 법적으로 이동의 자유가 보장되지만 교통비가 없어 이동의 자유가 아무런 의미를 지니지 못하면 자유가 보장된다고 볼 수 없다. 롤스의 정의에서 제1원칙은 자유 개념과 관련해 대단히 중요한 의미를 지닌다. 그리하여 롤스는 '평등한 시민적 자유'를 가장 중요한 분배적 정의의 원칙이라고 보았다.

공정으로서 정의를 논하는 또 다른 롤스의 전제는 사회가 이해관계가 다른 사람들로 이루어진 협동체다. 오늘날은 누구도 혼자서는 살 수 없고, 다른 사람의 노동에 의존해야 살아갈 수 있는 고도로 분업화된 사회라는 것을 의미한다. 롤스는 이러한 사회에서 노동의 결과를 둘러싼 갈등을 공정하게 해결할 수 있는 분배 규칙은 무엇인지를 묻는 것이다.

이에 대한 롤스의 대답은 정의의 제2원칙으로 불리는 '차등의 원칙'이다. 차등의 원칙은 조직 내 소득, 재산, 권한, 책임과 관리에서 차등적 직책이 있는 경우, 그러한 직책에 접근할 가능성이 누구에게나 보장되어야 한다는 공정한 기회균등의 원칙과 최소 수혜자를 대상으로 최대 혜택을 보장하는 '최소 수혜자 최대 혜택maximin 원칙'이 보장되어야 한다는 것이다. 두 가지 원칙은 '차등의 원칙'을 구성하는 하위 원칙들로 불평등한 분배가 정당한 것으로 받아들여질 수 있는 조건과 관련된다. 롤스는 이러한 원칙들이 자의적으로 설정된 것이 아니라 합리적 개인들이 합의로 만들어낼 수 있는 원칙들이라고 보았다.

'최소 수혜자 최대 혜택 원칙'을 논의하려고 롤스는 '원초적 입장original position'이라는 가상의 상황을 제시하면서 사고 실험을 논의한다. 원초적 입장은 게임에 참여하는 사람들이 눈을 가리고 자신의 능력과 배경도 모르고, 경쟁에 참여하는 다른 사람들의 능력과 배경도 모른다고 가정하는 게임의 결과에 따른 분배원칙을 합의하는 사고 실험이다. 롤스는 이러한 상태를 '무지의 베일'을 쓰고 하는 게임이라고 불렀다. 이러한 상태에서 게임에 참여한 사람들은 게임 결과에 따른 분배 규칙을 어떻게 정할 것인가?

오늘날 존재하는 분배 규칙은 대체로 승자가 많은 것을 차지하는 것이다. 극단적인 경우는 승자독식, 승자 이외는 분배 몫이 없는 분배 규칙 등 다양한 분배 규칙을 생각할 수 있다. 또 다른 극단은 참여자들이 똑같이 몫을 나누는 것이다. 롤스는 무지의 베일을 쓴 상태에서 누구나 패자가 될 가능성이 있기에 자신이 패자가 되었을 때를 고려해 패자가 상당한 정도로 분배를 보장받는 분배 규칙에 합의할 것이라고 추론한다. 무지의 베일이라는 조건에서 합리적 개인들이 합의할 수 있는 분배 규칙은 게임에서 가장 열악한 위치에 있는 사람들이 최대한으로 보장받는 분배 원리에 합의할 것이라고 본 것이다. 누가 가장 열악한 위치에 놓일지 알 수 없기에 가장 열악한 상태에 있는 사람이 나름대로 보장을 많이 받는 분배 규칙을 모두가 받아들일 것이라는 추론이다. 이것을 '최소극대화의 규칙maximin rule'이라고 불렀다.

이러한 차등의 원칙으로 불평등이 용인되지만, 불평등이 모든 사람에게 이익이 되어야 하며, 소득분배는 사회에서 가장 어려운 상태에 있는 사람들이 나름대로 혜택을 누릴 수 있는 수준에서 이루어져야 한다는 것을 강조했다. 롤스의 분배적 정의는 기계적 평등이 불가능하고 바람직하지도 않은 상태에서 불평등이 공정한 규칙의 결과로 인정될 수 있는 조건을 다룬다.

롤스는 '공정으로서 정의의 원칙'을 제시하면서 정의로운 사회의 조건인 정의의 제1원칙이 우선 충족되어야 하고, 그다음 제2원칙 중 기회균등의 원칙과 마지막으로 최소극대화의 규칙 순으로 조건이 충족되어야 한다고 보았다. 최소극대화의 규칙에서 분배적 정의는 기초 재화primary goods를 대상으로 가장 열악한 상태에 있는 사람들이 최대한 혜택을 누릴 수 있는 상태를 보장하는 것이며, 이러한 사회가 정의로운 사회라고 보았다.

롤스의 『정의론』은 제러미 벤담의 공리주의적 전통과 자유 지상주의 전통에 대한 철학적 비판이라는 점에서 20세기 후반 미국 학계에서 공정과 정의의 문제를 다루는 철학적 논의의 문을 열었다. 『정의론』을 계기로 선진국 가운데 불평등이 가장 심한 미국 사회에서 분배적 정의가 중요한 학술적 논의의 주제가 되었다. 그 결과 『정의론』 출간 이후 분배적 정의를 둘러싼 철학적 논의는 유럽보다 오히려 미국에서 더 활발하게 이루어졌다. 오늘날 미국에서 공정과 정의는 경제학, 정치학, 법학, 사회학, 철학, 여성학 등 다양한 학문 분야에서 다루는 공통 주제가 되었다. 롤스의 『정의론』을 기점으로 하여 미국 학계에 새로운 흐름이 대두되었음을 보여준다.

신광영

중앙대 사회학과 명예교수

과학혁명의 구조

THE STRUCTURE OF SCIENTIFIC REVOLUTIONS

토머스 새뮤얼 쿤 Thomas Samuel Kuhn (1922~1996)

현대인은 매 순간 과학이 창조한 세계를 살아간다. 과학 없는 현대사회는 상상하기 어렵다. 과학은 원자에서 우주까지 다양한 물질과 생명체의 신비를 벗겨내며 우리에게 자연 세계에 대한 지식과 이해를 가져다주었다. 물론 지금도 알지 못하는 자연의 모습이 방대하고, 많은 과학자가 이러한 미지의 영역을 탐구하고 있다. 그러나 과학은 더 많은 지식을 우리에게 가져다줄 것이다. 즉, 과학은 발전되어왔고 더욱 발달할 것이라고 우리는 확신한다.

현대과학을 형성한 16~17세기 과학혁명the Scientific Revolution은 르네상스, 종교개혁과 더불어 근대의 문을 열어젖혔고, 근대사회에서 과학은 진보를 상징한다. 과학 지식은 꾸준히 성장하며 지식의 진보는 사회를 진보시킨다는 뿌리 깊은 믿음이 널리 공유되고 있다. 그런데 과학은 어떻게 발전하는가? 토머스 쿤의 『과학혁명의 구조』(이하 『구조』)는 이러한 물음에 대한 우리의 인식을 영원히 바꾸어놓은 문제작이다. 『구조』는 과학사와 과학철학 분야를 넘어 인문학과 사회과학 전체에 커다란 영향을 미쳤다. 이 책은 미셸 푸코의 『감시와 처벌』, 존 롤스의 『정의론』, 카를 마르크스의 『자본론』보다 더 많이 인용되었다.

토머스 쿤은 하버드대학교에서 물리학을 전공했고, 제2차 세계대전 중 전쟁 관련 연구를 수행하고 학교로 돌아와 박사학위를 취득한 과학자다. 그러나 그는 과학의 역사 연구를 거쳐 철학으로 연구를 확장했다. 그 자신의 말을 빌리면 쿤은 '철학을 위해 역사로 전향한 물리학자'였다. 당시 하버드대학교의 제임스 코넌트 총장이 시도하던 교양교육 개혁 프로그램에 동참하면서 쿤은 인문사회계 학생들을 위한 과학방법론 수업을 맡았고, 이를 위해 과거 과학의 문헌들을 읽기 시작했다. 그는 16~17세기 과학혁명기의 영웅들인 코페르니쿠스, 갈릴레이, 케플러 등을 읽었고 더 거슬러 올라가 고대의 철학자이자 자연학자 아리스토텔레스의 저작도 읽었다. 코페르니쿠스와 그 추종자들을 역사적으로 연구하던 쿤은 근대의 우주론과 세계관을 뒤바꾼 천문학 혁명을 주제로 하는 『코페르니쿠스 혁명』을 집필하고 과학사가로 전향했다.

그는 이어 화학혁명, 상대론혁명 등 다양한 사례에 대한 역사적 연구들을 수행했고, 이를 바탕으로 과학의 발전이 누적적 형태가 아니라 단절적 방식으로 이루어진다는 점을 주장하게 된다. 즉, 과학은 점진적으로 사실과 이론들이 누적되는 방식이 아니라 혁명으로 발전한다. 이때 혁명이란 16~17세기 과학혁명과 같은 하나의 역사적 시기를 가리키는 것이 아니다. 쿤이 말하는 혁명은 과학적 실천에서 근본적 변화를 가리킨다. 사실, 책 제목은 『과학혁명들의 구조』이며, 책에서 쿤은 혁명의 편재를 주장한다. 그리고 그 모든 혁명이 하나의 구조the structure를 공유한다고 주장했다.

흔히 『구조』 하면 과학혁명을 떠올리고, 패러다임 전환을 말한다. 그러나 패러다임과 정상과학의 개념은 쿤 철학이 독특하게 기여한 것이다. 쿤에 따르면, 과학혁명은 간헐적으로 발생하며 대부분 과학자는 대개 정상과학에 종사한다. 그러한 정상과학이 가능한 것은 일군의 과학자들이 하나의 패러다임을 공유한 채 집합적인 연구 활동을 수행하기 때문이다. 패러다임 개념을 도입하게 된 것은 쿤이 1958~1959년 스탠퍼드대학교 행동과학고등연구소에 머물 때 자연과학자들과 사회과학자들 사이의 흥미로운 차이를 목격한 데서 기인한다. 사회과학자들은 무엇이 해결해야 할 문제인지, 어떤 방법이 적절한지에 공공연히 의견 불일치를 보인 반면, 자연과학자들은 문제의 본성과 접근법에서 차이를 드러내는 경우가 드물고 바쁘게 합의에 도달한다는 것이었다. 쿤에 따르면, 이는 자연과학자들이 패러다임을 공유했기 때문이다. 패러다임이란 한 과학자 공동체에서 보편적으로 인정된 과학적 성취로 구성원들에게 모범이 되는 문제와 해결책을 제시해주는 것이다. 이러한 패러다임을 공유함으로써 과학자들은 하나의 연구 공동체의 일원이 되며 매끄럽게 의사소통하고 공유된 문제들을 유사한 방식으로 해결한다.

패러다임은 단순히 이론이 아니다. 과학자들은 추상적으로 과학적 개념과 법칙을 배우는 것이 아니라 예제와 연습문제를 풀면서 그것들을 익힌다. 따라서 패러다임을 공유하는 과학자들이 이론의 내용을 활용해 구체적인 문제 상황에서 어떻게 문제를 해결해야 하는지에 관하여 유사한 생각을 한다. 그리고 정상과학자들은 패러다임이 중요하다고 알려주는 문제들을 그것이 제시하는 방법으로 해결하기 때문에 빠른 속도로 지식의 진보를 이루어낼 수 있다. 패러다임에 합의하지 못해 근본적인 전제들에 대해 과학자들이 대립하면 그 세부적이고 심층적인 연구를 수행할 수 없기 때문이다. 이 지점에서 쿤은 과학의 정신이 비판적 토론에 있다는 카를 포퍼의 반증주의를 거부한다. 과학의 발전은 무제한적 비판이 아니라 오히려 합의된 기초와 비판의 절제에 있다.

그러나 공유된 패러다임에 바탕을 두고 수행되는 정상과학이 영구히 지속되는 것은 아니다. 미해결 문제가 누적되면 위기가 찾아오고 결국 과거 패러다임이 새로운 패러다임으로 교체되는 혁명의 시기가 다가온다.(흥미롭게도 쿤은 정상과학이 오히려 혁명을 불러오는 효과적 메커니즘이라고 주장한다.) 위기 때문에 패러다임이 부분적 또는 전체적으로 교체되는 것이 곧 혁명이다. 쿤은 과학의 발전이 단절적이라는 주장을 넘어 그것이 정치혁명과 같은 혁명이라고 주장했다. 정치혁명은 선거나 의회와 같은 정치제도를 넘어서 대중을 설득하고 때로는 무력을 동원하는 사건이기 때문에 혁명적이다. 마찬가지로, 쿤은 과학혁명이 과학자들의 연구 활동을 규정하는 틀 내에서 해결되지 않는, 과학-외적 사건이라고 보았다. 왜냐하면 옛 패러다임과 새로운 패러다임은 서로 공약 불가능하기 때문이다.

『구조』는 많은 찬사와 비판을 받았지만, 과학을 바라보는 우리의 관점에 되돌릴 수 없는 깊은 영향을 남겼다. 과학의 본성과 발전을 이해하려는 사람이라면 『구조』를 우회할 수 없다. 과학철학은 과학의 실제 역사에 부합해야 한다는 신념, 영웅적인 과학자 한 명이 아닌 과학자 공동체의 활동에 주목해야 한다는 접근법, 추상적인 규칙보다는 구체적인 문제풀이 활동에 대한 강조 등은 쿤의 철학적 주장에 동의하지 않는 이들에게도 큰 유산으로 남아 있다.

천현득

서울대 과학학과 교수

사회생물학

SOCIOBIOLOGY

에드워드 윌슨 Edward O. Wilson (1929~2021)

크고 웅장했다. 한 변이 26cm인 정사각형 판형에 두께 4.5cm, 무게 2.7kg였다. 용어해설 22쪽, 찾아보기 33쪽, 참고문헌 65쪽을 포함해 697쪽이었다. 1975년 하버드대학교 출판부에서 나온 이 양장본 학술 도서는 복잡한 표와 그래프, 수식들을 빼곡히 담고 있었다.

아무도 안 읽을 것 같은(?) 벽돌책이 출간과 동시에 엄청난 논쟁을 일으켰다. 하버드대학교 생물학자 에드워드 윌슨이 쓴 『사회생물학: 새로운 종합』 말이다. 윌슨과 같은 과에 있던 동료 교수들을 포함해 많은 과학자가 사회생물학은 과학의 탈을 쓴 극우 이데올로기라고 비판했다. 윌슨은 인종차별주의자, 성차별주의자, 유전자 결정론자, 파시스트로 낙인찍혔다. 반대자들은 하버드 광장에서 항의 시위를 했다. 사회생물학을 맹비난하는 전단을 캠퍼스 곳곳에 뿌렸다. 윌슨을 당장 해고하라는 확성기 소리를 들으며 윌슨은 묵묵히 강의실로 향했다.

『사회생물학』이 왜 중요할까? 생물학에 대한 기여를 먼저 살펴보자. 『사회생물학』이 출간된 이듬해에 리처드 도킨스의 『이기적 유전자』가 나오면서 격렬한 사회생물학 논쟁이 벌어졌다. 그래서인지 많은 사람이 두 책은 위험한 유전자 결정론을 내세우는 한통속이라고 생각한다. 그렇지 않다. 둘은 매우 다르다. 『이기적 유전자』는 유전자의 관점에서 진화를 이해하는 새로운 패러다임을 일반 대중과 전문가들에게 열정적으로 알리는 대중서다. 반면에 『사회생물학』은 다양한 동물의 사회적 행동에 대한 연구를 진화적 시각에서 종합한 백과사전적 총서다.

1960년대까지 동물행동학자들은 특정한 분류군의 행동이 '어떻게' 이루어지는지에 초점을 맞추었다. 이를테면, 흰개미 사회에서는 번식 계급이 따로 정해져 있고 일꾼들도 엄격하게 노동을 분담한다. 붉은털원숭이 사회에서는 모두가 번식하며 각자 자신의 우열 순위가 정해져 있다. 하지만 '왜' 그렇게 행동하는가? 흰개미 사회와 붉은털원숭이 사회가 왜 다르게 조직화되어 있는지 일반적 원리에 따라 매끄럽게 설명할 수는 없을까?

『사회생물학』은 동물행동학을 완전히 혁신해서 정량적인 진화생물학의 한 분야로 자리매김했다. 윌슨은 산호에서 가시고기, 흰목벌잡이새, 개미, 꿀벌, 긴팔원숭이, 인간에게 이르기까지 모든 동물의 사회적 행동에 관한 방대한 연구를 진화 이론과 개체군 생태학의 틀에서 꼼꼼하게 종합했다. **"왜 동물이 그런 식으로 행동하게끔 자연선택에 따라 형성되었는가?"**를 묻는 이 새로운 과학을 윌슨은 사회생물학이라고 불렀다. 오늘날에는 대개 행동생태학으로 불린다. **1989년에 동물행동학회는 모든 시대를 관통하여 동물 행동에 대해 가장 중요한 책으로 윌슨의 『사회생물학』을 선정했다.**

다음으로 학계 전체와 지식 대중에 대한 기여를 살펴보자. 『사회생물학』에 비판적인 문헌을 통해서만 이 책을 알게 된 이들은 이 책이 처음부터 끝까지 인간 행동은 유전자가 결정한다고 주장하는 책이라고 여긴다. 사실, 인간에 대한 논의는 거의 없다. 총 697쪽 가운데 겨우 29쪽에 해당하는, 마지막 27장에서만 윌슨은 인간을 다룬다. '완고한 백과사전 편집자'를 자처했던 그가 사회생물학 총서에서 인간을 뺄 이유는 없었다.

인간도 결국 동물임을 물색없이 지적하면서 인간의 위대함을 깎아내리는 책이라는 선입견과 달리 윌슨은 언어, 지능, 학습 등으로 간파되는 인간의 탁월성을 강조했다. 다만, 인간이 뛰어나다고 해서 우리 종을 진화생물학의 연구 대상에서 아예 제외하지는 말자는 것이다. 윌슨의 주장은 별로 과격하지 않았다. 다른 학자들처럼, 윌슨은 인간도 진화의 산물이므로 진화의 관점이 공격성, 윤리, 미학, 성별 분업, 종교 등을 이해하는 데 새로운 빛을 비추리라고 내다보았다. 당시에는 인간 행동을 새로운 진화 패러다임으로 분석한 실증 연구는 거의 없었다. 어쩔 수 없이 윌슨은 마지막 27장에서 전통적인 인문사회과학의 흐름을 짧게 소개하고 진화적 탐구의 가능성을 나름대로 모색하는 데 그쳤다.

윌슨은 의도하지 않았지만, 사회생물학 논쟁은 20세기 후반 서구의 지식 사회를 뒤흔들었다. 인문학과 자연과학 사이의 융합이 본격적으로 논의되기 시작했다. 인간 행동을 진화적으로 접근하는 새로운 흐름인 진화 사회과학이 꽃을 피웠다. 안타깝게도, '사회생물학'은 유전자 결정론을 연상시키는 불경스러운 용어로 전락했다. 그러나 『사회생물학』에서 시도했던 새로운 종합에 인간도 당연히 포함하고자 했던 윌슨의 혜안은 오늘날 인간 행동에 대한 수많은 학제적 연구에서 활발히 이루어지고 있다.

몇몇 독자는 윌슨이 생애 후반에 들어서 이타적 행동의 진화를 유전자 관점에서 설명하는 윌리엄 해밀턴의 이론을 갑자기 폐기한 사실을 알 것이다. 아쉽게도 윌슨의 '개종'을 다룰 여백은 없다. 윌슨의 태도 전환과 상관없이, 『사회생물학』은 동물행동학을 정량적인 행동생태학(또는 사회생물학)으로 격상시키고 학문 간 통섭 논의의 물꼬를 튼 위대한 역작이다.

전중환

경희대 후마니타스 칼리지 교수

구별짓기

LA DISTINCTION

피에르 부르디외 Pierre Bourdieu (1930~2002)

사람들은 예술적 기호나 미학적 취향에서 차이를 보인다. 좋아하는 음식이 다른 것처럼 좋아하는 음악이나 미술작품도 다르다. 이러한 차이는 알 수 없는 어떤 선천적 요인에 따른 것인가? 아니면 태어난 이후에 사회생활에서 후천적으로 만들어진 것인가? 독일의 관념철학자 이마누엘 칸트는 아름답다고 느끼는 것은 사회생활과 관계없이 보편타당한 요소를 지녔기 때문이라고 생각했다. 반면, 프랑스의 사회학자 피에르 부르디외는 『구별짓기』에서 칸트와 달리 예술적 취향은 일상생활과 교육으로 만들어진 것이라고 주장한다.

왜 그리고 어떻게 개인의 문화적 취향과 사회적 조건이 서로 연관되어 있는가? 왜 사람들이 교육 수준이 높을수록 사회적으로 공인된 예술적 취향을 더 갖는가? 부르디외는 개인적 취향이 만들어지는 과정을 분석해 개인적 취향은 개인적인 것이 아니라 사회적이라는 점을 밝혔다. 또 1960년대에 경험적 연구로 프랑스 문화적 실천은 학력과 출신 계급에 영향을 받는다는 것을 밝히고, 학력 수준이 동일한 경우 문화적 실천은 정통적인 문화영역에서 멀어질수록 출신 계급의 영향이 커진다는 것을 밝혔다.

문화적 취향은 인간이 가지고 있는 여러 가지 속성을 반영한다. 부르디외에 따르면, 문화적 취향은 미적 구분을 통해 다른 취향을 거부하거나 혐오하는 속성을 지니고 있다. 자신의 취향은 자연스럽고 당연한 것으로 느끼지만, 다른 취향에 대해 거북해하고 비자연적이라고 느끼는 경향이 있다는 것이다. 그리고 서로 다른 계급과 학력 수준에 따른 차이가 형성 과정이 비가시적이기 때문에 타고난 차이 혹은 본능적 차이로 보이게 된다고 주장했다.

부르디외는 개인의 문화적 취향과 사회적 조건의 연관은 문화적 자본이라는 보이지 않는 문화적 자본을 매개로 한다는 것을 밝혔다. 그는 문화적 자본을 예술작품이나 활동의 의미를 이해하고, 그것을 즐길 수 있는 능력이라고 정의했다. 문화적 취향은 문화적 활동이나 작품에 대한 지식을 바탕으로 한다. 일상적으로 음악회에 가는 사람들은 음악에 대한 지식을 바탕으로 하며, 그림 전시회에 가는 사람들은 그림 지식을 많이 가지고 있다. 문화자본을 가지고 있는 사람들은 그렇지 않은 사람들과 다르게 사회적으로 높게 인정받는 고급문화(전시회, 음악회, 공연 등)에 참가한다는 것을 보여주었다.

부르디외의 『구별짓기』는 1960년대 프랑스 문화에 대한 경험적 분석으로 왜 문화적 활동이나 예술적 기호나 취향이 교육 수준과 밀접한 관련을 맺으며, 계급에 따라 달라지는지를 보여준다. 그러므로 다양한 예술작품은 그런 작품에 대한 문화적 해석과 이해능력이 있는 사람들에게만 의미가 있다. 예술작품에 대한 미학적 독해에는 첫눈에 반하는 느낌과 같은 것이 아니라 '감정 이입'을 만들어내는 문화적 기호에 대한 '안목'을 토대로 한 문화적 능력이 필요하다. 그리하여 부르디외는 단적으로 문화적 취향이 사회계급을 구분하는 핵심 지표라고 주장한다.

부르디외는 문화자본이 구조적 속성을 지녔다면, 개인적 수준에서는 문화자본이 아비투스habitus로 형성되고 또 구체적으로 아비투스를 바탕으로 해서 드러난다고 보았다. 부르디외에 따르면, 아비투스는 몸짓, 말버릇, 인지, 범주화, 감정, 행위 등 개인에게 체화되어 내면화한 성향이며, 개인의 행위에 의미를 부여하는 성향이다. 부르디외는 개인의 아비투스가 늘 반복적이지는 않고, 완전히 기계적이지도 않으며, 새로운 것을 만들어내는 생성적 속성도 지녔다고 보았다. 부르디외에 따르면, 아비투스는 "행위와 행위 지각을 조직하고 구조화하는 구조일 뿐만 아니라 동시에 구조화된 구조"라고 표현했다. 이것은 행위자가 사회구조(생활 조건)에 영향을 미칠 뿐만 아니라 사회적 조건으로부터 영향을 받는다는 점을 동시에 강조한 것이다. 이러한 아비투스로 문화자본은 구체적으로 개인에게 체화된다.

계급에 따른 취향 차이는 일상생활 모든 영역에서 나타나는데, 의복에서도 나타나 민중 계급은 의복을 현실주의적·기능주의적으로 접근하여 형식보다는 실체와 기능을 중시해 쓸모를 선택 기준으로 하는 경향이 있다. 그리하여 가시적인 겉옷과 비가시적인 속옷을 구분하지 않는다.

반면, 중간계급은 외출 시 외모와 의복에 더 신경 쓴다. 기능보다는 다른 사람의 시선을 더 고려해 옷을 선택한다는 것이다. 상급 관리자는 양복 세트를 구입하는 지출을 많이 하여 푸른 작업복을 구입하는 생산직 노동자와 의복 구입 지출에서 큰 차이를 보인다. 부르디외는 프랑스 상급 관리자들은 긴 외투를, 노동자들은 짧은 외투나 점퍼를 주로 입는 것으로 기술했다. 그리고 남성보다 여성에서 이러한 차이가 더욱 두

드러져 민중계급 여성은 가사에 필요한 작업복이나 앞치마를 구입해 사회적 위치가 낮을수록 그러한 옷의 구매량이 증가했다. 반면에, 상층 여성들은 실내 가운에 비용을 많이 지출해 실내 가운의 경우는 반대 경향을 보이는 것으로 나타났다.

프랑스에서는 계급에 따른 스포츠의 차이도 두드러진다. 타고난 신체적 능력은 계급에 따라 큰 차이를 보이지 않지만, 훈련된 능력은 매우 다르게 나타난다는 것이다. 지배계급은 축구나 럭비와 같은 단체운동을 기피하고 개인 운동을 선호하여 골프, 요트, 승마, 스키, 펜싱 등을 선호한다. 이러한 스포츠는 혼자서 혹은 선택된 파트너와 함께할 수 있기 때문이다. 민중계급은 신체를 직접적으로 사용하는 격투기나 구기 운동을 선택한다. 이러한 운동에는 고통에 대한 저항이나 연대감이 필요하다. 중간계급은 타인의 눈에 비치는 외모에 신경을 써서 체조와 같은 금욕적인 스포츠를 선택한다.

부르디외의 『구별짓기』는 사회계급을 카를 마르크스처럼 생산관계 차원에서 접근하는 것이 아니라 누구나 일상에서 경험하는 취향 차이를 중심으로 다루었다. 계급 불평등은 멀리 있는 것이 아니라 일상생활 속에 있다는 점을 밝혀 신선한 충격을 주었다. 부르디외가 1960년대 초 프랑스 사회를 분석했지만, **계급 불평등이 문화적 차원에서 이루어지는 구별짓기로 드러난다는 점을 잘 보여주어 전 세계 불평등 연구자들과 문화연구자들에게 새로운 영감을 불어 넣어주었다.**

그 결과, 최근까지도 부르디외는 구글 인용 빈도에서 단연 사회과학 분야 1위를 차지하고 있다. 2002년 사망했음에도 2023년 8월 28일 현재 부동의 1위를 차지한 이유는 그의 저서 『구별짓기』의 한국 인용 빈도가 10만을 넘었기 때문이다. 사회학 분야에서 가장 많이 인용되는

『구별짓기』는 1984년 영어로 번역되었고, 한국에서도 1995년 번역되어 전 세계적으로 다양한 학문 분야에서 국적이 다른 독자들이 읽는 사회학 저서가 되었다.

신광영

중앙대 사회학과 명예교수

오리엔탈리즘

ORIENTALISM

에드워드 사이드 Edward W. Said (1935~2003)

우리는 가보지 않은 곳을 아는 것처럼 이야기할 때가 아주 많다. 아마존 정글에 가보지도 않았지만, 아마존 정글에 사는 사람들에 대해 이런저런 선입견과 이미지를 가지고 있다. 그곳에 사는 사람들이 어떻게 살아가는지 어떤 생각을 하는지 모르는 상태에서 그곳에 관한 단편적 지식에 근거하여 상상하게 된다. 그 상상이 때로 인종주의적이고 차별적이다.

에드워드 사이드의 『오리엔탈리즘』은 오리엔트(문자적 의미는 유럽의 동쪽이지만 실제로는 중동, 아프리카, 아시아를 지칭, 이하 '동양')에 사는 사람들의 생각과 삶을 모른 채 서양인들이 동양에 대해 갖는 고정관념과 편견을 비판적으로 다루었다. 사이드는 오리엔탈리즘이 그리스 시대까지 거슬러 올라가지만, 오늘날과 같은 과학적 인식체계로 대두된 것은 근대에 들어서 이루어졌다고 주장했다. 제국주의 시대 서양의 식민지 지배를 받았던 동양에 대해 서양인이 갖는 고정관념과 차별적 인식이 군사적인 식민지 지배가 끝난 이후에도 문화적·이념적으로 지속되고 있다는 것이 사이드의 주장이다.

그러므로 사이드는 오리엔탈리즘을 서양인들이 가지고 있는 동양에 대한 상투적인 인식과 지식을 지칭하는 정치적·문화적 용어로 사용한다. 『오리엔탈리즘』은 누가 무엇을 어떻게 지식 형태로 재현하는가 하는 문제를 다루며 지식과 권력의 관계를 본격적으로 다루었다. 중동의 역사와 문화에 대한 재현을 서양 학자들이 하는 현실 문제로 다루었다. 그리하여 지식 권력을 가지고 있는 서양과 그러한 권력을 갖지 못해 중동 사람들의 역사와 문화를 서양 언론인과 지식인에 의존할 수밖에 없는 현실에서 발생하는 편견과 왜곡된 재현을 드러냈다.

사이드는 팔레스타인의 예루살렘에서 태어나 이집트의 영국식 고등학교에 다니다 퇴학을 당하여 미국으로 건너가 고등학교를 마쳤다. 그 후 프린스턴대학교에서 영문학을 공부했고, 하버드대학교에서 비교문학으로 박사학위를 받은 후 곧바로 2003년 사망할 때까지 컬럼비아대학교에서 비교문학을 강의한 경계인이었다. 미국 주류 학계에 소속되어 있었지만, 주류가 아닌 주변인 관점에서 서양의 동양 인식을 비판해 왔다. 사이드는 자신이 살아서 알고 있는 중동의 현실과 서양의 언론과 교육으로 만들어진 중동에 대한 인식이 너무도 큰 차이를 보인다는 점을 직시하고, 서양이 중동, 아시아와 아프리카를 특정한 방식으로 인식하는 인식의 틀에 대한 분석을 시도한 것이다.

사이드는 오리엔탈리즘이 비서양에 대한 서양의 편견과 부정적인 고정관념을 지속적으로 재생산하는 이데올로기적·문화적·정치적 지배의 한 형태라고 보았다. 오리엔탈리즘은 자신들의 시각과 언어로 자신들의 역사와 사회를 말할 수 없는 동양인 대신에 서양인의 시각과 언어로 동양의 역사와 사회를 재현하는 서양의 학계와 미디어를 통해 만들어지고 강화된다고 보았다. 그리하여 오리엔탈리즘은 오리엔트의 역사와 사회에 대한 지식을 서양 학계와 정계가 장악하고, 그러한 지식이 서양인들의 동양에 대한 이미지와 인식을 지배한다는 점에서 서양 중심의 권력과 지식의 문제라고 본 것이다.

오리엔탈리즘은 동양에 대해 이해관계를 갖는 다양한 서양인(권력자, 학자, 상인, 탐험가 등)의 입으로 전달된 정보를 바탕으로 형성된 것으로 서양인의 시각에서 비서양 사회에 대한 인식의 틀과 제도화된 권력을 의미한다. 대체로 오리엔탈리즘은 동양에 대한 부정적 인식과 고정관념을 내포하고 있다. 서양은 문명 수준이 높고 우월한 반면, 동양은 미개하고 열등하다는 고정관념을 바탕으로 동양에 대한 차별적 인식을 가지고 있다.

사이드는 이러한 오리엔탈리즘은 유럽의 식민지배가 끝난 이후에도 지속되는 서양 우월주의로 동양에 대한 서양의 지정학적 지식에 바탕을 둔 정치적·지적·문화적·도덕적 지배체제라고 보았다. 그는 오리엔탈리즘을 식민지 지배가 끝난 이후에서도 서양인이 동양을 서양과는 다른 열등한 타자로 인식하고, 서양과는 질적으로 다른 이미지로 재현하는 하나의 담론이라고 본 것이다. 그리하여 아랍과 이슬람은 변하지 않는 고정된 이미지로, 변화 불가능한 사회로 재현되고 있다.

사이드는 자기주장을 뒷받침하려고 근대 영국인, 프랑스인과 미국인이 아랍과 이슬람에 대해 갖는 인식과 관심을 중점적으로 다루었다. 또 18세기부터 20세기까지 유럽의 예술가, 시인, 언어학자들이 동양을 어떻게 재현했는지 분석해 현대적인 오리엔탈리즘 형성과 그것이 서양인들의 아랍과 이슬람에 대한 인식과 중동 지역 사람들 자신에 대한 인식에 미친 영향을 분석했다.

제2차 세계대전 이후 오리엔탈리즘은 유럽에서 미국으로 넘어가면서 유럽의 동양학에서 미국의 지역학으로 동양을 다루는 학술 체계가 바뀌었다. 문학에서 더 확대된 지식(과학)이 되었다. 지역학은 직접적으로 동양에 대한 지배를 다루었다. 결과적으로 지역에 관한 지식에서 권력이 유래하고 아는 것이 힘이 되었다. 사이드는 아는 것이 사실에서 유래한 것이 아니라 상상된 이미지에서 유래했다고 보았다. 지역 전문가는 실질적 지식을 소유하고, 지역과 관련된 정책에 영향을 미친다는 점에서 권력을 행사하고 있다. 지역학에서 오리엔탈리즘은 반유대주의와 비슷하게 유럽의 동양학자들이 만들어놓은 이슬람에 대한 혐오를 그대로 이어받았다. 그리하여 오리엔탈리즘은 유럽(우월한 문명)과 아랍(열등한 미개 사회)이라는 이분법적 인식에 근거해 아랍에 대한 두려움과 통제의 필요성을 암묵적으로 정당화하는 함의를 담고 있다.

오리엔탈리즘은 18세기 서양이 동양을 지배하는 데 필요한 담론으로 등장했다. 오리엔탈리즘은 1798년 나폴레옹의 이집트 침공으로 시작된 이집트에 관한 지식과 정보를 바탕으로 한 중동에 관한 인식과 지식 체계로 시작한다. 그리고 이후 주로 서양의 동양 식민지 지배를 정당화하는 담론으로 기능했다. 과거 제국주의 시대 서양은 동양을 지배하는 데 주로 군사력에 의존했다. 제국주의 시대가 끝난 오늘날 서양은 군사력 대신에 지식과 문화 권력으로 동양을 지배한다는 것이 사이드의 핵심 주장이다.

사이드는 선택적이고 편향된 관찰에 바탕을 둔 학술적 연구를 과학적 연구라고 치부하고 권위를 행사하는 현실을 분석했다. 중동에서 사는 사람들의 현실과 동떨어졌음에도 연구자들이 생산한 정보와 지식이 중동 지역을 재현하는 것으로 받아들여지면서 서양의 중동 지배와 침공이 정당화되는 현실도 비판했다. 사이드는 오리엔탈리즘을 동양에 대한 인식과 지식으로 구성된 '잠재적 오리엔탈리즘'과 외교정책이나 이데올로기로 가시화된 '명백한 오리엔탈리즘'으로 구분했다. 전자가 문학이나 지역연구에서 나타난다면, 후자는 정부의 군사·외교정책으로 나타난다. 그는 두 가지가 서로 영향을 주고받으며 지속적으로 오리엔탈리즘을 재생산한다고 보았다.

사이드의 『오리엔탈리즘』은 38개 언어로 번역될 정도로 전 세계적으로 큰 반향을 불러일으켰다. 그리고 지식과 권력의 문제, 생각과 인식을 지배하는 담론의 형성과 정체성 형성 문제, 독립 이후 식민지 유산의 청산 등과 관련해 포스트-콜로니얼리즘이라는 새로운 인문학 분야의 등장에 결정적 기여를 했다.

신광영

중앙대 사회학과 명예교수

이기적 유전자

THE SELFISH GENE

리처드 도킨스 Richard Dawkins (1941~)

"저자를 따르면, 어머니가 자식을 극진히 보살피는 이유는 숭고한 모성애 때문이 아닙니다. 어머니라는 생존 기계는 그렇게 유전자를 퍼뜨리게끔 프로그래밍이 된 거예요." 어느 독서 예능 프로그램의 진행자는 리처드 도킨스의 『이기적 유전자』를 이렇게 해설했다. 흔히 이 책은 인간이 이기적인 유전자가 조종하는 생존 기계에 불과하다는 발칙한 주장을 한다고 받아들여진다. 수십 년째 과학 분야 베스트셀러다. 그런데도 논란이 멈추지 않는다. 유전자를 보존하는 것이 우리가 존재하는 궁극적 이유라고? 가족, 연인, 친구를 향한 따뜻한 사랑과 희생도 유전자가 복제본을 남기려는 책략일 뿐이라고?

오해다. 이 책은 이기적인 의도를 품은 유전자가 인간을 꼭두각시처럼 조종한다는 유전자 결정론을 설파하지 않는다. 정반대로 '이기적 유전자'는 단순한 은유일 뿐이라고 저자는 되풀이해서 강조한다. 예컨대 이렇다. "지금껏 유전자를 의식적인 행위자에 은유했던 작업을," "동물 개체를 마치 자기 유전자를 보존하려는 '목적'이 있는 것처럼 행동하는 생존 기계에 은유하는 접근법."[78] 차분히 생각해보자. 이 책은 2017년에 영국 왕립학회로부터 전 시대를 통틀어 가장 큰 영향력을 미친 과학 도서로 선정되었다(무려 『종의 기원』도 제쳤다!). 유전자와 환경이 긴밀히 상호작용해야 형질이 발현된다는 것은 오늘날 당연한 상식이 되었다. 저명한 과학자들인 왕립학회 회원들이 해묵은 유전자 결정론을 담은 책을 위대한 고전이라 상찬했을 리가 없다.

유전자가 '이기적'이라는 은유는 무슨 뜻일까? 『이기적 유전자』는 왜 중요한가? 1960년대까지 진화학자들은 모호한 낙천주의에 빠져 있었다. 자연선택은 개체가 잘 먹고, 잘 숨고, 잘 날고, 잘 뛰게 만든다. 여기서 번식에 능하게 되는 주체는 개체다. 종이 아니다. 자연선택은 종이 오래도록 잘 살아남고, 자원을 잘 아껴 쓰고, 개체 수 폭발을 잘 피하도록 만들지 않는다. 그러나 20세기 전반에는 자연선택은 각 개체가 아니라 종이나 군집, 생태계가 오래 영속하게 한다는 집단 선택론이 대세였다. 예를 들어, 노화는 나이 든 개체들이 알아서 젊은이들에게 자리를 비켜주어 종을 활력 있게 유지하는 적응으로 설명되었다. 사자는 사슴을 단숨에 멸종시킬 수 있지만, 생태계의 조화와 공존을 위해 늙고 병든 사슴만 골라서 잡아먹는다고 설명되었다.

1960년대 중반부터 일단의 젊은 생물학자들이 진화를 바라보는 새로운 패러다임을 열었다. 집단 선택론은 와르르 무너졌다. 복잡한 적응은 집단에 이득을 주게끔 자연선택되었다는 말은 완전히 틀렸음이 밝혀졌다. 그러면 복잡한 적응은 누구의 이득을 위함인가? 개체인가? 유전자인가? 여기서 '이기적 유전자'라는 은유의 참뜻을 알 수 있다. 도킨스는 『이기적 유전자』 30주년 기념판 서문에서 이 은유를 해석하는 요령을 알려준다. **"책 제목을 설명하는 가장 좋은 방법은 강조점을 제대로 찍는 것이다. (……) 제목에서 강조해야 할 핵심 단어는 ('이기적'이 아**

니라) '유전자'다."[79]

왜 '이기적'이라는 단어는 덜 중요할까? 자연선택의 단위가 될 수 있는 후보는 유전자, 개체, 개체군, 종, 군집, 생태계 등이다. 선택의 단위가 무엇이든지 간에 장구한 세월에 걸친 자연선택의 체를 통과해 오늘날 지구상에 흔하게 된 그 무엇은 어떤 특성을 지니리라 기대할 수 있다. 어떤 남자가 시카고 갱단에서 오랫동안 활약했다면, 그가 배짱이 두둑한 총잡이리라 기대할 수 있듯이 말이다. 말할 필요 없이, 다음 세대에 복제본을 더 많이 남긴 실체가 다른 경쟁 실체를 제치고 지구상에 흔하게 퍼졌을 것이다. 이런 의미에서 도킨스는 그 실체가 '이기적'이라고 은유한다. 이 은유가 싫은가? 싫으면 쓰지 마시라. 하여튼 그 실체가 이기적인 의도를 정말로 가진다는 뜻은 절대 아니다.

왜 '유전자'를 강조해야 할까? 자연선택으로 후대에 복제본을 많이 남기게끔 정교하게 다듬어지는 실체는 개체도, 종도, 생태계도 아니고 바로 유전자임이 이 책의 핵심이기 때문이다. **"이기적인 종? 이기적인 개체? 이기적인 생태계? 그것들은 모두 틀렸다. 다윈주의의 메시지를 '이기적인 무엇'으로 간결하게 표현하고자 할 때, 그 무엇은 유전자다."**[80]

유전자 선택론과 유전자 결정론은 다르다. 전자는 수천, 수만 세대에 걸친 진화를 다룬다. 후자는 겨우 한 세대 내에서 이루어지는 형질 발달을 다룬다. 자연선택의 단위가 유전자라는 명제는 유전자가 정말로 이기적이어서 외부 환경과 무관하게 인간을 멋대로 조종한다는 함의를 내포하지 않는다. 물론 어머니가 자식을 보살피는 이유가 모성애 때문임을 부정하는 정신 나간 과학자도 없다.

『이기적 유전자』는 과학 대중서인 동시에 커다란 업적을 남긴 학술서다. 도킨스는 1960년대에 몇몇 비범한 생물학자가 전문 저널에 발표했던 신선한 발상들을 그러모아서 유전자의 선택이라는 진화적 토대 위에 탄탄하게 통합시켰다. 유전자의 관점에서 진화를 바라보는 이 새로운 패러다임은, 흔한 오해와 달리, 삶의 궁극적 목표는 유전자를 퍼뜨리는 것이라고 설교하지 않는다.

전중환

경희대 후마니타스 칼리지 교수

참고문헌

1 이재숙 옮김, 『우파니샤드1』, 한길사, 1996, p.55.

2 위의 책, p.56.

3 위의 책, p.294.

4 A. N. Whitehead, Process and Reality, ed. by D. R. Griffin and D. W. Sherbume, New York, 1978, p.39.

5 플라톤, 강철웅·김주일·이정호 옮김, 『편지들』, 아카넷, 2021, p.66 참조.

6 플라톤, 박종현 옮김, 『국가-정체』, 서광사, 1997, p.538 참조.

7 위의 책, p.547 참조.

8 위의 책, pp.547~548 참조.

9 위의 책, p.548 참조.

10 위의 책, p.502 참조.

11 하이데거, 이기상 옮김, 『형이상학이란 무엇인가?』, 서광사, 1995, p.13 참조.

12 아이작 뉴턴, 박병철 옮김, 『프린키피아』, 휴머니스트, 2023, p.934 참조.

13 아리스토텔레스, 조대호 옮김 『형이상학』, 길, 2017. 참조.

14 아리스토텔레스, 김재홍·이창우·강상진 옮김, 『니코마코스 윤리학』, 길, 2011. 참조.

15 마틴 셀리그만, 김인자·우문식 옮김, 『긍정심리학』, 물푸레, 2016, p.22 참조.

16 위의 책, p.52.

17 위의 책, p.228 참조.

18 B. Schwartz & K. Sharpe, Practical Wisdom, Riverhead Books, New York, 2010, p.7.

19 이븐 할둔, 김정아 옮김 『무깟디마 : 이슬람 역사와 문명에 대한 기록』, 소명출판, 2020, p.26.

20 토머스 모어, 주경철 옮김, 『유토피아』, 을유문화사, 2023, p.143.

21 미겔 데 세르반테스, 박철 옮김, 『돈키호테2』, 시공사, 2015, p.380.

22 위의 책, p.512 참조.

23 위의 책, p.882 참조.

24 이하 인용문 번역 저본은 Folger Shakespeare Library 인터넷판(https://shakespeare.folger.edu/) 참조.

25 짐 홀트, 노태복 옮김, 『아인슈타인이 괴델과 함께 걸을 때』, 소소의책, 2020, p.218.

26 Sarah Morgan Smith, "Adam Smith and the American Founding: The Theory of Moral Sentiments as a Field Guide to the Pursuit of Happiness", AdamSmithWorks(https://www.adamsmithworks.org).

27 Adam Smith, The Inquiry into the Nature and Causes of the Wealth of Nations, Vol. I, IV.v.b.42, Vol II of The Glasgow Edition of the Works and Correspondence of Adam Smith, ed. By R. H. Campbell and A. S. Skinner, Liberty Classics: Indianapolis, p.540.

28 위의 책, p.25.

29 위의 책, p.341.

30 Rosa Ruxemburg, "Back to Adam Smith", in Economic Writings 1, Vol. 1 of The Complete Works of Rosa Luxemburg, ed. By Peter Hudis, Verso: London and New York, e-book(https://www.versobooks.com/en-gb/products/2304-the-complete-works-of-rosa-luxemburg-volume-i).

31 임마누엘 칸트, 백종현 옮김, 『순수이성비판』, 아카넷, 2008, p.165 참조.

32 위의 책, p.215 참조.

33 메리 울스턴크래프트, 문수현 옮김, 『여성의 권리 옹호』, 책세상, 2011, p.18.

34 위의 책, p.98.

35 위의 책, p.89.

36 위의 책, p.150.

37 Thomas Malthus, An Essay on the Principle of Population, Electronic Scholarly Publishing, 1998, p.14 (원본: J. Johnson: London, 1798).

38 게오르크 헤겔, 김준수 옮김, 『정신현상학1』, 아카넷, 2022, p.17 참조.

39 위의 책, p.79 참조.

40 『의지와 표상으로서의 세계』 제1권이 나오고 25년 후 1844년에 출판된 제2권 46장에 나오는 구절이다. A. Schopenhauer, Die Welt als Wille und Vorstellung II, (hrsg. von W. F. von Löhneysen), Frankfurt a. M.

1986, p.740 참조.

41 아루투어 쇼펜하우어, 홍성광 옮김, 『의지와 표상으로서의 세계』, 을유문화사, 2019, p.39 참조.

42 존 스튜어트 밀, 서병훈 옮김, 『자유론』, 책세상, 2005, p.108.

43 위의 책, p.142.

44 Alfred Marshall, 'Preface to the First Edition', Principles of Economics, 1890 (제8판, 1920). 인용은 2013년판 (Peter Groenewegen 편집), Palgrave Macmillan: London, p.xxi.

45 Alfred Marshall, "Letter to A. L. Bowley", in Arthur Cecil Pigou, Memorials of Alfred Marshall, A. M. Kelly: New York, 1966, pp.427~429.

46 Alfred Marshall, The Present Position of Economics. An Inaugural Lecture, Macmillan and Co.: London, 1885, p.57.

47 Karl Marx, Manifest der Kommunistischen Partei, 1848. 영어 번역본: Manifesto of the Communist Party, Foreign Languages Press, 1970, p.31.

48 Max Weber, Die Protestantische Ethik und der Geist des Kapitalismus, 1904~1905. 영어 번역본: The Protestant Ethic and the Spirit of Capitalism, Allen and Unwin, London, 1992, p.124.

49 위의 책, p.22.

50 John Milton, Paradise Lost, 1667, 제12권, 581~587행.

51 Max Weber, The Protestant Ethic and the Spirit of Capitalism, Allen and Unwin: London, 1992, p.123.

52 위의 책, p.123.

53 Heinrich Wölfflin, Principes fondamentaux de l'histoire de l'art, Traduit par Claire et Marcel Raymond, Gallimard, 1966.

54 John Maynard Keynes, Letter on 1 January 1935 to George Bernard Shaw, in The Collected Writings of John Maynard Keynes (JMK), Vol. XIII, The General Theory and After, Vol. I, Macmillan: London, 1973.

55 John Maynard Keynes, "The General Theory of Employment," Quarterly Journal of Economics, 1937. JMK, Vol. XIV, The General Theory and After, Vol. 2에 재수록.

56 JMK, VII, The General Theory of Employment, Interest and Money, p.129.

57 위의 책, p.16.

58 Joseph Alois Schumpeter, Capitalism, Socialism and Democracy, 1943. 제5판, George Allen & Unwin, 1976, p.82.

59 위의 책, p.82~83.

60 위의 책, p.83.

61 위의 책, p.161.

62 위의 책, p.61.

63 The Economist, "Taking Flight," https://www.economist.com/business/2009/09/17/taking-flight

64 Lionel Robbins, An Essay on the Nature and Significance of Economic Science, 1931 (제2판 1935). 인용은 제3판, Macmillan: London, 1984, p.16.

65 위의 책, p.17.

66 위의 책, p.17.

67 Lionel Robbins, "Mr. Hawtrey on the scope of economics," Economica, Jun. 1927, No. 20, pp.172~178. (인용은 p.177.)

68 William Shakespeare, As You Like It, 1623, 2막 7장, 139~140행. 인용은 Cambridge University Press: Cambridge, 1926, p.38.

69 Oskar Morgenstern, "The collaboration between Oskar Morgenstern and John von Neumann on the Theory of Games," in John von Neumann and Oskar Morgenstern, Theory of Games and Economic Behavior, 60주년 기념판, Princeton University Press: Princeton, 2007, p.716.

70 John von Neumann and Oskar Morgenstern, Theory of Games and Economic Behavior, Princeton University Press: Princeton, 1944 (제3판, 1953). 인용은 60주년 기념판, 2007, p.v.

71 Morgenstern, 위의 책, p.719.

72 Paul Erickson, The World the Game Theorists Made, Chicago University

Press: Chicago, 2015, p.111.

73 Geoffrey Batchen, Photography Degree Zero: Reflections on Roland Barthes's "Camera Lucida" Cambridge, MA: MIT Press, 2009, p.3.

74 위의 책, p.3 참조.

75 롤랑 바르트, 김웅권 옮김, 『밝은 방』, 동문선, 2006, p.15.

76 위의 책, p.94.

77 이 글은 필자의 다음 논문을 수정 보완한 것이다. 박상우, 「롤랑 바르트의 '어두운 방': 사진의 특수성」, 『미학예술학연구』, vol. 32., 2010, pp.312~342.

78 리처드 도킨스, 홍영남·이상임 옮김, 『이기적 유전자』, 을유문화사, 2018, p.190, p.262.

79 위의 책, p.11.

80 위의 책, p.12.

3000년 인류사의 전환점이 된 고전들

역사를 바꾼 100책

1판 1쇄 발행 | 2023년 12월 30일
1판 3쇄 발행 | 2024년 6월 25일

지은이 | EBS 독서진흥 자문위원회
펴낸이 | 김유열
디지털학교교육본부장 | 유규오
출판국장 | 이상호
교재기획부장 | 박혜숙
교재기획부 장효순 | **북매니저** 윤정아, 이민애, 정지현, 경영선
책임편집 김지훈 | **교정교열** 이상희 | **디자인** 형태와내용사이
인쇄 | 재능인쇄

펴낸곳 | 한국교육방송공사(EBS)
출판신고 | 2001년 1월 8일 제2017-000193호
주소 | 경기도 고양시 일산동구 한류월드로 281
대표전화 | 1588-1580 **홈페이지** | www.ebs.co.kr
전자우편 | ebsbooks@ebs.co.kr

ISBN 978-89-547-8223-4 (03900)

100 Books
That Changed History